Ulrich Jahn
**Die deutschen Opferbräuche bei
Ackerbau und Viehzucht**

Jahn, Ulrich: Die deutschen Opferbräuche bei Ackerbau und Viehzucht
Hamburg, SEVERUS Verlag 2014

ISBN: 978-3-86347-857-5
Druck: SEVERUS Verlag, Hamburg, 2014
Nachdruck der Originalausgabe von 1884

Der SEVERUS Verlag ist ein Imprint der Diplomica Verlag GmbH.

Bibliografische Information der Deutschen Nationalbibliothek:
Die Deutsche Nationalbibliothek verzeichnet diese Publikation in der
Deutschen Nationalbibliografie; detaillierte bibliografische Daten sind im
Internet über http://dnb.d-nb.de abrufbar.

© SEVERUS Verlag
http://www.severus-verlag.de, Hamburg 2014
Printed in Germany
Alle Rechte vorbehalten.

Der SEVERUS Verlag übernimmt keine juristische Verantwortung oder
irgendeine Haftung für evtl. fehlerhafte Angaben und deren Folgen.

Ulrich Jahn
**Die deutschen Opferbräuche bei
Ackerbau und Viehzucht**

Herrn

Professor Dr. Karl Weinhold

aus

inniger Verehrung und Dankbarkeit

gewidmet.

Inhalt.

	Seite
Einleitung	1— 8.

I. Capitel. Die abwehrenden und die Sühnopfer.

§ 1. Opfer bei Einzelkrankheiten unter dem Vieh	9 — 14.
§ 2. Opfer bei Viehseuchen	14 — 26.
a) Durch Vergraben eines Stückes der Heerde	14 — 18.
b) Durch Hauptabschneiden eines Thieres	18 — 25.
c) Opfer und damit verbundene Feuer	25 — 26.
§ 3. Das Nothfeuer	26 — 33.
§ 4. Nothfeuer und Sühnopfer bei Seuchen	33.
§ 5. Nothfeuer und Johannisfeuer	34 — 47.
§ 6. Johannisfeuer, Nothfeuer und Sühnopfer bei anderen indogermanischen Völkern	47 — 49.
§ 7. Opfer bei Viehkrankheiten und Seuchen in Baiern und den deutsch-österreichischen Landschaften	49 — 54.
§ 8. Opfer bei schlechter Witterung	54 — 62.
§ 9. Opfer bei Hungersnoth	62 — 66.
§ 10. Die Opferfeste zu Upsala und Hlethra	66 — 69.

II. Capitel. Die auf den Ackerbau bezüglichen Opfer.

§ 1. Opfer bei der Aussat des Korns	70 — 84.
§ 2. Bittopfer der Gemeinde nach beendigter Aussat	84—146.
a) Bittopfer der Gemeinde bei Winters Schluss	84—121.
b) Das Opfer am ersten Mai	121—146.
§ 3. Die Opfer bei der Hagelfeier	146—156.
§ 4. Ernteopfer des einzelnen Hausstandes	156—193.
a) Bittopfer beim Beginn der Ernte	156—163.
b) Dankopfer beim Schluss der Ernte	163—193.
§ 5. Die Opfer beim Flachsbau	193—207.
a) Die Aussat des Flachses	194—197.
b) Die Flachsernte	197—200.
c) Das Brechen des Flachses	200—203.
d) Erstlingsopfer von dem verarbeiteten Flachs	203—205.
e) Anhang. Opfer bei der Heuernte und dem Beerensuchen	205—207.
§ 6. Opfer bei der Obstzucht	207—220.
a) Dankopfer bei der Obsternte	208—210.
b) Bittopfer zur Erlangung einer reichen Obsternte	210—214.
c) Das Umwinden der Bäume mit Strohseilen	214—220.

§ 7. Opfer beim Weinbau . . . . 220—223.
    a) Bittopfer bei dem Weinbau . . . . 220—222.
    b) Dankopfer bei der Weinlese . . . . 222—223.
§ 8. Das Erntedankopfer der Gemeinde . . . . 223—253.
§ 9. Die Opfer zur Zeit der Wintersonnenwende . . . . . . 253—289.

III. Capitel. Die auf die Viehzucht bezüglichen Opferbräuche.

§ 1. Opfer des einzelnen Hausstandes . . . . 290—296.
§ 2. Die auf die Viehzucht bezüglichen Opfer beim Maifest . 297—305.
§ 3. Die auf die Viehzucht bezüglichen Opfer bei der Hagelfeier 305—320.
§ 4. Die auf die Viehzucht bezüglichen Opfer bei dem grossen
    Herbstfest . . . . 320—322.

Schlussbetrachtung . . . . 323—330.
Nachtrag . . . . 331—332.
Litteratur . . . . 333—338.
Register . . . . 339—350.

Einleitung.

Eine der ersten Vorbedingungen, zu dem Verständnis der Mythologie eines Volkes zu gelangen, ist die genaue Bekanntschaft mit den Cultusformen desselben. Einen betrübenden Eindruck muss es daher auf jeden Freund vaterländischer Art machen, dass wir, so nothwendig und wichtig diese Kenntnis des Cultus auch ist, dennoch bis zu ihr in der deutsch-mythologischen Wissenschaft bisher noch nicht durchgedrungen sind. Jacob Grimm lässt sich allerdings in dem dritten Capitel seiner deutschen Mythologie in längerer Untersuchung über das deutsche Opfer aus; aber es ist das mehr eine Zusammenstellung von fleissig gesammeltem Material, ein eigentliches Resultat wird nicht gewonnen.

Noch weniger als dem Altmeister Grimm gelang es Forschern wie Kuhn, Schwartz, Wolf, Zingerle, Rochholz u. a. über diese Sache Aufschluss zu geben, und die Folge davon war, dass man entweder behauptete, die Germanen hätten gar kein ausgebildetes Opfersystem gehabt, oder doch an der Möglichkeit verzweifelte, dasselbe aus den uns überkommenen Resten deutschen Heidenthums wieder herstellen zu können. So äussert sich z. B. von Löher, nachdem er zuvor die Frage: ob es überhaupt bei den Germanen solche Opfer gab wie bei Semiten, Griechen und Römern, verneint hat: ‚Von förmlichen Bitt-, Sühn- und Dankopfern war bei solcher Feier keine Rede‘[1]); der siebenbürgische Mythologe F. W. Schuster dagegen schreibt: ‚Es wäre ein vergebliches Bemühen, die kleinsten und unscheinbarsten Spuren alten Cultus, wie sie sich im gesammten Volksleben erhalten haben, ausspüren oder gar in ein System bringen zu wollen.‘[2])

Das klingt entmuthigend genug; aber, fragen wir uns, ist es denn wirklich eine so ausgemachte Sache, dass die Kenntnis des

---

[1]) v. Löher in den Sitzungsbericht. d. philos. philol. u. hist. Classe der K. b. Academie d. Wissenschaften zu München. 1882. Heft III. s. 383, 386.

[2]) Schuster, Deutsche Mythen aus siebenb. sächs. Quellen. s. 126.

heidnisch-germanischen Cultus uns unwiederbringlich verloren ist? Grimm hat in seiner deutschen Mythologie, ja schon allein durch das Zustandekommen dieses genialen Werkes, unwiderlegbar dargethan, dass sich in den Sagen, Märchen und Meinungen unseres Volkes eine grosse Menge der heidnischen Mythen, wenn auch abgeschwächt und verblasst, so doch im Uebrigen treu und rein bis in die Gegenwart hinein erhalten hat. Wenn nun schon die blosse Macht der mündlichen Tradition bewirkte, dass unser Volk die Erinnerung an die mythischen Vorstellungen, welche seine Vorfahren im Heidenthum hatten, treu im Gedächtnis bewahrte, ist es überhaupt nur denkbar, dass ihm dann die Erinnerung an den heidnischen Cultus abhanden gekommen wäre, den Cultus, welcher fest und unlösbar mit dem Landesbrauch und der Landessitte verwachsen ist? Gewis nicht. Ja wir können noch weiter gehen. Weil Sitte und Brauch bei einem Volke, welches wie das deutsche zäh an dem Althergebrachten festhält, naturgemäss Wandlungen in viel geringerem Masse unterworfen ist als mündlich überlieferte Glaubensvorstellungen, so müssen sich bei einem solchen Volke auch weit reichlicher und ungeschwächter als an seine Mythen, die Niederschläge und Rückerinnerungen an seinen Cultus erhalten haben.

Wem diese Behauptungen noch eines factischen Beweises bedürftig erscheinen, der vergleiche die in den Predigten des heiligen Eligius (um 600), dem Indiculus Superstitionum (an. 743), der Decretensammlung Burchards von Worms (um 1000), den Otia Imperialia des Gervasius von Tilbury (um 1200) als heidnisch bezeugten Gebräuche mit den Bräuchen, welche uns, um nur einige wenige zu nennen, Hans Vintler in seinen ‚Blumen der Tugend' (a. 1411), Sebastian Franck (16. Jhdt.) und die Chemnitzer Rockenphilosophie (18. Jhdt.) schildern, und denen, welche nach den vielen Sammlungen von Volkssitten und Volksbräuchen unserer Zeit noch heute geübt werden, und er wird finden, dass sich dieselben, obwohl zwischen dem heiligen Eligius und uns ein Zeitraum von fast 1300 Jahren liegt, beinahe sämmtlich und zwar entweder in gar nicht oder doch in nur sehr wenig veränderter Gestalt durch die Jahrhunderte hindurch lebendig erhalten haben. Bei den Mythen dagegen ist nur der Inhalt im Wesentlichen bis heute im Volksglauben derselbe geblieben, der er im Heidenthum war; was aber ihre äussere Form, was vor allen Dingen die Ueberlieferung der Namen von Göttern und Göttinnen, von Riesen und Zwergen anbelangt, so hat sich die mündliche Tradition, wie jeder Blick in die Grimmsche Mythologie lehrt, durchaus nicht als eine so feste Macht für die Erhaltung der heidnischen Mythen erwiesen, als das die Sitte und der Brauch für die Erhaltung des heidnischen Cultus gewesen sind.

Nach alledem müsten wir mithin folgerichtig in der deutschmythologischen Wissenschaft weiter in der Erforschung des heidnischen Cultus unserer Vorfahren sein als in der Kenntnis ihrer Mythen; und wenn trotzdem gerade das Gegentheil der Fall ist, so kann die Schuld daran eben nur auf Seiten der einzelnen Forscher zu suchen sein. Wie ist denn nun aber die Sache von den verschiedenen Seiten aus angegriffen worden? Warum kam vor allen Dingen J. Grimm, der Schöpfer der deutschen Mythologie, für den Cultus zu keinem befriedigenden Resultate? Der Grund dafür scheint mir bei Grimm lediglich darin zu liegen, dass ihm nicht das genügende Material zu Gebote stand. Hätte er das halbe Tausend von, allerdings in den meisten Fällen recht kritiklosen, theilweise aber auch ganz vorzüglichen Sammlungen deutscher Sagen, Märchen, Sitten, Meinungen und Gebräuche, welche in Folge der Anregung, die das Erscheinen der deutschen Mythologie gab, in allen Landestheilen Deutschlands wie Pilze aus der Erde empor schossen, für sein Werk benutzen können, so hätte er sicherlich erreicht, was in dem Punct für Menschen überhaupt erreichbar ist. So aber konnte er uns in seiner Mythologie nur ein, zwar fest gegründetes, aber unvollendetes Bauwerk hinterlassen, an dem wir Epigonen nach unsern besten Kräften weiter zu bauen und, wo Aenderungen nöthig sind, umzuändern und umzubessern haben.

Konnte Grimm aus Mangel an dem nöthigen Material nicht zum Ziele gelangen, so kamen Forscher wie Kuhn, Schwartz, Wolf, Zingerle, Rochholz, Schuster und Panzer deshalb zu keinem Resultat, weil sie entweder von zu kleinlichen oder von irrigen Gesichtspuncten ausgingen. Man forschte nicht nach, welche Formen ein alterthümlicher, aus irgend einem vergessenen Winkel Deutschlands stammender Brauch in den übrigen Landestheilen des Vaterlandes angenommen hat, um auf diese Weise seine ursprüngliche Gestalt zu gewinnen, man beurtheilte die einzelnen Sitten nicht aus dem allgemeinen deutschen Volksbrauch heraus, sondern man erging sich darüber entweder sofort in unsichern Hypothesen, oder man zog zur Vergleichung scheinbar verwandte Bräuche der Römer und Griechen, der Celten und Slawen, der Inder und Perser, ja selbst der Finnen und Semiten herbei, ohne zu bedenken, wie mislich es ist, sein Haus, ehe es fertig ist, mit andern Gebäuden vergleichen zu wollen.

Einen ganz eigenthümlichen Standpunct nimmt Wilhelm Mannhardt ein, seit J. Grimm unstreitig der bedeutendste Forscher deutschen Cultus. Derselbe giebt nämlich zu Gunsten einer vorgefasten Meinung das historische Princip auf, ohne dessen Beibehaltung die Disciplin der deutschen Mythologie schwerlich den Namen Wissenschaft beanspruchen dürfte. Während Grimm auf Grund seiner sorgfältig angestellten Untersuchungen zu dem Resultate kommt: ‚Unter allen Formen ist monotheistische, wie der Vernunft die angemessenste, der Gottheit die würdigste. Auch scheint sie die ursprüngliche, aus deren Schoss dem kindlichen Alterthum leicht sich Vielgötterei entwand, indem des einen Gottes erhabenste Eigenschaften erst trilogisch, hernach zur Dodecalogie gefasst wurden. Dies Verhältnis ergeben alle Mythologien, die unsrige dünkt mich, vorzüglich klar: fast alle Götter erscheinen an Rang und Macht einander ungleich, bald überlegen bald untergeordnet, so dass sie wechselweise von sich abhängig zuletzt insgesammt für Ausflüsse eines höchsten einzigen gelten müssen.'[1]) während, wie gesagt, Grimm zu einem solchen Resultat durch seine Studien gekommen ist, nimmt Mannhardt von vorne herein die Darwinistische Weltanschauung für das einzig Vernunftgemässe an und beurtheilt lediglich nach ihr das Alter der verschiedenen Bräuche, ohne Rücksicht darauf, ob die geschichtliche Entwicklung derselben dem widerspricht oder nicht. Man lese beispielsweise Seite XXIII der Vorrede zu seinem Werke über die antiken Wald- und Feldculte durch, wo er erstens von den Resten des Heidenthums in den Erntegebräuchen schlechthin behauptet, ‚dass viele solcher Ueberlebsel selbst bis in die primitive Stufe des Fetischismus und der Wildheit zurückreichen' und dann gleich darauf sagt: ‚Diesen Forschungen kommt die Gunst der Zeitgenossen entgegen, seit im letzten Jahrzehnt unter dem Einflusse des Darwinismus die Urgeschichte unseres Geschlechtes geradezu in den Vordergrund des wissenschaftlichen Interesses gerückt ist.' Dieser vorgefasten Meinung, dass die Sitten, welche sich am meisten dem sogenannten Fetischismus nähern, auch nothwendigerweise die ältesten seien, muss sich nun in seinen Untersuchungen Alles beugen. So beweist er z. B. die Behauptung, dass gewisse heutige Erntebräuche älter und ursprünglicher seien als die uns von Nicolaus Gryse und andern bezeugte Sitte, dem Wuotan bei der Ernte die letzte Garbe unabgemäht stehen zu lassen, einfach damit, dass jene einen weit

---
[1]) Grimm, D. M.² Vorrede s. XLIV fg.; vgl. auch D. M.² s. 150.

primitiveren Charakter trügen als diese und darum auch viel früher entstanden sein müsten.[1]) An einer anderen Stelle wiederum will er die heutigen Frühlingsgebräuche nicht als Ueberbleibsel des Nerthusfestes sondern als Ausläufer oder Sprossformen eines früheren, auch diesem Feste zu Grunde liegenden Typus angesehen wissen.[2]) Aber genug hiervon. Die beigebrachten Stellen werden genügen, um daraus ersehen zu können, dass die Werke Mannhardts in wissenschaftlicher Beziehung an einem Grundirrthum leiden, und dass deshalb mein Polemisieren gegen die von ihm gewonnenen Resultate nutzlos sein würde.

Nach alledem bedarf es wohl keiner Rechtfertigung mehr für unsere Behauptung, dass die Schuld daran, dass wir über den Cultus der heidnischen Deutschen bis jetzt noch nichts Bestimmteres wissen, nicht in der Sache selbst liegt sondern auf Seiten derer zu suchen ist, welche sich mit ihr beschäftigt haben. In Folgendem soll nun der Versuch gemacht werden, mit sorgfältiger Vermeidung aller Irrthümer und Fehler den wichtigsten Theil des deutschen Cultus wiederherzustellen, indem wir die Opferbräuche unserer heidnischen Vorfahren, welche sich auf den Ackerbau und die Viehzucht beziehen, aus den vorhandenen Quellen nachweisen und sodann näher erörtern und in ein System bringen. Gleich den ganzen Cultus anzugreifen, schien für den Anfang zu gewagt, da es vor allem erst darauf ankam, einen festen Grund und Boden zu gewinnen, auf dem dann mit Sicherheit weiter gebaut werden kann; ausserdem aber würde ein solches Unternehmen der Arbeit, die ohnehin schon eine recht beträchtliche Anzahl von Seiten umfasst, einen zu grossen Umfang gegeben haben. Aus denselben Gründen ist auch fast nie auf die Mythologien fremder Völker Bezug genommen; ja selbst die nahe verwandte des scandinavischen Nordens ist nur in den seltensten Fällen zur Vergleichung herangezogen. Es sollte eben Alles, was auch nur im entferntesten irgendwie hätte beeinflussen können, vermieden und der deutsche Cultus rein aus sich heraus entwickelt werden. Doch bemerke ich gleich, um etwaigen Misverständnissen vorzubeugen, dass ich „deutsch" hier in einem weiteren Sinne fasse und mit Ausnahme der Völker ostgermanischen Ursprungs, also der Dänen, Schweden und Norweger, alle übrigen germanischen Stämme unter diesem Namen begreife.

---

[1]) W. Mannhardt, Roggenwolf u. Roggenhund. s. 43 fg.
[2]) Mannhardt, Baumkultus. s. 585.

Wie nothwendig und heilsam derartige Beschränkungen gewesen sind, und wie sehr sie dazu beigetragen haben, dass durch diese Arbeit feste und sichere Resultate gewonnen sind, wird der Leser bei der Lectüre am besten selbst beurtheilen. Nur rechne er das Verdienst daran nicht dem Schreiber dieser Zeilen zu; dasselbe gebührt vielmehr Herrn Professor K. Weinhold, welcher seinen Schüler erst darauf aufmerksam machte, dass eine Wiederherstellung des Opfercultus der heidnischen Deutschen bei einer sorgfältigen Benutzung der uns überkommenen Zeugnisse und der noch in dem Volke fortlebenden Sitten und Bräuche möglich sein müsse, und der ihm rieth, die oben angegebenen Beschränkungen zu beobachten, um sich nicht in das Unendliche zu verlieren. Wenn ich also auch für die Ausarbeitung des Ganzen und die Anordnung des Stoffes allein verantwortlich gemacht werden kann, so kommt doch die Ehre, einen grossen Theil des deutschen Opfercultus wieder entdeckt zu haben, nicht mir sondern meinem hochverehrten Lehrer zu; denn sobald ich den mir von ihm gegebenen Anweisungen treu Folge leistete, muste ich zu den in diesem Werke gewonnenen Resultaten gelangen.

Es bleibt nun noch übrig, einiges über die Arbeit selbst zu sagen. Was zunächst die Quellen angeht, so habe ich alle hierher gehörigen Sammlungen von und Abhandlungen über deutsche Sagen, Märchen, Sitten, Bräuche und Meinungen, soweit dieselben mir zugänglich waren, sorgfältig benutzt, und bin ich hier wieder Herrn Professor Weinhold zu gröstem Danke verpflichtet, da derselbe mir nicht nur seine reichhaltige Bibliothek zur Verfügung stellte, sondern mich auch auf eine Reihe wichtiger und seltener Schriften hinwies, deren Vorhandensein mir nicht bekannt war. Ausserdem verdanke ich ihm viele Mittheilungen über Volkssitte und Volksbrauch in Schlesien, Steiermark, Deutsch-Kärnthen und Tirol, von denen für meine Arbeit Gebrauch zu machen, er mir in der uneigennützigsten Weise gestattete. Die zahlreichen, aus Pommern beigebrachten Zeugnisse dagegen sind, wo nicht eine andere Quelle angegeben ist, sämmtlich von mir selbst an Ort und Stelle gesammelt worden, und verwahre ich mich hier gegen den Vorwurf, als schriebe ich über die Bräuche unseres Volkes, ohne selbst einen Einblick in dessen innerstes Wesen und Treiben gethan zu haben.

Ueber die Art, wie der Stoff behandelt worden ist, genügt es zu bemerken, dass ich dabei durchaus der Methode gefolgt bin, welche Mannhardt in seinem Werke ‚Wald- und Feldculte. 2 Theile. Berlin 1875 und 1877‘ angewendet hat. Die ganze

Arbeit ist also in mehrere fest begrenzte Capitel eingetheilt, deren jedes wiederum in eine Reihe selbständiger und unter einander nur lose zusammenhängender Paragraphen zerfällt. Bei den einzelnen Opferbräuchen dagegen werden regelmässig zuerst kurz die verschiedenen Fassungen, in denen sie uns überkommen sind, angegeben, worauf dieselben combiniert und dadurch die ursprünglichen Formen der betreffenden Bräuche reconstruiert werden. Diese Urformen der Opferbräuche werden dann wieder, so weit sie zusammen gehören, unter einander verglichen, so dass wir schliesslich dazu gelangen, den einstigen Hergang bei den verschiedenen Opferfesten und überhaupt das ganze germanische Opfersystem mit grosser Sicherheit klar legen zu können. Eine solche Behandlungsweise mag allerdings häufig ermüdend wirken und dürfte auch stilistisch manche Schattenseiten an sich tragen, aber sie ist klar und deutlich und darum für die Disciplin der deutschen Mythologie, bei der Alles auf Klarheit und Deutlichkeit ankommt, wohl die geeignetste.

Mehr als die Art der Behandlung bedarf vielleicht die Anordnung der einzelnen Capitel einer Vertheidigung, ich meine die Voranstellung der Opfer gegen Krankheiten, Seuchen und Landesplagen vor den Jahresopfern. Der Grund dafür ist folgender. Bei der Sammlung des Materials gewann ich den Eindruck, dass uns die Zeugnisse über die Darbringung abwehrender Opfer zwar spärlicher, aber in alterthümlicheren und schärferen Fassungen überkommen sind als die Nachrichten über die, auf einen bestimmten Zeitpunct fixierten, Jahresopfer. Diese Erscheinung ist ja auch eine sehr natürliche, wenn man bedenkt, dass der Mensch gewöhnlich in der Noth am frömmsten und am meisten den Vorschriften seiner Religion gemäss zu leben bemüht ist, während er, sobald ihm der Cultus zur Gewohnheitssache wird, stets Gefahr läuft, in Verflachung und Veräusserlichung zu verfallen. Da es nun vor allen Dingen, eine feste Grundbasis für unsere Arbeit zu gewinnen, galt, so empfahl es sich auch, die Klasse von Opfern zuerst zu behandeln, in der sich am schärfsten das germanische Opfer in seiner Eigenart erhalten hat.

In der deutsch-mythologischen Grundanschauung endlich fusse ich in dieser Arbeit zwar im Grossen und Ganzen auf Grimm, im Einzelnen dagegen habe ich mir eine Reihe von Modificierungen, Umänderungen und Berichtigungen der Grimmschen Ansichten zu Nutze gemacht, welche Herr Professor Weinhold in seinem, im Sommer-Semester 1882 zu Breslau gelesenen, Colleg über die deutsche Mythologie entwickelt hat. Ich bin also auch hierin meinem hochverehrten Lehrer grossen Dank schuldig. Vielleicht macht man aber dem Schreiber dieses einen Vorwurf daraus, dass er in so vielen Puncten nicht auf eigenen Füssen steht, sondern von anderen abgeborgt und deren Gedanken ausgeführt hat. Nun, er ist auch zufrieden, wenn man ihm wenigstens so viel zugesteht, dass er den Anweisungen erfahrenerer Männer treu und gewissenhaft gefolgt ist und es dadurch ermöglicht hat, dass wir in unserer Untersuchung schliesslich zu befriedigenden positiven Resultaten gelangen. In Bezug auf die sonstigen Gebrechen und Mängel seiner Arbeit aber, welche derselben als dem Werke eines Anfängers nicht fehlen können, bittet er mit Konrad Fleck:

,Des sin sie alle underrihtet
die ez hoeren oder lesen,
daz sie im genaedic wesen
und in itewize
an disem niuwen flîze
überheben umbe daz:
er taet ez gerne, kund er, baz
und tuot ez aber gerne,
er giht, so erz baz gelerne.
die wîle habent diz für guot;
wan swer mit guotem willen tuot
ein dinc sô er beste kan,
dar umbe sol in nieman
bestrâfen noch beschelten.
ouch ensol er niht engelten,
ob maneger sîne stunde
baz bewenden kunde
an getihte dan er.
nû gewerent in des er ger,
sô endarf er sich niht schamen.'

Capitel I.
Die abwehrenden und die Sühnopfer.

§ 1. Opfer bei Einzelkrankheiten unter dem Vieh.

In den ältesten Zeiten war bei den Germanen die Viehzucht die Grundlage der Volksexistenz, so dass sich schon Caesar zu dem Ausspruch veranlasst sah: ‚agriculturae non student; majorque pars victus eorum in lacte, caseo, carne consistit.'[1]) Diese auf die Germanen schlechthin bezügliche Aeusserung empfängt weitere Bestätigung durch die Nachrichten über die Eigenthümlichkeiten der Sigambrer und Sueven. Von ersteren erzählt Caesar nämlich: ‚primos Eburonum fines adeunt, multos ex fuga dispersos excipiunt, magno pecoris numero, cuius sunt cupidissimi barbari, potiuntur'; von den Sueven dagegen heisst es: ‚neque multum frumento, sed maximam partem lacte atque pecore vivunt.'[2]) Ein und ein halbes Jahrhundert später schreibt Tacitus: ‚numero (armentorum) gaudent, eaeque solae et gratissimae opes sunt' und ‚cibi simplices, agrestia poma, recens fera aut lac concretum: sine apparatu, sine blandimentis expellunt famem[3]), und selbst heute noch ist dieser Zustand, dass der Bauer weit mehr Gewicht auf das Gedeihen des Viehstandes als auf die rationelle Bewirthschaftung der Aecker legt, in vielen Theilen Deutschlands derselbe geblieben.

Es ist darum auch nicht zu verwundern, dass unsere bäuerliche Bevölkerung bei der Erkrankung irgend eines Stückes der Heerde in die gröste Aufregung geräth und so schnell wie möglich Abhilfe zu schaffen bemüht ist. Da man aber in zähem Festhalten an der althergebrachten Glaubensanschauung die Entstehung von Krankheiten selten natürlichen Gründen, sondern dem Einfluss

---

1) Caesar, de bello gallico. VI, 22.
2) Caesar, de bel. gallic. VI, 35; IV, 1.
3) Tacitus, Germania c. V. XXIII.

elbischer Geister, also heute der Verhexung zuschreibt, so eilt der bekümmerte Landmann nicht zu dem modernen Vieharzt, sondern zu irgend einer Person im Dorfe, welche das Besprechen oder, wie es im Niederdeutschen heisst, das Böten versteht.

Dies besteht nun in dem Hermurmeln von Segensformeln, deren es ungemein viele und verschiedene giebt. Trotzdem aber lassen sie sich im Grossen und Ganzen leicht in vier Hauptclassen eintheilen. Theils, und zwar sind dies verhältnismässig nur wenige, verdanken sie ihren Ursprung direct dem germanischen Heidenthum oder der Erinnerung an dasselbe, theils der mittelalterlichen Kunstmagie in Verbindung mit dem kirchlichen Exorcismus. Andere wieder sind cabbalistischer Natur und wohl durch jüdischen Einfluss unserem Volke überkommen; eine grosse Menge von Besprechungsformeln endlich beruht lediglich darauf, dass man zwischen dem Erflehten und irgend einem Vorgang in der Natur Analogie beachtet und dadurch Heilung erhofft, z. B.: der Mond nimmt ab, folglich müssen auch deine Warzen, Auswüchse, Hühneraugen etc. abnehmen; der Baum blüht nicht mehr, folglich darf auch die Wunde nicht mehr bluten; das Wasser fliesst dahin, folglich muss auch die Krankheit dahin schwinden u. s. w.

Es ist hier jedoch nicht der Ort zu einer ausführlichen Erörterung der Segen, denn die Litteratur derselben ist in Folge der Sagenforschungen in den einzelnen Landestheilen so bedeutend angewachsen, dass dieser Gegenstand billig eine Einzeluntersuchung verdient. Da uns für unsern Zweck auch nur die, dem germanischen Heidenthum entstammenden, Zauberformeln interessieren, so genüge es, in kurzen Zügen den Charakter derselben darzulegen. Den Weg hierzu weisen uns die Merseburger Zaubersprüche, welche beide noch durchaus heidnisches Gepräge tragen.

Ihnen zufolge zerfällt der alte germanische Segen in zwei Theile. In feierlicher, gebundener Rede, also in den ältesten Zeiten immer mit Alliteration, wird aus einem Göttermythus die That einer Gottheit vorgetragen. Der zweite Theil, die eigentliche Zauberformel, wendet dann kühn das göttliche Wunder auf ein irdisches Gebrechen an, damit in derselben Weise wie dort auch hier die Heilung eintrete. So liegt z. B. bei dem Merseburger Spruche gegen Fussverrenkung der eigentliche Zauber in den Worten:

    bên zi bêna, bluot zi bluoda,
    lid zi geliden, sôse gelîmida sîn.

Mit dem Vordringen des Christenthums in Deutschland schwanden die alten heidnischen Segen nicht. Allerdings machten in ihnen die von der Kirche arg verfolgten und im Laufe der Jahrhunderte endlich wohl auch gar nicht mehr verstandenen Göttergestalten allmählich den einzelnen Personen der Dreieinigkeit und christlichen Heiligen Platz, aber die alte Form wurde bewahrt. Ja dieselbe blieb so fest in dem Volksgedächtnis haften, dass sie sogar in sich neu bildenden Segen, deren Inhalt der Bibel oder der späteren christlichen Mythologie entnommen war, beibehalten wurde. Man betrachte nur folgende Besprechungsformeln, die ich aus zwei, mir handschriftlich vorliegenden, hinterpommerschen Zauberbüchern hier mittheile:

1. Gegen Wunden (aus dem Kreise Bütow).

> Keine Wunden sind so süss
> Wie die Wunden unsers Herrn Jesu Christ.
> Sie quellen nicht,
> Sie schwellen nicht,
> Sie thuen auch nicht weh. —
> So sollst du, Wunde, auch nicht quellen,
> Auch nicht schwellen,
> Auch nicht wehe thun.

2. Gegen ‚Wehtagen‘ (aus dem Kreise Randow).

> Mutter Maria ging mit unserm Herrn Jesus in den Garten; sie verband ihm seine Wunden. Die sirten nicht und kalten nicht. —
> Du sollst nicht schwelten oder kelten.

Was nun speziel die Viehsegen angeht, so unterscheiden sie sich von andern Besprechungsformeln allein dadurch, dass sie eben nur bei Thieren angewendet werden. Ihrem innern Wesen nach sind sie von jenen nicht zu trennen, und es mag daher hier eine Angabe ihrer Litteratur genügen.[1]) Daraus wird sich ergeben, dass diese Viehsegen sich im Ganzen gleich starker Verbreitung über alle deutschen Lande erfreuen; nur ein grosser Theil des heutigen Königreichs Baiern scheint ihrer zu entbehren. Worin dies seinen Grund hat, wird weiter unten zu erörtern sein.

---

[1]) Kuhn u. Schwartz, Nordd. Gebr. Nr. 380—386; Müllenhoff, Schlswg. Hlst. Sag. s. 511; K. Bartsch, Meklenb. Sag. II. Nr. 1733 fg., Nr. 1818, 1995—2077, 2091, 2093—2097, 2107—2109; Kuhn, Märk. Sag. s. 388. 107; Westfäl. Sag. II Nr. 593—614; Woeste, Volksüberlief. s. 52, 4, 5; E. Meier, Schwäb. Sag. II s. 521. 467. 468; Birlinger, Volksth. I s. 202. 314; Aus Schwaben. I s. 445, 451, 452, 457, 460; Schild, der Grossaetti s. 136. 45; Panzer, Btrg. II s. 274. 4; Alpenburg, Mythen. s. 411; Peter, Volksth. II 230. 250; Wolf's Ztschrft. I s. 280; II s. 117; III s. 165; IV s. 115—118; Grimm, D. M. Beschwörungen Nr. 15, 33—36 etc.; Haupts Ztschrft. III s. 358 fg.; Pfeiffers Germania XXII s. 35; XXIX s. 96, Nr. 74 fg.; Engelien und Lahn, d. Volksmund i. d. Mark. s. 275. — s. 278.

Es bleibt uns nun die Frage zu beantworten, ob diese Segen von Opfern begleitet wurden, also kurz, ob Grimms Behauptung: ‚wo zum Gebet fand sich auch Anlass zum Opfer'[1]) auch hier sein Recht behält. Allerdings lassen es heute die Leute, welche besprechen können, gewöhnlich mit dem blossen Hermurmeln der Zauberformel bewenden, aber überall genügt dies allein keineswegs, und so finden wir z. B. fast durchweg bei der Anwendung der sogenannten Feuersegen Spuren ehemaliger Opfer.

Bei dem Ausbrechen einer Feuersbrunst wird nämlich in Siebenbürgen, Schlesien, Baiern, Hessen, der Schweiz und dem Elsass unter Sprüchen ein Brot in die Flamme geworfen.[2]) In Tirol gebraucht man zu demselben Zwecke Nudeln und Krapfen[3]), in Belgien wieder ein am Ostertag gelegtes Ei und ganz ähnlich in der Oberpfalz[4]) ein an diesem Tage geweihtes Ei, welches rückwärts in die Flamme geschleudert werden muss. Auch dreifarbige Katzen werden in letzterer Gegend zur Stillung des Brandes in das Feuer geworfen, weshalb man solche Thiere ‚Feuerkatzen'[5]) nennt; in Hessen endlich schreibt man denselben Erfolg dem Betttuch einer Wöchnerin oder dem Hemde einer reinen Magd zu.[6])

Aber auch bei Krankheiten wurden Opfer dargebracht. So muss in Danzig beim Abgraben des Weichselzopfes ein Geldstück mit vergraben werden, wenn es anders helfen soll[7]); und in Nerike bei Örebro ward noch im 17. Jahrhundert auf gewissen Felsen dem Thor gegen Zahnschmerz geopfert.[8]) Im Lande ob der Ens giebt man, wenn das Kind nicht essen kann oder will, den Vögeln in der Luft oder dem schwarzen Hund ein kleines Tractament.[9]) Auch

---

[1]) Grimm, D. M.² s. 26.

[2]) Schuster, Deutsch. Myth. a. Siebenb. s. 428; Peter, Volksth. II s. 259; Panzer, Btrg. II s. 527; Bavaria, III, 1, 322, 340; Blaas in Pfeiffers Germania. XXII s. 262; Wuttke. § 300; H. Holland in Wolfs Ztschrft. II s. 102; Wolf, Hess. Sag. 129. 200; Langheinz, Sag. u. Gebr. d. Gegend von Hirschhorn, im Archiv f. hess. Gschcht. u. Alterthumsk. 14. Bd. Darmstadt 1879. s. 44 Nr. 27; A. Stöber, Geiler von Kaisersberg, Emeis s. 60; Fr. Staub, das Brot, Leipzig 1868, s. 113 fg.

[3]) Zingerle, Sitten. s. 288 Nr. 933.

[4]) Wolf, Beiträge. I s. 288. Nr. 333; Wuttke. § 300.

[5]) Wuttke § 300.

[6]) Wolf, Beiträge. I, s. 236, Nr. 423.

[7]) Wuttke § 130. § 264. Auch in Pommern heilt man Geschwüre und Ausschlag durch Geldopfer: Knorrn, Sammlung abergl. Gebr. Nr. 144.

[8]) Grimm D. M. Nachtrag. s. 2.

[9]) Grimm D. M. Aberglaube Nr. 741.

der Spruch, welcher nach der Chemnitzer Rockenphilosophie zur Abwendung eines bösen Omens zum Hausgeist gebetet werden muste, ist hierher zu ziehen:

> Gütgen! ich geb dir mein Hütgen,
> Wilst du den Mann, ich geb dir den Hahn;
> Wilst du die Frau, nimm hin die Sau;
> Wilst du mich, nimm hin die Zieg;
> Wilst du unsere Kinder lassen leben,
> So will ich dir alle Hüner geben.[1]

Ferner scheinen folgenden Redensarten ehemalige Opfer für schwere Krankheiten zu Grunde zu liegen: „Er hat sich mit dem Hel versöhnt, ihm was geopfert, ihm einen Scheffel Hafer gegeben, sein Pferd damit zu füttern" (Schleswig-Holstein).[2] — „jeg gav Döden en skiäppe havre" (Dänemark).[3] — „er hat dem Tod án Bock (= 4 Stück oder Häufchen) Hoanlbirn (Holzbirnen) verehrt" (Niederösterreich).[4]

Sollten aber noch Zweifel obwalten gegen die Begleitung der Besprechungen durch Opfer, so werden dieselben durch die zuverlässigen aber leider nur wenig ausführlichen Berichte Wuttkes aus Franken unbedingt gelöst. Derselbe schreibt in seinem Werk: der deutsche Volksaberglaube der Gegenwart § 130: „und was besonders wichtig ist, bei sympathetischen Curen vor oder nachher, werden oft, um sie wirksamer zu machen, Thiere geschlachtet." .... „Gewerbsmässige Zauberer dürfen es nicht unterlassen, wenigstens zwischen je dreizehn Curen ein solches Opfer zu schlachten, sonst müssen die von ihnen Behandelten sterben."

Dass diese Opfer nun oft schon sehr verwischt sind und in vielen Fällen sogar völlig den Charakter des Hexen- und Zauberhaften tragen, ist ganz natürlich, da sich kaum, auch in den abgelegensten Winkeln Deutschlands, noch ein sogenannter Hexenmeister finden liesse, welcher sich des eigentlichen Ursprungs von Besprechung und dabei dargebrachtem Opfer bewusst wäre; derartige Leute glauben vielmehr meist selbst, sie verschrieben sich durch die Ausübung ihrer Kunst dem Teufel. Ebensowenig darf uns aber auch verwundern, dass im Verhältnis zu der Menge von aufgezeichneten Segen nur wenig Opfer bezeugt sind; denn wird es dem Sammler schon selten gelingen auf directem Wege, d. h.

---

[1] Chemn. Rockenphil. V, 47; auf ähnlicher Anschauung beruht die von Peter, Volksthüml. a. Schlesien II s. 23 mitgetheilte Sage.
[2] Müllenhoff Nr. 335; Arnkiel, Cimbr. Heyden-Religion. I. Thl., Cap. 9, § 2, Cap. 22. § 1.
[3] Grimm D. M.² s. 804 aus Thiele I, 138.
[4] Baumgarten, aus der Heimat IX s. 98.

durch mündliche Ueberlieferung, in den Besitz von Zauberformeln zu gelangen, und ist er dabei weit mehr auf die, in Criminalprozessen confiscierten oder durch Erbschaft in die Hände Ungläubiger gelangten, handschriftlichen Zauberbücher angewiesen, so kann ihn über die Manipulationen vor und nach der Besprechung wegen der Heimlichkeit, mit der dieselben vorgenommen werden, nur ein günstiger Zufall aufklären.

§ 2. Opfer bei Viehseuchen.

Wird der Frieden des bäuerlichen Lebens schon durch die Krankheit eines oder weniger Stücke des Viehstandes wesentlich beeinträchtigt, so ist dies beim Auftreten einer Seuche naturgemäss noch in weit grösserem Masse der Fall. Ein solches ‚Viehsterben' wird auch insgemein nicht für das Werk boshafter elbischer Geister gehalten, sondern man denkt sich die alles grausam dahinraffende Krankheit personificiert als ein grauenhaftes Spukgespenst, dessen Nahen allem Gethier Tod und Verderben bringt. In Süddeutschland ist diese Personification unter dem Namen Viehschelm bekannt, und Schauriges wissen die Leute z. B. im Lechrain von ihm zu erzählen: „Er ist ein Stier, aber nur zur vorderen Hälfte leibig, in der Mitte geht er aus und schlenzt die leere Haut hintnach. Wenn er sich zeigt, da entsteht eine Sucht unter dem Vieh, und kommt ein grosses Sterben über dasselbige."[1]

Da nun schon bei vereinzelt auftretenden Krankheitsfällen, wie wir oben sahen, Opfer dargebracht wurden, so werden dieselben erst recht bei den Seuchen nicht gefehlt haben. Ein günstiges Geschick hat uns denn auch eine ganze Reihe von derartigen Gebräuchen überkommen lassen, welche wir jetzt näher betrachten werden.

A. Opfer gegen die Viehseuche durch Vergraben eines Stückes der Heerde.

Als einst in Beutelsbach in Schwaben eine arge Viehseuche ausbrach, rieth ein altes Weib, die Wahrsagerin oder Hexe des Dorfes, den Hummel (Zuchtstier) lebendig einzugraben, dann werde die Seuche aufhören. Der Stier wurde mit Blumen bekränzt und im feierlichen Zuge, das alte Weib an der Spitze, zur tiefen Grube gebracht. Dreimal stürmte das starke Thier heraus, dreimal wurde es lebendig eingegraben. Bei dem dritten Male erstickte es.[2]

---

[1] v. Leoprechting s. 75; vgl. auch Bavaria I, 1, 326.
[2] Panzer II 180, 301; Birlinger, Volksth. a. Schwaben. I s. 453.

Einem Birmensdorfer Bauern im Aargau erkrankte und starb durch Hexerei viel Vieh weg. Endlich wurde der Nachrichter geholt, welcher in den Stall ging und dort die Hexe bannte. Als er dann wieder heraustrat, erklärte er den Leuten, „sie hätten nun zwar noch ein Stück Vieh zu verlieren, dürften aber dazu dasjenige selbst auswählen, das ihnen am wenigsten werth sei. Sie willigten in den Verlust eines Kalbes. Dies crepierte bald, es wurde unter der Stallthüre vergraben und der weitere Viehfall unterblieb von da an."[1]) In Kärnthen greift man bei dem Ausbruch einer Viehseuche, wenn alle andern Mittel vergeblich waren, als dem wirksamsten und besten Zauber zuletzt dazu, ein Stück des kranken Viehes lebendig zu begraben.[2]) Auch im Harz gilt der Glaube, wem viele Pferde fallen, der müsse vor dem Stalle ein lebendiges Pferd eingraben.[3]) Ebenso brachten zu Albringwerde in der Grafschaft Mark noch zu Grossvaters Zeiten, wie Woeste erzählt, Landwirthe ein Kuhopfer, um eine Seuche abzuwenden. Der eine vergrub dazu eine ganze getödtete Kuh in den Grund eines heilkräftigen Springs, d. i. einer solchen Quelle, die der aufgehenden Sonne entgegen springt.[4]) Merkwürdig ist der Brauch, wie er bei Stendal in der Altmark ausgeübt wurde: „Wenn dem Bauer ein Füllen oder Kalb zu wiederholten Malen fällt, so vergräbt ers im Garten und pflanzt eine Fach- oder Satzweide dem Leichnam ins Maul. Der daraus wachsende Baum wird nie geköpft noch der Zweige beraubt, sondern wächst wie er will und soll das Bauerngut in Zukunft vor ähnlichen Fällen bewahren."[5]) Nur eine Abschwächung des Eingrabens eines ganzen Thieres ist wohl folgender schleswig-holsteinscher Brauch: „Um das Sterben der Kälber zu verhindern, muss man das Herz eines Kalbes in eine bestimmte Wand des Feuerheerdes einmauern."[6]) Aus Scandinavien endlich bezeugt uns Rääf, dass dort eine lebendige Kuh gegen die Seuche in die Erde, und ganz ähnlich der schwedische Theologe und Gelehrte Wieselgren, dass zu demselben Zwecke ein Stück der Heerde unter der Stallthüre vergraben wurde.[7])

---

[1]) Rochholz, Schweiz. Sag. a. d. Aargau II s. 166 Nr. 390.
[2]) M. Lexer in Wolfs Ztschrft. IV s. 408 ff.
[3]) Proehle, Harzbilder s. 87; drslb. in Wolfs Ztschrft. I s. 202; vgl. auch Wuttke § 131.
[4]) Fr. Woeste in Wolfs Ztschrft. I s. 393 ff.
[5]) Grimm, D. M. Aberglauben 838.
[6]) Müllenhoff Nr. 288.
[7]) Grimm, D. M. Nachtrag s. 174 ff.

Wir finden demnach über die ganze germanische Welt hin die Sitte verbreitet, zur Abwendung von Viehseuchen ein Stück der Heerde lebendig zu vergraben. Dagegen scheint allerdings der von Grimm für die Altmark nachgewiesene Brauch zu sprechen; doch ist hieran nur die höchst ungewöhnliche Bedeutung, welche in diesem Bericht dem Worte „fallen" beigelegt wird, Schuld. Während uns nämlich das Fallen eines Thieres und das plötzliche Crepieren desselben völlig identisch ist, kann hier schon der ganzen Wortconstruction nach unter dem Fallen des Kalbes oder Füllens nur eine vorübergehende Krankheitserscheinung (etwa Fallsucht) verstanden sein. Was aber den von allen andern durchaus abweichenden Brauch aus dem Aargau angeht, so ist derselbe als schon arg verderbt und verdunkelt anzusehen und zwar deshalb, weil die Handlung, welche in allen andern deutschen Landestheilen noch ganz den Charakter eines feierlichen Opfers trägt, hier zum Geheimmittel des Wasenmeisters herabgesunken ist.

Im Gegensatz hierzu bieten nun andere von unsern Berichten sehr beachtenswerthe Züge von hohem Alterthum. Ich rechne hierher die Wahl des Dorfstieres in Beutelsbach, des werthvollsten Stückes der Heerde, zum Opferthier, die Bekränzung desselben mit Blumen und die feierliche Prozession zur Grube. Ebenso bedeutsam ist die Versenkung der Kuh in den Grund des heilkräftigen Springs zu Albringwerde, was aber nicht ausschliesst, dass auch die Eingrabung unter der Schwelle der Stallthür so wie vor allem das Setzen einer Satzweide in den Leichnam des Opferthieres auf uralter Ueberlieferung beruht.

Ueberhaupt würden wir durch die Combination der einzelnen Hauptzüge, was bei der Wesensgleichheit aller oben angeführten Berichte gewiss erlaubt ist, etwa folgendes Bild erhalten:

Eine verherende Seuche schädigt den Viehstand einer Gemeinde; dieselbe beschliesst der erzürnten Gottheit ein Sühnopfer darzubringen. Das stattlichste Thier (so z. B. der Dorfstier oben) und zwar wohl von derjenigen Gattung, welche am meisten von der Krankheit zu leiden hat, wird ausgewählt, mit Feldblumen geschmückt, in feierlichem Zuge zu einer heiligen Stätte (so oben dem heilkräftigen Spring) geleitet und dort lebendig eingegraben. Ist aber nur der Viehstand eines einzelnen Bauern durch die Seuche gefährdet, so betheiligt sich auch nur sein Haus an der Feierlichkeit; und die Versenkung des Opfers findet dann entweder unter der Schwelle der Stallthür statt oder in der Nähe des Hauses unter freiem Himmel, in welchem letzteren Falle aber ein Baumreis in den Leichnam des Thieres gepflanzt wird. So lange das Opferthier unter der Schwelle liegt, so lange der heilige, aus ihm hervorgewachsene Baum unversehrt dasteht, ist der Hof auch vor allem weiteren Viehfall geschützt.

Zu diesem Opferbrauch halte man nun folgende Sitten: Will man die Pferde das ganze Jahr hindurch wohlbeleibt haben, soll das ‚Spann‘ vor Krankheit bewahrt bleiben, so gräbt man in der Mark und in Meklenburg einen jungen, noch blinden Hund lebendig unter der Krippe ein.[1]) In Osterode am Harz glaubt man, eine Kuh könne nicht mehr wie einmal mit dem Ochsen laufen, wenn ein lebendiger blinder Hund vor die Stallthüre eingegraben wird.[2]) In der Oberpfalz schützt ein lebendiger Hund, an der Schwelle der Stallthüre eingegraben, vor dem Viehfall; in Siebenbürgen, wo der betreffende Hund schwarz sein muss, gegen Elbe (d. h. dämonische Krankheitsgeister) und Diebe.[3]) Ebenso sind in Schwaben derartige Bräuche bekannt.[4]) In einigen Gegenden hat man den Brauch von den Krankheiten des Viehes auch auf die Krankheiten der Obstbäume ausgedehnt. So vergräbt man in Siebenbürgen[5]) eine schwarze Katze, im Kreise Naugard in Hinterpommern[6]) einen jungen Hund oder eine junge Katze, unter einen unfruchtbaren Obstbaum, um ihn dadurch wieder tragend zu machen. Bei Pasewalk in der Uckermark dagegen ruft man in einem solchen Falle den Juden. Derselbe zieht einer Katze das Fell ab und scharrt dann den ausgebalgten Leichnam hart am Stamme des kranken Baumes ein. Die abgezogene Haut nimmt er als Lohn für seine Mühe mit sich.[7])

Es ist schwierig zu beantworten, ob wir es hier nur mit einer Abschwächung der Sitte, zur Abwendung von Viehseuchen Kühe und Pferde zu begraben, zu thun haben oder mit einem gleichaltrigen Brauch. Der Erfolg, welchen man von beiden Opferarten erwartet, ist derselbe, nämlich das Aufhören des Viehsterbens. Vielleicht wurde das Hundeopfer nur von kleineren Leuten gebracht, während Besitzer grösserer Heerden und ganze Gemeinden,

---

[1]) Kuhn, Märk. Sag. s. 379. Nr. 27; K. Bartsch, Meklenb. Sag. II. Nr. 664; Wuttke. § 316.
[2]) Grimm, D. M. Aberglaube. Nr. 755.
[3]) Bavaria. II, 1, 302; Schuster, Deutsch. Myth. aus Siebenb. s. 310.
[4]) E. Meier, Schwäb. Sag. 194. 218.
[5]) Schuster, Deutsch. Myth. aus Siebenb. s. 309.
[6]) Mündl. aus Kicker, Kreis Naugard.
[7]) Mündl. aus Jatznick bei Pasewalk.

der Menge ihres Viehes entsprechend, auch ein werthvolleres Thier zu opfern hatten.

Eine Analogie zu einem solchen, je nach der Wichtigkeit und Bedeutsamkeit der Sache verschiedenen Opfer würde das Einmauern von lebenden Wesen in Gebäude, Mauern, Dämme etc., um ihnen dadurch eine unüberwindliche Festigkeit zu verleihen, bieten. Denn für gewöhnlich werden der Sage nach, (die aber in diesem Falle gewis auf der Erinnerung an ehemals wirklich vorgenommene Opfer beruht) Menschen und zwar hauptsächlich Kinder in die Fundamente eingemauert [1]; aber es genügt auch oft nur das Opfer eines lebendigen jungen Hundes, so z. B. bei dem Hontsdamm [2], und das Loch in der Kirchenmauer zu Goslar kann erst durch die Einmauerung einer Katze wieder ausgefüllt werden.[3] Ja die Fundamente von Kirchen oder Häusern bedürfen zu ihrer Befestigung nur des Vergrabens von Lämmern, lebendigen Hühnern oder Schweinen.[4]

Lässt sich nun auch wohl bis jetzt noch nichts Bestimmtes darüber aussagen, wann Pferde- und Rinder- und wann Hundeopfer zur Abwehr von Viehseuchen dargebracht wurden, so steht doch wenigstens so viel fest, dass bei dem Auftreten grösserer Krankheiten überhaupt Hunde geopfert werden konnten. Und weshalb sollte sich der Hund nicht zum Opfer gegen Seuchen geeignet haben, da er doch zu Wuotan, in seiner Eigenschaft als unterweltliche Todesgottheit, und auch sonst zu der Unterwelt in engster Beziehung stand?

B. Opfer bei Viehseuchen durch Hauptabschneiden eines Thieres.

Der eben besprochenen Sitte, bei Viehseuchen der erzürnten Gottheit durch Eingrabung eines Thieres ein Sühnopfer darzu-

---

[1] Grimm, D. M.² s. 1095 fg. und Nachtrag s. 330; Müllenhoff Nr. 331; Schambach u. Müller Nr. 6. 1, 14, 16, 23. 1, 24; K. Bartsch, Meklenb. Sag. 1 Nr. 372; W. A. Relszieg, Sagen und Legenden der Stadt Magdeburg und Umgegend. s. 19; v. Tettau und Temme, Volkssag. Ostpreuss. Nr. 104; Proehle, Harzsagen. s. 8; Schmitz, Sag. u. Leg. des Eifler Volks. s. 101 fg.; A. Harland, Sag. u. Myth. aus dem Sollinge. s. 93; Eisel, Sagenbuch d. Voigtlandes. Nr. 538; Panzer, Beiträge II. s. 254 fg., 559 fg.; Engelien und Lahn, der Volksmund i. d. Mark. s. 24. Nr. 14; H. Weichelt, Hannover. Geschichten u. Sagen. 1. Bd. s. 150 fg. Nr. 58; 2. Band. s. 30 fg. Nr. 109.

[2] Wolf, Niederl. Sag. Nr. 44; vgl. ähnl. Sag. bei Grimm, D. M.² s. 1095. Anm. 1; Eisel, Sagenb. d. Voigtlandes Nr. 7.

[3] Grimm, Deutsch. Sag. Nr. 182.

[4] Grimm, D. M.² s. 1095.

bringen, läuft ein anderer Brauch in nicht minder ausgedehnter Verbreitung parallel.

In Dottikon im Freienamt (K. Aargau) fiel einst einem Bauer all sein Vieh an einer Seuche. Da der Ungeist im Stalle nicht weichen wollte, schlug man einem Stier das Haupt ab und hing's in einem Kasten im Estrich auf. Seitdem ist keine Seuche mehr über das Haus gekommen. Der getrocknete Stierkopf ist daselbst noch vorhanden, wird aber weder hergezeigt, noch je von seiner Kette genommen.[1]) Ein andermal bannte man in demselben Orte bei einem Viehsterben die Plage des bösen Geistes in den Kopf eines frisch geschlachteten Ochsen hinein. Dieser Ochsenschädel wird noch hergezeigt in einem hölzernen Gehäuse, das ein dortiger Bauer am Firstbalken seiner Scheune befestigt hat. Nach einer alten Satzung und zugleich, um die Leute im Dorfe nicht in Angst zu setzen, dürfen diese Knochen nicht herunter genommen werden.[2])

Denselben Brauch bezeugt uns E. Meier aus Schwaben. Im Martisbauerhof zu Baiersbronn im Murgthale, durch welchen jede Weihnacht das Mutesheer zu ziehen pflegt, hängen nämlich auf dem Boden drei alte Ochsenköpfe mit den Hörnern, wie einige glauben, zum Schutze gegen das Mutesheer. Der jetzige Besitzer aber sagte, diese Köpfe seien in uralter Zeit wegen einer Viehseuche drei lebendigen Ochsen abgeschnitten und an Stricken hier aufgehängt worden. Die Schädel hängen schon so lange, dass die Stricke bereits vermodert waren und vor einigen Jahren durch neue ersetzt werden musten. Noch jetzt hängt man in einzelnen Dörfern des Schwarzwaldes Kalbsköpfe im Hause auf, wenn eine Seuche ausbricht.[3]) Wenn in Tirol auf einer Alpe eine giftige Seuche ausbricht, dann pflegt der Besitzer des Viehes oder der Senn dem ersten crepierten Kalbe den Kopf abzuschneiden und ihn auf eine Stange zu stecken. Dann hört dieses Hexenmachwerk auf, bricht jedoch in jener Gegend aus, wohin der Kopf schaut.[4]) Der Bauer zu Altenberge muste, um einer Viehseuche zu wehren, der letzten noch übrigen Kuh den Kopf abschneiden und ihn auf den Söller legen; als ihn da einmal der neue Knecht fand und durchs Fenster auf den Mist warf, brach am gleichen Tage die Seuche wieder aus.[5])

---

[1]) Rochholz, Schweiz. Sag. a. d. Aargau. II s. 18. Nr. 249.
[2]) Rochholz, Naturmythen. s. 79.
[3]) Meier, Schwäb. Sag. 135, 151.
[4]) v. Alpenburg, Mythen u. Sag. Tirols s. 265.
[5]) Wolf, Deutsche Märch. u. Sag. Nr. 222.

Nicht minder verbreitet ist diese Art des Opfers in Norddeutschland. Bei einem Viehsterben schnitt ein Landwirth zu Albringwerde in der Grafschaft Mark einer Kuh den Kopf ab und hängte diesen mit Haut und Haar auf den Boden unter die Firste. Da hängt er noch; aber seitdem ist der Ort von Viehseuche verschont geblieben.[1]) In Lauenburg ist fester Glaube, dass, wer Unglück mit Kälbern hat, einem dem Tode nahen Kalbe den Kopf abhauen und denselben mit offenem Maule ins Eulenloch (so heisst der oberste Winkel, den die Firstbalken bilden) stecken muss[2]); und auch „bei Schleswig haben die Bauern in einer schlimmen Zeit des Viehsterbens einer zweijährigen Quien lebendig den Kopf abgeschnitten und haben diesen, die Augen nach Osten gekehrt, oben im Kapploche angebunden. Darnach ist das Sterben nicht wieder ins Haus gekommen."[3])

In überraschender Weise ist also auch der Brauch, bei Viehseuchen einem Thier für das Wohl der ganzen Heerde das Haupt abzuschneiden, über ganz Nord- und Süddeutschland hin bekannt, und sind die Hauptzüge dabei in den einzelnen Landestheilen durchweg dieselben. Ueberall muss das Opferthier lebendig sein, überall wird das abgeschnittene Haupt in den Raum zwischen Boden und Dach gehängt, welcher schon als ständige Wohnung des Hausgeistes dem Heidenthum heilig gewesen sein muss, und überall wird der Schädel als grosses Heiligthum hoch in Ehren gehalten. Profanem Auge darf man ihn nicht weisen; sind die Stricke, an denen er aufgehängt ist, morsch geworden, so müssen sie durch neue ersetzt werden; sollte aber ein entarteter Mensch die heilige Handlung seiner Vorfahren derart misachten, dass er das Haupt entfernte, so stellt sich zur Strafe sofort die Seuche wieder ein.

Eine Sonderstellung nimmt allein der von Alpenburg berichtete Tiroler Brauch ein. Wäre an der Wahrhaftigkeit des Verfassers nicht zu zweifeln, so würde sein Bericht das Vorkommen der nordischen Neidstangen für Deutschland beweisen. Aber leider lassen sich Alpenburg völlig willkürliche Aenderungen, um nicht zu sagen Fälschungen, mehrerer Sagen nachweisen, und seine oben angeführte Schilderung scheint ein Conglomerat aus einer wirklich in Tirol bestehenden Sitte und dem in Grimms deutscher Mythologie[2] s. 625 über die Neidstangen Angeführten zu sein.

---

[1]) Fr. Woeste in Wolfs Ztschrft. I s. 394.
[2]) Wuttke. § 294.
[3]) Müllenhoff Nr. 327.

Die Zeugnisse über Sühnopfer durch Hauptabschneiden eines Opferthieres können nun noch bedeutend vermehrt werden. In einer ganzen Reihe von Ueberlieferungen wird nämlich berichtet, dass in vielen Häusern noch alte Pferde- oder Rinder-Schädel hingen, an deren Existenz sich abergläubische Meinungen knüpften. Dass dieselben von Thieren, welche zur Zeit einer Viehseuche geopfert waren, stammen, hat zwar das Volksgedächtnis vergessen; aber aus allen Berichten geht hervor, dass nur solche Häupter gemeint sein können.

Samuel Meigerius (weiland Pastor in Nortorf in Holstein) schreibt in seinem Buche de Panurg. lamiar. Buch II. Cap. I: „Men vindet hen unde wedder hyr im Lande up den Tünen steken Perde edder Ossenköppe, daran se ungetwivelt Byloven hebben, welkes ik nicht hebbe ervaren könen."[1] Auch in vielen Gegenden Westfalens, so namentlich auf den Bauerhöfen bei Hückeswagen, findet man noch Rosschädel in den Firsten der Häuser wohl bewahrt. Der Glaube besteht, dass dies Heiligthum das Haus vor Wetterschaden, Krankheit und anderm Unheil bewahre.[2] Ebenso haben in Langenbielau und um Kamenz in Schlesien viele Höfe über der Stallthüre einen Pferde-, Ochsen- oder Widderschädel hängen. Meistentheils sind diese Schädel von verunglückten oder an einer Seuche gestorbenen Thieren genommen; sie sollen verhüten, dass ähnliche Unglücksfälle den Viehstand wieder treffen (mündlich). Aus Preussen meldet denselben Brauch Kuhn in seinen Norddeutschen Sagen Nr. 328, und auch in den Niederlanden ward er geübt. So hängt man nach Westendorp pag. 518 in Holland einen Pferdekopf über die Schweineställe[3], und Wolf berichtet: „jemand in de Meeden (Holland) had een' paardenkopp boven zyn varkenskot hangen ter bevordering van den groei zyner varkens."[4] In Siebenbürgen pflegt nach Schuster das Volk noch jetzt (1856) Pferdeschädel auf Zaunpfähle, Umfriedigungen und Hausdächer zu stecken zum Schutz, wie es heisst, gegen Seuchen und Dämonen.[5] Der oben angeführten holländischen Sitte vergleicht sich der oberpfälzische Glaube, dass der Kopf einer weissen Stute,

---

[1] Müllenhoff Nr. 288. Anm.
[2] Montanus s. 32; Kuhn, Westfäl. Sag. etc. II Nr. 178.
[3] Grimm. D. M. Aberglaube Nr. 815.
[4] Wolf, Beiträge. I. s. 220, Nr. 221.
[5] Schuster, Woden. s. 42; Deutsch. Myth. a. siebenb. sächs. Quellen s. 280.

vom Fallmeister auf den Schweinestall gelegt, wider die Schweinekrankheit hilft.[1]) Sehr verbreitet findet sich unser Brauch ferner in der Schweiz, wo die in der Dachfirst aufgehängten Pferde- und Rinderschädel gegen Viehseuchen und Hexerei, gegen Feuer und Blitz schützen sollen.[2]) Hie und da ist in Erinnerung an den wirklich vorhanden gewesenen Ochsenkopf ein anderer als Ersatz an der alten hölzernen Grundlage ausgehauen, und auch diese Nachbildung gilt als wirksames Schutzmittel gegen allerhand Unglück.[3])

Alle diese Schädel werden also als heilkräftige Talismane geschätzt und gewöhnlich in der First des Hauses aufbewahrt; fast alle gelten als Abwender von Viehkrankheiten, kurz es kann keinem Zweifel unterliegen, diese Häupter sind mit den zur Zeit einer Viehseuche aufgehängten identisch. Dass man nun aber diesen Schädeln auch noch andere Tugenden zuschrieb, ist leicht erklärlich; denn ver-

---

[1]) Bavaria II, 1, 303.

[2]) Rochholz, Schweiz. Sag. a. d. Aargau. II s. 18. 249, s. 215. 427; Vernaleken, Alpensagen s. 333. 244; Schild, der Grossaetti. s. 132. 23.

[3]) Dieser an der hölzernen Grundlage anstatt des verfallenen natürlichen ausgehauene Thierkopf, gab wohl die Veranlassung zu den über ganz Deutschland hin verbreiteten Sagen von dem Manne, welcher nicht glauben will, dass seine Frau aus dem Sarge wieder erstanden sei. Drauf ruft sie aus: ‚So gewis bin ich es, als unsere Schimmel zum Speicherloch herausschen.‘ Das Unerhörte geschieht, der Mann öffnet und lässt zum ewigen Gedächtnis die Schimmel in Holz nachbilden und innen an die Giebelöffnung stellen. Vgl. über solche und ähnliche Sagen: Baader, Neugesammelte Sagen a. d. Lande Baden s. 36 Nr. 50; Grimm, Deutsch. Sag. I Nr. 340; H. Weichelt, Hannover. Geschchtn. u. Sagen. 1. Bd. s. 165 Nr. 62; F. J. Kiefer, die Sag. d. Rheinlandes von Basel bis Rotterdam. Mainz 1870. s. 264 fg.; W. Ziehnert, Preussens Volkssagen. Leipzig. 1838—1840. III. s. 215; I. s. 113; Wolf, Deutsch. Märchen und Sagen. Nr. 405, Nr. 472; Niederl. Sag. Nr. 536; Müllenhoff, Schlesw.- Holst. Sag. Nr. 554; O. F. Karl, Danziger Sagen. 11. s. 31; Relsztieg, Sagen und Legenden der Stadt Magdeburg und Umgegend a. a. O.; Panzer, II. s. 460; Th. Bindewald, Volkssag. a. d. Vogelsberg. Archiv für hess. Geschcht. u. Alterthmsk. 12 Bd. s. 291 fg.; Petersen, die Pferdeköpfe auf den Bauernhäusern besonders in Norddeutschland, aus den Jahrbüchern f. die Landeskunde der Herz. Schleswig-Holstein und Lauenburg 1860. s. 220, s. 240 fg. Ganz ähnlich wird in Oswitz bei Breslau von einem hölzernen Ochsenkopf, welcher an dem Giebel eines Gebäudes des dortigen Dominiums angebracht ist, erzählt, er hänge dort als ewiges Gedächtnis daran, dass einmal ein Stier mit seinen Hörnern da oben ein Loch durch die Mauer gestossen habe (mitgetheilt durch Herrn stud. theol. Müller in Breslau).

Dass sich nämlich aus misverstandenen Figuren, Statuen und Symbolen oft die abenteuerlichsten Sagen in der Volksphantasie bilden, ist jedem Forscher bekannt.

mochten sie der verderblichen Pest, der gegenüber der Mensch ohnmächtig dasteht, Einhalt zu thun, so konnten sie auch das Gedeihen des gesunden Viehes fördern, Feuersbrünsten wehren, Ungewitter abhalten etc. Jetzt werden sich auch folgende, sonst unverständliche Gebräuche erklären: In Meklenburg wird dem Siechen ein Pferdekopf unter sein Kopfkissen gelegt.[1]) Wenn man einen Todtenkopf (wohl Pferdekopf) im Stalle vergräbt, so giebt er den Pferden Gedeihen; auch vertreibt ein solcher eingegrabener Rossschädel bei ihnen den Alp.[2]) Junge eben ausgeschlüpfte Gänse räuchert man in der Mark in einem Siebe, indem man etwas von dem Schwanze des Küchleins, etwas aus dem Brutnest und einige Daunen von den alten Gänsen anzündet; dann steckt man sie durch die Oeffnung eines Pferdeschädels.[3])

Das Thierhaupt, welches als Pfand der Versöhnung zwischen Gottheit und Mensch hochheilig an heiliger Statt aufbewahrt wurde, und das als ein sicheres Unterpfand des Wohlwollens der Götter galt, sank allmählich zum blossen Zauber herab; es wurde zum Universalheilmittel gegen alle denkbaren Schäden. Ja so sehr hat sich in einigen Gegenden die Erinnerung an das alte Sühnopfer getrübt, dass z. B. in Dottikon (s. oben) die Leute erzählen, man habe die Pest in den Kopf eines Ochsen hineingebannt.

Im Zusammenhang mit dem Brauche, die Häupter der bei Viehseuchen getödteten Opferthiere in der First des Hauses aufzubewahren, steht auch wohl die in Deutsch-Kärnthen, Tirol, Graubünden, Altbaiern, im Böhmerwald, in Thüringen, Westfalen, Oldenburg, Braunschweig, im Westerwald, in der Mark Brandenburg, in Schleswig-Holstein, Pommern, um Danzig und in Scandinavien verbreitete Sitte, die Giebel der Häuser mit zwei roh geschnitzten Pferdehäuptern zu zieren.[4]) Der Glaube lag nahe,

---

[1]) Meklenb. Jahrbücher II s. 128; Grimm, D. M.² s. 626; vgl. Knorrn, Sammlung abergl. Gebräuche Nr. 141.
[2]) Grimm. D. M. Aberglaube. Nr. 815; Deutsche Sagen I. Nr. 80; J. Ehlers, Was die Alten meinen, s. 101; Schütze und Hansens Charakterbilder aus Schlesw.-Holst.-Lauenburg. Hamburg 1858. s. 6—12.
[3]) Kuhn, Märk. Sag. s. 381. Nr. 40.
[4]) Zingerle, Sitten. s. 55 Nr. 463; Kuhn, Westfäl. Sag. II Nr. 178; Bavaria, I, 2, 981; Müllenhoff, Schlswg.-Hlst. Sagen Nr. 327; Grimm, D. M.² s. 626. Vor allem aber: Petersen, die Pferdeköpfe auf den Bauernhäusern besonders in Norddeutschland. Kiel 1860. Neunzehnter Bericht der schleswg.-holst.-lauenb. Alterthumsgesellschaft. Die Nachricht aus Deutsch-Kärnthen verdanke ich der gütigen Mittheilung des Herrn Prof. K. Weinhold. Herr stud. phil. A. Fischer in Breslau theilte mir mit, dass er die hölzernen Pferde-

dass selbst hölzerne Abbildungen der heil- und wunderkräftigen Opferhäupter gewissermassen als Amulette zum Schutz der Gebäude dienen würden, wenn man ihnen auch bei weitem nicht die Kraft jener zuschrieb. Noch jetzt herrscht nämlich ziemlich allgemein der Glaube, dass die Pferdeköpfe dem Hause Segen bringen, und deshalb sind die alten Leute in Schleswig-Holstein sehr unwillig gegen die Jugend, welche in jüngerer Zeit den Giebelbrettern eine andere Gestalt zu geben beginnt.[1])

Rechnen wir nun zu den eben besprochenen Bräuchen hinzu, dass man in Siebenbürgen, um das Vieh vor Hexen zu sichern, Hundeköpfe über die Stallthüre legt[2]), so ergiebt sich als Resultat unserer Untersuchung, dass neben der feierlichen Darbringung des Sühnopfers (sei es nun, dass dasselbe aus Rossen, Rindern oder Hunden bestand) durch Eingrabung auch ein Opfer durch Hauptabschneiden statt fand; dass beide Bräuche sich gleich grosser Verbreitung erfreuten und manchmal sogar zusammen vorgenommen wurden[3]), (wahrscheinlich wollten sich die Opfernden dadurch in grösserem Masse eines günstigen Erfolges versichern). Konnten wir also beim Eingraben feierliche Opferceremonien nachweisen, so werden dieselben der andern Art des Opfers auch nicht gemangelt haben, zumal da sich das Vorkommen des Hauptabschneidens zum Zwecke des Opfers schon für die ältesten Zeiten des germanischen Heidenthums nachweisen lässt.

Das erste Zeugniss für diese Sitte bietet Tacitus in seinen Annalen (lib. I, 61): ‚adiacebant fragmina telorum equorumque artus, simul truncis arborum antefixa ora‘. Den alemannischen Brauch bezeugt Agathias (ed. bonn. 28,5)‘ ἵππους τε καὶ βόας καὶ ἄλλα ἄττα μυρία καρατομοῦντες ἐπιθειάζουσι‘; und für die Franken ist die Stelle aus Gregor M. (epist. 7,5) zu berücksichtigen, wo derselbe die Brunichild ermahnt, bei den Franken zu verhindern: ‚ut de animalium capitibus sacrificia sacrilega non exhibeant.‘ Ueber die Verbreitung derselben Sitte in Scandinavien endlich verweise ich auf das von Grimm D. M.[2] s. 625 über die Neidstangen Gesagte und auf die dort angeführten Belegstellen aus Saxo Grammaticus, der Egilssage etc. Die Frage, was aller Wahrscheinlichkeit nach

---

köpfe auch an den älteren Bauernhäusern um Marienwerder und in Schlesien gesehen habe.

1) Zingerle, Sitten s. 55. Nr. 463; Petersen, Pferdeköpfe s. 252, s. 272; Müllenhoff Nr. 327.

2) Schuster, Deutsch. Myth. aus Siebenb. s. 124.

3) Woeste in Wolfs Ztschrft, I s. 394.

mit den Rümpfen der geköpften Opferthiere geschah, wird bei der Besprechung der Johannisfeuer näher erörtert werden.

C. Opfer bei Viehseuchen und damit verbundene Feuer.

Wir haben jetzt vier sehr merkwürdige Berichte zu besprechen. Grimm erzählt, dass noch im gegenwärtigen Jahrhundert in Northamptonshire Leute bei einer Rinderkrankheit auf dem Felde ein Feuer anzündeten und dabei ein Kalb tödteten, um auf diese Weise die Heerde vor dem gänzlichen Untergang zu retten.[1]) Damit halte man folgende Sitten zusammen: ‚Wenn in der Eifel unter den Schweinen einer Gemeinde eine Seuche ausgebrochen war, so wurde ein gefallenes Thier verbrannt und die noch gesunde Heerde an diese Stelle getrieben, damit sie die vom Feuer übrig gebliebenen Knochen und Asche, worin Hafer gestreut war, fressen und vor der Seuche bewahrt bleiben sollte.'[2]) Ganz ähnlich schützt man im Hundsrück das Vieh vor ansteckenden Krankheiten, indem man ein crepiertes Stück der Heerde auf einem Kreuzwege verbrennt und die Asche desselben den anderen Thieren eingiebt.[3]) Um Gernsbach im Speierschen endlich herrschte noch gegen Ende des vorigen Jahrhunderts der Brauch, wenn kurz hinter einander viele Hühner, Enten, Schweine u. s. w. starben, ein Feuer im Backofen zu machen und von der Gattung Thiere eins hineinzuwerfen. Man glaubte, die Hexe müsse dann mit verderben.[4])

Wichtig ist hierbei vor allen Dingen, dass mit dem Opfer für die Seuche ein Feuer verbunden ist, dessen Asche heilkräftige Wirkungen besitzt. Im Uebrigen sind die aus Deutschland beigebrachten Sitten schon arg verderbt, und der englische Bericht ermangelt leider der doch so wünschenswerthen Ausführlichkeit. Dass die Bräuche aus dem Hundsrück, der Eifel und dem Speierschen zu den oben besprochenen Sühnopfern hinzuzuziehen sind, wird mir wohl niemand bestreiten, aber crepiertes Vieh kann unmöglich einer Gottheit als Opfer dargebracht worden sein. Da nun auch an der Glaubwürdigkeit der betreffenden Berichterstatter durchaus nicht zu zweifeln ist, so begnügen wir uns mit der Ent-

---

[1]) Grimm, D. M.² s. 576 fg.
[2]) Schmitz, Sitten u. Bräuche. s. 99.
[3]) Wuttke § 235.
[4]) Journal von und für Deutschland. 1787. I, 454—456; vgl. Grimm, D. M. Aberglaube. Nr. 569. Schon völlig mit dem Hexenglauben versetzt, erscheint derselbe Brauch als Mittel gegen Pferdekrankheiten in einem Drucke vom Jahre 1705. vgl. C. M. Blaas in Pfeiffers Germania XXII. s. 257 fg.

deckung, dass bei dem Sühnopfer Feuer vorkamen, und gerade dieser Umstand wird uns später über manches sonst Dunkle völlige Klarheit bereiten.

§ 3. Das Nothfeuer.

Der vorige Paragraph hat uns mit einer ganzen Reihe von Opferbräuchen bekannt gemacht, die bei Viehseuchen zur Abwehr der Krankheit vorgenommen wurden; demselben Zwecke diente nun auch das Nothfeuer.

Sein Vorkommen ist uns schon für die Zeiten bezeugt, als die christliche Kirche festen Fuss in Deutschland zu fassen begann; denn die unter Pippin im Jahre 742 abgehaltene Synode legt Grafen und Bischöfen ans Herz unter andern heidnischen Bräuchen zu verhindern: ‚illos sacrilegos ignes, quos niedfyr vocant', und die Synode zu Listines in Flandern, ein Jahr später, handelte über denselben Gegenstand: ‚de igne fricato de ligno, id est Nôdfŷr.'[1])

Dieses allen[2]) germanischen Völkern bekannte und von allen gleich hoch in Ehren gehaltene Nothfeuer konnte trotz ihrer grossen Bemühungen keineswegs durch die Kirche völlig ausgerottet werden; ja noch gegen Ende des 17. Jhdts. war seine Anwendung in Meklenburg dermassen verbreitet, dass Herzog Gustav Adolf von Güstrow am 13. September 1682 eine eigene Verordnung gegen dasselbe ergehen lassen muste.[3]) Und selbst in unserem aufgeklärten Zeitalter ist diese uralte Sitte noch nicht ausgestorben, denn K. Bartsch bezeugt ihre Anwendung für das Jahr 1868[4]), und in dem von der Cultur nicht allzusehr heimgesuchten Hinterpommern kennen noch manche Leute sehr wohl den Hergang und glauben an den guten Erfolg dieses von den Vätern überkommenen Brauches.

Fassen wir die einzelnen Berichte über das Nothfeuer zusammen, so erhalten wir etwa folgendes Bild: Ward eine Gegend von Pest oder Seuche, traf es nun Menschen[5]) oder Vieh[6]), heimgesucht, so traten die Bewohner des Ortes zusammen und beschlossen ein Noth-

---

[1]) Indiculus Superstit. XV.
[2]) Vgl. Grimm D. M.² s. 570 ff.; Wolf, Beiträge I s. 116 ff.; II 378 ff.; W. Mannhardt, Baumcultus s. 518 ff.
[3]) Bartsch, Mekl. Sag. II Nr. 675.
[4]) Bartsch a. a. O. II Nr. 678.
[5]) Wolf, Beiträge II, 378 ff.; Grimm D. M.² s. 573.
[6]) Allgemein.

feuer herzurichten. Alles Feuer im Dorfe wurde sorgsam ausgelöscht[1]), und früh vor Sonnenaufgang[2]) (oder auch erst nach dem Untergang derselben)[3]) zog die Gemeinde, Jung und Alt[4]), auf den für die heilige Handlung auserlesenen Platz.

Unter feierlichem Schweigen[5]) werden hier von keuschen[6]) Jünglingen zwei trockne Hölzer[7]) (oft auch neunerlei, einmal siebenerlei Holz)[8]) durch Reibung in Brand gesetzt. Mit der auf diese Weise gewonnenen Flamme wird dann ein Holzstoss angezündet, zu dem jede Familie etwas beigesteuert haben muss.[9])

Ist dies geschehen, so eilt alles zu dem mit der Seuche befallenen Vieh; und trotz ihres Sträubens werden die armen Thiere zwei bis dreimal durch die Flamme getrieben: zuerst die Schweine, dann die Kühe, Pferde und Gänse.[10]) Auch die Menschen springen hinüber und schwärzen sich dabei gegenseitig das Gesicht mit den heilkräftigen Kohlen[11]); sie reissen brennende Scheite aus der Gluth heraus und beräuchern damit die Fruchtbäume, Wiesen und Felder.[12]) Zum Schluss nimmt jede Familie etwas Feuer[13]) und einen abgelöschten Brand[14]) mit sich. Ersteres dient, das erloschene Heerdfeuer wieder anzuzünden; das verkohlte Scheit dagegen

---

[1]) Bartsch, Mekl. Sag. I Nr. 336, 14; II, Nr. 675; Pröhle, Harzbilder s. 74 ff.; Wolf, Beitrg. II s. 378; Grimm, D. M.² s. 571, 572; H. Tragi, Kräuterbuch. Strassburg 1539. II. Th. s. 6. vgl. Mülhause, Gebr. der Hessen. s. 334.

[2]) Bartsch II Nr. 675.

[3]) Grimm D. M.² s. 572.

[4]) Grimm ebenda.

[5]) Kuhn, Märk. Sag. s. 369.

[6]) Grimm, D. M.² s. 573 aus Büschings wöchentl. Nachr. 4, 64; Colshorn, Deutsche Myth. s. 350 ff.

[7]) Indic. Superst. XV; Wolf, Beitrg. II. 378; Rochholz, Deutsch. Glaube etc. II, 145 ff.; Grimm D. M.² s. 574; Bartsch. Meklenb. Sag. I Nr. 336, 14; II Nr. 675; Montanus II 127; Kuhn, Herabk. des Feuers p. 45; Peter. Volksth. II s. 250; H. Waldmann, Eichsfeld Gebr. Nr. 3; Tragi, Kräuterbuch. II. Theil s. 6.

[8]) Grimm D. M.² s. 571, 574; Bartsch M. S. II Nr. 673, 675.

[9]) Grimm D. M.² s. 571, 572; Pröhle, Harzbilder s. 74 ff.; Peter, II s. 250; H. Waldmann, Eichsfeldisch. Gebr. s. 4.

[10]) Colshorn, D. Myth. s. 350 ff.; Grimm D. M.² s. 572.

[11]) Grimm D. M.² s. 572; Rochholz, Deutsch. Gl. II, 145 ff.

[12]) Rochholz ebend.; Grimm D. M.² s. 574.

[13]) Bartsch, M. S. I Nr. 336, 14; Wolf, Beitrg. II s. 378; Grimm D. M.² s. 571; Lynker, Hess. Sag. 252, 334.

[14]) Wolf, Btrg. I s. 116; Colshorn s. 350 ff.; Pröhle, Harzbilder s. 74 ff.; Grimm D. M.² s. 571.

sichert, in die Krippe gelegt, das Gedeihen der Rinder. Die rückständige Nothfeuer-Asche endlich wird als Mittel gegen Raupenfrass und Miswachs auf die Felder gestreut[1]) oder auch dem Vieh unter dem Futter mit eingegeben.[2])

Alle Einzelheiten bei dem eben besprochenen Brauch künden sein hohes Alter an; vorzüglich thut dies aber die Erzeugung der Flamme durch Aneinanderreiben trockener Hölzer. Da dies die schwierigste und ursprünglichste Art des Feuergewinns überhaupt ist, so wird sie nothwendigerweise auch für die heiligste gehalten worden sein. Alle Berichte, welche das Nothfeuer auf eine dem Menschen bequemere Weise erzeugt werden lassen, bieten uns demnach Abschwächungen der uralten Sitte.

In manchen Gegenden wird nämlich das Nothfeuer dadurch hervorgebracht, dass man ein Seil doppelt um einen trocknen (meist eichenen) Pfahl schlang und nun so lange hin und her zog, bis Strick oder Holz sich entzündete[3]); oder man nahm eine hölzerne Winde, steckte die Enden derselben in die Löcher zweier eichener Pfähle (oft begnügte man sich auch mit einem Pfahl) und erlangte auf diese Weise durch starkes Drehen das begehrte Feuer.[4]) Auch die Erzeugung der Flamme durch die Drehung eines Wagenrades in einer hölzernen Achse ist bezeugt[5]); wohl die leichteste Art, das Nothfeuer zu bereiten.

Trotzdem hat man gerade diesen letzteren Brauch für den ursprünglichen erklären wollen. In dem Rade wurde ein Symbol der Sonne erkannt, und nach einigen muste nun das Nothfeuer gar einem völlig unbeweisbaren Sonnengotte Frô zu Ehren entzündet worden sein. Wenn Grimm also sagt: ‚man darf nicht zweifeln, das in Feuer gesetzte Rad bildete den Kern- und Mittelpunct der heiligen, reinigenden Opferflamme'[6]), so ist das in der Ausdehnung nicht zuzugeben; höchstens mag es für einzelne Ge-

---

[1]) Rochholz, Deutsch. Glaube, II 145 ff.; Bartsch, M. S. II Nr. 675; Grimm D. M.² s. 570, 573.

[2]) Bartsch, Meklenb. Sag. II Nr. 675.

[3]) Bartsch, Mekl. Sag. II Nr. 675; Grimm D. M.² s. 570,' 573; Kuhn, Märk. Sag. s. 369; derselbe Brauch herrscht auch im Cösliner Kreise, Hinterpommern (mündlich).

[4]) Colshorn, Deutsche Mythol. s. 350 ff.; Pröhle, Harzbilder s. 74 ff.; Grimm, D. M.² s. 571—573.

[5]) Kuhn, Märk. Sag. s. 369; Kuhn und Schwartz, Nordd. Gebr. Nr. 431 b; Grimm D. M.² s. 571; Lynker, Hess. Sag. 252, 334; H. Waldmann, Eichsfeld. Gebr. s. 3.

[6]) Grimm, D. M.² s. 578.

genden und verhältnismässig sehr späte Zeiten zutreffen. Im Heidenthum wird man nur darauf bedacht gewesen sein, in der uralt heiligen Weise durch blosses Aneinanderreiben von Hölzern eine reine, unentweihte ·Flamme zu erhalten.

Der Rauch eines jeden Holzfeuers ist ein treffliches Desinfectionsmittel und könnte auch heute noch bei Luftverpestung etc. mit gutem Erfolg angewandt werden, wenn uns nicht eben bequemere Mittel anderer Art zu Gebote ständen. Wie sehr man aber früher die heilbringende Wirkung des Rauches zu schätzen wuste, zeigt ein Gebot vom Jahre 1563, wonach bei der damals in London grassierenden Pest täglich dreimal auf den Gassen Feuer angezündet werden musten.[1]) Ganz ähnliches wird uns sogar noch aus allerneuster Zeit, aus dem Jahre 1868, von Marseille berichtet, wo damals die Cholera wüthete. Auch hier brannten in den 600 Strassen der Stadt Feuer und zwar in jeder mindestens 3, in einer sogar 57.[2])

Auf derselben Vorstellung von der reinigenden heilenden Kraft des Rauches beruhen folgende Gebräuche: Kränkelt im Frühling das junge Federvieh, so wird es in einem Siebe über den Kohlen eines angerichteten Feuers geräuchert; dasselbe thut man mit den ausgeschlüpften Gänseküchlein.[3]) In Meklenburg gilt die Regel: „wenn 'n Veih wat an-dan is, möt men Holt von negen Süll 'n (Thürschwellen) nemen un dormit dat Veih rökern."[4]) Ganz ähnlich werden Menschen, die beschrieen sind oder sonst eine Krankheit haben, mit Feuer aus neunerlei Holz beräuchert.[5]) Bei den Inselschweden endlich macht man, wenn das Vieh zuerst im Frühjahr ausgetrieben wird, in der Pforte ein Feuer an.[6])

Aus alledem wird klar geworden sein, dass das Nothfeuer dem Zwecke, die Luft zu reinigen und dadurch die Krankheiten zu

---

[1]) Wolf, Beiträge II s. 379. Auch eine grosse Reihe von Vorschriften, wie man sich gegen die Pest verhalten solle, aus dem 16. u. 17. Jhdt. empfehlen als sicherstes Schutz- und Heilmittel das Anzünden von Feuern.

[2]) W. Mannhardt, Baumkultus s. 518. Anm. 2. Auch bei der Cholera vom Jahre 1883 brannten in Kairo laut den Depeschen des Wolffschen Bureaus in allen Strassen grosse Theerfeuer.

[3]) Wolf, Beiträge II s. 378; Pröhle in Wolfs Ztschrft. I, s. 202; Kuhn, Märk. Sag. s. 381; Wuttke § 237.

[4]) K. Bartsch, Meklenb. Sag. II Nr. 673; ähnlich in Oesterreich-Schlesien: Peter, Volksthüml. II s. 253.

[5]) Chemn. Rockenphil. I, 2 u. 3; Grimm D. M. Aberglaube 950.

[6]) Mannhardt, Germ. Mythen. s. 12.

vertreiben, seinen Ursprung verdankt, wie dies ja schon daraus erhellt, dass es nur bei Seuchen (d. h. nach dem Volksglauben bei Luftvergiftung)[1]) hergerichtet wurde, und sein Rauch heilsam für Menschen, Vieh und Pflanzenwelt galt. Andererseits weist aber der feierliche Hergang bei dem ganzen Acte bestimmt darauf hin, dass auch der Beistand und die Hilfe einer höheren Macht dabei erwartet wurde.

Ihr zu Ehren kann nun, wie wir sahen, das Feuer nicht entflammt worden sein, da dies ja nur dem Heile der Geschöpfe frommen sollte; und so theosophisch dachte unser Heidenthum schwerlich, als ob allein durch Ehrfurcht und feierliche Ceremonien der Gottheit genugsam gedient sei. Es müssen Opfer dargebracht worden sein, und zwar, da Krankheit und Seuche für eine Strafe der Himmlischen galt, Sühnopfer. Wirklich sind uns nun auch einige Berichte überkommen, welche dies ausser allem Zweifel stellen.

Del-Rio erzählt in den Disquisitiones Magicae aus Belgien: ‚qui pro quibusdam pecudum morbis ignem struunt ex peculiaribus lignis et in eum animalia impellunt vel in orbem circumducunt et quod primo loco transit, hoc offerunt sanctis'; und für Tirol wird derselbe Brauch durch eine alte Handschrift aus dem Bozner Franziskaner Kloster bezeugt: ‚wanns Vich cranckh, soll mans durch ein Feur jagen, welches dann zum Ersten dadurch gehet, das soll man dem heilligen opfern, so werden und bleiben die andern gesundt.'[2])

Zweifels ohne sind die hier den Heiligen dargebrachten Thiere früher einer heidnischen Gottheit als Sühnopfer gefallen. Es ist zu bedauern, dass die beiden Nachrichten nichts über den Hergang dieses Thieropfers für die Heiligen erzählen; vielleicht hatte aber die Kirche, welche hier den alten heidnischen Brauch in die Hand

---

[1]) Noch jetzt schreibt der gemeine Mann allenthalben in Deutschland die Entstehung der meisten Krankheiten einer Vergiftung der Luft zu. Derselben Anschauungsweise gehören die Sagen an, dass kurz vor dem Ausbruch einer verherenden Pest Drachen in der Luft herumgeflogen seien und durch ihren Hauch alles vergiftet hätten.

[2]) Zingerle, Sag. etc. aus Tirol s. 472, 35. Wohl nur als eine, wenn auch sehr verdunkelte, Abschwächung des ehemals bei dem Nothfeuer dargebrachten Thieropfers ist es zu betrachten, wenn in Oesterr.-Schlesien die Hörner der einzelnen, von der Seuche befallenen Rinder beschabt und dann die abgeschabten Horntheilchen in die angefachte Gluth des Nothfeuers geworfen werden: Peter, Volksthüml. II s. 250.

genommen hat, schon damals, als unsere Berichterstatter schrieben, das wirklich geschlachtete Sühnopfer in die Spendung des ersten über das Nothfeuer gelaufenen Thieres an irgend ein Kloster oder Stift umgewandelt.

Wichtiger ist darum folgender Bericht aus England, welchen Kemble der Chronik von Lanercost vom Jahre 1268 entnommen hat: ‚Pro fidei divinae integritate servanda recolat lector, quod cum hoc anno in Laodonia pestis grassaretur in pecudes armenti, quam vocant usitate Lungessouht, quidam bestiales, habitu claustriales non animo, docebant idiotas patriae ignem confrictione de lignis educere et simulacrum Priapi statuere, et per haec bestiis succurrere. Quod cum unus laicus Cisterciensis apud Fentone fecisset ante atrium aulae ac intinctis testiculis canis in aquam benedictam super animalia sparsisset; ac pro invento facinore idolatriae dominus villae a quodam fideli argueretur, ille pro sua innocentia obtendebat, quod ipso nesciente et absente fuerant haec omnia perpetrata, et adiecit, et cum ad usque hunc mensem Junium aliorum animalia languerent et deficerent, mea semper sana erant, nunc vero quotidie mihi moriuntur duo vel tria, ita quod agricultui pauca supersunt.'[1])

Ausser dem Nothfeuer wird hier also noch ein Simulacrum Priapi aufgestellt, und zum Schluss der ganzen Handlung besprengt man alles Vieh ‚intinctis testiculis canis in aquam benedictam'. Ich halte ‚simulacrum priapi' nur für die Umschreibung von priapus; und dieser allgemeinere Ausdruck wird dann nachher näher bezeichnet als ‚testiculi canis.'[2]) Da wir nun Paragraph 2 A nachgewiesen haben, dass Hunde bei Viehseuchen als Opfer dargebracht werden konnten, so werden wir es auch hier mit einem Hundeopfer zu thun haben.

Man schnitt dem getödteten Thiere die Genitalien aus und wird dann mit dem daran klebenden Blute die kranke Heerde bespritzt haben, (ähnlich wie in Scandinavien die Theilnehmer mit dem Opferblut besprengt wurden: Grimm D. M² s. 49); denn die Eintauchung des Priapus in Weihwasser kann natürlicherweise nur eine Vermengung von christlichem und heidnischem Brauche sein.

---

[1]) Kemble, die Sachsen in England I s. 294 fg. vgl. Kuhn, Herabhol. d. Feuers pag. 45; Westfäl. Sag. II Nr. 406.

[2]) In dem simulacrum priapi mit Wolf und Kuhn ein Bild des Frô zu erkennen, und lediglich deshalb, weil Adam von Bremen den Fricco ‚ingenti priapo' abgebildet werden lässt (vgl. Grimm D. M.² s. 193), ist kein Grund vorhanden.

Gewis wurde dieser Ceremonie grosse Heilkraft zugeschrieben, und die Aufstellung des Hunde-Priaps, so wie die heilwirkende Besprengung der Heerde mit ihm vergleicht sich völlig jenen Wunderkräften, welche den Häuptern von Pferden und Rindern, die bei einem Seuchenopfer getödtet waren, beigemessen wurde. Dass man aber gerade die Genitalien zu der heilkräftigen Besprengung nahm, mag darin seinen Grund haben, dass dieselben schon an sich die nach den Zeiten der Seuche über die Heerde wieder neu sich ergiessende Lebenskraft symbolisch ausdrückten.

Zum Schlusse gestatte man mir noch eine kleine Abschweifung. Wolf sagt in seinen Beiträgen zur deutschen Mythologie (I s. 116): ‚Ist die Seuche wirklich ausgebrochen, dann treibt man das Vieh zwei- oder dreimal durch die heilige Flamme und zwar zuerst die Schweine, denn sie waren des Frô heilige Thiere, dann das Rindvieh, denn die Stiere waren seine Opferthiere, zuletzt die Gänse' und ebenda s. 117: ‚Rad und Sonne stehen also in engster Beziehung, ebenso das Feuer und die Fruchtbarkeit der Erde, das Gedeihen des Rindviehes und der Schweine, nicht des Wollenviehes.'

So geistreich nun auch diese Deutung ist, ich kann mich ihr nicht anschliessen; denn es ist immer rathsam, eine natürliche Erklärung anzunehmen, sobald sich eine solche ungezwungen darbietet. Wie wir oben nachwiesen, war es durchaus nothwendig, die kranken Thiere durch den heilkräftigen Rauch der Nothfeuerflamme zu treiben; gehörten dieselben nun verschiedenen Gattungen an, so war es nichts mehr als natürlich, dass man mit derjenigen den Anfang machte, welcher die noch hell emporschlagenden Flammen am wenigsten schaden konnten, also mit den Schweinen. Ueber die schon bedeutend gedämpfte Gluth wurden dann in naturgemässer Reihenfolge Kühe, Pferde und schliesslich wohl auch die Gänse getrieben. Bei letzteren war das Feuer dann schon fast ganz erstickt. Warum jagte man nun aber die Schafe nicht durch das Nothfeuer? Wohl kaum deshalb, weil Wollenvieh nicht wie Rindvieh und Schweine mit dem Feuer und der Fruchtbarkeit der Erde in Beziehung steht; der Grund ist vielmehr folgender. Triebe man eine Schafheerde über einen Haufen glühender Kohlen, so würden ein Paar Funken genügen, die dumme, sich dicht an einander drängende und voller Furcht in mitten des Feuers stockende Heerde in wenig Augenblicken in helle Flammen aufgehen zu lassen. Lieber wird deshalb der Bauer abwarten, wie viel Schafe ihm die Seuche übrig lässt, als dass er sie im Nothfeuer allesammt einbüsst. Von der rückständigen Asche desselben werden sie aber gewis ebenso wie alles andere Vieh auch ihr Theil, in das Futter gemengt, zum Fressen bekommen haben.

§ 4. Nothfeuer und Sühnopfer bei Seuchen.

Vergleichen wir nun die in Paragraph 2 und 3 gewonnenen Resultate: Bei allen germanischen Stämmen werden als Schutzmittel gegen die Seuche Nothfeuer entzündet und Thiere zur Sühne geopfert. Beide Sitten tragen das Gepräge des höchsten Alterthums an sich. Bei den Sühnopfern müssen Feuer gebrannt haben, bei den Nothfeuern Opfer dargebracht sein. Bei diesem wie bei jenem werden uns ausser dem Opfer von essbaren Thieren auch Hundeopfer bezeugt. In beiden Fällen gilt die rückständige Asche für heilkräftig, und giebt man sie dem kranken Vieh unter dem Futter mit ein. Kurz, es kann kein Zweifel mehr obwalten, wir haben es hier mit ein und derselben Sitte zu thun, deren Hauptmomente, Erzeugung der reinigenden Flamme und Darbringung des Sühnopfers, im Laufe der Jahrhunderte sich zu selbständigen, scheinbar von einander unabhängigen Bräuchen entwickelt haben, deren ehemaliger inniger Zusammenhang aber bei genauerer Untersuchung unmöglich abgeläugnet werden kann.

Eine Combination der oben gegebenen Schilderungen von dem Nothfeuer und den verschiedenen Arten des Seuchenopfers würde uns demnach ein getreues Bild des uralten Sühnopfers geben, wie es germanische Landleute bei einem Viehsterben ihrer höchsten Gottheit darbrachten. Denn nur der mächtigste Gott kann es sein, der ganze Landstriche durch die von ihm zur Strafe gesandten Seuchen verhert, aber auch nur er kann, durch Opfer versöhnt, die Landplage wieder fortnehmen und an ihrer Statt Glück und Segen zurückkehren lassen. Die Frage, wer dieser höchste Gott war, kann aber erst dann endgültig beantwortet werden, wenn wir über jeden einzelnen germanischen Stamm ausreichend mit Sagen oder älteren Zeugnissen versehen sein werden. So viel steht jedoch schon fest, dass Wuotan nicht allenthalben die erste Stelle einnahm, und dass ihm in vielen Gegenden Thunar[1]), in einigen Ziu (Tiu) und vielleicht sogar Fria den Rang streitig machte.

---

[1]) So sagt Adam von Bremen, Gesta Hammaburgensis Ecclesiae Pontif. IV cap. 27: ‚si pestis et fama imminet, Thôr idolo libatur.'

§ 5. Nothfeuer und Johannisfeuer.

Im Laufe der Zeit begann der für das Wohl seiner Heerde besorgte Landmann das Nothfeuer jährlich anzuzünden, um von vorneherein den Viehseuchen vorzubeugen, wie uns dies für Niedersachsen noch aus dem 19. Jahrhundert bezeugt ist.[1]) Bei einer jährlichen Wiederholung des Nothfeuers konnte aber eine Fixierung desselben auf einen bestimmten Tag im Jahre nicht ausbleiben, und zwar wird man aus nahe liegenden Gründen diesen Tag in den Anfang der Zeit haben fallen lassen, wenn das Vieh am häufigsten von Krankheiten heimgesucht wird, wenn das ‚Feuer' unter den Schweinen wüthet, also etwa in die Mitte des Juni.

Gerade dann herrscht auch nach dem Volksglauben die gröste Luftverpestung. Nach dänischem Aberglauben kommen in der Johannisnacht alle Giftkräuter aus der Erde hervor; im Solling glaubt man, alle bösen Dämonen erhielten in dieser Nacht besondere Kraft; in Schleswig-Holstein zieht am Johannisabend „de fleegnde Krew" (fliegende Krebs) durch die Luft, welcher den Menschen den Krebsschaden an den Leib bringt.[2]) Aehnliche Anschauungen hatte auch das Mittelalter, wie sich dies besonders in dem Glauben ausspricht, dass in früheren Zeiten um diese Tage herum oft Drachen durch die Lüfte gezogen seien und dadurch alles vergiftet hätten.

Kemble führt aus einem mittelalterlichen Schriftsteller einer Handschrift der Harlej. Sammlung folgende Stelle an: ‚Antiquitus enim dracones in hoc tempore (d. i. zur Zeit des Johannisfestes) excitabantur ad libidinem propter calorem, et volando per aëra frequenter spermatizabantur aquae, et tunc erat lethalis, quia quicunque inde bibebant, aut moriebantur aut grave morbum paciebantur. Quod attendentes philosophi jusserunt ignem fieri frequenter et sparsim circa puteos et fontes, et immundum reddiderunt fumum; nam per talem fumum sciebant fugari dracones.'[3]) Ganz ähnlich erzählt auch Joh. Beleth (1162) aus Frankreich: ‚Solent porro hoc tempore ex veteri consuetudine mortuorum animalium ossa comburi, quod huiusmodi habet originem. Sunt enim animalia, quae dracones

---

[1]) Grimm D. M.² s. 572.

[2]) Grimm, D. M.³ s. 589; A. Harland, Sag. u. Myth. a. d. Sollinge. s. 90; J. Ehlers, Was die Alten meinen. s. 96; Jahrbücher f. d. Landesk. d. Herzogth. Schlwg.-Hlstn.-Lauenb. VII Bd. Kiel 1864. s. 381.

[3]) Kemble, die Sachsen in England I. s. 296 fg.; vgl. Kuhn, Herabkunft d. Feuers p. 50.

appellamus, inde in psalmo: „laudate Dominum de terra dracones" non thracones ut quidam mendose legunt, scilicet terrae meatus. Haec inquam animalia in aëre volant, in aquis natant, in terra ambulant. Sed quando in aëre ad libidinem concitantur, quod fere fit, saepe ipsum sperma vel in puteos vel in aquas fluviales eiiciunt, ex quo lethalis sequitur annus. Adversus haec ergo huius modi inventum est remedium, ut videlicet rogus ex ossibus construeretur et ita fumus huiusmodi animalia fugaret. Et quia istud maxime hoc tempore fiebat (in festo S. Joannis), item etiam modo ab omnibus observatur.'[1])

Eine von Bartsch mitgetheilte meklenburgische Sage berichtet geradezu von einem Nothfeuer, das gegen einen solchen Drachen angezündet wurde, der allerdings hier aus dem giftverbreitenden Ungeheuer zu dem Getreide stehlenden Kobold geworden ist.[2])

Da nun in diese Zeit der Luftvergiftung, d. h. der grösten Hitze, auch das altheidnische Sommersonnwendfest fällt und später die kirchliche Feier des Geburtstages S. Johannis des Täufers, so ist es natürlich, dass die Nothfeuer allmählich in dieses Fest aufgingen und zu Johannisfeuern abgeschwächt wurden. Trotzdem war man sich aber noch lange des ursprünglichen Charakters der letzteren klar bewusst. So sagt Lindenbrog im Glossar zu den Capitularien: ‚Rusticani homines in multis Germaniae locis, et festo quidem sancti Joannis baptistae die, palum sepi extrahunt, extracto funem circumligant, illumque huc illuc ducunt, donec ignem concipiat: quem stipula lignisque aridioribus aggestis curate fovent, ac cineres collectos super olera spargunt, hoc medio erucas abigi posse inani superstitione credentes. Eum ergo ignem nodfeur et nodfyr, quasi necessarium ignem vocant.'[3])

Es ist hier noch durchaus der alte unveränderte Hergang wie bei dem zur Pestzeit entflammten Nothfeuer. Auch Nicolaus Gryse kennt noch den Namen ‚nodtfür' statt Johannisfeuer, und auch bei ihm wird dasselbe durch Reibung erzeugt: „Jegen den auendt warmede men sick by S. Johannis Lodt und nodtfüre, dat men vth dem Holte sagede. Solckes Für stickede men nicht an in Gades, sondern in S. Johannis Namen, lep vnd rönde dorch dat Für, spökende mit demsülven alse Vrs vnd Molochs dener, richtede men vele affgöderye vth, dreff dat vehe dardorch, vnd ys dusent fröwden vul gewesen,

---

[1]) Wolf, Beiträge II s. 387.
[2]) Bartsch, Meklenb. Sag. I Nr. 336, 14.
[3]) Grimm, D. M.² s. 570.

wenn men de Nacht mit groten Sünden, schanden vnde Schaden hefft thogebracht.'[1])

Doch auch die anderen Berichte über die Johannisfeuer können deren ursprünglichen Zusammenhang mit den Nothfeuern nicht verläugnen. Wie diese sind sie über alle germanischen Stämme hin verbreitet; auch hier muss eine jede Familie zu dem Feuer beisteuern.[2]) Die Kinder singen:

    Komm niemand zum Johannisfeur
    Ohne Brandsteur
    Oder — Hut- und Käppelesfeur.

Das heisst, wer da kommt, ohne Holz beizusteuern, dessen Hut oder Kappe wird ins Feuer geworfen, was auch wirklich öfters geschah.[3])

Die Entzündung des Johannisfeuers durch Reibung ist uns allerdings nur durch die älteren Berichte bezeugt, wenn wir nicht gerade dem sonst wenig verlässigen Montanus Glauben schenken wollen, dem zufolge sich noch jetzt die Ueberlieferung erhalten hat, es müsse durch Aneinanderreiben zweier trockener Hölzer und zwar Eichen- und Tannenhölzer erzeugt werden[4]); aber Krankheit vertreibende und Gesundheit fördernde Kraft wohnt ihm nicht minder wie dem Nothfeuer bei. Dies sprechen bairische Kinderlieder, welche beim Einsammeln des Holzes gesungen werden, aus:

    ‚Gebt ihr euer Steuer net,
    So lebt ihr euer Jahr net.....'
    ‚Wolln ihr uns kän Stuia gebn,
    Sollta 's Joha numma daleb'n.....'
    ‚G'hannesfeuer!
    Der Haber ist theuer!
    Wer kein Holz zum Feuer git,
    Erreicht das ewige Leben nit.'[5])

Also: wenn ihr euch nicht bei dem Feuer betheiligen wollt, so werdet ihr auch seiner Segnungen verlustig gehen und in Krankheit verfallen, (in demselben Jahre sterben). Schon Hunnius

---

[1]) Nic. Gryse, Spegel des antichristischen Pawestdoms. Rostock 1593. De I Bede. Im III. Gebodt heisst es: ‚S. Johannes Nodt vnd Lodtfür hefft de vorfrarenen erwarmet ‚ock hilligen schyn van sick gegeuen.'

[2]) Panzer, I s. 214. 238, 215. 241; Meier, Schwäb. Sag. s. 425 Nr. 112, 113; Baumgarten, a. d. Heimat. I. s. 27; Bavaria IV, 1, s. 202, 242.

[3]) E. Meier, Schwäb. Sag. s. 425 Nr. 112.

[4]) Montanus s. 33.

[5]) Panzer, Beiträge I s. 216. 218; Bavaria III, 1, 327; IV, 1, 242.

(Apostasia Eccles. Rom. cap. 4. § 434) sagt von dem Johannisfeuer: „Das sollte, dem alten Aberglauben nach, wider Zaubereyen helffen, und für Menschen und Viehe gut sein."[1]) Allgemein wird auch das Springen durch den heilkräftigen Rauch der Flamme geübt, was gegen alle möglichen Uebel schützt. So heisst es: ‚Wer übers Johannesfeuer springt, kriegt des sel jar s fiebe net';[2]) und ganz entrüstet schreibt Christoph Arnold, nachdem er vorher von dem Molochsdienst gesprochen: ‚Fast auf solche oder dergleichen Weise wie heutigen Tages das tolle Pövelgesindlein über das Johannesfeuer springt und abergläubischer heidnischer Weise sich samt ihren herbeigetragenen Kindern bei solcher Flammen wieder mancherley Krankheiten desselbigen Jahrs über räuchert und reiniget.'[3]) Im Mühlviertel in Niederösterreich gingen die Leute sogar, bevor sie durch die Flammen sprangen, erst betend und einen Spruch hersagend um dasselbe herum.[4])

Dass ebenfalls das Vieh durch die Johannisfeuer getrieben wurde, sagte schon der oben von Nicolaus Gryse angeführte Bericht, und auch der Tractatus des Nicolaus Dünckelspühel (geb. 1370, † 1433) ist hier zu berücksichtigen: ‚Ad hoc etiam pertinere videntur multe superstitiones que fieri solent circa ignes incensos in vigilia beati Johannis baptiste, qui a fatuis creduntur, quasdam virtutes habere, propter quod circa eos fiunt quaedam ut translationes et transilitiones, ac circumitiones et cetera multa vana, que gentiles in reverentiam ignis (quem ut deum coluerunt) facere soliti sunt.'[5]) Aus dem Bergischen erzählt Montanus, Vieh, das man über die Brandstätte führe, bliebe vor Behexung geschützt[6]), und in Preussen herrscht der Glaube, die am Vorabend des Johannisfestes angezündeten Feuer hülfen gegen Zauberei, Hagelschlag, Gewitter und Viehsterben, besonders wenn man am folgenden Morgen das Vieh über die Brandstelle auf die Weide hinaus führe.[7])

---

[1]) vgl. Arnkiel, Cimbr. Heyden-Religion I. Theil. XVIII Cap, § 4.
[2]) Grimm, D. M. Aberglaube. Nr. 918; Leoprechting, a. d. Lechrain. s. 183; Montanus. s. 33; Grimm D. M.² s. 584 fg.; Bavaria I, 1, 373 fg.; Rosegger, Sittenbilder. s. 85; Thom. Naogeorgus, Regnum Papisticum. 1553. Lib. IV. s. 156.
[3]) Christoph Arnold im Anhang zu Alexander Rossens „unterschiedliche Götterdienste in der ganzen Welt. Das ist Beschreibung etc. Heidelberg 1668."
[4]) Baumgarten, a. d. Heimat. I. s. 28.
[5]) vgl. Panzer, Btrg. II s. 259. Noch heute treibt man in Oberbaiern Vieh durch das Johannisfeuer: Bavaria I, 1, 373.
[6]) Montanus. s. 33.
[7]) Temme und Tettau, Ostpreuss. Volkssag. s. 277 fg.

Auch dem Gedeihen der Pflanzenwelt ist das Johannisfeuer ganz wie das Nothfeuer förderlich. Der Acker, worauf ein Sonnwendfeuer angezündet wird, freut sich 9 Jahre darauf, heisst es im Niederösterreichischen.[1]) In England riss man im frühen Mittelalter brennende Scheite, wie noch jetzt im Luzernischen beim Nothfeuer, aus der Gluth und lief damit um die Aecker: ‚faciunt etiam brandas et circuiunt arva cum brandis.[2]) Für Deutschland ist das Zeugnis Hildebrands (De Diebus Festis. 1701. s. 96) wichtig: ‚Soliti sunt olim in festo Johannis ardentes faculas manu gestare, iisque arva et segetes circumire, rati hoc modo frugibus benedici.' Auch Zeumer schreibt in seiner zu Jena im Jahre 1699 erschienenen Abhandlung über das Johannisfeuer (s. 12): ‚Ab hoc majori igne faculas ex stramine aliave eiusmodi materia quilibet bacchantium accendunt, easque manibus comprehendentes circum maius illud incendium fatuorum instar ignium saltant aut transiliunt, donec extinguantur.' . . . (s. 13): ‚Immani enim boatu montem ascendunt, faculis suis ardentibus sursum deorsumque vagantur, torresque coelum versus jaculantur, tripudia vociferantes exercent, et (nonnunquam) variis instrumentis musicis ludicrum spectaculum augent.'

So hoch man beim Johannisfeuer springt, so hoch wird der Flachs werden.[3]) Man spricht dabei z. B.:

‚Flix, Flax,
Dass mein Flax
Ueber vier Ela wax.' (Ochsenbrunnen)

oder:

‚I spring übes Sunwendfuie!
Álle Nachbén sán 'me' thuie.'
Springts mit mier àllz'samm!
So wird de' Hàr rècht lang.' (Niederaltaich.)[4])

Ist das Feuer erloschen, so nimmt sich ein jeder ein angebranntes Scheit mit in seine Wohnung. Dort bewahrt man es entweder als treffliches Schutzmittel gegen Unwetter und Feuersnoth auf[5]), oder man steckt es in die Felder, zumal in die Flachs-

---

[1]) Baumgarten, a. d. Heimat. I s. 28.

[2]) Kemble, die Sachsen in England I, s. 296 fg.; vgl. Kuhn, Herabkunft d. Feuers. p. 50.

[3]) Ueber die Einwirkung des Johannisfeuers auf das Gedeihen des Flachses vgl. Leoprechting s. 183; Panzer, Btrg. I s. 210. 231, 215. 241. 242; Birlinger, Volksth. II, 104, 105; Aus Schwaben. II, 117, 119; E. Meier, Schwäb. Sag. s. 423. 107, 425. 110; Bavaria I, 1, 374; II, 1, 242, 260, 310; III, 1, 343; III, 2, 936, 956; IV, 2, 360; Mannhardt, Baumkultus. s. 464, 502, 510 und die weiteren dort beigebrachten Belegstellen.

[4]) Panzer, Btrg. I s. 215, 241; Birlinger, Aus Schwaben. II. s. 119.

[5]) Zingerle, Sagen. s. 472. 32; Bavaria, IV, 1, 242.

sat, wodurch deren Gedeihen bedeutend gefördert wird.[1]) Die rückständige Asche endlich vermehrt, auf die Aecker gestreut, die Fruchtbarkeit des Bodens[2]); doch hebt man sie auch auf, da sie überhaupt in vielen Dingen grosse Heilkraft ausübt.[3])

Selbst der wichtige Zug, den wir bei dem Nothfeuer wahrnahmen, dass eine jede Familie von der heiligen Flamme neues Feuer für ihren Heerd mitnahm, hat sich in den Berichten über die Johannisfeuer erhalten. Dahn erzählt von den oberbaierschen Sonnwendfeuern: ‚Noch immer treibt man krankes Vieh hindurch, dass es gesunde, und mancher Hausvater löscht an diesem Tage das alte Heerdfeuer sorglich völlig aus und trägt sich in einem Brand vom Sunwendfeuer das wohlthätige Element in neuer segenkräftiger Wirkung nach Hause.'[4]) Nicht minder ist folgender von Montanus aus dem Niederrheinischen beigebrachte Brauch hierher gehörig: ‚Auf Johannis wurde bei den Landleuten nach alter Sitte der Feuerheerd mit dem sogenannten ‚Scharholz' jährlich neu angelegt. Dies Scharholz bestand aus einem schweren Blocke von Eichenholz, der an dem Feuerheerde so angebracht war, dass er anglühte, jedoch in Jahr und Tag erst völlig verkohlte. Um Johannis Mittesommer wurde das alte Scharholz bei der Neuanlage herausgenommen; die Kohlen wurden zerstossen und unter das Satkorn zu dessen Gedeihen gemischt oder in den Garten gestreut. Es sollte das Gedeihen der Saten befördern, den Brand des Weizens verhüten und die Raupen, Schnecken und Milben und andere schädliche Insecten und Würmer abhalten. In vielen Gebirgsgegenden ist dieses Scharholz noch bis auf heutige Tage in Anwendung.'[5])

In diesem letzteren Brauche wird allerdings das Scharholz nicht dem Johannisfeuer entnommen, aber trotzdem ist der innige Zusammenhang zwischen beiden Bräuchen nicht zu verkennen, schon in Anbetracht der Zeit, in der das neue Scharholz angelegt werden muss, und der heilkräftigen Wirkungen, welche den verkohlten Resten des alten zugeschrieben werden.

Sind nun die Nothfeuer, wie wir eben klar gelegt haben, in die Johannisfeuer übergegangen, so müssen bei den letzteren auch

---

[1]) Peter, Volksth. II s. 266; Grimm, D. M.² s. 586; Leoprechting a. d. Lechrain. s. 183; Panzer I s. 210. Nr. 231, vgl. auch s. 212, s. 215.

[2]) Vernaleken, Mythen. s. 307. 30; Montanus. s. 33.

[3]) Montanus. s. 33.

[4]) Bavaria, I, 1, 373.

[5]) Montanus. s. 127.

dieselben Opfer gefallen sein wie bei diesen. Natürlich können dieselben aber schon deshalb, weil durch die jährliche Wiederkehr das Sühnopfer nothwendiger Weise sich abschwächen muste, nicht so rein wie die bei den eigentlichen Nothfeuern dargebrachten Opfer überliefert worden sein, aber ganz baar von Mittheilungen über derartige Vorgänge auch bei den Sonnwendfeuern sind wir keineswegs.

Der oben schon einmal angeführte mittelalterliche Schriftsteller aus England (Harlej. Sammlung) schreibt: ‚In vigilia Beati Johannis colligunt pueri in quibusdam regionibus ossa et quaedam immunda et insimul cremant, et exinde producitur fumus in aëre.'[1] — Gregor Strigenitius (geb. 1548, † 1603) bemerkt in einer auf Johannis gehaltenen Predigt, die Eccard (Francia orientalis I, 425) anführt, das Volk (in Meissen oder Thüringen) tanze und singe um die Johannisfeuer. Einer habe ein Pferdehaupt in die Flamme geworfen und dadurch die Hexen zwingen wollen, von dem Feuer für sich zu holen.[2] — Martinus Bohemus sagt im Kirchenkalender 1608 s. 377: ‚So dürffen wir auch nicht an seinem (St. Johanns) Tage Todtenbeine verbrennen, Fackeln oder Lichter anzünden oder Reder umbtreiben. Denn das brennen der Todtenbeine und anderer stinkender Sachen ist heidnisch.'[3] — Bei Hildebrand (De Diebus Festis. 1701. s. 96) heisst es: ‚Alicubi enim ex veteri more pueri ossa et quisquilias colligunt, et concremant, ut fumus inde excitetur.' — Aus dem Bergischen berichtet Montanus den Brauch, ein Pferdehaupt in das Johannisfeuer zu werfen[4]; und endlich mag hier noch einmal aus dem oben angeführten Bericht von Joh. Beleth 1162 (derselbe kann ja leicht auf germanischer Sitte beruhen) citiert werden: ‚Solent hoc tempore (in festo s. Johannis) ex veteri consuetudine mortuorum animalium ossa comburi.'

Diese aus den verschiedensten Gegenden beigebrachten Nachrichten beweisen, dass in die Johannisfeuer ehemals Thierhäupter und Knochen geworfen wurden. Wie ist dies nun zu verstehen? Den Thieren, welche bei dem grossen Sühnopfer gegen die Seuche dargebracht wurden, schnitt man, als Gabe für die Gottheit, das Haupt ab und hing dasselbe an heiliger Stelle im Hause auf, weil es die Versöhnung mit den Himmlischen und ewigen Schutz vor

---

[1] Kemble, die Sachsen in England. I, 296 ff.; Kuhn, Herabkunft d. Feuers p. 50.

[2] Vgl. Grimm D. M.³ s. 585; Birlinger, aus Schwaben II, s. 122; Zeumer, Ignem Johannaeum vulgo Das Johannis-Feuer etc. 1699. s. 11.

[3] Birlinger, aus Schwaben II, s. 122.

[4] Montanus s. 34.

neuen Krankheiten verbürgte. Eine solche Unheil vertreibende Kraft wird nun den Schädeln der Opferthiere, welche bei dem der Seuche vorbeugenden Johannis-Nothfeuer (wenn ich so sagen darf) geschlachtet wurden, nicht beigelegt worden sein. Man wird sie deshalb auch nicht unter der Dachfirst als hoch in Ehren zu haltende Talismane aufgehängt, sondern vielmehr, zur Erhöhung der reinigenden Kraft des Feuers, in dasselbe geworfen haben. In den Schädeln, welche in die Johannisfeuer geschleudert werden, erkenne ich demnach die Häupter von Opferthieren; und ebenso werden die bei Kemble, Beleth, Hildebrand und Bohemius erwähnten Todtengebeine die Knochen der von den Theilnehmern am Opfer verzehrten Thiere sein.

Knochenopfer scheinen überhaupt dem germanischen Heidenthum eigenthümlich gewesen zu sein. So klagt der Bischof Gebhard von Halberstadt noch anno 1462 über heidnische Verehrung eines Wesens, das man den guten Lubben nenne, und dem man auf einem Berge Schochwitz in der Grafschaft Mansfeld Thierknochen darbringe.[1]) Auch die von Kuhn aus der Mark beigebrachten Sitten, Knochen in das Osterfeuer zu werfen und am Karfreitag oder ersten Ostertag einen Knochengalgen[2]) zu errichten, gehören hierher.[3])

Die scheinbare Misachtung gegen die Götter, welche in einem solchen Knochenopfer liegt, wird sich in das Gegentheil verkehren, wenn wir uns folgende germanische Mythe vergegenwärtigen, die, schon für die ältesten Zeiten unseres Heidenthums bezeugt, noch heute lebendig in der Sage fortlebt. Ein Gott schlachtet ein Thier und verzehrt in Gemeinschaft mit zum Mahl hinzugezogenen Menschen dessen Fleisch, nachdem er den Leuten vorher befohlen, ja keinen Knochen zu verletzen oder fortzuwerfen. Nachdem alles gesättigt ist, wirft der Gott die übrig gebliebenen Gebeine in die abgezogene Haut, und in demselben Augenblick steht auch das Thier frisch und munter wie zuvor da.[4])

---

[1]) Grimm, D. M.² 493.

[2]) Kuhn, Märk. Sag. 311. 323.

[3]) Vgl. auch Grimm D. M. Nachtrag s. 26 zu s. 36. Beachtenswerth ist auch folgende Stelle in ‚der alten weiber philosophey, getruckt zu Franckfort am Mayen 1537': ‚Welcher die beyn so das fleysch ab ist, ins fewer wirfft, oder lesst werffen, inn Sanct Laurentz ehren, der soll nimmermehr das zangeschwer haben.'

[4]) Vgl. dazu Grimm, D. M.² s. 168. 169; Wolf, Beiträge I s. 88 fg.; M.

Bei einer solchen Anschauungsweise muste den Göttern das Opfer von Haupt, Haut und Knochen ebenso genehm sein wie die Darbringung des ganzen Thieres. Allerdings ist das Opfer der Haut in unseren Sonnwendfeuerbräuchen nicht mehr erhalten; dass aber auch das Fell der Gottheit dargebracht wurde, ersehen wir aus dem in der Vita Barbati (in den Actis Sanctorum vom 19. Febr. p. 139) beschriebenen Opferfest der Langobarden.[1]) Ebenfalls finde ich meine Annahme, dass die Knochen ganz und ungebrochen der Gottheit dargebracht werden musten, in einer abergläubischen Meinung bestätigt, welche Geiler von Kaisersberg in der Emeis bekämpft. Dort heisst es: „Du fragest: sol ich geweichte bluomen vnd kraut dem fych geben zuo gesundheit; warum gibt man nicht die beinlin von dem Osterlamb den hunden, das gesegnet ist? man spricht sie werden vnsynnig. Ich wil vff der hund seiten sein vnd sprich, das man sie inen wol geben mag, es schadet nüt; sie trincken dick geweicht wasser vnd schadet in nüt."[2]) Die heidnische Sitte ist hier auf das christliche Osterlamm übertragen. Es wäre ein Verbrechen die heiligen, für die Gottheit bestimmten Knochen den Hunden zu übergeben, dass sie dieselben brechen und fressen; und der Frevel rächt sich, indem die Thiere dadurch unsinnig werden.

Für die Annahme, dass wir in den Knochen und Schädeln, welche in den Sonnwendfeuern verbrannt werden, eine Erinnerung an ehemalige Opfer zu erblicken haben, spricht ferner der Umstand, dass man allenthalben in Deutschland in diese Feuer Blumen warf: denn mit Blumen wurde auch das Opferthier bei dem Sühnopfer gegen Viehseuchen bekränzt, und überhaupt wird der ganze Verlauf unserer Untersuchung lehren, dass Blumenschmuck keinem germanischen Opfer mangeln durfte. Sebastian Franck schreibt in seinem Weltbuch 51b: „An S. Johanstag machen sie ein Simetfeuer, tragen auch diesen Tag sundere Krenz auf, weiss nicht aus was aberglauben, von Beifuss und Eisenkraut gemacht, und hat schier ein jeder ein blau Kraut, Rittersporn genant, in der Hand: welches dadurch in das Feuer sihet, dem thut dis ganz Jahr kein

---

Lexer in Wolfs Ztschrft. III s. 34; Vonbun, Sagen Vorarlbergs s. 27, 28; 34, 35; Zingerle, Sagen a. Tirol. s. 10, Nr. 13 s. 11, Nr. 14 s. 411 Nr. 725; derselbe in Wolfs Ztschrft. II s. 177; Vernaleken, Alpensag. s. 183 Nr. 134; 407, 107; Rochholz, Aargauer Sag. Nr. 229; J. Haltrich, Deutsche Volksmärchen aus dem Sachsenlande in Siebenbürgen. Berlin 1856. Nr. 14.

[1]) Grimm, D. M.[2] s. 616.

[2]) A. Stöber, Geiler von Kaisersberg, Emeis. s. 56.

Aug weh; wer vom Feur heim zu Haus weg wil gehn, der wirft dis sein Kraut in das Feur, sprechende, ,es geh hinweg und werd verbrennt mit disem Kraut al mein Unglück.' Bei Nic. Gryse findet sich die Stelle: ,Ock hefft men an dissem dage gewyheden Byfoth vmme sick gegordelt edder gebunden, vnd gesecht, dat wenn einer densülnen by sick hedde, so worde he nicht möde vp der reyse wen he ginge, were ock gudt vor de wehedage des rüggen.'[1]) Auch Goropius berichtet: ,Jano igitur paulo ante messem festum diem agebant sub Ethnicismo Cimbri omnes, artemisia (Bivoet, S. Johannis-Kraut) cincti et coronati.'[2]) Recht alterthümlich hat sich bis heute der Brauch im Oesterreichischen erhalten. Dort werden die Blumen unter Sprüchen dem Feuer übergeben. Nach jedem Spruche wird um das Feuer getanzt, und dabei werden die letzten Worte jedes Spruches gesungen. Aehnliches geschah auch im Bergischen, in Steiermark und in Schwaben.[3])

Wichtig ist, dass die Art der zu opfernden Blumen keineswegs gleichgiltig war. Es scheinen fast durchgängig nur Beifuss, Eisenkraut und Rittersporn dazu verwandt, in einigen Gegenden auch Gertraudenkräuter und gelber Frauenpantoffel[4]): Alles Kräuter, denen der Volksglaube grosse Heilkraft zuschreibt. So wird in einem alten Kräuterbuch aus dem Jahre 1521, betitelt ,In disem Buoch ist der Herbari: oder kreüterbuoch: genant der gart der gesuntheit mit merern Figuren und Registeren', der Beifuss z. B. ,ein mütter der kreütter' genannt, und das Eisenkraut (Verbena) gar galt so heilig, dass es nach Geiler von Kaisersberg vor Sonnenaufgang mit Gold aus der Erde herausgegraben werden muste.[5])

---

[1]) Nic. Gryse, Spegel des antichrist. Pawestdoms. Rostock 1593. De I. Bede.

[2]) Goropius, Vertumnus. f. 47 fg.; vgl. Fibiger, De Poculo S. Joannis. 1675. § 39. Auch Reiske, Untersuchung des Nothfeuers. Frankfurt und Leipzig 1696. p. 77 sagt: ,Das Feuer wird unter freiem Himmel angemacht, vom jungen und gemeinen Volke darüber gesprungen, allerhand Kraut darein geworfen: gleich ihm möge alles ihr Unglück in Feuer und Rauch aufgehn.' vgl. ferner Thom. Naogeorgus, Regnum Papisticum. 1553. Lib. IV. s. 156 fg.; Hildebrand, De Diebus Festis. s. 96.

[3]) Vernaleken, Mythen. s. 307. 31; Baumgarten, a. d. Heimat. I s. 29; Montanus. s. 33; Birlinger in Wolfs Ztschrft. IV. s. 44; Grimm, D. M.² s. 585 Anm.; Rosegger, Sittenbilder. s. 85.

[4]) Panzer I s. 212 Nr. 235, 249. Nr. 283; Zingerle in Wolfs Ztschrft. IV s. 42; Bavaria IV, 1, 242; Grimm, D. M.² s. 1162.

[5]) A. Stöber, Geiler von Kaisersberg, Emeis. s. 50.

Bei dem innigen Zusammenhang, in welchem unser Alterthum mit der ganzen Naturwelt lebte, verstand es die grosse Heilkraft einer Menge jetzt völlig unbeachteter Kräuter hoch zu schätzen; und da es in ihnen dankbar köstliche Geschenke der Götter erblickte, so wuste es in kindlicher Einfalt dieselben nicht besser zu vergelten, als dadurch, dass es gerade die heilkräftigsten Blumen bei dem Opfer den Himmlischen darbrachte.

Weisen schon die in die Flamme geworfenen Knochen auf ein früheres Opfermahl bei dem Johannis-Nothfeuer hin, so wird dies auch noch anderweit bestätigt. Am Rhein fand am Sonnwend-Tage das sogenannte Johannisessen statt, was auch jetzt noch in vielen Gemeinden in der Erinnerung leben soll. Schon eine Polizeiordnung des Rathes der Stadt Landau vom Jahre 1564 verfügt hierüber: „Zum fünfften sollen alle Johannsfeuer (dieweil es ein haidenisch werck) auch das Nachtzeren so bey denselbigen Feuern biss hieher angestelt worden, hiemit abgethan sein etc."[1]) In Niederösterreich isst und trinkt man bei dem Johannisfeuer und treibt dabei allerhand Kurzweil.[2]) Im Aargau kocht man an ihm Erbsen und braucht dieselben dann als Salbe gegen Verletzungen.[3]) Derselbe Brauch war auch in Schwaben bekannt, und nannte man dort die Erbsen „Hansersche"; sie galten für allerlei Dinge gut und wurden deshalb den Kindern zu essen gegeben.[4]) In Oesterr.-Schlesien bricht man vor Johannis vom Holunder eine Blüthentraube ab, bäckt dieselbe in einem Pfannenkuchen und verzehrt beides dann beim Johannisfeuer; das schützt gegen Zahnweh.[5])

Und nicht allein gegessen wurde dann zur Ehre der Götter, man trank auch ihre Minne. Sehr beachtenswerth ist hier der Bericht Müllenhoffs wie er ihn von einer alten Frau in Lägerdorf, Herrschaft Breitenburg, hörte: „Vor Zeiten wären da bei dem Dorfe die Hexen in der Johannisnacht auf freiem Felde verbrannt. Das wäre nun freilich nicht eigentlich geschehen, sondern auf diese Weise. Auf einer Koppel machte man ein grosses Feuer an; darüber hin legte man an einem Querbaum zwischen zwei grossen Seitenpfählen einen Braukessel mit Bier auf. Daraus schöpfte man

---

[1]) Montanus s. 33; Bavaria IV, 2, s. 360.
[2]) Vernaleken, Mythen. s. 307, Nr. 31.
[3]) Rochholz, Schweiz. Sag. a. d. Aargau II s. 227.
[4]) Meier, Schw. Sag. s. 427, 114; Grimm D. M.² s. 585.
[5]) Peter, Volksth. a. österr. Schlesien II s. 242.

mit Bierkannen und trank das warme Bier. Alt und Jung, das ganze Dorf nahm an diesem Feste Theil. Dann und wann ging eine gewisse Frau etwas vom Feuer weg und rief: ‚Kumt häer jü ole Hexen rint Füer.' Und das hätte man das Verbrennen der Hexen genannt.'[1])

Der Tag, an dem dieser Brauch statt fand, und der Zweck wofür: nämlich die Hexen zu verbrennen, das heisst, sich vor dem bösen Einfluss der das Gedeihen des Viehstandes und die Fruchtbarkeit des Feldes schädigenden Mächte zu schützen, zeigen uns, dass wir es hier mit einem Johannis-Nothfeuer zu thun haben. Der Bericht scheint unvollständig, und die Frau wird wohl von dem in langer Zeit nicht mehr ausgeübten Brauch nur das im Gedächtnis behalten haben, was damals auf ihr Gemüth den grösten Eindruck gemacht hatte. Im Uebrigen bietet die Erzählung höchst alterthümliche Züge; man halte nur folgende Stelle aus dem Leben des heiligen Columban dazu: ‚Sunt etenim inibi vicinae nationes Suevorum; quo cum moraretur et inter habitatores illius loci progrederetur, reperit eos sacrificium profanum litare velle, vasque magnum, quod vulgo cupam vocant, quod viginti et sex modios amplius minusve capiebat, cerevisia plenum in medio habebant positum. Ad quod vir dei accessit et sciscitatur, quid de illo fieri vellent? Illi ajunt: deo suo Wodano, quem Mercurium vocant alii, se velle litare.'[2]) Wir werden darnach auch in dem von Müllenhoff erwähnten Kessel einen Opferkessel zu erblicken haben, aus dem die Minne irgend eines Gottes getrunken wurde.

Dem eben besprochenen Zeugnis vergleicht sich folgende Stelle aus den Werken des Strigenitius: ‚Auch ist grosse Schwelgerey bey solchem Johannis-Feuer gewesen, welches man Johannis-Trunck genennet, da mancher vermeinet hierdurch sonderbare Stärcke zu trincken, da doch Johannes der Täuffer weder Wein, noch starck Geträncke getrunken, wie der Engel Gabriel selbst bezeuget.'[3]) Während hier Feuer und Minnetrank in engstem Zusammenhang stehen, wissen andere Berichte nur noch, dass von alters her am Johannistage viel getrunken werden muste. So sagt z. B. eine Handschrift des 16/17. Jhdts. aus Schwaben: ‚An diesem tage trinkt schier ydmann

---

[1]) Müllenhoff Nr. 289.

[2]) Jonas bobbiensis vita Columban. Mabillon ann. Bened. 2, 26: Grimm D. M.² s. 49.

[3]) De Poculo S. Joannis, quod vulgo appellant S. Johannis Trunck. Joh. Adam. Fibigerus. Lipsiae 1675. § 32.

Mett nach Landesbrauch'[1]); ebenso besteht noch das „Johannisbier" in Hambüren bei Celle.[2]) Etwas bestimmter erzählt Denis, in seiner Jugend sei allenthalben lustig über die Johannisfeuer gesprungen, und dabei hätte Meth sein müssen[3]); ganz ähnliches besagt auch ein Nürnberger Mandat vom 20. Juni 1653.[4]) Ueberhaupt ist der Meth das altübliche Getränk am Johannistage. S. Johannes der Täufer heisst davon der Methhansel in Steiermark und Baiern. Die Buben führen ihre Dirndeln an diesem Tage zum Meth.[5])

Wie allgemein aber das Minnetrinken bei den Johannisfeuern einst gewesen sein muss, erkennen wir am besten daraus, dass die Kirche diesen Brauch hie und da endlich selber sanctionirte, weil sie ihn nicht zu unterdrücken vermochte. Auf diese Weise entstand der zu Mittsommer getrunkene kirchliche Johannissegen, welcher wohl zu unterscheiden ist von dem Wein, welcher am 27. Dezember, dem Tage S. Johannis, des Evangelisten, von der Kirche geweiht wird; aber noch lange schrieb man ihm das Wohl der Landwirthschaft fördernde Kräfte zu, und so ward er z. B. in Nürnberg deshalb getrunken, damit ein warmer und fruchtbarer Sommer erfolgen möge.[6])

Konnten wir nun auch aus den Berichten über die Johannisfeuer ein völlig abgerundetes Bild der auf den Johannistag fixirten, jährlich wiederkehrenden Nothfeuer, verbunden mit einem Opfer, herausschälen, so darf dabei doch nicht ausser Acht gelassen werden, dass auch das altheidnische Mittsommerfest, wie alle germanischen Jahresfeste, seine ihm eigenthümlichen Feuer gehabt haben wird. Es müssen in den Johannisfeuern ausser den Nothfeuern also auch die heidnischen Sonnwendfeuer erhalten sein, auf welche letztere einzugehen wir noch später mehrfach Gelegenheit haben werden.

---

[1]) Birlinger aus Schwaben II s. 162, vgl. auch Seb. Franck, Weltbuch. Theil I f. CXXXIV.

[2]) Kuhn und Schwartz, Nordd. Sag. 392.

[3]) Grimm D. M.² s. 585.

[4]) Grimm D. M.² s. 586; vgl. auch den Brauch in Teuschnitz, Bavaria III, 1, s. 328.

[5]) Die kärnthn. Sitte mitgetheilt von Herrn Prof. Weinhold, die bair. nach Schmeller, Bair. Wörterbuch. 2. Aufl. I. s. 1688.

[6]) Panzer II, 239, 441; Pfister, Merkwürdigkeiten der Stadt Nürnberg. 1833. I, 338; vgl. über das Trinken des Johannissegens zu Mittsommer in Schwaben auch Meier, Schw. Sag. 427, 117; Zingerle, Johannissegen und Gertrudenminne s. 180 ff.; Bavaria 1, 1, 310.

Was das Alter der Johannisfeuer angeht, so scheint schon der heilige Eligius dieselben zu verbieten, wenn er, allerdings etwas unbestimmt, befiehlt: „Nullus in festivitate S. Joannis vel quibuslibet sanctorum solemnitatibus solstitia aut vallationes (? balationes), vel saltationes aut caraulas (i. e. choraulas) aut cantica diabolica exerceat."[1]) Der älteste Bericht über die Verschmelzung von Sonnwendfeuer und Nothfeuer zum Johannisfeuer dagegen ist der von Joh. Beleth aus dem Jahre 1162[2]), doch wird dieser Vorgang gewis schon in weit früherer Zeit statt gefunden haben.

§ 6. Johannisfeuer, Nothfeuer und Sühnopfer bei andern indogermanischen Völkern.

Es liesse sich nun einwenden, dass gerade die Bräuche, welche wir, als ursprünglich dem Nothfeuer angehörend, von den Johannesfeuern abgelöst haben, sich auch in dem ganzen übrigen Europa bei denselben nachweisen lassen. So entzündete man in Masuren das Johannisfeuer in derselben Weise, wie in Deutschland das Nothfeuer hergestellt wird. Man löschte dort am Johannisabende alles Feuer aus, rammte einen eichenen Pfahl ein, legte ein Rad darauf und drehte so lange, bis es zündete. Dann nahm jeder einen Brand und steckte damit zu Hause sein Heerdfeuer wieder an.[3]) Genau wie in Deutschland springen in Griechenland, Russland und Frankreich die Theilnehmer am Johannisfeuer durch die Flammen[4]), und ebenso treibt man in Böhmen, Litthauen, Serbien, Russland und Frankreich das Vieh durch dies Feuer, um dasselbe vor Seuche, Zauberei und Milchbenehmung zu bewahren.[5])

Auch die Heilkraft der rückständigen Asche und der übrig gebliebenen Kohlen ist Slaven und Celten in gleicher Weise wie den Germanen bekannt; auch sie stecken die verkohlten Scheite in die Aecker, um die Fruchtbarkeit der Felder zu fördern, auch sie bewahren die Jo-

---

[1]) Vgl. Grimm D. M.² s. 588; Aberglaube A.

[2]) Wolf, Btrg. II s. 387.

[3]) W. Mannhardt, Baumkultus s. 520 aus Pisanski, N. Pr. Provinzialblatt VI, 148, 109.

[4]) W. Mannhardt, Baumkultus s. 510, 512; Wolf, Beiträge II s. 395; Grimm D. M.² s. 588, 590.

[5]) W. Mannhardt, Baumk. s. 510, 512, 519; Wolf, Beiträge s. 392 ff.; Grimm, D. M.² s. 591; Vernaleken, Mythen. s. 308, Nr. 32.

hannisfeuerasche als Universalmittel gegen allerhand Krankheiten und Uebel auf.[1]) Es wäre daher immerhin denkbar, dass wir es hier mit keiner ursprünglich germanischen Sitte zu thun haben, sondern dass von anderswoher der Brauch der Johannisfeuer in gleicher Weise auf Celten, Slaven und Germanen überkommen sei.

Nun war aber auch das Nothfeuer germanischen und celtischen Völkerschaften gemeinsam, wofür Grimm in seiner deutschen Mythologie genügend Zeugnisse angeführt hat[2]), und selbst in Indien pflegte man krankes Vieh durch den Rauch zu treiben.[3]) Wie in Deutschland fiel auch in Schottland das Opfer eines Rindes bei dem Nothfeuer[4]); und konnten wir von den germanischen Stämmen nachweisen, dass sich bei ihnen die Sitte, zur Zeit einer Viehseuche ein Thier als Sühnopfer zu vergraben, oder ihm das Haupt abzuschneiden, im Laufe der Jahrhunderte von dem ihm früher eng verbundenen Nothfeuer als ein selbständig für sich bestehender Brauch abgelöst hat, so finden wir ähnliches auch bei slavischen und ehstnischen, celtischen und romanischen Völkerschaften wieder. Praetorius erzählt in seiner Weltbeschreibung 2, 162. 163: ‚Die undeutschen Leute (Wenden) pflegten zur Abwehrung und Tilgung der Viehseuchen um ihre Ställe herum Häupter von tollen Pferden und Kühen auf Zaunstaken zu stecken; auch ihren Pferden, welche des Nachts matt oder müde geritten würden vom Mahr oder Leeton, einen Pferdekopf unter das Futter in die Krippe zu legen; das hemme die Macht des Geistes über das Thier.'[5]) Ganz ähnlich stecken noch heute die Walachen Pferdeschädel auf Zaunpfähle, Umfriedigungen und Hausdächer zum Schutz, wie es heisst, gegen Seuchen und Dämonen.[6]) Die Ehsten graben bei Viehseuchen ein Stück der Heerde unter die Stallthür, um dem Tod ein Opfer zu bringen und dem Viehsterben ein Ende zu bereiten.[7]) Und wie in Deutschland kommen endlich auch im romanischen Rhätien, in Russland, in Kent und bei den Kimri in Wales[8]) hölzerne Pferde-

---

[1]) Mannhardt, Baumkultus s. 510 (512); Wolf, Beiträge II s. 393; Grimm D. M.² s. 588; Vernaleken, Mythen. s. 307, Nr. 30.

[2]) Grimm, D. M.² s. 574 ff.

[3]) Mannhardt, Baumkultus s. 518 aus der Zs. f. vgl. Sprachforschung XV, 228.

[4]) Grimm D. M.² s. 574.

[5]) Vgl. Grimm, D. M.² s. 626.

[6]) Schuster, Woden s. 42.

[7]) Grimm, D. M. Aberglaube der Ehsten. Nr. 69.

[8]) Heinr. Schreibers Taschenbuch für 1840. s. 240 fg.; Petersen, die Pferdeköpfe auf den Bauernhäusern. s. 209, s. 211.

köpfe auf den Giebeln der alten Bauernhäuser vor: wie wir oben sahen, eine Erinnerung an die unter der Dachfirst aufbewahrten Häupter der bei dem Sühnopfer zur Zeit von Viehseuchen gefallenen Opferthiere.

Bestreitet man also die Ureigenthümlichkeit der Johannisfeuer bei den Germanen, so muss folgerichtig auch ein Gleiches von dem Nothfeuer und dem mit diesem verbundenen Sühnopfer behauptet werden, was doch kaum jemandem einfallen wird. Wir haben es eben hier weder mit einer Entlehnung germanischer Bräuche durch Celten, Ehsten und Slaven zu thun noch umgekehrt, sondern mit einer urindogermanischen Sitte, welche sich unter ähnlichen Lebensbedingungen auch in ziemlich gleicher Weise bei den verschiedenen Völkerschaften weiter entwickelte und in dieser Entwicklung je nach dem Nationalcharakter der einzelnen Stämme naturgemäss kleinere oder grössere Abänderungen erfuhr.

§ 7. Opfer bei Viehkrankheiten und Seuchen in Baiern und den deutsch-österreichischen Landschaften.

Man konnte aber auch auf eine andere, als die bis jetzt angegebene Art und Weise die Krankheiten vertreiben. Es ward nämlich ein Abbild des kranken Gliedes oder Körpertheiles in Holz, Metall oder Wachs angefertigt und dann als Opfer an irgend einer heiligen Stätte aufgehängt. Indem so zwischen dem Erflehten und dem geopferten Gegenstand Analogie beachtet wurde, hoffte man Heilung.

Diese Sitte der Votiv-Glieder war auch den Griechen und Römern bekannt, und mag, wie Grimm sagt[1]), durch letztere nach Deutschland übertragen worden sein, wenn man nicht zugeben will, dass unsere Vorfahren früher selbst damit bekannt waren. So viel ist aber sicher, dass zu der Zeit, als das Christenthum in Deutschland festen Fuss zu fassen begann, diese Paganie in dem Volksglauben schon tief eingewurzelt war.

Schon in der ersten Hälfte des 6. Jhdts. berichtet Gregor von Tours aus Ripuarien[2]): „Eunte rege (Theoderico) in Agrippinam urbem, et ipse (s. Gallus) simul abiit. Erat autem ibi fanum quoddam diversis ornamentis refertum, in quo barbaris (l. Barbarus) opima libamina exhibens usque ad vomitum cibo potuque replebatur. Ibi et simulacra ut deum adorans, membra, secundum quod

---

[1]) Grimm, D. M.² s. 1131.
[2]) Gregor Tur. Vitae Patr. 6. vgl. Grimm, D. M.² s. 71 und s. 1131.

ununiquemque dolor attigisset, sculpebat in ligno. Quod ubi s. Gallus audivit, statim illuc cum uno tantum clerico properat, accensoque igne cum nullus ex stultis paganis adesset, ad fanum applicat et succendit,' und dann weiter: ‚Visi enim in eo barbari gentili superstitione modo auri argentique dona, modo fercula ad potum vomitumque ebrii offerre, cultumque ‚quo nihil insanius, istic simulacrum inanis dei, ac ut quemque affecti membri dolor presserat, sculpebat in ligno suspendebatque opitulaturo idolo.' Hierher gehört auch das Verbot des Eligius: ‚Pedum similitudines, quos per bivia ponunt, fieri vetate et ubi inveneritis, igni cremate, per nullam aliam artem servari vos credatis, nisi per invocationem et crucem Christi'[1]) und § 29 des Indiculus Superstitionum: ‚De ligneis pedibus vel manibus pagano ritu.'

Diesen Brauch, gegen den die ersten Bekehrer auf alle Weise eiferten, gestattete jedoch bald die Kirche selbst, und schon aus dem 10. Jhdt. wird berichtet, einer gelähmten Frau sei im Traume bedeutet worden ‚ut instar semivivae manum ceream formando exprimeret et ad sanctae Idae tumulum deferret'[2]). Ja noch heute ist die Sitte, auf diese Weise seiner Krankheiten sich zu entledigen, in den katholischen Gegenden Deutschlands allgemein verbreitet, und die Menge des geopferten Wachses mag eine nicht geringe Einnahmequelle mancher, durch ihre wunderthätigen Gnadenbilder berühmter Kirchen bilden.

Während nun anfangs, wenigstens nach den ältesten Berichten zu schliessen, Nachbildungen leidender Glieder oder Körpertheile nur bei menschlichen Krankheiten zum Zweck der Heilung aufgehängt wurden, finden wir diese Sitte im Laufe der Zeit auch auf Thierkrankheiten ausgedehnt. Es hat dasselbe jedoch nur in Baiern und den benachbarten deutsch-österreichischen Landschaften festen Fuss gefasst, wogegen es in anderen Gegenden Deutschlands nur ganz sporadisch vorzukommen scheint.[3])

---

[1]) Grimm D. M. Aberglaube A.
[2]) Pertz, 2, 573 vgl. Grimm D. M.² s. 1131.
[3]) Wohl kaum ist aus folgender Stelle bei Nic. Gryse (Spegel des Antichristischen Pawestdoms. Rostock 1593. Dat 7. Gebodt) eine Verbreitung der Sitte, bei Viehkrankheiten Votivbilder aufzuhängen, für ganz Deutschland anzunehmen: ‚Ja gelyck alse ock im Jödendom de Tempelsheren thor tydt Christi im Tempel ere kremerye vnd wesselye hedden, Also ock im Antichristendom, dar men hefft wassene Bilder, Arme, Knaken, Perde, Swyne, Kinder, etc. vmme Geldt tho kope gehat, wenn wor einer schaden angeleden, de hefft vp dat Altar vor Minschen vnd Vehe desüluen geoffert.' Gryse wird wohl hier wie auch sonst häufig auf spezifisch süddeutschen Berichterstattern fussen.

An die Stelle der heidnischen Gottheit, welcher ehemals derartige Opfer dargebracht wurden, ist gewöhnlich der heilige Leonhard getreten, der als Viehpatron bei dem bairischen Landvolk sich überhaupt der grösten Verehrung erfreut. Der älteste Beleg für solche Opfer bei Viehkrankheiten geht zwar nicht über den Anfang des 16. Jahrhunderts hinaus, doch wird dieser Brauch schon in weit früherer Zeit ausgeübt worden sein.

Martinus (Synopsis Miraculorum etc. 1659, neu aufgelegt zu Augsburg 1712) schreibt über die Leonharduskirche zu Inchenhofen in Oberbaiern: ‚opfer': 1510 ‚die noch übrige 4 (pferd) befihlt er s. Leonhard mit vier eysenen ringen, einer schineysen, auch jährlich solche mit einem kreutzer zu lösen'; 1511 ‚eysenes kühlein'; 1601 ‚wächsenes kühlein'; 1641 ‚wächsenes rössel'; 1599 ‚hueffeisen'.[1]) Auch Rivander sagt im Exempelbuch I, 32: ‚S. Leonhard opfert man eysern Pferdt und Hufeysen, auch eyserne Ketten'[2]). Noch heute wird dem heiligen Hermann zu Bischofmais im Bairischen Walde in Eisenblech geschnittenes Vieh dargebracht.[3]) Derartige Votivbilder wird auch Seb. Franck gemeint haben, wenn er in seinem Weltbuch (1567. Theil I f. CXXXI) schreibt: ‚S. Wendelin ist auch ein Kuehhirt, das bild hat gemeiniglich viel Thierlin vor jhm hangen.' Im Oberpfälzischen vertritt diese Stelle der hl. Sebastian; denn zu seiner Kapelle bei Breitenbrunn wallfahrtet der Bauer von weit her, wenn er ein Gebrest im Stalle hat. Ein Hufeisen des kranken Pferdes wird ex voto an die Kirchenthüre genagelt.[4])

Merkwürdig ist die Vermengung des älteren Sühnopfers durch Tödtung eines Stückes der Heerde mit der jüngeren Sitte in folgendem Bericht aus Schmatzhausen und Hohenthann in Niederbaiern. Einst brach in diesen Dörfern eine Viehseuche (Viehsterb) aus. ‚Die Gemeinden gelobten das erste Stück Vieh, welches beim Eintreiben der Heerde vorangehen würde, zu verkaufen, aus dem Erlöse wächserne Bilder dieser Thiere anzuschaffen und sie dem heiligen Leonhard zu opfern. In Schmatzhausen war das erste Thier der Heerde eine Kalbe, in Hohenthann eine Kuh. Die Seuche verschwand.'[5]) Ja auch anstatt des Thieres, welches man

---

[1]) Panzer II, 28, 9. Noch heute opfert man allgemein in Oberbaiern dem hl. Leonhard die Hufe der kranken Rosse, die er heilen soll, in Natura oder in Wachs: Bavaria I, 1, s. 383 fg.

[2]) Wolf, Beiträge II, s. 91 fg.

[3]) Rochholz, Deutscher Glaube I, 221; Bavaria I, 2, s. 1001.

[4]) Bavaria II, 1, 308.

[5]) Panzer II, s. 38, 42.

zur Beschwichtigung der Seuche unter die Schwelle der Stallthüre lebendig vergrub, wurde ein metallenes Abbild eingegraben.[1])

Die Analogie zwischen Sühnopfer und Darbringung von Votivbildern lässt sich aber noch weiter verfolgen. Vergrub und hing man in Baiern die Bildnisse der kranken Thiere bei Viehseuchen als Opfer auf, während im übrigen Deutschland dasselbe mit den lebendigen[2]) Thieren geschah, so ward in gleicher Weise auch dort aus dem anfangs nur bei schon eingebrochener Seuche dargebrachten Opfer ein jährlich wiederkehrendes abwehrendes. Da nun, wie schon oben erwähnt worden, Leonhard der Patron des Viehes ist, so werden diese Opferfeste naturgemäss auch an den ihm heiligen Tagen abgehalten. Der grösseren Anschaulichkeit wegen mögen zwei Berichte über derartige Leonhardsfeste hier folgen.

Der erste beschreibt den Hergang der Feierlichkeit in Aigen am Inn, einem niederbaierschen Wallfahrtsort des heiligen Lienhard: ‚Alle ihre Pferde brachten die Wallfahrter mit, und Mannsbilder wie Weibsbilder ritten dreimal um die Kirche herum. Oft war der Zugang so gross, dass der Raum des Kirchhofs, welcher sich um die Kirche herumzieht und durch eine Mauer abgeschlossen ist, nicht hinreichte. Ein Theil muste dann aussen um die Kirchhofsmauer herumreiten und warf seine Opferstücke über dieselbe in den Kirchhof'... ‚Mehrere sind noch in der Sacristei; es sind kleine, kunstlos aus Eisen geschmiedete Abbildungen von Pferden, Stuten mit dem saugenden Füllen, Ochsen, Kühen mit dem saugenden Kalbe, Schweinen, Mutterschweinen mit ihren Ferkeln, Schafen, Gänsen, Hühnern.'... ‚Hinter dem Hochaltar hängen... Pferdsgebisse.. Hufeisen.. Pferdsfüsse.'[3])

Weit bequemer macht man sich es in der Kirche zu Ganacker. Hier steht hinter dem Hochaltar ‚eine hölzerne Kiste 4 Fuss lang, 2 Fuss breit und 1 Fuss hoch, welche 1 Fuss hoch über ihren Rand mit eisernen Bildern von Pferden, Ochsen, Kühen, Rindern und dergleichen angefüllt ist. Diese werden von den Bauern, welche aus der Umgegend an dem Sonntage vor und an dem

---

[1]) M. Lexer in Wolfs Ztschrft. IV, s. 408 fg.

[2]) Eine Erinnerung an das wirkliche Thieropfer hat sich in einigen Gegenden Baierns darin erhalten, dass neben der Darbringung von wächsernen oder eisernen Votivbildern auch lebendes Vieh an die betreffenden Kapellen geopfert wird: vgl. B. F. Dahn i. d. Bavaria I, 1, s. 1001.

[3]) Panzer II, 32, 36; vgl. auch Bavaria I, 1, s. 1001 fg.

Sonntage nach Leonhardi zahlreich nach Ganacker wallfahrten, geopfert. Es geschieht auf folgende Weise: In der Kirche, nächst der Thüre, steht auf einem Tische eine zweite hölzerne Kiste, welche an den genannten Leonhardstagen des Morgens vor die Kirchthüre in den Kirchhof gestellt und durch Getreidemulden mit den Bildern der Kiste hinter dem Altare angefüllt wird. Jeder Bauer nimmt nun so viele Bilder aus der Kiste, als er Vieh im Stalle hat, und entrichtet dafür dem Messner eine gleiche Anzahl kleiner Münzen, welche derselbe durch einen Einschnitt in die kleine eiserne Geldkiste fallen lässt. Der Bauer geht nun mit den Bildern in seinem Hute dreimal um die Kirche herum, verrichtet sein Gebet dabei und opfert die gelösten Stücke in die Kiste hinter dem Altare. Nur Pferde, Ochsen, Kühe, Rinder werden jetzt um die Kirche getragen, seltener andere Thierbilder. Dass früher auch die Bilder anderer Thiere dargebracht wurden, beweisen folgende Stücke, welche in der Kiste bei der Kirchthüre liegen. Es sind mehrere Stücke eines unkenntlichen Thieres mit spitzigem Kopf, vier Füssen und Krallen, dem Maulwurf ähnlich, ... ein Schwein und eine Gans.'[1]) Die Bauern ersparen sich hierdurch das unaufhörliche lästige Anfertigen von immer neuen Votivbildern, und die Kirche nimmt es ihnen gewiss nicht übel, wenn sie gleich das baare Geld empfängt, während sie es früher erst durch das Einschmelzen und den Verkauf des geopferten Eisens erhielt.

Die Frage, welche germanische Gottheit durch den heiligen Leonhard vertreten werde, ist müssig, da sie sich bis jetzt schwerlich beantworten lässt. Denn solche Erklärungen, wie sie leider bis heute noch oft genug gegeben werden, erlasse man mir, wie etwa: Leonhard ist ein männlicher Heiliger, folglich kann er auch nur einen männlichen Gott vertreten und zwar als Viehpatron nur einen solchen, der auch seinerseits im Alterthum mit der Viehzucht in naher Beziehung stand; mithin können hier nur Wuotan, Frô und Thunar in Betracht kommen. Dem Frô pflegte man Schweine zu opfern, während des Thunar heiliges Thier der Bock war. Da hier nun meist Pferde und Rinder dargebracht werden, Schafe und Schweine dagegen erst in zweiter Linie in Betracht kommen, so ist in dem heiligen Leonhard mit voller Sicherheit ein ursprünglicher Wuotan zu erkennen.

[1]) Panzer II, 36, 38. In Lengenfeld hat sich das Opfer des Votivbildes schon bis zur förmlichen Geldspende an den Viehpatron abgeschwächt, vgl. Bavaria II, 1, 311. Ganz Aehnliches finden wir bei den Wallfahrten zur Margarethenkapelle in Rennhofen bei Neustadt a./A. in Mittelfranken: Bavaria III, 2, s. 927.

Durch derartige Schlüsse kann man schliesslich alles beweisen. Sie dienen aber nur dazu, das Studium der deutschen Mythologie in Miscredit zu bringen und schaden deshalb unendlich mehr, als sie nützen.

§ 8. Opfer bei schlechter Witterung.

Die Stelle der Seuchen, welche als ausserordentliche Zufälle das Gedeihen des ganzen Viehstandes zu vernichten vermögen, vertreten beim Ackerbau Stürme, Hagelschauer und Hochgewitter. Die vernichtende Kraft dieser meist plötzlich sich erhebenden und dann oft ebenso rasch und geheimnisvoll, wie sie gekommen, wieder verschwindenden Elementarerscheinungen konnte an dem einfachen Naturmenschen nicht vorübergehen, ohne einen tiefen Eindruck auf sein Gemüth zu hinterlassen. Der tobende, in seinem Ungestüm Aehren, Heu und Obst in grossen Staubwolken mit sich fortführende Sturmwind, der grausam in wenig Augenblicken den Fleiss vieler Wochen vernichtende Hagel erschien ihm als ein gefrässiger, unersättlicher Dämon[1]), welcher beschwichtigt werden müsse.

Wie bei der Vertreibung von Krankheiten werden auch hier zauberkräftige Gebete gesprochen und dazu Opfer dargebracht sein. Wettervertreibende Segen sind uns allerdings nur wenige[2]) überliefert worden; dass es aber deren noch im Anfang des 17. Jahrhunderts genug gab, ersehen wir aus des ‚Herzogs Maximilians in Bayern etc. Landtgebott wider die Aberglauben, Zauberey, Hexerei und andere sträfliche Teufelskünste, (gedruckt in der fürstlichen

---

[1]) Vgl. auch Grimm D. M.^{2} s. 602.

[2]) Grimm theilt D. M. Beschwörungen Nr. XXIII einen Segen gegen den Hagel und Nr. V eine adjuratio contra grandinem (letztere aus einer Münchner Handschrift des 11. Jahrhunderts, Cod. Tegerns. 372) mit. Wichtiger, weil noch Erinnerung an das Heidenthum an sich tragend, ist der ebenfalls unter Nr. V angeführte deutsche Wettersegen aus einer späteren Münchner Handschrift (Cgm. 734. f. 208): ‚Ich peut dir Fasolt, dass du das wetter verfirst mir und meinen nachpauren ân schaden.‘ Auch ein Wetter erregender Segen aus Steiermark mag hier mitgetheilt werden: ‚Hiemit übergeben wir dir du beser geist alles dass, was in dieser Pfahr, in disem felt in disen pergen wäxt dass du mit dem schauer alles dass wein gewäx, traidt vnd wass sunst die Erten traegt zu grundt vnd boten erschlagen vnd denen so dauon leben benemben soltest.‘ (Aus dem U. Tschernickh'schen Wetterprocess. Gutenhaag sub 21. Nov. 1661 vgl. Pichler, das Wetter. Graz, 1859. s. 26). Vgl. über Wettersegen auch Schmeller, bair. Wörterb. 2. Aufl. II 's. 450; Schuster, Deutsche Mythen aus siebenb.-sächs. Quellen. s. 427; Haupts Zeitschrift. XVIII. 79,

Hauptstadt München, bey Anna Bergin Wittib anno 1611): ‚Also ist das Ansegnen des Hochwetters so von Layen Personen zwar auf vilerley Weiss und Manier, mehrerthails aber reymenweiss und durch Beschwerung der Wolcken beschicht, kein blosse Superstition, sondern billich in prima Classe hieroben einkommen.'[1])

Derartige Segen werden auch die Leute zu sprechen gewusst haben, welche Wetter vertreiben zu können vorgaben und sich deshalb, so zu sagen, eines gewissen Cultus bei ihren Landsleuten erfreuten, zum grossen Aerger des Bischofs Agobard († 840). Derselbe erzählt: ‚In tantum malum istud jam adolevit, ut in plerisque locis sint homines miserrimi qui dicant, se non equidem nosse immittere tempestates, sed nosse tamen defendere a tempestate habitatores loci. His habent statutum, quantum de frugibus suis donent, et appellant hoc canonicum. Viele sind säumig im Zehnten und Almosen, cononicum autem, quem dicunt, suis defensoribus (a quibus se defendi credunt a tempestate) nullo praedicante, nullo admonente vel exhortante sponte persolvunt, diabolo inliciente. Denique in talibus ex parte magnam spem habent vitae suae, quasi per illos vivant.'[2]) Diese Schilderung Agobards passt noch ganz auf den heutigen Volksglauben in Kärnthen. F. Pichler erzählt in seiner Abhandlung über das Wetter, er habe einen ‚Wetterpropheten par métier' gekannt, welcher ‚seine Wanderungen über das ganze südliche Oberkärnthen erstreckte und bald auf diesen bald auf jenen Berg zu beten ging, bald in diesen bald in jenen See niederstieg, vor dieser oder jener Kirche sein in Flusswasser getauchtes Hemde aufzuhängen, hier ein Hagelwetter herabzulassen, dort eines hinwegzulenken hatte. Da gab es vollauf zu thun. Einen breitkrämpigen Hut am graulockichten Haupte, einen grauen, mit rothen Bandzickzacken benähten Lodenmantel um den Leib geworfen, eine grosse Haselruthe in der einen, das Wetterprotokoll in der andern Hand, so schritt er von Dorf zu Dorf, bald den Pfarrer als Actuarium einladend, sich jedoch lieber an die flink schreibenden Studenten haltend, bald von den Bauern den ihm gebührenden Zehent einsammelnd.'[3]) In anderen Gegen-

---

[1]) Panzer II 275, 7.

[2]) Agobard in seiner bald nach Karls des Grossen Tod geschriebenen Schrift: Contra insulsam vulgi opinionem de grandine et tonitruis, vgl. Grimm D. M.² s. 604 ff.

[3]) Graz 1858. s. 16. Ueber die Sitte, dem Wettermacher oder Wetterabwender einen jährlichen Tribut zu übergeben, vergleiche ferner die von Pichler ebenda. s. 22 und 24 aus Steiermark beigebrachten Zeugnisse.

den, wo an die Stelle des Wettersegens unter christlichem Einfluss das Läuten mit den Kirchenglocken getreten war, ging diese Abgabe auf den Küster über. So muss derselbe z. B. in Jübar in der Altmark, sobald ein Gewitter am Himmel ist, mit den Glocken läuten. Dafür bekommt er 5 Wettergarben von jedem Ackersmann; denn dadurch ist man vor Wetterschaden sicher.[1]) Im Fürstenthum Osnabrück erhalten die beiden Küster zu Radbergen bei Quackenbrück laut Recess vom Jahre 1851 eine zu ihrer Diensteinnahme gehörende Sommerbede, welche in dem Rechte besteht, theils Roggenhocken, theils Haferkorngarben in gewissem Umfange sammeln zu dürfen, wogegen die beiden die Pflicht haben, dass sie bei Blitz und Donnerwetter die Glocken läuten müssen.[2]) Für das Herzogthum Sachsen-Altenburg ist uns Wetterläuten und Wetterkorn urkundlich schon aus dem Anfang des 17. Jhdts. bezeugt.[3]) Dies Wetterkorn, meist am Thomastage fällig, bezieht noch bis zum heutigen Tage der Schullehrer zu Hohendorf. In anderen Gegenden des Herzogthums muss es dagegen schon frühzeitig in eine Geldabgabe umgewandelt worden sein, wie aus der ältesten Raths-Kämmerei-Rechnung von Altenburg erhellt, wonach die Kirchner zu St. Nicolaus und St. Bartholomäus daselbst 10 Thlr. zu ‚vortrüngken‘ erhielten, weil sie den Sommer über gegen das Wetter geläutet hatten.[4]) Im Calenbergischen hat sich das Wetterläuten nur für die Erntezeit erhalten. Der Küster erhält dafür von den Voll- und Halbmeiern beziehungsweise je eine ganze oder eine halbe Stiege Korn, welche Abgabe ‚Klockenstiege‘ oder ‚Klockengarbe‘ heisst.[5]) Ferner kommt die Wettergarbe im Voigtlande vor. Zur Abwendung von Gewittern stand auf dem Goldberge bei Hohendorf nach Bürgel zu ein Glockenhäuschen, wo der Schulmeister beim Herannahen derselben zu läuten und ein Wetterkorn dafür zu erhalten hatte.[6]) In Baiern giebt für das Wetterläuten ‚ein jeder paur dem mesner ain roggen Garb.‘[7]) Nicht minder ist die Wettergarbe in Tirol bekannt, wie mir Herr Professor K. Weinhold mittheilte. In Meschen bei Mediasch in

---

[1]) Kuhn u. Schwartz, Nordd. Gebr. Nr. 408.
[2]) Pfannenschmid s. 91.
[3]) Back, Ueber Wetterläuten und Wetterkorn, Altenburg. 1855, 8°.
[4]) Back a. O. s. 5. 8.
[5]) Pfannenschmid. s. 90. s. 394. Anm. 4.
[6]) R. Eisel, Sagenb. d. Voigtland., Nr. 972; Köhler, Vogtl. Volksgebräuche. 431.
[7]) Pichler, das Wetter, s. 25; Schmeller, bair. Wörterb. 2. Aufl. 1 s. 933.

Siebenbürgen erhält der Küster im Herbste für das Glockenläuten bei einem heranziehenden Gewitter von jedem Wirthe des Dorfes einen anständigen Lohn. An anderen Orten derselben Landschaft wird diese Abgabe in echt heidnischer Weise noch in Feldfrüchten an gewisse Frauen gezahlt, von denen man glaubt, dass sie die Felder gegen Blitz und Hagel schützen können.[1]) In einigen Gegenden am Böhmerwald endlich wird das Wetterläuten durch das Blasen auf dem Wetterhorn vertreten, wofür die Gemeinde dem Thürmer als Naturalleistung das sogen. Hörnlkorn zu geben hat.[2]) Wie sehr das Wetterläuten verbreitet war, ist daraus recht ersichtlich, dass sogar ein Glockenlehen, feudum campanarium, nachgewiesen ist, dessen Vasall die Verpflichtung hatte, bei gewissen Gelegenheiten, namentlich beim Gewitter, zu läuten.[3])

Können wir auf die ehemalige grosse Verbreitung von Wettersegen nur schliessen, so sind uns Wind- und Hagelopfer in Menge überliefert: Praetorius erzählt in seiner Weltbeschreibung I, 429: ‚Zu Bamberg, als starker Wind wüthete, fasste ein altes Weib ihren Mehlsack, schüttete ihn aus dem Fenster in die Luft und sprach dazu die Worte:

‚Lege dich lieber Wind,
bring das deinem Kind!‘

Sie wollte damit den Hunger des Windes als eines frässigen Löwen oder grimmigen Wolfs stillen.‘[4]) Die Chemnitzer Rockenphilosophie kennt denselben Brauch' als in ganz Baiern bei den Bauern noch ‚practiciert‘ und giebt als den Spruch, der dabei gesprochen wurde:

‚Siehe da Wind,
koch ein Muss vor dein Kind. [5])

Im Innthal hat dieses Opfer folgende Fassung angenommen: ‚Naht sich ein schweres Gewitter, so stellt man das Weihwasser vor das Fenster, eine brennende Wachskerze auf den Tisch und begiebt sich mit einer Handvoll Mehl vor das Haus. Hier stellt man sich gegen den Wind und streut Mehl in die Luft.‘[6]) Im Lechrain wirft man beim Wirbelwind alte Hadern, Werch etc. zum

---

[1]) Heinrich, Agrar. Sitten etc. u. d. Sachsen Siebenbürgens. s. 13.

[2]) Bavaria II 1, 272.

[3]) G. L. Boehmer, de feudo campanario, in dessen Observationes juris feudalis, Nr. VII bei Herzog. R. A.¹ VII, 648; vgl. Pfannenschmid s. 609.

[4]) Vgl. auch (Praetorius), Weiberphilosophie. s. 171 fg.

[5]) Chemn. Rockenphil. 4, 3.

[6]) Panzer II s. 528.

Fenster hinaus, um den Sturm zu beschwichtigen, und heisst man das den Wind füttern.[1] Auch für Kärnthen und Oesterreich ist dieser Brauch bezeugt. In ersterem Lande opfert man dem Winde dadurch, dass man eine hölzerne Schale mit verschiedenen Speisen auf einen Baum vor dem Hause stellt[2]); in Oesterreich dagegen legte man etwas Mehl auf die Gattersäulen, so oft es arg stürmte. ‚Auch Salz und Asche wurde hierzu verwendet, das Windfutter auf einen ‚Bahsti'l‘ oder freien Platz gelegt, oder auch in die Luft gestreut. Im Windischgarstner Thal nahm man, wenn der Sturmwind durch die Berge brauste, einen Teller, gab darauf eine Hand voll ‚Kim‘, Salz und Asche und streute das Windfutter hinter sich, indem man sprach:

Wind, da hast Salz, Aschn, Kim;
Nim 's hoam zu dein Weib und Kind!

Noch mehr als den Wind fürchtete man in einigen Gegenden die Windin, die dann auch um so fleissiger gefüttert wurde.[3]

Ganz ähnlich warf man in Tirol, wenn es recht stürmisch wehte, dem Wind einen Löffel voll Mehl entgegen.[4] Um Neukirchen und Etzelwang in der Oberpfalz heisst es: Dem Winde soll man drei Händlein voll Mehl hinausstreuen und dabei sprechen:

Wind oder Windin,
Hier geb ich dir das Deine,
Lass du mir das Meine!

Dann reisst er nichts zusammen.[5] In Ertingen in Schwaben dagegen streute man ihm das Mehl auf das Dach, indem man sagte, man müsse des Winds Kindern zu essen geben, sie heulten und hungerten so sehr. In Munderkingen pflegte ein altes Weib dem Winde sogar schwarzes Mus zu kochen und ihm zum Dachladen hinauszustecken. Sie behauptete, die Windhunde müsten gefüttert werden.[6] In anderen Gegenden Schwabens warf man bei fürchterlichem Sturm Salz und Mehl oder drei Almosen in die Lüfte.[7] Zu Wildschütz in Oesterr.-Schlesien ist es Brauch, bei

---

[1] Leoprechting s. 101 ff.

[2] Wuttke § 130; V. Pogatschnigg in der Germania XI, s. 75.

[3] Baumgarten, a. d. Heimat I s. 38; Grimm D. M. Nachtrag. s. 181 zu s. 529; C. M. Blaas, Volksthüml. a. Niederösterr. in Pfeiffers Germania XXIX. s. 104. Nr. 30, s. 105. Nr. 31.

[4] Zingerle, Sitten s. 74. Nr. 611.

[5] Bavaria II, 1, 235.

[6] Birlinger, Volksth. I s. 190. 300, 191. 301.

[7] Birlinger, aus Schwaben. 1. s. 100. Nr. 122.

einem grossen Sturme eine Hand voll Mehl, Spreu oder Federn zum Fenster hinauszuwerfen und dem Winde zuzurufen: ‚Da hast du, hör' auf!'[1])

Auch bei Hagelschauer und Hochgewitter fanden derartige Opfer statt. Eine baierische Bauernregel besagt: Wenn Hagel fällt, dann soll man ein Brotkörbchen ins Freie hinausstellen, dann wird der Hagel nicht alles vernichten.[2]) In der Oberpfalz schneidet man zum Vertreiben des Wetters einen Laib Brot auseinander, klebt ihn wieder zusammen und schiebt ihn dann mit etlichen geheimen Worten rücklings in den Ofen; dann zertheilt sich das Gewitter.[3]) In Siebenbürgen wiederum wird zur Abwehr gegen Blitz und Gewitter Brot und Salz, oder auch nur Sauerteig auf des Hauses Dach gelegt.[4]) Auffallen muss es, dass aus Norddeutschland von dem Windfüttern nichts berichtet wird. Das liegt aber wohl daran, dass die Sammler dort diesen Punct weniger berücksichtigt haben. Denn dass man auch in Norddeutschland ähnliche Gebräuche ausübt, beweist schon der Umstand, dass dort den Hunden der wilden Jagd Mehlsäcke zum Frasse hingestellt werden. Diese Hunde sind aber die Winde, wie Schwartz in seinem Werke: ‚der heutige Volksglaube und das alte Heidenthum' (s. 13) überzeugend nachgewiesen hat.[5])

Aber nicht nur bei schon ausgebrochenem Sturm wurde dem Winde geopfert, man suchte sich den wilden Dämon von vorne herein für das ganze Jahr zum Freunde zu machen und versäumte deshalb nicht, ihm an den grossen Jahresfesten auch sein Theil zukommen zu lassen. So stellte man im niederösterreich. Gebirge am 20. Dezember Mehl und Salz, unter einander gemengt, auf einem Brette zum Dachfirst hinaus. Verführte es der Wind, so waren im nächsten Jahre keine Stürme zu befürchten, wenn nicht, so kamen welche. Auch in Kärnthen und Tirol fütterte man den Wind vorzugsweise in der Zeit der heiligen Nächte von Christabend bis zum Heiligendreikönigeabend.[6]) Der Bäcker Georg Hollerspacher in der Herrschaft Rieggersburg in Steiermark sammelte im Jahre 1675 in der Dreikönigsnacht (reiche Nacht) Brosamen und Speise-

---

[1]) Peter, Volksth. II. s. 259.
[2]) Panzer I s. 265. Nr. 145.
[3]) Bavaria, II, 1, 241; vgl. auch III, 1, 340.
[4]) Schuster, Deutsch. Myth. a. Siebenb. s. 428.
[5]) Kuhn u. Schwartz, Nordd. Sag. Nr. 70.
[6]) Birlinger, Volksth. I s. 191. Nr. 301. Anm. 1; Zingerle, Sitten s. 120, Nr. 863; V. Pogatschnigg in der Germania XI s. 75.

reste in einen Topf, stellte diesen vor Sonnenaufgang auf eine Thorsäule seines Hauses, ‚dem windt damit zufuedern, dass selbiger das ganze Jahr hindurch seine Gründt vnd sachen kheinen schaden zuefüegen mögen.'[1]) Ein Breiopfer für den Wind am Sonnwendabend bezeugt uns für das Salzburger Gebirge Waldfreund; im Oesterreichischen dagegen wurden gerne in der Fastnacht drei ungebackene aber geformte Brotlaibchen für den Wind auf Zaunpfähle gesteckt. Fand das Opfer aber am Abend vor Dreikönige statt, so wurde nur ein Laib dem Winde zum Futter gegeben. Solches zum Windfutter bestimmtes Brot wurde gewöhnlich an einen Baum gesteckt, wobei man sprach:

Söh, Wind, da hast du das Dein,
Láss má du á das Mein![2])

Wichtig war es vor allen Dingen, sich vor der Heuernte zu dem Winde in ein günstiges Verhältnis zu setzen. Darum streute man ihm am Blasiustage Salz aus, oder es ward ihm Mehl und Salz auf einem Teller hinausgestellt.[3]) Im Möllthale in Kärnthen wirft man ihm vor dem Beginn der Heuernte ein Büschchen Heu in die Luft unter den Worten:

Dô hoat der Wint sein Tâl,
Ear láss uns s' Andre mit Glück und Hál.[4])

Während diese ganz der luftigen Natur des Windes entsprechenden Opfer von Mehl, Salz, ungebackenem Brot, Heu, Werch, Federn etc. gewis aus dem Heidenthum übernommen sind, verdanken die Bräuche, beim Herannahen eines Ungewitters am Palmsonntag geweihte Palmen oder an anderen kirchlichen Festtagen gesegnete Kräuter auf dem Heerde zu verbrennen[5]) und mit den Glocken zu läuten[6]) unzweifelhaft christlichem Einfluss ihre Entstehung.

---

[1]) J. v. Hammer-Purgstall, die Gallerin auf der Rieggersburg. III. 22, 138; vgl. F. Pichler, das Wetter. s. 33.

[2]) Waldfreund in Wolfs Ztschrft. III s. 335; Baumgarten, a. d. Heimat I. s. 38.

[3]) J. Wurth in Wolfs Ztschrft. IV s. 148 fg. Nr. 58.

[4]) M. Lexer in Wolfs Ztschrft. IV s. 300.

[5]) Fr. Wessel, Gottesdienst in Stralsund. ed. H. Zober s. 7; Zingerle, Sitten. s. 31. 256, 67. 544, 72. 591; Stöber, Geiler von Kaisersberg Emeis s. 56; Birlinger, aus Schwaben II s. 66, 69, 71, 160; Mülhause, Gebräuche der Hessen. s. 309; Montanus. s. 39; Wolfs Ztschrft. I. s. 327; Wolf, Beiträge I. s. 63; Wuttke § 225; Peter, Volksth. II s. 258, s. 282; Bavaria I, 1, 371; III, 1, 342; III, 2, 926; IV, 2, 328; Carinthia, 63. Jahrgang, Klagenfurt 1873. s. 272; G. A. Heinrich, Agrar. Sitten, s. 13; Rosegger, Sittenbilder a. d. steierischen Oberlande. s. 103; C. M. Blaas, Volksthüml. a. Niederösterreich in Pfeiffers Germania XXIX. s. 104. Nr. 21.

[6]) Die Sitte, bei einem anziehenden Gewitter oder Unwetter mit den Glocken zu läuten, war über ganz Deutschland verbreitet. Schon ein Gebot

Der Anschauung, den Wind als ein selbständiges dämonisches Wesen zu betrachten, lief nun eine andere parallel, welche in dem Sturm die Willensäusserung der höchsten Götter erblickte. Ist ja selbst Wuotans wüthendes Heer im Grunde nichts anderes als ein Bild des Sturmwinds. Wo nun diese Vorstellung überwog, wird man schwere, vernichtende Ungewitter als eine Strafe der Götter aufgefasst und diese durch Opfer wieder zu versöhnen gesucht haben. Leider ist uns von derartigen Opfern wenig überliefert worden; doch kann folgender Bericht der Chemnitzer Rockenphilosophie über den Charakter derselben uns nähere Aufschlüsse geben. Dort heisst es: ‚Es sollen draussen im Reich die Mäurer den abergläubischen Gebrauch haben, dass, wenn sie ein gewisses Gebäude auf etliche Wochen gedenken zur Perfection zu bringen, so nehmen sie einen rothen Hausshahn, mauren solchen mit Sprechung eines gewissen Seegens in ein darzu verfertigt Gewölbgen, mit einer Metze Gerste oder Hafer, und einer grossen Schüssel voll Wasser. So lange nun der eingemauerte Hahn an solchem Futter zu fressen und zu sauffen hat, soll daselbst stets gut Wetter bleiben, und kein Regen kommen. Wie solches Aextelmeier in seinen An. 1706 herausgegebenen Naturlichts ersten Theils ersten Erläuterung p. 120. meldet, aber auch selbst als einen sündlichen Aberglauben verwirft.'[1])

Die einzelnen Züge dieses Brauches lassen auf ein hohes Alter schliessen: so das Sprechen einer Segensformel und die Wahl einer bestimmten Farbe.[2]) Vor Allem deutet aber der Umstand, dass dem Hahne reichlich Futter und Getränk mitgegeben wird, auf uralten Opferbrauch hin.[3]) Noch wichtiger ist für uns, dass die Einmauerung des Hahns ganz analog dem Vergraben von Thieren bei einem Viehsterben ist; und wenn auch obiger Bericht bis jetzt das einzige Zeugniss für ein Sühnopfer bei schlechtem Wetter ist, so wird dasselbe gerade um der Analogie mit dem Seuchenopfer willen an Glaubwürdigkeit nichts verlieren. Dass aber gerade ein Hahn geopfert wird, erklärt sich aus der nahen Beziehung, in der dieser Vogel zum Wetter gedacht wurde. So muss ganz

---

Karls des Grossen: ‚ut clocas non baptizent nec cartas per perticas appendant' Pertz, Leg. 1, 69 wird darauf zu beziehen sein.

[1]) Chemn. Rockenphil. 6, 88.

[2]) ‚Rothe Hähne musten vorzugsweise gezinst (vielleicht früher geopfert) werden' Grimm D. M.² s. 635; vgl. Rechtsalterth. s. 376.

[3]) vgl. Grimm, D. M.⁴ s. 40.

ähnlich in den Niederlanden zum Behuf des zauberischen Wettermachens ein schwarzes Huhn geopfert werden.[1]

Eine Abschwächung des ehemaligen Hahnopfers scheint der österreichische Brauch zu sein, beim Nahen eines Gewitters, welches Hagel mit sich bringt, in die vier Ecken des Feldes je ein Ei zu vergraben[2]); doch lässt sich hierüber, da diese Sitte so isoliert dasteht, noch nichts Bestimmteres behaupten. Ein Gleiches gilt von der über ganz Deutschland verbreiteten Gewohnheit, Eulen, Habichte, Weihen und andere Raubvögel an das Scheunenthor zu nageln. Besonders sollen die angenagelten Eulen, die an sich für Hagelträger gelten, das Getreide vor Bezauberung und den Hof vor Blitzschlag bewahren.[3]) Vielleicht haben wir es hier mit einem etwa dem Hundeopfer entsprechenden Sühnopfer zu thun; doch ist die Sache bis jetzt noch nicht spruchreif. Gewis dürften aber neue eingehende Forschungen über das Verhalten der Landleute bei anhaltendem Unwetter noch manches Interessante über derartige ehemalige Opfergebräuche zu Tage fördern.[4])

§ 9. Opfer bei Hungersnoth.

Wir sahen im Laufe unserer Untersuchung, dass bei vereinzelt auftretenden Krankheiten sowie bei Ungewittern, die beide im Grossen und Ganzen immerhin nur den Wohlstand weniger beeinträchtigen, die Opfer auch völlig privaten Charakter trugen, während sich bei verherenden Seuchen die ganze Gemeinde an dem feierlichen Sühnopfer betheiligte. Dem entsprechend muss ein gleicher

---

[1]) Wolf, Niederl. Sag. Nr. 282.

[2]) Baumgarten, a. d. Heimat I, 66.

[3]) Rochholz, Schweiz. Sag. a. d. Aargau s. 165 fg. Nr. 389; Wuttke. § 223; Kuhn, Herabkunft d. Feuers p. 214; Bavaria II, 1, 299; III, 1, 187; IV, 2, 343; Kehrein, Volkssprache und Volkssitte. II s. 261. 144; Philo vom Walde, Schlesien i. Sage u. Brauch. s. 148 fg.

[4]) Denkbar wäre, dass die allgemein in Deutschland verbreitete Sitte, einen Wetterhahn auf Kirchthürme oder Wohnhäuser zu setzen, mit dem Hahnopfer zur Abwehr von Ungewittern in gewisser Weise zusammenhängt. Wie die Sitte, aus Holz geschnitzte Pferdeköpfe auf den Giebeln der Bauernhäuser anzubringen, aus dem Pferdeopfer bei Viehseuchen entstand, so könnte auch der Wetterhahn dem Hahnopfer bei anhaltendem Unwetter seinen Ursprung verdanken. Allerdings fehlen die Zeugnisse, dass der Volksglaube den Wetterhähnen Hagelschauer etc. vertreibende Kraft oder Aehnliches zuschreibt; es wäre aber immerhin möglich, dass den Forschern dieser Punkt bis jetzt entgangen ist. Geschichtlich nachweisbar ist die Sitte in Süddeutschland schon für das 10. Jahrhundert, worüber man Grimm, D. M.² s. 636 nachlese.

stufenweiser Fortschritt in der Grösse und Feierlichkeit des Opfers, welches bei einer Hungersnoth dargebracht wurde, statt gefunden haben, da dieselbe nicht nur das Gedeihen einiger Dorfschaften sondern das des ganzen Landes mit ihren Schrecken zu vernichten drohte.

Hören wir zunächst folgende Nachrichten aus dem scandinavischen Norden. Im achtzehnten Capitel der Ynglînga Saga wird uns erzählt, dass zur Zeit des Königs Dômaldi in Schweden eine grosse Hungersnoth ausgebrochen sei, und die Plage gar nicht habe aufhören wollen. Das erste Jahr (den ersten Herbst) opferten sie in Upsala Ochsen, als es nichts half, den zweiten Herbst Menschen. Den dritten Herbst wurde auf die Berathung der Häuptlinge der König selbst dem Oðin geopfert und mit seinem Blute der Altar desselben besprengt. Ebenso erging es dem König Olaf Traetelgja, dem auch, als einst im Wärmeland eine Hungersnoth entstand, die Schuld daran beigemessen wurde; denn die Schweden pflegen ihren Königen Fruchtfülle und Fruchtmangel zuzuschreiben. König Olaf aber opferte den Göttern nur wenig. Dies verdross seine Unterthanen höchlich, und sie hielten das für die Ursache der theuren Zeit; daher sie ein Heer sammelten, gegen König Olaf zogen, sein Haus umringten und ihn darin verbrannten. Auf diese Weise gaben sie ihn dem Oðin und opferten ihn für sich zu einem guten Jahre. Dies geschah am Waenersee.[1]

Hieraus ersehen wir, dass bei Hungersnöthen die Könige geopfert wurden und zwar deshalb, weil man sie für alle Unfälle, welche das Land trafen, verantwortlich machte. Diese Anschauungsweise blieb dem nordischen Volke lange, klagt doch noch Gustav Wasa auf dem Reichstage zu Westerå (1527): „Wie schwer ist doch das Loos eines Königs unter einem thörichten Volk mit solchen Rathgebern. Bekommen sie keinen Regen, so geben sie ihm Schuld, bekommen sie keinen Sonnenschein, so machen sie es ebenso. Haben sie harte Jahre, Hungersnoth und Pestilenz, strax muss er die Schuld daran tragen."[2] In derselben Weise sucht auch unser deutsches Landvolk die Ursache von Misernten, schlechten Zeiten etc. in dem Luxus und Wohlleben der regierenden Kreise, wodurch Gottes Strafgericht hervorgerufen worden sei.

Allerdings können wir nun das Opfer eines Königs bei Hungersnoth für die westgermanischen Stämme aus historischen Quellen nicht nachweisen; was uns aber die Geschichte verschweigt, lässt

---

[1] Ynglinga Saga. cap. 47.
[2] vgl. W. Mannhardt in Wolfs Ztschrft. III. s. 308.

sich aus zwei Sagencyclen mit grosser Sicherheit erkennen. Es sind dies erstens die Sagen vom Mäusethurm, die über die ganze germanische Welt hin verbreitet sind, und von denen F. Liebrecht überzeugend dargethan hat, dass ihre Grundlage auf dem uralten Brauche beruht, ,bei eintretendem öffentlichen Unglück (zum Beispiel Hungersnoth durch Mäusefrass) die Götter durch Opferung der Landeshäupter vermittelst Hängens zu versöhnen.'[1]) Aber auch die zahlreichen Sagen sind hierher zu ziehen, welche berichten, eine Gegend sei durch schreckliches Unwetter so lange verheert worden, bis eine bestimmte Person dem Tode preisgegeben wurde. So erzählt Lyncker aus Hessen: Sieben Tage und sieben Nächte stand ein entsetzliches Gewitter über Trendelburg. Da beschlossen die bedrängten Einwohner, die Trenda zu vertreiben, weil sie glaubten, dadurch den Himmel zu versöhnen. Sie führten sie auf das Feld hinaus; dort war sie kaum allein, als eine Wolke sich herabsenkte und sie verschlang.[2]) Fast bei allen derartigen Sagen[3]) ist die Person, welche vom Himmel als Opfer gefordert wird, dem höheren Stande angehörig; ich stehe nicht an, in ihnen dieselbe Grundidee zu erblicken, welche Liebrecht in der Sage vom Mäusethurm erkannte: die Opferung des Königs bei Landesplagen.

Wurde der Fürst deshalb geopfert, weil man annahm, er sei das höchste Opfer, das gebracht werden könne, so wird man eben darum zu dem Königsopfer nur im äussersten Nothfall geschritten sein und erst dann das Staatsoberhaupt getödtet haben, wenn, wie dies auch die Ynglinga Saga bezeugte, andere Menschenopfer nicht den gewünschten Erfolg gehabt hatten. Unter diesen, wenn ich so sagen darf, geringeren Menschenopfern scheint man wieder dem Kinderopfer besonders grosse Wirkung zugeschrieben zu haben; denn der Gedanke lag nahe, dass die erzürnte Gottheit am besten durch die Darbringung eines völlig reinen Geschöpfes versöhnt werden könne.

In Vestergötland beschloss man gegen den Digerdöd ein Menschenopfer, und zwei arme Bettelkinder, die gerade daher gegangen kamen, sollten lebendig in die Erde gegraben werden. Man warf schnell die Grube auf, gab den Kindern, die hungrig

---

[1]) F. Liebrecht, die Sage vom Mäusethurm, in Wolfs Ztschrft. II. s. 405–412; vgl. auch III, s. 307 fg.

[2]) K. Lyncker, Hess. Sag. s. 38. 56.

[3]) Grimm, Deutsch. Sag. 10; K. Lyncker, Hess. Sag. s. 173. 248, s. 174. 249, 177. 251, 179. 252; Eisel, Sagenb. d. Voigtlandes Nr. 727; H. Weichelt, Hannoversche Geschichten u. Sagen. I. Bd. s. 79. Nr. 26; s. 186. Nr. 75 u. a. m.

waren, Schmalz auf Kuchen und liess sie sich niedersetzen: während sie assen, schaufelte das Volk die Erde in die Höhe. ‚Ach', rief das kleine Kind, als die erste Schaufel über es geworfen ward, ‚da fiel mir Erde auf mein Schmalzbrot!' Der Hügel wurde über den Kindern zusammen geworfen, und man hörte nichts weiter von ihnen.[1]) Auch deutsche Sagen haben die Erinnerung an derartige Kinderopfer gegen Landesplagen erhalten. So bringt Stöber folgende elsässische Sage bei: ‚Die Wasser des weissen Sees im Urbisthale waren zu einer Zeit von wüster, grauschwarzer Farbe überzogen, und am Ufer ringsumher standen die Blumen und Bäume welk und dürr; die Fische trieben todt auf der Oberfläche hin; kein Vogel kam, sich am Strande zu baden, und eine bösartige Seuche wüthete im ganzen Lande. Da hiess es nun, dies Elend sei eine Strafe des Himmels, und dessen Zorn könne nur besänftigt werden, wenn man ein unschuldiges Kindlein im See ertränkte und zum Opfer brächte.' Bald darauf ertrinkt denn auch der jüngste Sohn eines Burgherren im See, und sofort hört die Seuche auf.[2]) Aus Hessen dagegen wird uns berichtet: ‚Es war einmal ein Bauer, der hatte ein Kind, welches während eines Gewitters geboren und deshalb bestimmt war, vom Blitz erschlagen zu werden. Um dieses Kind so lange als möglich seinem Schicksale zu entziehen, wurde es von den Eltern, so oft ein Gewitter heranzog, in den Keller gesteckt, wo es verharren muste, bis der Himmel sich wieder aufgeheitert hatte. Eines Tages entstand nun ein so furchtbares Unwetter, wie man seit Menschengedenken keins erlebt hatte. Es verzog sich nicht; die Nacht kam, und das Wetter tobte fort; der Morgen erschien, es wich nicht. Als es acht Tage unter beständigem Blitzen und Donnern über dem unglücklichen Dorfe gestanden hatte, da kam man zur Ueberzeugung, das entsetzliche Wetter gelte dem Gewitterkinde; es wurde verlangt und muste geopfert werden, wenn die Sonne wieder zum Vorschein kommen sollte. Die Eltern holten deshalb das Kind aus dem Keller, kleideten es weiss, putzten es wie eine Leiche und führten es auf den Hof unter den freien Himmel. Im nächsten Augenblick fiel ein Blitz, und das unglückliche Geschöpf lag todt am Boden; das Gewitter aber war nach einigen Minuten verschwunden.'[3])

Nach alledem werden wir wohl nicht unrichtig schliessen,

---

[1]) Afzelius. 4, 181; vgl. Grimm, D. M.² s. 1140.

[2]) A. Stöber, Sag. d. Elsasses. s. 109. Nr. 93.

[3]) Mülhause, die aus der Sagenzeit stammenden Gebr. der Deutschen, namentl. d. Hessen. s. 259 fg.

wenn wir folgende Behauptung aufstellen. In Deutschland stellte zur Zeit des Heidenthums bei dem Auftreten von Hungersnoth, Seuche, Miswachs u. dgl. zuerst jede Gemeinde für sich das mit dem Nothfeuer verbundene Sühnopfer an, um sich auf diese Weise der Plage wieder zu entledigen. Half dies nichts, so brachte das Land als solches zur Versöhnung der Götter Menschen- und zwar hauptsächlich Kinderopfer dar; und stieg die Noth am höchsten, dann wird man selbst die geheiligte Person des Königs nicht verschont haben.

§ 10. Die Opferfeste zu Upsala und Hlethra.

Verwandelte sich das bei Viehseuchen dargebrachte Sühnopfer in ein jährlich wiederkehrendes abwehrendes Schutzopfer, so muss ein analoger Vorgang auch bei dem Opfer gegen die Hungersnoth angenommen werden. Nun beschreibt Thietmar von Merseburg folgenden grossen dänischen Opferbrauch, welcher aber schon 100 Jahre vor ihm erloschen war: „Sed quia ego de hostiis eorundem (Northmannorum) antiquis mira audivi, haec indiscussa preterire nolo. Est unus in his partibus locus, caput istius regni, Lederun nomine, in pago, qui Selon dicitur, ubi post 9 annos mense Januario, post hoc tempus, quo nos theophaniam Domini celebramus, omnes convenerunt, et ibi diis suismet 99 homines, et totidem equos, cum canibus et gallis pro accipitribus oblatis, immolant, pro certo, ut predixi, putantes, hos eisdem erga inferos servituros, et commissa crimina apud eosdem placaturos. Quam bene rex noster (Heinrich I. anno 931) fecit, qui eos a tam execrando ritu prohibuit!"[1]

Hierzu halte man den Bericht Adams von Bremen über das Opferfest zu Upsala: „Solet quoque post 9 annos communis omnium Sueoniae provintiarum solempnitas in Ubsola celebrari. Ad quam videlicet solempnitatem nulli praestatur immunitas. Reges et populi, omnes et singuli sua dona transmittunt ad Ubsolam, et quod omni poena crudelius est, illi qui jam induerunt christianitatem, ab illis se redimunt ceremoniis. Sacrificium itaque tale est: ex omni animante, quod masculinum est, novem capita offeruntur, quorum sanguine deos placari mos est. Corpora autem suspenduntur in lucum, qui proximus est templo. Is enim lucus tam sacer est gentilibus, ut singulae arbores eius ex morte vel tabo immolatorum divinae credantur. Ibi etiam canes et equi pendent cum hominibus, quorum corpora mixtim suspensa narravit mihi aliquis christia-

---

[1] Thietmar von Merseburg, Chron. I, 9. Pertz, Monum. Germ. Hist. Tom. V. s. 739 fg.

norum 72 vidisse. Ceterum neniae, quae in eiusmodi ritu libationis fieri solent, multiplices et inhonestae, ideoque melius reticendae.'[1])

Alle Einzelheiten in diesen beiden Berichten deuten darauf hin, dass wir hier von einem Landesopfer erfahren, welches sich aus dem ausserordentlichen, vom ganzen Volk als solchem dargebrachten Sühnopfer bei Hungersnoth etc. zu einem regelmässig nach einem bestimmten Zeitraum wiederkehrenden, abwehrenden Opfer entwickelt hat. Für diese Annahme spricht vor allen Dingen die Wahl und die Menge der Opferthiere. Haben wir es hier nämlich wirklich mit dem grossen Landessühnopfer zu thun, so wird dasselbe naturgemäss aus allen andern Sühnopfern combiniert worden sein. Bei Viehseuchen opferte man Rosse, Rinder und Hunde, bei anhaltendem Unwetter Hähne, bei Hungersnoth etc. Menschen; genau dem entsprechend wurden zu Hlethra Menschen, Pferde, Hunde und Hähne dargebracht. Auch Adams Angabe: ‚ex omni animante, quod masculinum est, novem capita offeruntur‘ lässt sich erklären; denn er wird damit schwerlich alle Thiere überhaupt gemeint haben sondern nur diejenigen, deren Erhaltung dem Menschen von Wichtigkeit ist, also vor allen Dingen die Hausthiere.

Was nun die Zahlen 99 und 9 betrifft, so möchte ich dieselben ebenfalls nicht in das Sagenhafte verweisen. Denn ganz abgesehen davon, dass die Neun eine dem germanischen Heidenthum heilige Zahl ist, so müssen bei einem Landesopfer ungleich mehr Thiere gefallen sein wie bei einem Gemeindeopfer; und gewis wollte eine jede Dorfschaft zu ihrem Heile wenigstens durch ein Opferthier vertreten sein, worauf auch Adams: ‚reges et populi, omnes et singuli sua dona transmittunt ad Ubsolam‘ hinzuweisen scheint.

Ebenso macht der Bericht, zu Hlethra seien 99 **Menschen** und zu Upsala deren neun bei diesen Festen den Göttern dargebracht worden, keineswegs den Eindruck des Unglaubwürdigen, ja nicht einmal den des Greuelhaften, wenn wir bedenken, dass die heidnischen Germanen für gewöhnlich nur schwere Verbrecher, Kriegsgefangene oder besonders zu dem Zwecke von fremden (häufig christlichen) Völkern erkaufte Unfreie ihren Göttern zu opfern pflegten. In dem Opfer der 99 und 9 Menschen werden wir demnach mehr eine Massenhinrichtung von Verbrechern und Landesfeinden zu sehen haben, die allerdings unter Beobachtung eines feierlichen Opferritus statt fand.

---

[1]) Adami Gesta Hammaburg. Eccles. Pontificum IV, 27. Pertz, Monum. Germ. Hist. Tom. IX. s. 380.

Dafür, dass wir in den Berichten Thietmars und Adams Landessühnopfer zu erkennen haben, spricht ferner der Umstand, dass die allgemeine Betheiligung des ganzen Volkes als solchen erforderlich ist, hing doch das Glück und Gedeihen des ganzen Vaterlandes von diesem Feste ab; und deshalb musten selbst die zum Christenthum Uebergetretenen zum Opfer beisteuern, wie die Worte: ‚illi, qui jam induerunt christianitatem, ab illis se redimunt ceremoniis' besagen. Bemerkenswerth sind weiter die ‚arbores ex morte vel tabo immolatorum divinae', was ganz an die Heilighaltung der Satzweide erinnert, welche aus dem Leichnam des zur Abwendung der Viehseuche geopferten Kalbes hervorgewachsen ist. Auch der Umstand, dass diese Feste nur alle neun Jahre gefeiert werden, ist wichtig. Wurde nämlich das Schutz- und Sühnopfer der Gemeinde nur alle Jahre dargebracht, so kann dem entsprechend das Landesopfer nur nach dem Verlauf einer weit längeren Zwischenzeit abgehalten worden sein. Die heilige Neunzahl aber, die hierbei wieder erscheint, giebt den Berichten den Stempel der grösten Glaubwürdigkeit.

Mit alledem hoffe ich dargethan zu haben, dass die Berichte über die Opferfeste zu Hlethra und Upsala an sich nicht angezweifelt werden dürfen; ich kann mich deshalb auch nicht entschliessen, Grimms Behauptung beizupflichten: nämlich, dass wir es in beiden Beschreibungen mit durchaus sagenhaften und übertriebenen Schilderungen zu thun hätten, und dass von allen dargebrachten Opfern vielleicht nur die der Rosse in Wirklichkeit gefallen wären.[1])

Ist nun auch die Wahrhaftigkeit der Berichterstatter nicht anzugreifen, so muss doch die Deutung Thietmars, die Dänen hätten die Pferde, Hunde und Hähne geopfert ‚putantes, hos eisdem (scilic. den geopferten Menschen) erga inferos servituros, et commissa crimina apud eosdem placaturos', durchaus verworfen werden. Er verkennt völlig den Charakter des Festes zu Hlethra als Sühnopfer und behandelt dasselbe, als habe er ein Opfer bei Leichenbestattung vor sich.[2]) Jetzt wird auch das sonst dunkle ‚cum canibus et gallis pro accipitribus oblatis' klar werden. Bei der Bestattung wurden Dienstleute, Pferde, Hunde und Habichte[3]) mit der Leiche verbrannt, damit sich der Verstorbene derselben jenseits bedienen könne. Da nun

---

[1]) Grimm, D. M.² s. 43. 47.
[2]) Grimm, D. M.² s. 43.
[3]) Grimm, D. M.² s. 43 Anm. 3.

Thietmar ein ähnliches Opfer in den Thieren, welche bei dem Feste zu Hlethra dargebracht wurden, erblickte, so war ihm das (für ein Sühnopfer erforderliche) Hahnopfer unverständlich, und ganz subjectiv setzte er deshalb hinzu, man habe die Hähne nur ‚pro accipitribus' d. h. in Ermanglung der Habichte dargebracht.

Für die westgermanischen Stämme lassen sich derartige Landessühnopfer nicht nachweisen, falls nicht etwa das grosse suebische Opferfest in dem heiligen Walde der Semnonen[1] hierher zu ziehen ist. Möglich ist aber auch, dass die Verwandlung des ausserordentlichen Sühnopfers bei Landplagen in ein regelmässig wiederkehrendes Landesopfer erst in einer so späten Zeit eintrat, dass dieser natürliche Entwicklungsprozess nur noch in dem weit länger heidnisch gebliebenen scandinavischen Norden vor sich gehen konnte.

---

[1] Tacitus, Germania cap. 39.

Capitel II.
Die auf den Ackerbau bezüglichen Opfer.

§ 1. Opfer bei der Aussat des Korns.

Wohl niemandem wird auf Schritt und Tritt seine eigene Schwachheit näher gebracht als dem Ackerbauer. Hat er sein Feld bestellt, das Satkorn ausgesät, so kann zum weiteren Gedeihen der Frucht sein Zuthun wenig mehr helfen, er hat sich vielmehr völlig und allein auf die wohlwollende Güte einer höheren Macht zu verlassen. Darum ist es denn auch natürlich, dass wir überall im Heidenthum die einzelnen wichtigen Momente im bäuerlichen Leben, als Aussat, Ernte etc. mit feierlichem Opfer und Gebet begleitet finden, welche je nach dem mehr bittender oder dankender Natur sind. Dies im Einzelnen auch für das germanische Heidenthum nachzuweisen, sei in Folgendem unsere Aufgabe. Wenn wir dabei häufig ausschliesslich auf die heutige Volkssitte angewiesen sind, so darf das nicht befremden, denn mit Recht sagte schon J. Grimm: ‚Diese Fruchtopfer sind daher einsamer, ärmlicher; die Geschichte gedenkt ihrer kaum, aber in der Volkssitte haben sie desto fester und länger gehaftet.'[1])

Was nun zunächst die bei der Aussat dargebrachten Opfer angeht, so bemerken wir zuvor, dass die ganze Zeit der Aussat für heilig galt, wie sich dies u. a. vorzüglich noch in den heutigen Bräuchen der siebenbürgischen Sachsen ausspricht. So lange die Satzeit währt, enthält sich dort jedermann der ehelichen Freuden. Die einzelne Familie tritt ganz in sich zurück, niemandem wird in diesen Tagen Feuer aus dem Hause gegeben. Der Hausvater, sollte er auch sonst Feldarbeiten unter seiner Würde und zu beschwerlich halten, streut immer selbst den Samen aus und eggt ihn selbst ein. Ja an einigen Orten darf die Heiligkeit der Handlung nicht einmal durch Rauchen bei der Arbeit entweiht werden.[2]) Mit diesem einen Beispiel, welches Ergänzungen und Bestätigungen

---

[1]) Grimm, D. M.² s. 51.
[2]) G. A. Heinrich, Agrar. Sitten etc. s. 7. 10.

aus vielen andern der deutschen Landestheile erfahren könnte, sei diesem Puncte Genüge gethan, und wenden wir uns jetzt zu einer Reihe von Gebräuchen, welche entweder noch wirklich als Opfer empfunden werden, oder doch mit Sicherheit auf ihr ehemaliges Vorhandensein rückschliessen lassen.

Auf den Hesterberg bei Schleswig bringen die Bauern aus Mielberg jedesmal, wenn ein gewisses Stück Land mit Hafer besät wird, einen Sack mit diesem Korn und lassen ihn da stehen. Nachts kommt dann jemand und braucht den Hafer für sein Pferd.[1]) In Meklenburg wird das Korn an vielen Orten am Mittwoch oder Donnerstag stillschweigend gesät, indem man dabei so viel Körner, als sich auf dem Ackerstück Ecken befinden, im Munde hat. Nach dem Säen spuckt man über die Schulter auf jede Ecke ein Korn hin und geht darauf stillschweigend nach Hause. Das soll die Vögel von dem Feld abhalten.[2]) Ganz ähnlich verfährt man in Preuss. und Oesterr. Schlesien, Pommern, Lauenburg, der Mark und der Oberlausitz beim Weizen- und Gerstensäen, sowie beim Legen der Erbsen und Bohnen. Auch hier muss das Säen durchaus schweigend geschehen; nur zuletzt wird eine Zauberformel mit den Namen der Dreieinigkeit gesprochen. Das Ganze soll wie in Meklenburg die Sat gegen die Sperlinge schützen.[3]) In Hessen streut man von der Wintersat zwei Gescheit den Vögeln hin. Auch nimmt man in der Wetterau beim Legen der Erbsen, während dessen tiefstes Schweigen beobachtet werden muss, drei von ihnen in den Mund und vergräbt sie nachher, wodurch der Acker vor Vogelfrass gesichert ist.[4]) An der Schwalm setzt die Hausfrau beim Krautsetzen die drei ersten Pflanzen dreimal, rauft sie dann dreimal wieder aus, wirft sie weg und sagt dazu im Stillen: ‚Wul, die fress', Wild, die fress', Raupe, die fress', an die hier gesetzten kommt ihr mir nicht. Im Namen Gottes des Vaters, des Sohnes und des heiligen Geistes. Amen.' Das Krautfeld bleibt dann von Wild und Raupen verschont.[5])

Häufig hat sich nur noch der Segen, welcher bei diesem Körner- oder Pflanzenopfer gesprochen wurde, im Volksgedächtnis erhalten, während die Erinnerung an das Opfer selbst geschwunden

---

[1]) Müllenhoff Nr. 490.
[2]) K. Bartsch, Meklenb. Sag. II Nr. 751 c—d, Nr. 753.
[3]) Wuttke § 232; Peter, Volksthüml. II s. 265; A. Harland, Sag. u. Mythen aus dem Sollinge. s. 89; Knorrn, Sammlung abergl. Gebräuche Nr. 113.
[4]) Wolf, Beiträge I s. 218 Nr. 244. 249; II s. 427; Wuttke § 232.
[5]) Lyncker, Hessische Sagen 257, 342.

ist. So schützt man um Eisenach den ausgestreuten Samen dadurch vor dem Vogelfrass, dass man dreimal um das Satfeld herumgeht, dabei den Spruch:

,Meinen Weizen will ich säen,
Die Vögel sollen Erden fressen
Und meinen Weizen lassen stehen!'

hersagt und beim dritten Male hinzufügt: Im Namen des Vaters etc. In Marksuhl pflegt man beim Krautsetzen, um die Pflanzen vor Raupen zu schützen, zu sagen:

,Barthel ins Kraut,
Raupen aus dem Kraut
In die Ruhl zur Kirmess.'[1])

Im Harz spricht man beim Weizensäen, indem man den Samen stillschweigend auf den Kopf hebt:

,Weizen, ich setze dich auf den Band!
Gott behüte dich vor Tresp' und Brand!'[2])

Deutlicher hat sich die Erinnerung an das Körneropfer in dem rheinpfälzischen Spruch, um von der Sat Schneckenfrass abzuwehren, erhalten:

,Da du' ich meinen Samen hinschmeissen,
Dass mir die grauen, die schwarzen und die weissen —
Den Samen nicht abbeissen.'[3])

In Pommern muss man beim Untereggen der Sat links der Egge gehen, im Garten mit der linken Hand harken und dabei sprechen:

,Ich säe diesen Samen
In Gottes Jesu Namen,
Vöglein darum hüte dich
Und friss von diesem Samen nicht.

Im Namen Gottes etc.[4])

In Schwaben wieder kennt man das Opfer noch, denn dort nimmt der Bauer beim Säen zuerst eine Handvoll und streut sie aus im Namen Gottes des Vaters, dann zwei andere im Namen des Sohnes und des heiligen Geistes. Erst dann beginnt die eigentliche Sat, welche darauf gut geräth.[5]) Damit vergleicht sich, dass in vielen Gegenden Niedersachsens unter Antritt mit dem rechten Fuss und dem Hersagen eines kurzen Segensspruches die erste Handvoll Satkörner in Gottes oder Christi Namen oder im Namen der heiligen Dreifaltigkeit ausgestreut wird.[6])

---

[1]) Witzschel, Sitten etc. s. 15 Nr. 64. 66.
[2]) Prochle in Wolfs Ztschrft. I s. 200.
[3]) Bavaria IV, 2, 380.
[4]) Knorrn, Sammlung abergl. Gebräuche Nr. 118.
[5]) Wuttke § 321.
[6]) Pfannenschmid s. 400. Anm. 19.

In Siebenbürgen wird noch heute oft die erste Handvoll Samen entweder auf dem Felde selbst oder auf dem Wege dahin nach rückwärts über den Kopf geworfen den Vögeln des Himmels oder, damit die Sat gross werde. Man spricht dabei: ‚Dies ist für euch Spatzen' oder:

‚Spatzen, lasset meinen Weizen stehn,
Und ihr sollt zum Nachbar gehn.'

Beim Hafersäen wirft man mit geschlossenen Augen drei Handvoll Hafer nach drei Richtungen hin; das hilft gegen die Erdflöhe. Bei den Marpodern in derselben Landschaft geht der Bauer, wenn der Acker vollkommen mit Satgut bestellt ist, noch einmal von Ende zu Ende über denselben, macht mit der Hand die Gebärde des Säens, hinter sich werfend mit den Worten: ‚Dies säe ich dem Gethiere; ich säe es allem, was da fliegt und kriecht, was da geht und steht, was da singt und springt. Im Namen Gottes des Vaters, des Sohnes etc.' Mancherorts wird auch beim Säen ein Aehrenkreuz in der Mitte des Ackers aufgestellt, welches zu diesem Zwecke beim Dreschen gebunden war, und von welchem man einen besonderen Segen für die Frucht des nächsten Jahres erwartet; oder man steckt, wie in einigen Gegenden des Unterwaldes, den Erntekranz bei der nächsten Winteraussat auf den ersten mit Winterweizen besäten Acker hin.[1]

Fassen wir diese aus den verschiedensten Theilen Deutschlands beigebrachten Berichte zusammen, so ergiebt sich, dass jenen Bräuchen folgende Vorstellung zu Grunde liegt: Damit die Sat gut geräth, damit sie nicht durch Wild-, Vogel-, Raupen- und Würmerfrass zu Grunde gerichtet werde, muss ein kleiner Theil des zur Aussat bestimmten Getreides unter Beobachtung eines gewissen feierlichen Ritus (Sprechen einer Segensformel, heiliges Schweigen bei der Handlung, Rücklingswerfen der geopferten Körner) der Gottheit dargebracht werden. Diese Gottheit aber, welche in vielen der oben beigebrachten Sitten durch die Dreieinigkeit vertreten erscheint, wird im Heidenthum, wenigstens in den meisten Gegenden Deutschlands, Wuotan gewesen sein, wie sich dies später aus der Analogie mit dem Aehrenopfer bei der Ernte ergeben wird. Unverkennbar auf diesen Gott weist der schleswigsche Glaube hin, jemand hole den Hafer nachts und brauche ihn für sein Pferd.

---

[1] G. A. Heinrich, Agrar. Sitten etc. s. 10. 15. 16. 26. 28; Schuster, Deutsche Mythen a. siebenb. sächs. Quellen. s. 307.

Allerdings hat es nach einigen Bräuchen den Anschein, als hätten wir es hier nicht mit Opfern für eine Gottheit, sondern mit Opfern für vergötterte Thiere zu thun; doch ist dies nur eine Verdunkelung der früheren Anschauungsweise. Dem Wuotan wurde ein Körneropfer dargebracht, damit er die Satfelder vor dem Abfrass des schädlichen Gethieres bewahre. Mit der Einführung des Christenthums schwächte sich nun das Bild des Gottes im Laufe der Jahrhunderte mehr und mehr ab, ja verschwand theilweise völlig aus dem Volksgedächtnis, das Opfer dagegen erhielt sich als ein treffliches und bewährtes Mittel gegen die Plage der Aecker dem Landmanne in guter Erinnerung. Da waren also nur die zwei Wege möglich: entweder ward der neue Gott an die Stelle des alten gesetzt und so der Brauch gewissermassen verkirchlicht, oder aber das Opfer sank zum blossen Zauber herab. Wir werden dem ähnliche Entwicklungsprocesse im ferneren Laufe unserer Untersuchung noch häufig zu beobachten Gelegenheit haben; der Gedanke, dass wir es hier mit einer Rückerinnerung an einen lange vor dem Wodandienst bestehenden Fetischkultus zu thun haben, muss gänzlich ausgeschlossen werden.

Dem eben nachgewiesenen Kornopfer bei der Aussat läuft nun eine zweite Opferart parallel. Grimm theilt in der deutschen Mythologie aus dem Cod. oxon. 5214 einen angelsächsischen Segen für den untragenden, durch Zauber verderbten Acker mit, der unter vielem rein Christlichen manches echt Heidnische in sich birgt. Uns interessirt hier jedoch weniger der Zauber, als folgende Stelle in dem denkwürdigen Schriftstück, die uns einen uralten germanischen Opferbrauch beschreibt. Nachdem nämlich gesagt ist, man solle die erste Furche ziehen und dann einen Segen sprechen, heisst es weiter: ‚Nim þonne älces cynnes melo, and âbace man inneveardre handa brâdne hlâf, and gecned hine mid meolce and mid hâlig vätere, and lecge under þâ forman furh.' Wichtig sind ferner zwei Anreden in diesem angelsächsischen Segen: ‚Erce, erce, erce, eorðan môdor' und ‚Hâl ves þû folde, fira môdor!', welche trotz ihres Dunkels soviel mit Sicherheit erkennen lassen, dass in dem ganzen Brauche die vergötterte Erde mit Gebet und Opfer angerufen wird.[1])

Dass das Vergraben des mit Milch gekneteten Brotes nicht zum Zauber gehörte, sondern ständiger Opferbrauch bei der Bestellung des Ackers war, wird durch folgende deutsche Sitten hinreichend bestätigt. In der Oberpfalz und in Oberfranken stellt

---

[1]) Grimm D. M.² s. 1185 fg.; vgl. auch s. 232 fg.

man, wenn zum ersten Male geackert wird, eine Schüssel mit Mehl, Brot und einem Ei zwischen das Gespann und den Pflug und treibt diesen darüber. Bleibt die Schüssel unversehrt, so ist es ein gutes Zeichen für die Ernte. Die Schüssel wird dann unter die Armen vertheilt, damit sie beten für das Gedeihen der Sat; die Gabe heisst „Pflugsbrot."[1]) Auch Wuttke berichtet, dass an vielen Orten der Pflug über ein Brot in den Acker geführt werde.[2]) Im Wittgensteinschen kam an einigen Orten, wenn im Frühjahre zu Acker gefahren werden sollte und angespannt war, die Grossmutter oder Mutter und hatte einen Laib Brot unter dem Arme. Diesen legte sie auf die Mitte des Pfluges und schnitt ihn mitten durch in zwei gleiche Stücke. Davon gab sie das eine dem Ackermann, das andere jedem der Zugthiere zu gleichen Theilen; dadurch sollte das Ackerfeld segenbringend werden.[3]) Diesem westfälischen Brauch vergleicht sich völlig der schwedische, wie ihn Verelius in den Anmerkungen zur Hervararsaga s. 139 beschreibt. Er meldet nämlich, dass die schwedischen Bauern den gebackenen Julagalt trocken werden lassen und bis zum Frühjahr aufheben; dann aber einen Theil davon unter die Frucht reiben und den pflügenden Rossen, einen Theil den Pflughaltern zum Essen geben, in der Hoffnung, dadurch eine reichliche Ernte zu erlangen.[4])

An vielen Orten hat sich das Treiben des ersten Pfluges über ein Brot zu einem farblosen Opfer abgeschwächt. So wird zu Ramsdorf bei Borken in Westfalen auf St. Antoniustag gesegnetes Brot auf das Flachsfeld gelegt.[5]) Im ‚Carnifex exarmatus, id est Apotheca Wiblingensis' heisst es von dem ‚in Festis St. Blasii und St. Agathae geweychten Brod': „Ist gut vor die Aeckher, auf welchen die Früchten-Gewächss wegen dem Ungeziefer Schaden leyden."[6]) Auch bei den siebenbürgischen Sachsen wird zum Gedeihen des Ackers nach der Aussat auf das bestellte Feld Brot geworfen, welches aus einem Theile des Satkorns bereitet und mit Milch geknetet ist[7]); und um Eisenach füllt man dem Bauer oder Knechte, damit es den·Feldern und Wiesen das Jahr über nicht

---

[1]) Bavaria II, 1, 298; III, 1, 343.
[2]) Wuttke² § 428; vgl. Mannhardt, Baumkultus. s. 158.
[3]) Kuhn, Westfäl. Sag. II Nr. 427.
[4]) Grimm, D. M.² s. 1188.
[5]) Kuhn, Westfäl. Sag. II Nr. 332.
[6]) Birlinger, Aus Schwaben I s. 421.
[7]) G. A. Heinrich, Agrar. Sitten etc. s. 10. 14. 15; Schuster, Deutsch. Myth. a. siebenb. sächs. Quellen. s. 308.

an der nöthigen Feuchtigkeit fehle, beim ersten Ackergange die Tasche mit Krapfen.[1])

Aus den angeführten Berichten erhellt, dass dies Brotopfer nicht minder allgemein über ganz Deutschland verbreitet war, wie das Körneropfer; und zwar kann es nicht gleichzeitig mit letzterem, sondern es muss, wie dies die ältesten und ausführlichsten Nachrichten besagen, vor der Aussat dargebracht sein, wenn der erste Pflug in den Acker geführt wurde. Von dem heiligen Brotlaib vergrub man nicht alles, etwas davon wurde den bei der Feldarbeit beschäftigten Männern und Thieren vorgesetzt, damit sie auf diese Weise der wunderbaren Heilkräfte des Opfers theilhaftig würden. Auch machte man aus der Art und Weise wie das Pflugrad den Opferlaib durchbrach, Weissagungen auf den glücklichen oder unglücklichen Ausfall der Ernte. Der Erfolg, welchen man von dem Brauche erwartete, war, die Tragfähigkeit des Ackers zu erhöhen und, falls sie erloschen war, dieselbe wieder herzustellen, dem Boden die erforderliche Feuchtigkeit zuzuführen und ihn segenbringend zu machen, dadurch der jungen Sat gutes Gedeihen zu verschaffen und eine reiche Ernte zu erlangen. Dies und vor allen Dingen die beiden oben erwähnten Anrufungsformeln in dem angelsächsischen Segen lassen darauf schliessen, dass das Opfer für die mütterliche Göttin Erde bestimmt war, welche in Deutschland als Frîa, Holda, Berchta etc. erscheint.

Beachtung verdient noch, dass häufig zu der heiligen Handlung kein gewöhnliches Brot genommen werden darf; in Schweden muss dazu der aufbewahrte Julagalt und, unzweifelhaft unter christlicher Einwirkung, in Schwaben und Westfalen an kirchlichen Festtagen geweihtes, bei den Angelsachsen ‚mid hâlig vätere' geknetetes Brot verwandt werden. Man erinnere sich hier, dass auch bei dem Kornopfer statt der ersten Handvoll Satkorn an manchen Orten Siebenbürgens der Erntekranz (für die Wintersat) oder ein bei dem Ausdreschen verfertigtes Aehrenkreuz (für die Sommersat) dargebracht wurden. Es zeigt dies, in welchem innigen Zusammenhang die einzelnen heidnisch-germanischen Opferfeste untereinander standen, und wie jedes einzelne von ihnen ein unentbehrliches Glied in ihrer Kette bildete.

Die Zeugnisse für derartige Brotopfer bei der Bestellung des Feldes lassen sich vermehren, wenn wir mit Grimm eine Reihe von Vorschriften aus unseren Weisthümern hierher ziehen. Der

---

[1]) Witzschel, Sitten etc. s. 14. Nr. 55.

Vollständigkeit wegen mögen dieselben, wie sie Grimm in der deutschen Mythologie wiedergiebt, hier angeführt werden: ‚Kommt der Pflüger an ein Ende der Furche, soll er da finden einen Topf mit Honig und am andern Ende einen Topf Milch, so er schwach würde sich daran zu erlaben (Weisth. 2, 547). Ferner, beim Pflügen soll ein Brot so gross gebracht werden, dass man es in eine Achse des Pflugrads stecke und eine Furche damit ackere; breche das Brot, wenn die Furche aus sei und habe der Pflüger nicht ein andres Rad bereit, das er an die Stelle setze, so solle er büssen; breche aber das Brot, ehe die Furche fertig sei, möge er ohne Busse heimfahren (2, 356). Anderemal lautet die Bestimmung so: Breche dem Pflüger ein Rad, so habe er zur Busse ein Brot zu entrichten, das gleich hoch mit dem Pflugrad und von aller Frucht, die der Pflug gewinnt, gebacken, und so gemach solle er mit dem Pfluge fahren, dass ein Finke seine Jungen auf dem Rade ätzen könne (2, 179, 180). Auch 2, 547 heisst es, wenn ein Korn Haber in das Pflugrad falle, dass die Vögel in der Luft es geniessen sollen. 2, 120 ist bloss die Grösse des Brots nach der des Pflugrads ausgedrückt; 2, 128 wird aber wiederum gesagt, aus der Frucht, die die Hube trägt, und die Mühle bricht, soll ein Kuchen von der Grösse des Pflugrads gebacken werden und nun der Pflüger damit pflügen: Breche das Rad, eh er ans Ende komme, so sei er brüchig, breche es nicht, so sei er dennoch brüchig. Den Kuchen von aller Frucht, die die Mühle mehlt, nennt 2, 147 und das an die Stelle des auslaufenden Pflugrads einzusteckende Roggenbrot 2, 262. 412, 587.'[1])

Grimm bemerkt dazu und gewis mit vollem Recht: ‚Nie werden Pflüger mit Honig und Milch gespeist, nie Brote und Kuchen an die Achse gesteckt worden sein, die erste Furche zu ziehen. Es scheinen alte Opferlaibe, die mit Honig und Milch begossen, in die Furche gelegt und den Pflügern ausgetheilt wurden, an welchen man auch die Vöglein picken liess; dass sie aus allerlei Frucht, um den ganzen Ertrag des Ackers zu umfassen, bereitet waren, wie in der ags. Formel der Laib aus aller Art Mehl gebacken ist, entscheidet beinahe.'[2])

Dieser Erklärung wäre nur hinzuzufügen, dass sich in den Bestimmungen über das Brechen des Rades oder des unter den Pflug gelegten Brotes vielleicht die Erinnerung an ehedem daraus angestellte Prophezeiungen erhalten hat, welche Weissagungen wir

---

[1]) Grimm, D. M.² s. 1187 fg.
[2]) Grimm, D. M.² s. 1188.

oben als ein wesentliches Moment bei dem Brotopfer kennen gelernt haben.

Dem Körner- und Brotopfer bei der Bestellung des Ackers schliesst sich endlich noch eine dritte Art des Opfers an. Schon oben sahen wir, dass in Oberfranken und der Oberpfalz beim ersten Pflügen ausser Brot und Mehl auch ein Ei auf dem Ackerfelde geopfert werden muste, wozu man den Bericht Wuttkes halte, dass in vielen Gegenden Deutschlands der erste Pflug über ein Brot und ein Ei in den Acker geführt werde.[1]) Hierher gehören ferner folgende Bräuche. In Bering bei Mosburg in Oberbaiern geht am Ostertag der Bauer mit den Dienstleuten um seine Aecker und steckt in die Ecken derselben Palmkreuzchen und Schalen von geweihten Eiern. In die Mitte eines jeden Feldstückes aber wird ein ganzes Ei eingegraben, welches geweiht und mit rother Farbe bemalt ist.[2]) Zwischen Landshut und Rothenburg werden am Gründonnerstag gelegte Hühnereier (sogenannte Antlasseier) am Ostertag in der Kirche geweiht. Jeder Knecht bekommt ein Ei, damit sie bei schweren Arbeiten, beim Heben und Tragen nicht Schaden leiden. Die Eierschalen werden auf die Felder gestreut. Ein Antlassei wird in dem grösten Weizenacker eingegraben und links und rechts ein geweihtes Brandkreuzl gesteckt. Wer das nicht thut, dem verdirbt Hagelschlag und Brand die Frucht.[3]) Im Lechrain gräbt man von den am ersten Ostertag geweihten Eiern etliche unter die Thürschwellen des Hauses, die zurückgebliebenen Schelfen der geweihten Eier streut man auf die Satfelder.[4]) Zu Terenten im Pusterthal wird ein am Gründonnerstag gelegtes und am Ostersonntag geweihtes Ei übers Hausdach geworfen und an dem Platz, wo es niederfällt, eingegraben, was gegen Blitzeinschlagen und anderes Unglück als wirksam erachtet wird.[5]) In Oesterreich trägt man die Ostereierschalen als besten Schutz gegen Hagelschauer auf die Getreidefelder; oder man nimmt drei Haselzweige, drei Karfreitagseier und etwas Chrisam, lässt es am Ostersonntag neben Eiern und Fleisch in der Kirche mit weihen, geht von der Weihe sogleich hinaus und gräbt dieses Geweihte während des Hochamtes zu drei Theilen in jedes der drei Felder unter Gebet ein und zwar

---

[1]) Wuttke² § 428; vgl. Mannhardt, Baumkultus s. 158.
[2]) Panzer II. 212, 380.
[3]) Panzer II. 212, 382.
[4]) Leoprechting, a. d. Lechrain s. 175.
[5]) Zingerle, Sitten s. 98, 744; derselbe in Wolfs Ztschrft. III. s. 339.

auf die Wetterseite.¹) In Thüringen isst der Säemann mit seiner Familie auf dem besäten Felde ein paar frische Eier.²) In Langenei an der Lenne backt man am Ostertage Pfannkuchen, füllt die Eierschalen mit Weihwasser und trägt sie ins Feld; dann trifft das Getreide kein Wetterschaden. Zu Alt-Reetz im Oderbruch endlich mengt man beim Säen des Sommer-Getreides unter die Sat die Schalen von den Eiern, welche man am ersten Ostertag gegessen hat; das Getreide gedeiht dann vorzüglich.³)

Ganz wie bei dem Brotopfer sehen wir auch hier, dass der Ackermann und seine Leute einen Theil des für die Gottheit bestimmten Opfers zu sich nehmen, um dadurch gewisser Segnungen theilhaftig zu werden. Wir werden darum nicht fehl gehen, wenn wir solche Bräuche, bei denen sich nur noch dieser letztere Zug erhalten hat, ebenfalls mit zu den Belegen für die Verbreitung des Eieropfers bei der Aussat hinzuziehen. In Dobischwald in Oesterr. Schlesien zerschneidet am Ostersonntage nach dem Mittagsmahle der Hausvater ein hart gesottenes Ei in so viele Theile als Hausgenossen sind, und giebt jedem derselben einen Theil, damit, wenn einer in diesem Jahre sich verirre, er wieder auf den rechten Weg komme. In Braunsdorf liess man in früherer Zeit zu demselben Zwecke am Ostersamstage früh in der Kirche ein Ei weihen.⁴) In Thannheim in Niederbaiern erhält jeder Knecht ein Antlassei, welches er mit der Schale verzehrt, damit er sich beim Heben nicht beschädige.⁵) Ein ähnlicher Glaube über die Heilkraft der Antlasseier herrscht in der Oberpfalz und in Oberfranken, wo man sogar wähnt, sie heilten ‚allerlei Brest und jeglichen Leibesschaden.' Der Hausvater isst dort am Gründonnerstage ein frisch gelegtes Ei, damit er stark heben kann und in demselben Jahre keinen Bruch bekommt.⁶)

Selbst das Vieh ging nicht leer aus. In Thannheim in Niederbaiern wird ein Antlassei getheilt, jede Hälfte in Leinwat gewickelt und eine im Pferdestall, die andere im Kuhstall aufgehangen.⁷) In Oesterr. Schlesien nimmt man Ostereier oder

---

¹) Baumgarten, a. d. Heimat I. 142.
²) Wuttke § 322.
³) Kuhn, Westfäl. Sag. II Nr. 420; Kuhn u. Schwartz, Nordd.Gebr. Nr. 355; Engelien und Lahn, d. Volksmund. s. 272 Nr. 201.
⁴) Peter, Volksth. II s. 285.
⁵) Panzer II, 213, 383.
⁶) Bavaria II, 1, 320. 309; III, 1, 341.
⁷) Panzer II, 213, 383.

wenigstens Schalen davon und gräbt sie auf der Hutweide ein; so werden die Kühe dort das ganze Jahr gut weiden.[1]) In den Kreisen Bütow und Cöslin in Hinterpommern steckt man jedem Stück Hauptvieh vor dem ersten Austreiben ein rohes Ei in das Maul und lässt es dasselbe hinunter schlucken; dann werden die Kühe so rund wie die Eier.[2]) In der Altmark legen die Leute am Maimorgen ein Beil und ein Ei unter die Schwelle.[3]) In andern Theilen der Mark muss das Vieh an vielen Orten das erste Mal über ein Ei und einen rothen Rock zur Weide gehen.[4])

Die ursprünglichste Fassung dieses für ganz Deutschland nachgewiesenen Eieropfers werden wir in den Berichten zu erkennen haben, welche das Opfer entweder in Verbindung mit dem Brotopfer, also bei dem Treiben des ersten Pfluges in den Acker, oder gleich nach beendigter Aussat dargebracht werden lassen. Erst später wird sich der heidnische Brauch mit dem christlichen Osterfeste, welches gewöhnlich mitten in die Zeit der Ackerbestellung fällt, verquickt haben. Es fragt sich jetzt, welcher Gottheit dies Opfer galt.

Den Weg zur Beantwortung weist uns der Erfolg, den man sich allenthalben von seiner Ausübung verspricht: die Frucht vor Hagelschauer und Wetterschlag zu bewahren. Wir sahen nämlich gelegentlich der Besprechung der Opfer, welche zur Abwehr von schlechter Witterung dargebracht wurden, dass man zu demselben Zwecke dem Wettergotte Hähne oder Eier opferte. Demgemäss wird auch das Eieropfer bei der Aussat als ein Bittopfer an diese Gottheit aufzufassen sein, in deren Macht es stand, die junge Sat nicht minder wie das schon reifende Getreide durch ihre Wetter zu vernichten und so die schönsten Hoffnungen des Landmannes grausam zu zerstören. Diese Annahme gewinnt an Wahrscheinlichkeit dadurch, dass nach einigen Berichten das Eieropfer bei der Bestellung des Ackers, genau wie jenes, welches bei schlechter Witterung dargebracht wurde, durch ein Hahnopfer vertreten werden konnte.

„Der zu vielen nützlichen Wissenschaften dienstlich anweisende Curioese Künstler (Nürnberg. 1705), giebt folgendes Mittel für den Brand im Weizen an: „Nimm einen dürren Birn-Baum, brenne ihn zu Aschen, und nimm die Aschen und Saltz darzu, geuss

---

[1]) Peter, Volksth. II, s. 251.
[2]) Mündlich aus Cratzig, Kreis Köslin und Trzebiatkow Kreis Bütow.
[3]) Temme, Sag. d. Altmark 85; vgl. Mannhardt, Germ. Mythen. s. 10 fg.
[4]) Kuhn, Märk. Sag. 380. 5.

Wasser darauf, und rühre es untereinander, hernach nimm einen scheinigen[1]) Hahn, schneide ihme die Gurgel ab, und lasse das Blut in obgemeldtes Wasser, hernach rühre es wieder untereinander, und wan du den Weitzen säen wilst, so besprenge ihn mit obgemeldtem Wasser. Probatum est.'[2]) Auch folgende Stelle in der Scheirer Dienstordnung v. 1500 (Cgm. 698, f. 45): ‚So man gesäet hat den traid, korn und fesen, so gibt man den knechten den Sathan, ye vieren ein gans und yedem ain trinken wein kelhamer aus gnaden'[3]) ist hierher zu ziehen.

Ferner ergiebt sich die Verwandtschaft des Eieropfers bei der Aussat mit dem bei schlechter Witterung aus der Uebereinstimmung der christlichen Bräuche, welche unter kirchlichem Einfluss an ihre Stelle getreten sind. Sahen wir oben, dass zum Schutz vor Hagelschlag und Hochgewitter geweihte Palmen auf dem Heerdfeuer verbrannt wurden, so werden dem völlig entsprechend in Nord- und Süddeutschland entweder gleich nach beendeter Aussat oder auch am Palmsonntage und zu Ostern die Ackerfelder gepalmt, um sie dadurch vor allem Wetterschaden zu bewahren.[4]) Wie man beim Eieropfer Menschen und Vieh an der heilkräftigen Speise theilnehmen liess, so isst man in Schwaben, Schlesien und Böhmen Palmkätzchen als Präservativ gegen Fieber, in Tirol gegen Zahnweh oder Halsweh.[5]) Was aber den Nutzen der Palmen für das Vieh angeht, so sagt schon eine Handschrift aus einem Papiercodex des 14. Jahrhunderts in der Bibliothek zu St. Florian: ‚So man die palm haimtrait von kirchen, so legent sy sew ee in die chue chrip, ee das sy sew vnder das tach tragent. So gent die chue des iars gern haim. Item die pürsten die man zu den palm stekcht do pürsten sy das viech

---

[1]) scheinig = ins Gesicht fallend, ansehnlich. Schmeller, bair. Wörterb. 2. Aufl. II. s. 424.

[2]) vgl. Blaas in Pfeiffers Germania XXII s. 257.

[3]) Schmeller, bair. Wörterb. 2. Aufl. II, 334.

[4]) Panzer I. 211. 378; II. 78. 114, 207. 364, 212. 380—382, 534; Bavaria III, 1, 343; IV, 2, 379, 393; Birlinger, aus Schwaben II s. 66; Baumgarten, a. d. Heimat. I, 65, 135; Heinrich, Agrar. Sitten etc. s. 13; Peter, Volksth. II, s. 285; Wolfs Ztschrft. III. 51, 164; Wuttke § 231; R. Eisel, Sagenb. des Voigtlandes Nr. 550; Kuhn, Westfäl. Sag. II 416—419. 437; Schmitz, Sitten etc. s. 95; vgl. auch Mannhardt, Baumkultus s. 291; Pfannenschmid, Germ. Erntef. s. 60 und die weiter dort angeführten Belegstellen.

[5]) Birlinger, Volksth. II, 74, 89; Reinsberg-Düringsfeld, Festkal. aus Böhmen s. 111; Zingerle. Sitten² s. 147. 1264, 109. 942—943; vgl. Mannhardt, Baumkultus s. 291; den Beleg dieser Sitte für Schlesien verdanke ich Herrn Prof. K. Weinhold.

mit, so wernt sie nicht lausig. Item si tragent vmb das haws, ee sie sew hin in tragent, so essent die fuchs der huner nicht.'[1]) Selbst das Glockenläuten gegen drohende Hochgewitter finden wir in den Gebräuchen bei der Aussat wieder [2]), nur dass es hier nicht wie dort das Unwetter vertreiben, sondern ihm vorbeugen soll.

Wenn der Brauch des Palmsteckens unter christlichem Einfluss an die Stelle des heidnischen Eieropfers für die Gewittergottheit getreten ist, so werden wir auch Gebräuche, welche in Verbindung mit dem Palmen der Felder ausgeübt werden, sofern sie alterthümlichen Charakter an sich tragen, auf das Bittopfer bei der Aussat beziehen dürfen. Nun meldet Lansens aus Flandern: „Het is in sommige streeken van Westvlaenderen een gebruik van op palmzondag op de hoeken der koornvelden den gewyden palm te planten en by het planten dier palmtakken zegt men de volgende versen:
Ik zegene hier myn kooren,
tegen den bliksem en den oormen,
tegen de meisens en tegens de knechten
op dat ze myn koorn niet ommevechten,
en tegen dat diuvels zwynsges
dat zoo kwaed om pekken is.'[3])

Von dem alten Brot-, Korn- und Eier-Opfer ist hier nichts mehr erhalten; an seine Stelle trat das Palmen. Der Segen ist jedoch gewis uralt; denn er spricht alle Hoffnungen aus, deren Erfüllung man von jenem Opfer erwartete.

Bemerkenswerth ist ferner, dass man um Lichtensee in Niederbaiern die in die Mitte eines jeden Ackers gesteckten Antlasskreuze (verfertigt aus einem am Ostersamstag geweihten Birkenreis, einem kleinen Span vom Sebenbaum und einem Palmzweig mit Samenkätzchen) mit Johanniswein begiesst[4]), womit sich vergleicht, dass bei den siebenbürgischen Sachsen an manchen Orten am ersten Tage der Aussat in jeden Säesack ein wenig Milch unter den Weizensamen gemengt wird.[5]) Diese Libationen werden ursprünglich wohl kaum dem durch das Antlasskreuz ersetzten Eieropfer oder dem Kornopfer (in dem siebenbürgischen Brauch) gegolten haben, sondern dem Brotopfer für die mütterliche Erde, da das letztere nach vielen Zeugnissen entweder mit Milch geknetet

---

[1]) Grimm, D. M. Aberglaube F. 10—13.
[2]) Kuhn, Westfäl. Sag. II Nr. 416; Seifart, Hildesh. Sag. II. s. 140; vgl. Mannhardt, Baumkultus s. 548 Anm. 1.
[3]) Lansens in Wolfs Ztschrft. III, 164 fg.
[4]) Panzer II, 207. 362.
[5]) G. A. Heinrich, Agrar. Sitten etc. s. 9.

werden muste, oder, wie dies mehrere Stellen aus den Weisthümern anzudeuten schienen, in Verbindung mit einer Milch- und Honigspende dargebracht wurde.

Schliesslich sei noch erwähnt, dass einigen Nachrichten zufolge den Opfern bei der Bestellung des Ackers einst auch Opferfeuer nicht gefehlt haben. Im Bambergischen zündete man, um die Frucht vor dem Brande zu bewahren, Stroh auf dem Felde an und liess dann den zur Aussat bestimmten Weizensamen durch das Feuer laufen.[1]) In der Oberpfalz mengt man zu demselben Zweck Asche, welche während der Metten im Ofen gebrannt worden, unter das Satkorn; denn es ist der Brauch, in dieser Nacht ein eigenes Feuer im Ofen zu machen und es mit geweihtem Holz und Palm zu heiligen.[2]) Bestimmteres lässt sich jedoch über derartige Feuer noch nicht behaupten, so lange nicht weitere Belege auch aus anderen Theilen Deutschlands beigebracht werden können, oder wenigstens ein älteres Zeugnis für diesen Brauch aufgefunden ist.

Als Resultat unserer Untersuchung würde sich ergeben, dass im deutschen Heidenthum bei der Bestellung des Ackers ein dreifaches Opfer dargebracht wurde: ein Brotopfer, verbunden mit Libationen, bei dem Treiben des ersten Pfluges in den Acker für die mütterliche Göttin Erde, damit sie aus ihrem Schosse heraus dem Lande die erforderliche Feuchtigkeit und dadurch der Sat Gedeihen gebe; ein Körneropfer bei dem Ausstreuen der ersten Handvoll Satkorn für den Himmelsgott (Wuotan), dass er die Frucht vor Vogel-, Wild-, Mäuse- und Würmerfrass bewahre; und nach vollendeter Bestellung des Satfeldes endlich drittens ein Eier- oder Hahnopfer für den Wettergott (Thunar), um von ihm gnädigen Schutz vor Hagelschauer und Wetterschlag zu erbitten. Dabei wurden zauberkräftige Gebete gesprochen und vielleicht auch Opferfeuer entzündet. Die Theilnehmer an der heiligen Handlung, sowie das zum Pflügen und Eggen verwandte Zugvieh erhielten Stückchen von den dargebrachten Gaben zum Genuss, damit sie so selbst der Heilkraft des Opfers theilhaftig würden.

Den Schluss des Ganzen wird ein feierlich abgehaltenes ländliches Opfermahl gebildet haben, worauf schon die oben angeführte Stelle der Scheirer Dienstordnung vom Jahre 1500 hinwies. Noch heute wird in vielen Gegenden Deutschlands der Schluss der Ackerbestellung festlich begangen, und noch heute kennzeichnet sich

---

[1]) Panzer II. 207. 362.
[2]) Bavaria II, 1, 297.

diese Feierlichkeit als ehemaliges Opfermahl dadurch, dass man von ihrem Innehalten allerhand Segnungen erwartet. So giebt z. B. im Lechrain die Hausfrau bei der Aussat nur deshalb Kücheln, damit die Sat gut gedeihe.[1]) Auch die alte Bauernregel: ‚Wer Lein säen lässet, soll dem Säemann ein Trinkgeld geben, sonst verdirbt der Flachs'[2]), findet hierdurch ihre Erklärung. Das Andenken an die alten Götter war geschwunden und mit demselben auch die ursprüngliche Bedeutung des Opfermahles, aber nicht die Erinnerung an den Erfolg, den man durch dessen Beobachtung einst zu erlangen gewähnt hatte. Im Heidenthum schrieb man den Segen, welchen man erwartete, dem für die Gottheit dargebrachten, festlich begangenen Opfer zu, an dem alle Ackerleute Theil nahmen; später sank der Brauch zum Aberglauben herab, indem man die zauberwirkende Kraft nur in der aussergewöhnlich reichlichen Bewirthung suchte, welche sich endlich zu einem an den Säemann zu entrichtenden Trinkgeld abschwächte.

§ 2. **Bittopfer der Gemeinde nach beendigter Aussat.**

Dem im vorhergehenden Paragraphen nachgewiesenen Opfer, welches von dem einzelnen Hausstande bei der Aussat dargebracht wurde, steht das Opfer der ganzen Gemeinde gegenüber. Dasselbe muss, da bei den Germanen Winter- und Sommerkorn gebaut wurde, in eine Zweiheit zerfallen sein. Wir haben also ein derartiges Gemeindeopfer im Herbst und ein anderes im Frühjahr anzusetzen. Bei dem ersteren lag es nun nahe, dasselbe mit dem grossen Erntedankopfer zu vereinigen, es aber bei Winters Schluss noch einmal zu wiederholen, da dann die von der winterlichen Schneedecke befreite Sat von neuem dringend des gnädigen Schutzes der Götter, welchen der Mensch durch Gebet und Opfer erwerben kann, zu ihrem weiteren Fortkommen bedarf. Weil nun das im Herbst dargebrachte, mit dem Erntedankopfer verbundene Gemeindebittopfer für das Gedeihen der Saten besser erst später im Verein mit jenem zu besprechen ist, so handelt es sich für uns hier nur um das Opfer bei Winters Schluss und dasjenige, welches nach der Bestellung der Aecker mit Sommerkorn dargebracht wurde.

A. **Bittopfer der Gemeinde bei Winters Schluss.**

---

[1]) Leoprechting, a. d. Lechrain s. 180. 2.
[2]) Chemn. Rockenphil. I, 99; Conlin bei Birlinger, Aus Schwaben I, s. 401.

Betrachten wir zunächst eine Reihe von Nachrichten über Feuer, die zu der Zeit, da die winterliche Macht gebrochen wird, in den verschiedenen Gegenden Deutschlands entflammt werden. In Nordfriesland zündete man früher am Tage Petri Stuhlfeier auf gewissen Hügeln grosse Feuer ‚Biiken‘ an und tanzte um die Flammen herum. Jeder Tänzer hielt in der Hand einen brennenden Strohwisch, und diesen schwingend riefen sie in einem fort: ‚Wedke teare!‘ oder ‚Vike tare!‘[1]) Im Oldenburgischen machte man sich am Fastnachtsdienstage 8—12 Fuss lange Strohbündel (Beken) von 4—6 Zoll Durchmesser, umwickelte sie straff mit Bändern, zündete sie bei Dunkelwerden an und schwärmte damit, tolle Lieder singend, auf den Aeckern umher. Zu guter letzt band man einen Strohkerl und verbrannte ihn.[2]) Aus den Niederlanden berichtet Lansens: ‚In de omstrecken van Stavelot (Limbourg) is het een zeer oud gebruik van den eersten zondag van den vasten, op de eene of andere plaets van den kom des dorps, een overgrooten hoop stroo te verbranden onder het vreugde geroep van het by een verzamelde volk. Deze zoogenoemede godsdienstige plegtigheid gebeurt om van den brand bevryd te zyn, en de boeren wedyveren om het meest strooi aentebrengen in de meening van door deze daed van godvrucht het zekerste van brand bevryt te zyn. Na deze gewaende offerande voltroken te hebben gaet de byeengestroomde menigte zich in herbergen verlustigen alwaer zy een groot gedeelte van den nacht overbrengen.‘[3])

An demselben Tage fand in der Eifel das Hüttenfeuer, Burgbrennen oder Radscheiben statt, wovon dieser Sonntag auch Scheibensonntag oder Schöfsonntag hiess. Nach dem Nachmittagsgottesdienst zog die Jugend im Orte umher, um Kartoffeln, Stroh, Korn, Mehl, Eier, Milch und Geld einzusammeln. Man sang dabei Lieder wie:

‚Dir - li - löwgen,
Get mir e kle Schöfchen,
So dick wie e Perdsleif,
Bis Johr git et Korn reif.‘

Das Eingesammelte wurde in dem Hause des jüngsten Ehemannes niedergelegt, und dann zog letzterer mit der männlichen Jugend zu einer nahe am Orte gelegenen Anhöhe, wo das mitgebrachte Stroh und Reisig um einen Baumstamm befestigt wurde.

---

[1]) Müllenhoff Nr. 228.

[2]) Strackerjahn, Aberglaube und Sag. a. d. Herzogth. Oldenburg. Oldenburg 1868. II, 39. 306; vgl. Mannhardt, Baumkultus s. 499.

[3]) Lansens in Wolfs Ztschrft. III. 166.

Der so umwickelte Stamm (Burg, Hütte genannt) wurde darauf aufgerichtet und, nachdem ein jeder von den Theilnehmern eine Fackel entzündet hatte, und ein ziemlich weiter Umzug um die ‚Burg' unter lautem Gebete mit den brennenden Fackeln gehalten war, plötzlich unter dem lauten Geschrei: ‚Die Burg brennt! Die Burg brennt!' entzündet und dann mehr oder minder tobend, häufig mit entblöstem Haupte, umzogen und umtanzt. Eifrig beobachtete man, wohin der Rauch, der von der brennenden Hütte aufstieg, zog. Nahm derselbe seinen Weg zur Kornflur, so galt das für ein Zeichen, dass das Korn wohl gerathen würde; an anderen Orten wieder sagte man, woher an diesem Abend der Wind wehe, daher würde er den ganzen Vorsommer hindurch wehen. Auch hatte man es gerne, wenn in dieser Nacht viele Sterne am Himmel sichtbar waren; man hoffte dann auf eben so viele Kornkasten. Im Uebrigen hatte man von dem Hüttenfeuer die Meinung, das Nichtsnutzige sollte verbrannt und ein neues Leben angefangen werden. Ausser dem Hüttenfeuer wurde auch (ehemals allgemein in der Eifel, jetzt noch um Geroldsheim, Oberstattfeld etc.) mit einem Theil des gesammelten Strohs ein gewaltig grosses Rad umflochten, angezündet und jubelnd den Berg hinab gerollt.[1])

In der bairischen Rheinpfalz macht an vielen Orten die Jugend am Sonntag Invocavit eine oder mehrere Puppen aus Erbsenstroh und stellt dieselben auf der höchsten Stelle in der Umgegend auf. Dann wird aus dem Reife eines grossen Fasses ein Rad gebildet, mit Stroh umwickelt und eine Stange durchgesteckt, deren Enden zwei Knaben fassen. Sind so alle Vorbereitungen getroffen, so wird der Strohmann angezündet, und gleichzeitig das ebenfalls in Flammen gesetzte Rad von den Knaben bergab in Bewegung gebracht und unter dem Absingen von Liedern bis zum Stillstehen begleitet. Man glaubte, soweit der Schein des Strohmannes und der Radflamme gehe, soweit sei die Flur vor Gewitterschaden geschützt. Grosse Feuer, um die man tanzte, wurden ehemals zu derselben Zeit unter anderm auch auf dem Brummholzstuhl (‚Brunhildisstul' noch in einer Urkunde vom Jahre 1360) angezündet. Man scheint sie Hagelfeuer genannt zu haben; denn eine Visitationsordnung des Pfalzgrafen von Zweibrücken vom 12. Dezember 1579 verbietet: ‚die Hagelfeuer, Redder

---

[1]) Michael Bormann, Beitrag zur Geschichte d. Ardennen 2. Theil s. 159 fg.; Schmitz, Sitten etc. s. 21—24; Hocker in Wolfs Ztschrft. I s. 90 Nr. 7.

schieben, Braten Heyschen, verbutzen und dergleichen Fassnachtspiel und Gauckelwerck', und noch heute heissen solche Feuer in manchen Gegenden des Rheingaus Hâlfeuer.[1])

Dürftig hat sich der Brauch in den Regierungsbezirken Düsseldorf und Aachen erhalten. Zu Kaldenkirchen im Kreise Kempen ward zu Fastnacht aus einer unausgedroschenen Korngarbe eine Puppe gefertigt und dann verbrannt; zu Dhorn und Pier im Kreise Düren fand ein Gleiches mit der Umhüllung eines als Erbsenbär verkleideten Mannes statt, mit dem man vorher herumgezogen war.[2]) In andern Gegenden des Niederrheins verbrannte man am Fastnachtstage die Hülle des den Winter vorstellenden Knaben in einem eigens dazu angeschürten Feuer, welches dann singend und jubelnd umtanzt wurde.[3])

Reichlicher fliessen wieder folgende Nachrichten. Allgemein wurden früher im Herzogthum Nassau um Fastnacht die sogenannten Hâlefeuer entflammt. Um Heidesheim hatte dasselbe folgende Gestalt angenommen. Am Faschingsmontag zogen die Buben unter dem Absingen eines Liedes im Orte von Haus zu Haus und bettelten um Stroh. Die grösseren Burschen gingen dann in den Wald und fällten nach alter Sitte drei Fichtenbäume, so gross als sie dieselben forttragen konnten. Diese Bäume wurden auf einen Sandhügel gebracht, dort von unten bis oben dicht mit Sroh umwickelt und dann in einem Dreiecke aufgestellt, so dass sie mit den ästigen Gipfeln einander berührten. Ganz oben wurde gewöhnlich ein verschlossener Korb mit einer lebenden Katze hingehängt oder ein Strohmann gestellt. Das zusammengebrachte Stroh und Reisig wurde nun unten zwischen den Bäumen hoch aufgeschichtet. Am Dienstag mit eintretender Nacht gingen die Buben um die Bäume und beteten drei Vaterunser, worauf das Stroh angezündet und von den Burschen, die mit Strohfackeln versehen waren, mancherlei Unfug verübt wurde. An manchen Orten, so in Ransel, Amt Rüdesheim, schlugen sie auf das Feuer und stachen mit Stangen hinein, wobei sie sprachen: ‚Wir verbrennen den Hâl.' War das Stroh und Reisig etwas nieder gebrannt, so sprangen die Umstehenden über und durch das Feuer. Aus dem gerade in die Höhe steigenden oder seitwärts getriebenen Rauch wurde auf ein frucht-

---

[1]) Bavaria IV, 2, 356; über die Hâlfeuer im Rheingau vgl. auch Grimm, D. M.² s. 594, wo unrichtig Hallfeuer geschrieben ist.
[2]) Mannhardt, Baumkultus s. 499.
[3]) Montanus s. 24 fg.

bares oder unfruchtbares Jahr geschlossen; der nach Süden getriebene Rauch bedeutete ein gutes Hanfjahr. Die Obstbäume, durch deren Aeste der Rauch zog, sollten jedesfalls im laufenden Jahre viel Obst bringen. In früherer Zeit soll auch von Frauen an dem Feuer gesponnen und das Garn zur Heilung des kranken Viehes gebraucht worden sein.[1]) Für das Vorkommen dieser um Fastnacht im Hessischen entzündeten Hagelfeuer ist als ältester Beleg folgende Stelle aus den Duderstädter Statuten (15. Jahrhundert) heranzuziehen: ‚In deme Vastelavende schal nymant dem andern schow noch brouke nemen, Reygen unde gouden hogen mont man wol, deste et bescheiden unde hovesch syn. Ok schal nymant den Hagel sengen in dem Vastelavende in der stat, noch darvore. Pena V Sol. Ok schal nymant worste bidden. Pena V Sol.'[2]) In der Umgegend von Echternach zündet man derartige Feuer am ersten Sonntag in den Fasten an und nennt das: ‚die Hexe verbrennen.' Die alten Männer gehen dabei auf die Höhen und beobachten, woher der Wind kommt; dieser herrscht im ganzen Jahre.[3])

Auf der Rhön, an der Hard liefen in den ehemals Fuldaischen Orten die Dorfjungen am sogenannten Hutzeltage, acht Tage nach dem Fastnachtssonntag, von Haus zu Haus, sammelten Stroh ein, banden es in Büschel und verbrannten diese unter fröhlichem Gejauchze, indem sie auf den Höhen hin und wieder liefen und mit den flammenden Wischen Räder schlugen. Das nannte man: ‚den Hutzelmann verbrennen.' Wanderte der lärmende Zug in's Dorf zurück, so zog er von Hütte zu Hütte und sang vor jeder:

‚Silles, kale Erbes
Mit Huitzelbrüh g'schmelzt!
Wenn d'r uns kei' Huitzel gat,
Soll der Baum kei' Birna mehr troa.
Schäba hi', Schäba her,
Gat'r uns die besten Huitzel her' etc.

War das Lied abgesungen, so wurden die Burschen mit Hutzeln und Krapfen, bisweilen auch mit einem Trunke Bier abgefertigt.[4])

---

[1]) J. Kehrein, Volkssitte im Herzogthum Nassau. II. Bd. Weilburg 1862. s. 142—145.

[2]) Wolf, Geschcht. u. Beschrb. d. Stadt Duderstadt, Urkunden s. 70; vgl. H. Waldmann, Eichsfeldische Gebr. s. 14.

[3]) Waldmann, ebenda.

[4]) Bavaria IV, 1, 242 fg.; vgl. auch den etwas abweichenden Bericht bei Schmeller, bair. Wörterb. 2. Aufl. I. s. 1196.

An andern Orten auf der Rhön und den angrenzenden Gegenden bis zum Vogelsberge hin zog man sonst am Abend des ersten Sonntags in den Fasten durch die Felder auf eine Anhöhe oder einen Berg. Kinder und junge Burschen trugen Holzfackeln, getheerte Besen und mit Stroh umwundene Stangen; man rollte auch ein mit Brennstoff umwickeltes Rad, in dessen Nabe eine Stange gesteckt war. Alle diese Dinge nannte man ‚Hollerad‘, zündete sie an, lief damit durch die Satfelder und warf sie zuletzt auf einen Haufen, den die Menge, alte Volks- oder Gesangbuchslieder singend, umstand. Das geschah der heiligen Jungfrau zu Ehren, damit sie das Jahr über die Feldfrüchte bewahre und segne; oder man meinte, mit den brennenden Strohwischen und Fackeln durch die Flur laufend, den bösen Säemann zu vertreiben.[1])

In Thüringen und Schlesien erscheinen diese Feuer, gewis unter slavischem Einfluss, auf den Sonntag Lätare übertragen. Koch berichtet in seinen handschriftlichen Collectaneen zur Geschichte von Eisenach (1704) bei der Beschreibung des Eisenacher Sommergewinns, ‚dass die jungen Burschen mit Mägden und erwachsenen Kindern auf den Mittelstein gegangen, worauf sie ein Rad getrieben, daran sie einen strohernen Mann gebunden, welchen sie den Tod genennet, denselben angezündet und mit dem Rad den Berg hinunter haben laufen lassen.‘[2]) Zu Spachendorf in Oesterr. Schlesien wird am Rupertstage eine menschliche Figur in eine Grube geworfen und mit Feuer verbrannt. Darauf beginnt ein Kampf um die brennenden Lumpen, die mit blossen Händen aus dem Feuer geholt werden. Jeder sucht ein Stück davon zu erhaschen, welches er dann im Garten an einen Ast des grösten Baumes bindet. Andere graben es auf dem Felde ein und sagen, dass dann die Saten besser gedeihen.[3])

Auf rein germanischem Gebiet befinden wir uns wieder in den folgenden Bräuchen. In Tirol heisst der erste Fastensonntag der

---

[1]) Jäger, Briefe über die Rhön 1803. III, 6; vgl. Panzer II. 207 Nr. 364; Witzchel, Sitten etc. s. 11 Nr. 39.

[2]) Witzschel, Sitten etc. s. 12. Nr. 45.

[3]) Vernaleken, Mythen u. Bräuche s. 293. Nr. 19. Das in den beiden letzten Bräuchen mit dem Frühlingsfeuer vereinigte Verbrennen der den Tod vorstellenden Strohpuppe findet sich in allen deutschen Landestheilen, wo je Slaven ansässig waren, also nicht nur in Thüringen und Schlesien, sondern auch in Mittel- und Oberfranken bis in die bairische Rheinpfalz hinein. Vgl. dazu: Zeumer, Laetare vulgo der Todten Sonntag. Jena 1701; Waldmann, Eichsfeld. Gebr. s. 14. 8; Bavaria III, 1, 297; III, 2, 958; IV, 2, 258.

Holepfannsonntag. Bei einbrechender Nacht werden auf allen Hügeln zahllose Feuer, Holepfannen genannt, angezündet und glühende Erlenholzscheiben in das Thal herabgeschleudert. Man singt dabei:

> ‚Holepfann, Holepfann,
> Korn in der Wann,
> Schmalz in der Pfann,
> Pflug in der Eard,
> Schau wie die Scheib aussireart!‘

In Proveis werden diese Feuer an demselben Tage, der hier aber Kässonntag heisst, von den älteren Buben auf Wiesen und Aeckern angezündet, wobei mit Büchsen und Pistolen geschossen wird, indess die kleineren mit Schellen und Glocken ‚das Korn aufwecken‘, indem sie klingelnd und schreiend wie rasend durch die Felder laufen. Um Ulten rollt man in den letzten Faschingstagen brennende Reisig- oder Strohbündel über die Satfelder hinab und nennt dies ebenfalls ‚das Korn aufwecken.‘ Auf diese Feuer bezieht sich die im Innthal gebräuchliche Redensart:

> ‚Wenn im Langes (Lenz) die Hügel verbrennen,
> Wird ein gutes Jahr kemmen.‘ [1])

In Vorarlberg verbrennt man am Sonntag Invocavit bei einbrechender Nacht den ‚Funka.‘ Knaben und Mädchen, brennende Fackeln schwingend, laufen ringsum und singen:

> ‚Flack ûs! Flack ûs!
> Ueber alle Spitz und Berg ûs!
> Schmalz in der Pfanna,
> Korn in der Wanna,
> Pflueg in der Erda;
> Gott alls grota lot
> Zwüschat alla Stega und Wega.‘

Der Brauch selbst wird Funkenbrennen und Fackelschlagen genannt.[2]) Im Vinschgau ist zwar das Feuer geschwunden, doch hat sich die mit demselben eng verbundene Sitte des ‚Langaswecken‘ allgemein erhalten, welche hier wie in Schleswig-Holstein auf den 22. Februar, das Fest Petri Stuhlfeier, verlegt erscheint.[3]) An demselben Tage wurden auch in einigen Gegenden Baierns und Schwabens Feuer angezündet. Von Haus zu Haus zog die Jugend im Dorfe herum und forderte unter dem Absingen von Bettelliedern

---

[1]) Zingerle, Sitten etc. s. 88. 691, 89. 700, 90. 701, 100. 759; J. Thaler in Wolfs Ztschrft. I, 286 fg.; Alpenburg, Mythen und Sagen Tirols s. 351. 8; Panzer II, 239. 440.

[2]) Vonbun, Beitr. z. Deutsch. Mythol. 20; vgl. Mannhardt, Baumkultus s. 501.

[3]) Zingerle, Sitten etc. s. 83. 678; derselbe in Wolfs Ztschrft. II s. 360. 4.

eine Beisteuer an Holz, woraus dann nachher ein Scheiterhaufen errichtet ward. Derselbe wurde in Flammen gesetzt, darüber gesprungen und gesprochen:

,Flachs, Flachs!
Dass der Flachs des Jaur
Siben Ellen lang wachs.'

Ausserdem fand ein Scheibenschlagen statt, welches sich ganz dem oben beschriebenen Tiroler Brauche vergleicht. Zum Schlusse nahm jeder von den Theilnehmern am Feuer ein Stück angebranntes Holz mit nach Hause und steckte es in das Ackerland.[1]) In anderen Theilen Baierns finden sich diese Feuer, wie auch sonst in Süddeutschland, auf die Fastenzeit verlegt. Am Lech heisst der erste Sonntag in den Fasten der Funkensonntag, weil an ihm die Jugend auf dem Lande im Freien Feuer zu machen und um dieselben zu tanzen, auch wohl glühend gemachte Scheiben von Holz in die Luft zu schleudern und daraus wahrzusagen pflegte. Sehr verbreitet war das Scheibenschlagen zumal in Oberbaiern; die Prophezeiung erfolgte dort aus der Bahn der Scheibe, ihren Wendungen und Gestalten, welche sie im Fluge beschrieb.[2])

Ueber die vielleicht unter slavischem Einfluss zu bringende Sitte in Franken berichtet Sebastian Franck, wo er von den ,seltzamen breuch der Francken' spricht, Folgendes: ,An andern orten ziehen sie (zu Fastnacht) ein fewrigen pflug, mit einem meisterlichen darauff gemachten fewer angezündet, biss er zu trümmern fellet.' . . . . ,Zu mitterfasten flechten sie ein alt wagenrad voller stroh, tragens auff einen hohen gähen berg, haben darauff (so sie für kelte bleiben moegen) den gantzen tag ein guten mut, mit vielerley kurtzweil, singen, springen, dantzen, geradigkeit vnd anderer abentheur, vmb die vesperzeit zünden sie das rad an, vnd lassens mit vollem lauff ins thal lauffen, das gleich anzusehen ist, als ob die Sonn vom Himmel lieffe.'[3])

Allgemein brannten Fastnachtsfeuer in Schwaben. Schon Lorichius (1593) zählt unter dem Fastnachtsaberglauben auf: ,An etlichen Orten hat man Fassnachtfeur, durch welches hellbrennen und scheinen mancherley fäl von alten Weibern vermutet werden.' Noch heute verbrennt man an vielen Orten am Funkensonntag (in Oberschwaben der weisse Sonntag genannt) ,die Strohhexe', ,das alte Weib', ,des Winters

---

[1]) Panzer I s. 213 Nr. 237, s. 215. Nr. 242.

[2]) Schmeller, Bair. Wörterb. 2. Aufl. I. s. 732; Panzer I s. 211 Nr. 232; II s. 539 fg.

[3]) Sebastian Franck, Weltbuch 1567 I. f. 50 fg.

Grossmutter', wobei auch ein Scheibenschlagen stattfindet. Die Brandreste von der Strohfigur wie von den Scheiben nimmt man aus dem Feuer und trägt sie nach Hause, um sie in derselben Nacht in den Flachsacker zu stecken. Woher der Wind weht, so lange die Hexe brennt, daher weht er das ganze Jahr; in der Richtung, wohin die Hexe fällt, nehmen die Gewitter das ganze Jahr hindurch ihre Richtung, ohne zu schlagen. Das Feuer selbst soll die eben wieder frisch aufsprossende Wintersat den Sommer hindurch vor Blitz und Hagel schützen; und deshalb galt es so heilig, dass man sagte: ‚Wenn der Mensch am Funkensonntage keine Funken macht, so macht sie der Herrgott durch ein Wetter.' Um Rottweil wurden diese Feuer im Winterösch angezündet, um der Sat Gedeihen zu erflehen, und unter lautem Abbeten des Rosenkranzes umhergelaufen. Nachher zündete man Stangen mit Strohzöpfen an, schwang sie und sprang über das Feuer. Auf dem Heuberg heisst das Fastnachtsfeuer wegen seiner Einwirkungen auf die Sat das ‚Satleuchten.'[1])

Ueber ähnliche Feuer zu Blansingen am Oberrhein, welche an der alten Fastnacht angezündet wurden, erfahren wir aus dem Bericht eines dortigen Pfarrers vom 19. Februar 1656 an den vorderösterreichischen Kanzler zu Freiburg, in dem es u. a. heisst: ‚Haben alle gedanzt bis in die Nacht. Nach Bethzeit seind sie mit dem Spilmann den Berg hinaufgezogen zum Fasnachtsfeuwer: haben auch bei lauterer Nacht lang darum gedanzt; darnach sich wieder ins Dorf begeben, wo das danzen in den Häusern gewährt bis nach 10 Uhren.'[2]) In der Schweiz finden Frühlingsfeuer an der sogenannten Bauernfastnacht, dem letzten Sonntag im Hornung, um Zürich und sonst an vielen Orten statt; man nennt diesen Brauch häufig wie in Schwaben ‚das Hexenbrennen'. Im Canton Glarus wurden derartige Feuer, verbunden mit Scheibenschlagen, am Fastnachtsabend abgehalten.[3]) Auch in den Vogesen zündete man Fastnachtsfeuer an, und zwar wurden dabei auf Holzpfählen Katzen todt gebrannt.[4])

Alle diese aus den verschiedensten Gegenden Deutschlands

---

[1]) Birlinger, Aus Schwaben I. 384; II 41. 54. 58. 62; Birlinger, Volksth. II. 108. 133, 109. 134; Meier, Schwäb. Sag. 380. 21, 382. 24; Panzer II s. 240 Nr. 444. 445, s. 539 fg.; Bavaria II, 2, 839.

[2]) Birlinger, Aus Schwaben II. 31.

[3]) Vernaleken, Alpensagen s. 306 fg.; Rochholz, Schweiz. Sag. a. d. Aargau I. s. 159.

[4]) Mannhardt, Baumkultus s. 515.

beigebrachten Zeugnisse lehren, dass wir es hier mit einem echt germanischen Brauch zu thun haben, der, wenn auch frühestens für das 15. Jahrhundert, und zwar verbotweise, urkundlich belegbar, doch seiner ganzen Natur nach in weit ältere Zeiten zurückweist. Verschiedenheiten ergeben sich in den einzelnen Berichten eigentlich nur in der Zeitbestimmung, wann das Feuer zu entzünden sei. Dasselbe erscheint nämlich, wenn wir von ehemals slavischen Landschaften absehen, theils auf den Tag Petri Stuhlfeier oder das Ende des Februar, theils auf den Anfang der Fastenzeit bis zum Sonntag Invocavit als äussersten Termin hin verlegt. Da nun diese Feuer durchweg ein heidnisches Gepräge an sich tragen, wir auch schon mehrfach sahen, wie heidnische Feste sich im Laufe der Zeit an später eingerichtete, kurz vor oder nach ihnen fallende kirchliche Feiertage anzulehnen liebten, so werden wir wohl nicht irre gehen, wenn wir für die ursprüngliche Abhaltung der sogenannten Funkenfeuer, Fastnachtsfeuer, Hexenverbrennen, Hollerad, Biiken etc. den Zeitpunct annehmen, welcher zwischen den beiden äussersten Terminen (d. h. den frühesten Tag, auf den Fastnacht, und den spätesten, auf den der Sonntag Invocavit fallen kann) die Mitte bildet, also die Tage um Petri Stuhlfeier. Es ist dies die Zeit, da die Eisdecke auf den Flüssen schmilzt, der Schnee von den Feldern schwindet, der Winter dem neu erwachenden Frühling zu weichen beginnt.[1])

Eine willkommene Bestätigung für diese Annahme gewährt es, dass bei den meisten der oben beigebrachten Frühlingsfeuer das Vertreiben des winterlichen Dämons und das Wecken des neuen Frühlings die Hauptrolle haben. So wird fast überall auf dem Scheiterhaufen eine Strohpuppe verbrannt, in welcher der dem Wachsthum schädliche Winter personifiziert erscheint, und die deshalb die Hexe, Strohhexe, das alte Weib (Hessen, Schweiz, Schwaben), der Tod (in den slavisch gemischten Gegenden) oder noch bezeichnender der Winter, des Winters Grossmutter, der

---

[1]) Auch der alte Bauernkalender lässt mit dem altrömischen den Frühlingsanfang in den Februar, und zwar auf den 7. Tag dieses Monats fallen. Der altrömische Kalender kam, wie die Uebersetzung der römischen Wochentage beweist, noch vor Einführung des Christenthums zu den Deutschen. — Zu Petri Stuhlfeier, 22. Febr., bemerkt das angelsächsische Calendarium: ‚Ver oritur'; auch im Calendarium Oeconomicum et Perpetuum des Joannes Colerus (Wittenberg 1591) heisst es:
‚Vier theile des Jahres ich fand,
Das erste wird der Lentz genant:
Peter Stulfeyer hebt jhn an,
Und gehet aus auff S. Vrban.'

böse Säemann (Niederrhein, Schwaben, Rhön) heisst. Nicht minder bemerkenswerth ist, dass man in der Eifel sagt, durch das Feuer solle das Nichtsnutzige verbrannt und ein neues Leben angefangen werden, und dass der ganze Brauch in Tirol und Schwaben ‚Kornaufwecken‘, ‚Langaswecken‘, ‚Satleuchten‘ genannt wird. Die Vertreibung der winterlichen Dämonen wird auch durch eine Reihe von Bräuchen bezweckt, welche gewis ursprünglich im engsten Zusammenhang mit dem Frühlingsfeuer gestanden haben, sich jedoch im Laufe der Zeit ganz von demselben loslösten, es häufig sogar überdauerten und heute als vollkommen selbständige Gebräuche dastehen. Vor allem kommt hier die in Niedersachsen und am Niederrhein verbreitete Sitte des Süntevuegel-Verjagens in Betracht. Am 22. Februar, Sanct Peters Festtag, nimmt früh bei Sonnenaufgang der Hausherr oder der Hirte einen hölzernen Hammer, umgeht dreimal das Haus, klopft mit dem Hammer an alle Pfosten und Balken und spricht dabei (nach der ausführlichsten Fassung des Spruches bei Woeste):

„'rut, 'rut Süntevuegel!
Sünte-Peter dai es kuemen,
Sünte-Tigges kuemet noch;
hai verbütt di Hus un Huof,
Lant un Sant
Lof un Grass.
Bit tinte Jår üm düen Dach
sall di alle Schelm de lange Hals af.
Gå in de Stenklippe!
Då sastu inne sitten.
Gå in de Stenkule!
Då sastu in verfulen.
Gå nå 'me Klusenstên
un tebriek Hals un Ben!"

Man glaubt, dann müsse der Winter weichen; wo aber der Brauch unterbliebe, da würden sich im Sommer bei den Milchnäpfen die Molkentöwener versammeln, da würde das Haus von Ratten, Mäusen, Molchen, Kröten und anderem Ungeziefer geplagt werden, der Holzwurm in die Balken kommen und das Vieh erkranken.[1])

Dass mit dem Süntevuegel nur der Schmetterling gemeint sein kann, beweisen die in anderen Liedern vorkommenden Varianten: Sunnenfiugel, Summerfiugel, Sunnevuël; schwerlich aber werden wir Kuhn Recht geben dürfen, wenn er sagt: ‚Man wollte den Früh-

---

[1]) Woeste, Volksüberlieferungen s. 24; Kuhn, Westfäl. Sag. II Nr. 366—374; Waldmann, Eichsfeld. Gebr. s. 12; Montanus s. 21.

lingsboten aus seiner Winterstätte aufjagen, wollte den Sommer wecken.‘¹) Was hätte dann der alterthümliche Segensspruch zu bedeuten, der diesem Frühlingsboten (?) Haus und Hof verbietet und ihm alles Unheil wünscht? Im Gegentheil, die Schmetterlinge erscheinen hier als Verkörperungen der dämonischen Geister, welche sich im Winter in Haus und Hof eingenistet haben und nun bei beginnendem Frühjahr in feierlicher Weise verjagt werden. Hierfür spricht auch die keineswegs freundschaftliche Beziehung, in die sich der Landmann zu den Schmetterlingen stellt. Er wittert in ihnen verwandelte, Milch stehlende Hexen, und darum heissen die Thierchen denn auch in ganz Deutschland: Milchdiebe, Molkendiebe, Molkenstehler, Milchmahler, Mulkentöwer, Buttervögel, Butterfliegen, Butterhexen etc., worüber man das Nähere bei Woeste in K. Frommann, die deutschen Mundarten VI s. 76 fg. nachlese.²)

Dass die Schmetterlinge auch in unserem Brauche eine solche Rolle spielen, zeigt ferner das von Montanus aus dem Bergischen mitgetheilte Lied, wo an die Stelle der Süntevuegel geradezu Schlangen und Molche gesetzt sind:

,Herus! Herus! Herus!
Schlangen us Stall un Hus,
Schlangen un Viemöllen,
hie nit herbergen söllen.
Sant Peter un de liewe Frau,
verbiet üch Hus un Hof un Au.
Viemoll un Schlangen herus,
über Land un Sand,
durch Lohf un Grass,
durch Hecken un Strüch,
in die diepen Kuhlen,
da söllt ihr verfuhlen.‘³)

Sollte aber trotzdem noch irgend ein Zweifel gegen die Richtigkeit meiner Erklärung obwalten, so wird derselbe durch die älteste Nachricht über unsern Brauch entschieden beseitigt. Im ‚Gründlichen Bericht Antonii Praetorii Lippiano-Westphali von Zauberey vnd Zauberern (Franckfurt am Mayn 1629)‘ heisst es nämlich s. 61: ‚Im Stifft von Münster in Westphalen haben die Bawren ein Gewonheit, dass auff S. Peters Stulfeyers Tag, den 22. Februar, ein Freundt dem andern früh vor der Sonnen auffgang für sein Hauss laufft, schlägt mit einer Axt an die Thür zu je-

---

¹) Kuhn, Westfäl. Sag. II s. 122.
²) vgl. auch Grimm D. M.² s. 1026; Wolfs Ztschrft. III, 176 u. a. m.
³) Montanus s. 21.

dem Wort das er redt, vnd rufft laut in seiner Sprach also: Herut! Herut Sullevogel, etc. Auff hoch Teutsch also:

Herauss, herauss du Schwellenvogel,\
S. Peters Stuhlfeyer ist kommen,\
verbeut dir Hauss vnd Hoff, vnd Stall,\
Häwschoppen, Schewer, vnd anders all,\
Biss auff diesen Tag vbers Jahr,\
dass hie kein Schade widerfahr.

Durch den Schwellenvogel verstehn sie Krotten, Otter, Schlangen vnd andere böse Gewürme, das sich vnder den Schwellen gern auffhält: Auch alles was dahin gifftiges moechte vergraben seyn oder werden. Wann diss geschicht, sind sie das Jahr für schaden frey, vnd wers thut, wirt begabt.' Vielleicht ist das ‚Suntevuegel', ‚Suemerfuegel' des heutigen Brauches nur eine Entstellung dieses alten ‚Sullevogel'; und kann dies auch mit Bestimmtheit nicht mehr nachgewiesen werden, so ist doch sicher dem Wesen nach der ‚Sullevogel' mit dem ‚Suntevuegel' etc. völlig eins.

Diese feierliche Austreibung der winterlichen Dämonen hat sich abgeschwächt auch in andern deutschen Landestheilen erhalten. In vielen Gegenden, so z. B. in Schwaben[1]), muss in der Fastnacht im ganzen Orte von Haus zu Haus mit einer Peitsche geknallt werden. Dabei wird ein Lied gesungen, in welchem der Knallende eine Beisteuer von dem Segen aus Ackerbau und Viehzucht verlangt, die er denn auch wirklich in Gestalt von Eiern, Fastnachtskuchen, Schmalz, Geld und anderen Dingen erhält. Noch häufiger findet sich in den heutigen Gebräuchen dies Klopfen mit Hämmern, Ruthen, Peitschen etc., welches ursprünglich hauptsächlich Haus und Hof galt, auf die Menschen beschränkt, wohl um etwaige dämonische Krankheitsgeister, welche sich während des Winters in den Körper geschlichen haben, dadurch zu vertreiben; doch hat sich dabei oft die alte Beziehung auf das Frühlingswecken und den Segen, der dadurch für die Landwirthschaft erzielt wurde, in der Erinnerung erhalten. So wird in Thüringen die Sitte, am Lichtmessmorgen die Angehörigen des Hauses mit Peitschen zu schlagen, das ‚Lerchenwecken' genannt.[2]) In der Grafschaft Schaumburg heisst derselbe Brauch das ‚Fuën'. Dabei ward ein Liedchen gesungen, welches die Einwirkung des Fuëns auf den Ackerbau deutlich ausspricht:

---

[1]) Meier, Schwäb. Sag. s. 375. 10.\
[2]) E. Sommer, Sag. a. Thüringen. s. 147.

‚Fuë, fuë Fasslahmt,
wenn du geeren geben wutt,
schast du sau langen Flass hebben.'[1])

Damit vergleicht sich, wenn man in Meklenburg sagt: Ohne Peitschen giebts kein gutes Flachsjahr[2]), und wenn es in einem hinterpommerschen Fastelabendslied heisst:

‚Dei leiwe Gott gêw,
dat dat Flass gerêd.'[3])

Ueberall müssen die Geschlagenen, ‚Gestiepten' ihren Peinigern für die Wohlthat, welche diese ihnen durch das Peitschen erwiesen haben, irgend ein Geschenk machen.[4])

Kehren wir jetzt wieder zu unserem Frühlingsfeuer zurück, so ergiebt sich für dasselbe aus der Combination der einzelnen unter einander völlig wesensgleichen Berichte etwa folgendes Urbild. Von Haus zu Haus zieht die Jugend, um von jedem Mitglied der Gemeinde die erforderliche Beisteuer an Holz und Stroh zum Festfeuer, an Milch, Korn, Eiern, Wurst etc. zum Festmahl einzusammeln. Dabei erschallen Lieder, welche dem reichlichen Geber eine fröhliche Ernte verheissen; wer aber kargt, dem wird auch die Gottheit ihre Segnungen verweigern, dem soll ‚der Baum kei' Birna mehr troa' etc.[5]) Wenn auf diese Weise die Vorbereitungen zu dem Feste getroffen sind, zieht die Gemeinde, jung und alt, auf das mit der Wintersat bestellte Kornfeld, auf die Wiese oder einen Hügel in der Nähe des Dorfes und errichtet dort den Scheiterhaufen, auf den, hoch oben, in Gestalt einer Strohpuppe der winterliche Dämon gesetzt wird. Alsdann findet unter Gebet mit entblöstem Haupte ein feierlicher Umzug um den Holzstoss statt, worauf dieser entflammt und jubelnd umsprungen und umtanzt wird. Die jungen Burschen entzünden an dem Feuer lange Strohfackeln und schwärmen damit lärmend, mit Peitschen knallend, mit kleinen Schellen läutend und alte Lieder singend auf

---

[1]) K. Lyncker, Hess. Sag. 286, 319.

[2]) K. Bartsch, Meklenb. Sag. II. 1326ᵈ·

[3]) Mündlich aus Trzebiatkow, Kreis Bütow, Hinterpommern.

[4]) Ueber die Belege für das ‚Stiepen' zur Fastnachtszeit vgl. Mannhardt, Baumkultus Cap. III, § 9, dessen Ausführungen ich aber nicht beistimmen kann.

[5]) Noch drastischer drückt dies ein pommersches Fastnachtslied aus dem Dorfe Nemitz, im Camminer Kreise, aus:

‚Fastlâwent, Fastlâwent,
Mit nen witte Schimmel!
Wer mî wat gift,
De kümmt in Himmel,
Wer mî nischt gift,
De kümmt int Höll.' (mündlich.)

den Feldern umher, um dadurch einerseits die dem Wachsthum schädlichen Dämonen von den Aeckern zu vertreiben, andererseits den neuen Lenz und mit ihm das Korn aufzuwecken. Zu demselben Zwecke rollte man auch brennende Reisigbündel über die grünende Sat oder trieb mit Stroh umflochtene und dann angezündete Räder die Anhöhen hinab in die Felder. Dadurch hoffte man reichen Erntesegen zu erlangen; die Obstbäume, durch deren Aeste der heilkräftige Rauch gezogen, trugen im kommenden Herbste gewis den grösten Fruchtsegen. Selbst durch das in Süddeutschland so verbreitete Scheibenschlagen sollte ursprünglich sicher derselbe Erfolg erzielt werden, nämlich die Sat der heilsamen, Zauber vertreibenden Kraft des heiligen Feuers theilhaftig zu machen, wie dies ja auch noch das im Tirolischen bei dem Scheibenschlagen gesungene Lied ausspricht.

Während so die Jugend mit Fackellaufen, Radtreiben, Scheibenschlagen etc. beschäftigt ist, beobachten die Alten genau den Rauch, welcher von dem Feuer aufsteigt, die Farbe der emporlodernden Flamme und das Aussehen des gestirnten Himmels, denn sie wissen daraus die Ernteaussichten und die Witterung des laufenden Jahres vorherzusagen. Nicht minder geben sie auf die Bahn der glühenden Scheiben Obacht, weil sich auch aus ihr manches Zukünftige mit Gewisheit vorherbestimmen lässt.

Ist endlich das Feuer niedergebrannt, so springen die Theilnehmer durch die Gluth, um auf diese Weise auch ihrerseits der Heilkraft des Rauches theilhaftig zu werden. Sodann werden die Ueberreste des Feuers sorgsam gesammelt und als heilkräftige Talismane mit nach Hause genommen. Dort bindet man Kohlen an die Obstbäume, vergräbt sie in das noch zu bestellende Flachsfeld und streut die Asche auf die grünende Wintersat, um das Gedeihen der Ackerfrucht und Obstbäume zu fördern und alles Unheil, was Ungeziefer etc. anzurichten pflegt, erfolgreich abzuwenden. Den Schluss des Festfeuers, welches nach dem Volksglauben, um die Felder vor Hagelschlag[1]) und Brand zu bewahren, entflammt wird, bildet ein frohes Mahl mit Gesang und Tanz bis tief in die Nacht hinein.

---

[1]) Die nahe Beziehung des Frühlingsfeuers zum Hagel ergiebt sich schon aus dem Namen, welchen dasselbe in vielen Landestheilen Deutschlands führt. Schon die Duderstädter Statuten (15. Jhdt.) nennen es ‚Hagel sengen'. Im Herzogthum Hessen-Nassau hiess es Hâlfeuer und wurde auf dem Haalberge in Obergladbach (Amt Langenschwalbach) angezündet. Wir können uns hier der Vermuthung Kehreins (Volkssitte im Herzogth. Nassau II s. 145) anschliessen, dass dies Hâl aus Hagel entstanden ist, wie Nâl aus Nagel, Zâl aus

Von diesem profanen Frühlingsfeuer scheint der Glaube an die Heilkraft der rückständigen Reste auf die am Lichtmesstage geweihten Kerzen und die am Aschermittwoch kirchlich gesegnete Asche übergegangen zu sein. Erstere sollen Gewitterschäden abhalten und vor Verzauberung schützen, während die Aschermittwochs-Asche, auf die Roggensat gestreut, dem Gedeihen derselben erspriesslich ist und sie vor Würmerfrass bewahrt. Auch wuste man wie bei dem Frühlingsfeuer aus der Flamme der Lichtmesskerzen und der zu Lichtmess herrschenden Witterung den kommenden Jahressegen zu weissagen.[1])

Aus dem bis jetzt Gesagten dürfte klar geworden sein, dass wir es hier mit einem altheidnischen, auf den Ackerbau bezüglichen Festbrauch zu thun haben. Es fragt sich nun, ob das Frühlingsfeuer für sich allein brannte, oder ob es ähnlich wie Nothfeuer und Johannis-Nothfeuer mit Opfern verbunden war. Die Antwort darauf geben unsere Berichte selbst. Wenn nämlich bei den nordfriesischen Biiken die Theilnehmer unaufhörlich rufen: ‚Wedke teare!' oder ‚Vike tare!', wenn im Düsseldorfschen eine unaus-

Zagel, zumal da schon für die mittelhochdeutsche Sprachperiode die Contraction ‚hâle' für ‚hagel' nachweisbar ist, und ebenso für ‚hagelkriuze' auch ‚halkriuze' vorkommt (Lexer, Mhd. Wörterb. I s. 1141. 1142). Wir hätten also hier ein Hagelfeuer, welches auf einem Hagelberge entzündet worden wäre. Dem von Grimm aus dem Rheingau beigebrachten Hallfeuer und dem Hollerad auf der Rhön würden als ältere Formen Hâlfeuer und Hâlrad zu Grunde liegen, d. i. Hagelfeuer und Hagelrad. Selbst das tirolische ‚Holepfanne' möchte ich durch Hagelpfanne erklären, wobei man an den seit ältester Zeit für Deutschland nachweisbaren Glauben sich erinnere, dass mit Hilfe von Wannen, Gefässen, Pfannen u. dgl. gewisse Personen Hagelschauer und Hochgewitter zu erregen vermögen. So heisst es z. B. in dem mhd. Gedicht vom Meister Irregang v. 114 fg.:

> Sit ich diz wunder allez kan,
> So hât der keiser mir verboten
> harpfen (videln) unde roten,
> Und hât mir verbannen
> dreschen unde wannen:
> Und kaem ein wann in mine hant,
> der hagel slüeg über allez lant;
> Draesche ich eime ein korn,
> ez waere alle samt verlorn etc.

v. d. Hagen, Gesammtabenteuer III s. 90.

[1]) C. M. Blaas, Volksthüml. a. Niederösterr. in Pfeiffers Germania XXIX. s. 104 Nr. 22; Montanus I, s. 21, 24; Leoprechting, A. d. Lechrain s. 161 fg.; Wuttke² § 116. § 393; Bavaria I, 1, 366—368; Schreiber, Taschenbuch f. Geschicht. u. Alterth. in Süddeutschland. 1839. s. 330; Carinthia. 63. Jahrgang. Klagenfurt 1873. s. 269; Kehrein, Volkssprache u. Volkssitte II. s. 148. 7; Hildebrand, De Diebus Festis. s. 44 fg.; Nic. Gryse, Spegel des Pawestdoms. Rostock 1593. De I. Bede; Thom. Naogeorgus, Regnum Papisticum. 1553. Lib. IV. s. 136 fg.; Fr. Wessel, Der kathol. Gottesdienst in Stralsund. ed. Zober. s. 5 Nr. 4.

gedroschene Korngarbe, in den Vogesen und in Hessen Katzen in dem Feuer verbrannt werden, wenn endlich nach demselben fast allgemein grosse Gelage abgehalten wurden, so weist das unzweifelhaft auf ehemals bei dem Frühlingsfeuer dargebrachte Opfer hin. Zu diesen Opfern werden ferner aber auch alle diejenigen gehören, welche sich sonst noch um die Fastnachtszeit dargebracht nachweisen lassen. In Grossaitingen bei Augsburg ward am Aschermittwoch der Ochse geschlachtet. Zwei Burschen liefen auf Händen und Füssen und bildeten eine Ochsengestalt: eine Stange als Rücken, ein Hafen als Kopf daran, mit einem Bettlaken umschlagen. Das so gemachte Thier ward herumgeführt, worauf sich alsbald Metzger einfanden, nach längerem Handeln den Stier kauften und ihn dann durch einen Schlag auf den Kopf, welcher den Napf zertrümmerte, tödteten. Der Kaufpreis wurde gleich im Wirthshause vertrunken.[1]) Ganz ähnliche Spiele fanden um Fastnacht ehemals auch zu Brühl in Schwaben und in einigen Orten der Mittelmark statt.[2])

Daneben kommt es vor, dass man statt des nachgemachten einen wirklichen Stier schlachtete. So wurde sonst in Schwaben häufig am Tage vor der Fastnacht ein gemästetes und geschmücktes Kalb von den Metzgerknechten im feierlichen Zuge umhergeführt. Abends hatten dann die Gesellen einen Tanz, wozu sie von den Meistern den Wein umsonst erhielten.[3]) Auch im Ansbachischen war es noch zu Ende des vorigen Jahrhunderts Sitte, dass die Metzger am Aschermittwoch mit Musik einen Umgang in der Stadt hielten, wobei sie ein mit Blumen und Bändern geschmücktes Kalb herumführten.[4]) In Stadtsteinach fand bis zum Anfang dieses Jahrhunderts am Faschingsdienstag die sogenannte Farrenhetze statt, d. h. man hetzte einen jungen Stier auf dem Marktplatze und durch die Strassen des Städtleins so lange mit Hunden, bis er zusammen sank und sich ohnmächtig von den Rüden zerfleischen liess. Das grausame Schauspiel endete damit, dass die Metzgerburschen den abgehetzten Stier schlachteten und das Fleisch unter die Armen vertheilten.[5]) Im Sollinge wird der Fasselabend von verschiedenen sogenannten Spinntröppen nach einander oder zusammen gefeiert. Er bildet den Abschluss der Spinnstuben. Schon Tages zuvor wird darauf

---

[1]) Birlinger, Aus Schwaben II s. 60.
[2]) E. Meier, Schwäb. Sag. s. 372. 3; Kuhn, Märk. Sag. s. 308.
[3]) Meier, Schwäb. Sag. s. 373. 2.
[4]) Bavaria III, 2, s. 977 Anm. 1.
[5]) Bavaria III, 1, s. 356.

angerichtet. Aus allen Häusern der Festgenossen werden Esswaren zusammengetragen, welche in einem geräumigen Hause, wo das Fest gefeiert wird, zubereitet werden. **Ausserdem wird ein Kalb angekauft und geschlachtet.**[1]

Unzweifelhaft haben wir es hier mit alten Opfern zu thun[2]), wie dies der feierliche Umzug mit dem Stiere, die Bekränzung desselben, das gemeinsame Mahl und die Vertheilung des Fleisches unter die Armen beweisen. Dazu kommt noch, dass man, wie von den Rückständen jedes Opfers, so auch von den Ueberresten solcher Stiere allerhand zauberkräftige Wirkungen erwartete. Bei den siebenbürgischen Sachsen stecken nämlich die Agnethler, um das Feld vor Vogelfrass zu schützen, Ochsenlungen an Stecken auf die einzelnen Ackerstücke fest[3]); und auch Joh. Colerus schreibt in seiner Oeconomia: „Um die Sat vor dem Wilde zu sichern, stecken die Leute vier Rossköpfe auf die vier Ackerenden."[4]) Ochsenlungen und Rosschädeln an sich kann man weiter keine grössere Heilkraft zugeschrieben haben, nur dann war dies der Fall, wenn dieselben, wie wir schon bei den gegen die Viehseuche dargebrachten Opfern zu erkennen Gelegenheit hatten, von Opferthieren herrührten. Da man nun von den auf den Ackerfeldern aufgesteckten Ochsenlungen und Rosschädeln erwartete, dass sie das ausgestreute Satkorn vor Vogelfrass, die junge Sat vor dem Wilde schützen würden, so folgt daraus, dass sie, wenigstens in heidnischer Zeit, den Resten eines kurz vorher dargebrachten Thieropfers entnommen waren. Dieses Opfer kann aber eben nur entweder das kurz vor der Bestellung des Ackers mit Sommerkorn abgehaltene Frühlingsopfer am Ende des Februars, oder, was uns in einem späteren Paragraphen noch näher beschäftigen wird, für die Wintersat das Herbstopfer gewesen sein.

Die Zahl der Belege für die bei dem Frühlingsfest gefallenen Rinderopfer lässt sich noch beträchtlich vergrössern, wenn wir uns vergegenwärtigen, dass um dieselbe Zeit auch das Dreschen der letzten Garbe vorgenommen wird, welches noch heute fast über ganz Deutschland hin mit einem feierlichen Mahl (in Baiern der **Niederfall** genannt)[5]) und vielen alterthümlichen, auf ehemalige Opfer hinweisenden Bräuchen verbunden ist. Es liegt an sich

---

[1]) A. Harland, Sagen und Mythen aus dem Sollinge. s. 87.
[2]) Vgl. darüber auch Kuhn und Schwartz, Nordd. Gebr. Nr. 1 Anm.
[3]) G. A. Heinrich, Agrar. Sitten s. 14.
[4]) Rochholz, Naturmythen. s. 79.
[5]) **Bavaria** III, 2, 969,

nahe, zwischen diesen beiden zeitlich fast zusammenfallenden Festen einen engen Zusammenhang anzunehmen; diese Annahme wird aber zur Gewisheit, da in vielen Gegenden wirklich die an die Stelle des Frühlingsfestes getretene Fastnachtsfeier mit der Drischelhenke ein Fest bildete. Zur Bestätigung des eben Gesagten genüge es, folgende Zeugnisse anzuführen: In der Umgegend des Kyffhäusers machte man, und zwar thaten dies besonders die Dresher, am Fastelabend eine kleine Puppe, ein Männchen vorstellend, welches Dreschflegel, Harke, Scheffel und Metzen trug; dasselbe ward auf einen Tisch gestellt, und man sammelte dafür Gaben ein.[1]) Im Orte Sporwitz bei Dresden war es noch am Ende des vorigen Jahrhunderts Gebrauch, dass derjenige Gutsbesitzer, welcher zuletzt mit dem Dreschen fertig wurde, sowie derjenige, welcher zu Fastnacht noch nicht völlig ausgedroschen hatte, eine Tonne Fastnachtbier sämmtlichen Dienstboten der Ortsgemeinde zum Vertrinken gab.[2]) Auch daran erinnere man sich, dass die zu Kaldenkirchen im Regierungsbezirk Düsseldorf in dem Fastnachtsfeuer verbrannte Strohpuppe aus einer unausgedroschenen Korngarbe hergestellt war (s. oben).

Sind wir demnach berechtigt, die Drischelhenke mit der Frühlingsfeier in Verbindung zu bringen, so werden sich auch die auf Opfer hinweisenden Bräuche bei dem Dreschen der letzten Garbe auf die Opfer bei diesem Feste beziehen. Nun tischt man am Hahnenkamme in Mittelfranken demjenigen, welcher beim Dreschen den letzten Schlag gethan, die ausgeschnittenen Geschlechtstheile eines Kalbes als Voressen auf, d. h. ‚er bekommt die Futh.'[3]) In Schwaben wieder erhält an vielen Orten der Dresher, welcher den letzten Drischelschlag thut, den (die) Mockel (Mock, Mockele = Kuh). Er muss deshalb viel Spott und Hohn aushalten, hat dafür aber auch den Vortheil, dass ihm bei der Flegelhenke das gröste Küchlein zu Theil wird.[4])

Diese an sich völlig unverständlichen Dreschersitten werden später bei der Betrachtung ganz verwandter Erntebräuche völlige Klarheit gewinnen, und verweise ich deshalb auf den weiter unten zu behandelnden Paragraphen über das grosse Erntedankopfer. Nur das Resultat, welches sich aus der dortigen Untersuchung ergeben wird, möge hier schon vorweggenommen werden, nämlich

---

[1]) Kuhn u. Schwartz, Nordd. Gebr. Nr. 7.
[2]) Mannhardt, Roggenwolf s. 23.
[3]) Bavaria III, 2, 969.
[4]) Meier, Schwäb. Sag. 441. 153, 444. 162; Panzer II s. 233 Nr. 427.

dass in dem Erhalten des Mockels die Erinnerung an ein Stieropfer vorliegt, und dass die fränkische Sitte, dem Drescher, welcher den letzten Schlag gethan, die Genitalien eines Kalbes vorzusetzen, auf den alten germanischen Brauch zurückweist, dem Opferthier die Geschlechtstheile auszuschneiden und sie dann an geweihter Stätte aufzuhängen.[1])

Welcher Gottheit wurde nun dies Rinder- (Pferde-) Opfer bei der Frühlingsfeier dargebracht? Kuhn entscheidet sich bei der Besprechung des von ihm aus der Mittelmark beigebrachten Opferspieles (s. oben) für Wuotan und fügt hinzu, der Stier sei dem Gotte in seiner Eigenschaft als Schützer des Ackerbaues geopfert worden.[2]) An einer andern Stelle weist er die Rinderopfer überhaupt vorzugsweise dieser Gottheit zu[3]), indem er sich auf eine Sage aus Ostenholz stützt, der zufolge der Wirth des dortigen Hellhauses alle Christabende dem umziehenden Helljäger (d. h. Wuotan) die schönste Kuh hat hinauslassen müssen.[4]) Wir werden uns dieser Ansicht Kuhns wohl anzuschliessen haben, da sie auch durch eine ganze Reihe süddeutscher Sagen Bestätigung erfährt. In Tirol, Vorarlberg, Kärnthen und der Schweiz erzählt man nämlich, dass die ‚Wilde Fare‘, das ‚Nachtvolk‘ bei seinem Durchzug durch einen Ort die schönste Kuh aus dem Stalle genommen und verzehrt hätte, dass jedoch Haut und Knochen von den Geistern unversehrt gelassen seien. Nach dem Schmause sei dann die Kuh aus diesen Ueberresten so frisch und munter wieder erstanden, wie sie zuvor gewesen.[5]) Sicher liegt auch hier wie in der niedersächsischen Sage ein verdunkeltes Opfer für den Sturmgott (Wuotan) vor; der Unterschied zwischen jener und der verwandten süddeutschen Tradition beruht einzig darauf, dass in letzterer die Gottheit schon collectiv aufgefasst erscheint, während erstere das Opfer dem noch als Einheit empfundenen Sturmgotte dargebracht werden lässt.

Ausser den Rindern werden ferner Schweine bei der Frühlingsfeier geopfert worden sein. Um Friedingen in Schwaben heisst der Donnerstag vor Fasten ‚der schmotzige Donnerstag‘, weil an ihm

---

[1]) Vgl. oben Cap. I. § 3.
[2]) Kuhn u. Schwartz, Nordd. Gebr. Nr. 1 Anm.
[3]) Ebenda. s. 503. Anm. zu Nr. 310. 3.
[4]) Kuhn u. Schwartz, Nordd. Sag. Nr. 310. 3.
[5]) Zingerle, Sagen etc. a. Tirol s. 10. 13. 11. 14; Wolfs Ztschrft. II s. 177; Vonbun, Sagen Vorarlbergs s. 34, 35; M. Lexer in Wolfs Ztschrft. III s. 34; Vernaleken, Alpensagen s. 407. 107; Rochholz, Aargauer Sag. Nr. 229.

nach alter Sitte die Schweine geschlachtet wurden.[1]) Ebenso werden in der Oberpfalz die Schweine zu Fastnacht geschlachtet, wobei dann Umzüge von der Jugend veranstaltet werden, das sogenannte ‚Wurstelgehen'. Der Bauer schickt Würste und Knöcheln zu Freunden und Gevattern oder ladet dieselben dazu ein. Als Opferthier kennzeichnet sich das Schwein hier dadurch, dass man seinem Fleische Heilkraft zuschreibt; denn der Bauer, welcher während der Faschingstage Blutwürste ist, wird das ganze Jahr durch nicht vom Flohstiche geplagt werden.[2]) Auch in Siebenbürgen wurde nach alter Sitte zu Fastnacht Schweinefleisch gegessen, wie sich aus dem Brauche ergiebt, dass am ‚geschworenen Montag' die Mädchen in die Häuser, in denen junge Burschen sind, gehen, so hoch sie können, springen und dabei rufen: ‚Esü grüss sål ir flôss wôssen', wofür sie dann ein Stück Wurst oder Schweinsrippe erhalten.[3]) Im Harz hebt jeder Bauer sorgfältig eine Bratwurst auf und schneidet sie erst zu Fastnacht, die als ein sehr wichtiger Tag gefeiert wird, an.[4]) Im Eichsfeld ist das ständige Festgericht am Donnerstag vor Fastnacht (Weiberfastnacht, fette Donnerstag) Schweinefleisch, Sauerkraut und Krapfen.[5]) Ein hinterpommersches Fastelabendlied, welches ich in Lauenburg aufzeichnete, beginnt mit den Worten:

‚Fistlåwend is hîr,
der Schwinskopp opt Fûr.'

Auch die in ganz Nord- und Mitteldeutschland am Fastelabend stattfindenden Umzüge der Kinder, um Wurst und Semmeln einzufordern, sind hierher zu ziehen. Sie sind zwar erst für das 15. Jahrhundert verbotweise belegbar[6]), müssen aber in weit ältere Zeiten hinaufreichen.

Es mögen jetzt noch zwei Berichte folgen, in welchen sich das zu Fastnacht geschlachtete Schwein auf das bestimmteste als Opferthier kennzeichnet. Um Eisenach und in Hessen muss man Fastnacht, Aschermittwoch und Donnerstag Brei, Schmalzkrapfen und Sauerkraut mit Schweinefleisch essen und die abgenagten Knochen und Rippen in den Samenlein stecken, wo

---

[1]) E. Meier, Schwäb. Sag. etc. Gebr. Nr. 11.
[2]) Bavaria II, 1, 272. 300. 301.
[3]) G. A. Heinrich, Agrar. Sitten s. 11 fg.
[4]) Proehle, Harzbilder s. 53; derselbe in Wolfs Ztschrft. 1 s. 200.
[5]) Waldmann, Eichsfeld. Gebr. s. 13.
[6]) Duderstädter Statuten (s. oben): ‚Ok schal nymant worste bidden. Pena V Sol.'

sie mit dem Samen in dem Sacke bis zur Leinsat bleiben.[1]) Damit vergleicht sich die Sitte, wie sie in der bairischen Rheinpfalz geübt wird. Am Abend des Fastnachts-Dienstages lässt jedes von der Familie etwas vom Schweinefleisch und Kraut auf dem Teller zurück, und wird das des andern Morgens dem Federvieh gegeben, die Knochen aber möglichst weit in einem Kreise um das Haus herum geworfen: soweit habe der Habicht keine Gewalt auf dasselbe.[2]) Eine solche der Sat Gedeihen gebende, die Viehzucht fördernde Zauberkraft kann eben nur den Ueberresten eines Opfers beigemessen werden.

Ausser den bis jetzt beigebrachten Zeugnissen weisen ferner folgende Dreschersitten auf ehemals bei der Frühlingsfeier dargebrachte Schweineopfer hin. Um Ansbach in Mittelfranken hat der Drescher, welcher den letzten Schlag thut, die ‚Saufud‘. Er bekommt bei dem Mahl sein Küchel in Gestalt eines Mutterschweines mit sehr grossen Geschlechtstheilen.[3]) In Oberbaiern und dem Lechrain erhält derjenige, welcher den letzten Drischelschlag führt, ‚d'Lous‘ (Laes, Lôs = Sau), er muss ‚d'Laes ve'tràgng.‘ Wenn diesen Drescher auch den ganzen Tag über mannigfacher Spott trifft, so hat er doch am Abend die Genugthuung, dass er als erster in die Schüssel langen darf und ein eignes Küchel, das Lôsküechel, bekommt, welches mit kleinen brennenden Wachskerzen umgeben ist.[4]) Zu Friedingen an der Donau, um Zurgesheim und Mergesheim und an andern Orten in Schwaben bekommt der Drescher des Letzten die Sau; er hat für diese Auszeichnung die Verpflichtung, den übrigen einen Trunk zu zahlen.[5]) Ganz ähnlich erhält um Bischofswerda, Kreis D. Bautzen, derjenige, welcher den letzten Schlag macht, die Bätze (= männliches verschnittenes Schwein) und muss dafür eine Kanne Branntwein zum besten geben.[6])

Entsprechend den Drescherbräuchen, welche sich auf ein ehemaliges Rinderopfer beziehen, wird hier das Vertragen der Lôs, Bätze etc. auf ein Schweineopfer zurückweisen und die Saufud auf

---

[1]) Witzschel, Sitten u. Gebr. a. d. Umg. v. Eisenach s. 11 Nr. 41; s. 14 Nr. 60; Mülhause, Gebräuche der Hessen. s. 322.

[2]) Bavaria IV, 2, 378.

[3]) Panzer II s. 223 Nr. 416.

[4]) Panzer II. s. 220. 408 s. 223. 415; Leoprechting s. 165 fg.; Bavaria I, 1, 368 fg.; Schmeller, Bair. Wörterb. 2. Aufl. I, 570. 1516.

[5]) E. Meier, Schwäb. Sag. 444. 162; Panzer II 223. 418, 224. 419, 236. 432.

[6]) Mannhardt, Roggenwolf s. 22.

die alte Opfersitte, dem zu tödtenden Thiere die Genitalien auszuschneiden und sie der Gottheit zu weihen. Unter letzterer wird aber die mütterliche Göttin Erde zu verstehen sein, wie sie in Deutschland als Fria, Berchta, Holda etc. erscheint. Mit ihr steht das Schwein einmal als Symbol der Fruchtbarkeit und dann um seiner erdaufwühlenden Natur willen in nächster Beziehung, weshalb denn auch die Dachse der Frau Holda Schweine genannt werden, ja die Göttin selbst hie und da zur Schweinemutter geworden ist. Nicht minder lässt sich das mythische Verhältnis des Schweines zu der unterweltlichen Erdgottheit in den ungemein zahlreichen, über ganz Deutschland hin verbreiteten Sagen wieder erkennen, dass von einer Sau oder einem Eber eine Glocke aus dem Erdboden herausgewühlt sei.

Im Zusammenhang mit dem Rinder- und Schweineopfer stehen zwei andere Arten von Thieropfern, deren Darbringung auf den ersten Blick etwas befremden dürfte. Um Grenheim und Offingen in Schwaben und ebenso in der Umgegend von Roggenburg bekommt der Drescher, welcher den letzten Drischelschlag geführt hat, die Hundsfud (Hundsfod.) Er wird mit geschwärztem Gesicht rücklings auf einen alten hinkenden oder blinden Gaul gesetzt und Schritt für Schritt, unter dem Jubel und Lachen zahlreicher Begleiter, durch das Dorf geführt. Hat er Geld, so gehen nach dem Umritt seine Genossen mit ihm in das Wirthshaus, wo er ihnen die Zeche zahlen muss.[1]) Diese Hundsfud vergleicht sich ganz der oben besprochenen Saufud und der Kalbsfud, und wie jene auf ein Schweine- und Stieropfer, muss diese auf ein ehemaliges Hundeopfer zurückweisen.

Gemildert wird das Sonderbare, welches in einem solchen Hundeopfer liegt, dadurch, dass bei der Frühlingsfeier auch Katzen dargebracht wurden; denn ausdrücklich wird uns in den Zeugnissen über die Fastnachtsfeuer in den Vogesen und die Hâlfeuer in Hessen berichtet, dass in denselben lebende Katzen verbrannt worden seien. Zum Ueberflusse erhalten diese Nachrichten weitere Bestätigung noch durch andere Sitten, in denen sich das feierliche Tödten der Katzen allerdings von dem Feuer gelöst hat und zu einem selbständig für sich bestehenden Opferbrauch geworden ist. In Ypern in Belgien stürzte man ehemals am Mittwoch der zweiten Fastenwoche Katzen vom Thurme, wovon der Tag noch jetzt daselbst „Kattewoensdag" (Katzenmittwoch) oder „Katte-

---

[1]) Panzer II s. 234 Nr. 429. 430, s. 516.

dag' genannt wird.[1]) Aus Vorpommern erzählt Fr. Wessel in seiner Schilderung des katholischen Gottesdienstes in Stralsund (um 1550): ‚Vp den vastelauendt so hadden de schöler gemeinlich einen pott thogerichtet, dar was eine leuendige katte inne, der weren ledder vmmhe de vöthe gewunden vnd gebundenn; den poth schmeten se mit nedder, wenn de hungerdock vill. So spranck de katte daruth; konde sus nergen mit denn klawenn hechtenn; die jageden de jungenn so lange beth se tho dode quam; so was der vasten de hals entwey.'[2]) Auch eine slavische Sitte mag vergleichsweise hier angeführt werden. Nach Krolmus Staročesk. pověst. II, 29 war es in Rosin Gebrauch, dass die Leute bei der ersten Aussat zur Nachtzeit in grossem Zuge ein nacktes Mädchen und einen schwarzen Kater dicht vor einem Pfluge her aufs Feld führten, wo der Kater lebendig vergraben wurde.[3])

Nicht minder weisen einige Drescherbräuche auf Katzenopfer zurück. Im Kreise Freistadt in Schlesien, wo beim Abmähen der letzten Aehren ‚der Kater gehascht' wird, heisst auch derjenige, welcher den letzten Flegelschlag thut, ‚der Kater'. Vielleicht ist auch folgende Sitte, wie sie um Pouilly in der Gegend von Dijon geübt wird, germanischen Ursprungs. Dort legt man unter das letzte Korn, das zum Ausdrusch kommt, eine lebendige Katze und schlägt sie mit dem Dreschflegel todt. Gewöhnlich richtet man es so ein, dass der Drischelschluss auf einen Samstag fällt, um das Thier am Sonntag als Festbraten zu verschmausen.[4])

Wie sind nun diese Hunde- und Katzenopfer neben der Darbringung essbarer Thiere zu erklären? Schon früher sahen wir, dass der Hund mythologisch in naher Beziehung zu Wuotan sowohl in seiner Eigenschaft als Sturmgottheit, als auch seiner unterweltlichen Seite nach stand und sich deshalb zum Sühnopfer bei verherenden Krankheiten eignete. Die Katze dagegen war nach scandinavischer Ueberlieferung der grossen weiblichen Gottheit geheiligt, und viele Bräuche, Meinungen und Sagen scheinen darzuthun, dass sie auch in Deutschland dieselbe Stellung einnahm. Ich erinnere nur daran, dass die nachtfahrenden Frauen der Holda

---

[1]) Coremans, L'année de l'ancienne Belgique s. 53; Nederduitsche letter oefeningen. Gent 1834. 2. aflever; E. Sommer, Sag. etc. a. Thüringen s. 179.
[2]) Fr. Wessel, ed. Zober. s. 5.
[3]) V. Grohmann, Aberglauben und Gebräuche aus Böhmen und Mähren. Prag 1864. s. 143, 1058; vgl. Mannhardt, Baumkultus. s. 561.
[4]) W. Mannhardt, Antike Wald- und Feldkulte s. 173. 174. Anm.

die Fähigkeit besitzen, sich in Katzen zu verwandeln, und dass diese Thiere in den abergläubischen Gebräuchen, welche sich auf die Heirath beziehen, eine wichtige Rolle spielen. Was das Verhältnis der Katzen zur Frühlingsfeier angeht, so sahen am Niederrhein altgläubige Leute an ihnen um die Fastnachtszeit mitunter die Spuren von Anschirrung. Man gewahrte, dass sie an Hals und Schultern die Haare niedergedrückt und dort sogar wunde Stellen hatten.[1]

Es ergeben sich somit für die Erklärung der Hunde- und Katzenopfer zwei Möglichkeiten. Entweder wurden diese Thiere als Symbole der beiden hohen Gottheiten (Wuotan und Fria) dargebracht, oder aber wir haben es mit Sühnopfern zu thun, welche neben den aus essbaren Thieren bestehenden Bittopfern herliefen.

Suchte man durch die bis jetzt besprochenen Opfer von Himmel und Erde Schutz und Gedeihen für die junge Sat zu erflehen, so weisen folgende Bräuche darauf hin, dass man auch die Wettergottheit durch Opfer sich günstig zu stimmen bestrebt war, damit sie die Aecker vor den Verherungen, welche durch Hagelschauer, Hochgewitter und ähnliche Elementarerscheinungen angerichtet werden, gnädig bewahre. An vielen Orten Siebenbürgens ist am Aschermittwoch das Gansabreiten gebräuchlich, wobei einer an ein ausgespanntes Seil gebundenen Gans im scharfen Reiten der Kopf abgerissen wird.[2] In Oesterr. Schlesien (in Preuss. Schlesien hie und da noch heute) war bis in die dreissiger Jahre dieses Jahrhunderts das Hahnschlagen eins der beliebtesten Faschings-Vergnügen. Zu dem Zwecke wurde über einen lebendigen Hahn ein Topf gestülpt, an den darauf alle Theilnehmer an dem Spiele mit verbundenen Augen, einen Dreschflegel in der Hand, herantreten musten. Wer den Topf traf, wurde als Hahnenkönig ausgerufen. War es ein Unbemittelter, so wurde unter der Gesellschaft gesammelt; war es jedoch ein Reicherer, so muste er die Ehre als Hahnenkönig theuer bezahlen. Der getödtete Hahn wurde nämlich gebraten und bei einem lustigen, auf seine Kosten veranstalteten Gelage im Wirthshause verzehrt.[3] Ganz ähnliche Gebräuche finden sich auch in Norddeutschland wieder, so z. B.

---

[1]) Montanus s. 24.

[2]) G. A. Heinrich, Agrar. Sitten s. 29; Schuster, Deutsch. Mythen a. siebenb. sächs. Quellen. s. 268.

[3]) Peter, Volksth. II s. 278 fg.; Philo vom Walde, Schlesien in Sage u. Brauch. s. 112.

zu Basum im Osnabrückischen und in der Gegend von Recklinghausen.[1]) Um Kohlstätt und weiter südlich bis nach Paderborn zu fand wie in Siebenbürgen um dieselbe Zeit ein Gänse- oder Hahnenreiten statt.[2]) Selbst in England und Schottland gehörte das Hahnschlagen ehemals zu den verbreitetsten und beliebtesten Faschingsvergnügungen.[3])

Häufig kommen statt des Hahnenschlagens auch Hahnentänze vor; so heisst es z. B. schon in einem Fastnachtsspiele ‚der alt Hanentanz'

,Hier kumpt auf disen plan
von Volk ain wild geschlecht,
dorfmaid und baurnknecht,
die wollen tanzen umb den han;
und von welhem baursman
das pest wird getun an alls gefer...
dem wirt der han gegeben.'[4])

Die Analogie mit den Erntebräuchen wird lehren, dass alle diese Volksbelustigungen als Gänse- oder Hahn-Reiten, Reissen, Schlagen, Tanzen aus ehemals dargebrachten Gänse- und Hahnopfern entstanden sind, wie sich dies ja auch bei den oben angeführten Fastnachtsbräuchen in der feierlichen Ernennung desjenigen, welcher den Vogel getödtet hat, zum Hahnenkönig und in der Verpflichtung desselben, die Theilnehmer an dem Spiele im Wirthshause festlich zu bewirthen, noch deutlich genug ausspricht. Als ein bei der Frühlingsfeier dargebrachtes Opferthier kennzeichnet sich der Hahn ferner dadurch, dass wie zu Pfingsten, Martini und in der Erntezeit auch zu Fastnacht Hühner gezinst, d. h. ehemals geopfert werden musten.[5]) In der Gottheit aber, der zu Ehren die Hähne geschlachtet wurden, werden wir, wie schon oben angedeutet war, den Thunar zu erkennen haben, dem überhaupt alle Eier- und Vogelopfer eigenthümlich gewesen zu sein scheinen.

---

[1]) Kuhn, Westfäl. Sag. II, Nr. 384; Kuhn u. Schwartz, Nordd. Gebr. Nr. 11.

[2]) Kuhn, Westfäl. Sag. II, Nr. 383.

[3]) Chambers, Edinb. Journal. Febr. 5. 1842. Nr. 523; A Gloss. of North-Country-words s. v. cockpenny; vgl. Kuhn u. Schwartz, Nordd. Gebr. s. 510 Anm. zu Nr. 11.

[4]) A. Keller, Fastn. Spiele 580, 8.

[5]) Grimm, Rechtsalterthümer s. 374 — s. 376; Deutsches Wörterb. III s. 1356. Vasenachthuener werden schon in Urkunden von 1298 (Mone, Zeitschr. für die Gesch. des Oberrheins XXII, 61) und von 1328 (Höfer, Auswahl der älteren Urkunden 219) gefordert.

Dass in den Bräuchen der Hahn mehrfach durch die Gans ersetzt erscheint, darf nicht verwundern, denn auch die Gans stand in naher Beziehung zu dem Wettergotte, was in dem Paragraphen über das grosse Erntedankopfer noch des weiteren ausgeführt werden wird.

Auffällig ist es, dass sich in dem Süden Deutschlands keine Spur von einem um die Fastnachtszeit dargebrachten Hahnopfer nachweisen lässt, dasselbe scheint dort durch ein anderes Thieropfer vertreten gewesen zu sein. Im Münsterthale im Elsass zogen bis in das Ende des 17. Jhdts. die Weiber in der Fastnacht maskiert mit einem lebendigen, aufgeputzten Bocke und einem schellenbehangenen Pferde, das zwei Fässer Wein trug, durch die Strassen, und kein Mann durfte sich vor Abend selbst an den Fenstern sehen lassen.[1]) Aus dem Umzug mit dem lebenden Thiere ward im Laufe der Zeit, wie wir dem Aehnliches schon bei den Zeugnissen über Rinderopfer zu beobachten Gelegenheit hatten, das feierliche Herumführen eines von verkleideten Menschen dargestellten oder auch hölzernen, ströhernen Bockes. In dieser Form finden wir den alten Opferbrauch in ganz Süddeutschland bis in das heutige Königreich Sachsen hinauf wieder, und zwar wird er nicht nur zu Fastnacht, sondern wie natürlich auch bei Gelegenheit der Festlichkeiten, welche nach dem Dreschen der letzten Garbe statt fanden, ausgeübt.[2]) Bemerkenswerth ist, dass von dem alten Bockopfer, wie bei dem Rinder- und Schweineopfer, der Name auf den Drescher, welcher den letzten Drischelschlag geführt hat, übergeht. So heisst derselbe im Oberinnthal in Tirol der Bock, um Tettnang in Würtemberg die Geiss, oder man sagt von ihm: ‚Der hat den Bock verschlagen!‘ ‚Der muss den Bock vertrogen‘ (Schwaben, Baiern).[3])

Hie und da hat sich sogar noch deutlich die Vorstellung erhalten, dass dies nachgemachte Opferthier getödtet werden müsse. Im Bezirk Traunstein in Oberbaiern zum Beispiel meint man von

---

[1]) Curiosités d'Alsace. Colmar 1861. I, p. 82 bei W. Hertz, Deutsche Sage im Elsass. 1872. s. 26; vgl. Mannhardt, Antike Wald- und Feldkulte, s. 184. Anm. 1.

[2]) A. Baumgarten, Das Jahr und seine Tage. Linz 1860. s. 19; Meier, Schwäb. Sag. 372. 3; Schönwerth, A. d. Oberpfalz I s. 402; Panzer, II s. 224 Nr. 420; Bavaria II, 1, 294 fg.; vgl. Mannhardt, Antike Wald- und Feldkulte s. 167 fg., s. 183 fg.

[3]) L. v. Hörmann, Der heber gât in litun. 35. 68; E. Meier. Sag. a. Schwaben s. 445. 162; Panzer II s. 220 Nr. 408, s. 504.

der letzten Hafergarbe, in ihr stecke die Habergeiss, die so ‚letz' (hässlich, nicht geheuer) ist. Abgebildet wird dieselbe, indem man einen alten Rechen aufstellt, einen alten Topf als Kopf darüber stülpt und ein altes Leintuch darüber hängt. Den Kindern wird die Aufgabe gestellt, ‚die Habergeiss zu erschlagen'.[1]) Dass wir es hier keineswegs mit der Darstellung bocksgestaltiger Vegetations- oder Feldgeister zu thun haben, wie Mannhardt will, sondern mit der Erinnerung an früher wirklich dargebrachte Bockopfer, geht aus folgendem Bericht Hentzes in den Ruinen etc. des fränkischen Kreises (1790. s. 14) auf das bestimmteste hervor: ‚Auch bei dem Erndtefest des Landmannes im fränkischen Kreis, insbesondere bei der sogenannten Schnittleg und Drischleg, wobei geschmausset wird, möchten vielleicht noch hie und da Spuren alter Sitten und Gebräuche anzutreffen sein; wenigstens herrscht noch hie und da mancher Glaube an Böcke und Bocksblut; auch wurde sonst die Gegend von Wunsiedel scherzweise das Ländlein in Böcklerart genannt, welchen Namen sich die Einwohner desselben vielleicht ebenfalls wie die Samländer, durch die in christlichen Zeiten noch fortgesetzten Gebräuche ihrer heidnischen Vorältern zugezogen haben können.'[2])

Ist somit ein Bockopfer bei der Frühlingsfeier für Süddeutschland hinlänglich verbürgt, so fragt es sich nur noch, ob dasselbe füglich dem für Norddeutschland, Schlesien, Siebenbürgen und England nachgewiesenen Hahnopfer parallel gestellt werden darf. Die Antwort darauf dürfte bejahend ausfallen. Wie wir schon mehrfach sahen, wurde der Hahn als Wetter verkündendes Thier dem Wettergotte dargebracht. Nun steht aber auch der Bock zu Thunar in naher Beziehung, wenigstens nach der nordischen Ueberlieferung, wo der Wagen dieses Gottes mit zwei Ziegenböcken als den Symbolen der springenden, zuckenden Blitze bespannt erscheint. Allerdings kann die gleiche Anschauung für Deutschland nach dem jetzigen Stande unserer mythologischen Forschungen mit Sicherheit noch nicht behauptet werden; sie wird jedoch dadurch zum mindesten sehr wahrscheinlich gemacht, dass allenthalben in Nord- und Süddeutschland in Volksmeinung und Volksglauben Bock und Ziege für teuflische Thiere gelten, der Teufel aber nachweisbar sehr häufig unter christlichem Einfluss an die Stelle des Thunar getreten ist. Ausserdem, und dies dürfte fast entscheiden, findet sich allgemein die Vorstellung verbreitet,

---

[1]) Mannhardt, Antike Wald- und Feldkulte. s. 170.
[2]) Panzer II s. 229. Nr. 423.

dass die Hexen zum Zwecke des Wettermachens auf schwarzen Böcken durch die Lüfte reiten.

Bis jetzt haben wir nur Thieropfer besprochen, welche bei der Frühlingsfeier den Göttern dargebracht wurden, ausserdem müssen aber auch Früchte und Speisen geopfert worden sein. Was zunächst die Kornopfer angeht, so wird uns ein solches schon durch die um Kaldenkirchen bestehende Sitte verbürgt, eine unausgedroschene Garbe im Fastnachtsfeuer zu verbrennen (s. oben). In Siebenbürgen wird bei dem Dreschen der Frucht die letzte Garbe auf das Thor der Scheune gestellt.[1]) Ebenfalls als Garbenopfer ist zu fassen, wenn man zu Niederaltaich an der Donau, nachdem alles Getreide abgedroschen ist, das in die erste Garbe gebundene Geweihte (ein Brot, ein Antlassei, das Antlasskränzl und den Palmzweig) in das Ofenfeuer wirft, damit der Bilschneider, welcher am Subendtag in der Frühe, vor dem Avemarialäuten, über die Felder streift, nicht schaden kann. Bei Unterlassung des Brauches ist obendrein Hagelschlag, Brand im Haus und Getreide und anderes Unheil zu befürchten.[2]) Auch die bei dem Ausdreschen der letzten Garbe üblichen Gebräuche, dem Drescher, welcher den letzten Schlag geführt, den Alten, die Alte, die Schnitterin etc. zu geben[3]), weisen auf alte Garbenopfer hin, wie weiter unten die Betrachtung der analogen Erntebräuche lehren wird.

Von den Körnern der Opfergarbe wird man einzelne genommen haben, um aus ihnen das Gedeihen der noch zu bestellenden Sommersat zu prophezeien, worauf folgender Brauch hinweist. An den drei letzten Faschingstagen: Sonntag, Montag und Dienstag probt man in Oesterr. Schlesien Gerste in verschiedene Näpfe ein. Durch den Tag, an welchem die Frucht im Napfe am besten und kräftigsten wächst, wird die Woche zur Aussat angezeigt. Der Faschingssonntag deutet die 16. Woche an (vom 4.—11. April), der Faschingsmontag die 14. (vom 18.—25. April), der Faschingsdienstag die 12. (vom 2.—9. Mai.)[4])

---

[1]) Schuster, Deutsch. Myth. a. siebenb. sächs. Quellen s. 268.

[2]) Panzer II s. 214. Nr. 385, s. 535.

[3]) Vgl. dazu u. a.: Kuhn u. Schwartz, Nordd. Gebr. Nr. 102; Panzer II 214. 385, 217. 397—219. 404; Birlinger, Aus Schwaben II s. 332; Bavaria II, 1, 294; III, 1, 344; III, 2, 969; IV, 1, 254; Rosegger, Sittenbilder. s. 125—128.

[4]) Peter, Volksth. II s. 264; über ähnliche Bräuche zur Erforschung der besten Aussäezeit für die Wintersat vgl. Panzer II s. 207 Nr. 363; Bavaria III, 1, 343.

In wie nahen Zusammenhang übrigens selbst in unserer Zeit noch der Landmann das Frühlingsfest, also heute die Fastnachtsfeier, mit dem Gedeihen der Kornfrucht und im besondern mit der Kornernte bringt, zeigt sich recht augenscheinlich in thüringischen und bairischen Fastnachtsbräuchen. In der Umgegend von Eisenach werden die Strohbänder für die Ernte am Fastnachtstage angefertigt; dann kommen keine Mäuse in die Garben.[1]) In der Oberpfalz will man dadurch diese schädlichen Thiere überhaupt von Feld und Ställen fernhalten können. Auch schneidet dort der Bauer am Morgen der Fastnacht spitze Pflöcke, trägt sie am Karfreitag vor Sonnenaufgang auf die Felder und schlägt sie mit der Hacke in die Grenzen ein. Soweit der Hall geht, können Maus und Maulwurf nicht zu.[2])

Wie auf das Korn galt die Frühlingsfeier nicht minder auf das Gedeihen des Flachses einflussreich. So soll man in der Oberpfalz während der Fastnacht den Flachs vor Sonnenaufgang hächeln, dann geräth er in dem Jahre wohl. Um Velburg kündet der Sonnenschein in der unsinnigen Fastnacht das Schicksal des Leins. Scheint die Sonne den ganzen Tag, so geräth aller Flachs, scheint sie nur Morgens, Mittags oder Abends, so ist das ein Zeichen für das Gedeihen der Früh-, Mittel- oder Spätsat.[3]) In Oesterr. Schlesien wieder glaubt man, es sei ein gutes Zeichen für die Aussat und das Gedeihen des Leines, wenn an den letzten drei Faschingstagen oder wenigstens an einem derselben in den Wagengeleisen der Strasse das Wasser läuft. Die Tage der Aussat fallen dann auf den ersten, zweiten oder dritten Juni, je nachdem der Sonntag, Montag oder Dienstag des Faschings durch nasses Wetter besonders ausgezeichnet ist. Auch wähnt man, wenn an den erwähnten Fachingstagen an den Häusern recht lange Eiszapfen hingen, so werde dem entsprechend gleichfalls der Flachs recht lang.[4])

Den Grund für dies enge Verhältnis zwischen Flachsbau und Frühlingsfeier werden wir in Folgendem zu suchen haben. Wie das Dreschen der letzten Garbe, so ward auch, und wird theilweise noch heute, das Spinnen des letzten Flachses (in Baiern die „Letzt‘, der ‚Abrupf‘ genannt)[5]) allgemein in Deutschland festlich begangen.

---

[1]) Witzschel, Sitten. s. 11 Nr. 40.
[2]) Bavaria II, 1, 299. 300; vgl. auch Grimm, D. M. Aberglaube Nr. 684.
[3]) Bavaria II, 1, 298.
[4]) Peter, Volksth. II s. 265.
[5]) Bavaria II, 1, 267.

Da nun nach alter Bauernregel zu Fastnacht oder kurz vorher abgesponnen sein muss, weil die gleich nach Fastnacht wieder beginnende Feldarbeit keine Zeit mehr für das Spinnen übrig lässt [1]), so werden wir mit demselben Recht, mit dem wir die Dreschergebräuche auf die alte heidnische Frühlingsfeier beziehen durften, auch in dem Feste des Abspinnens einen Bestandtheil derselben zu erblicken haben.

Natürlicherweise werden dabei auch Flachsopfer dargebracht worden sein, woran noch folgende Bräuche erinnern. Auf Lichtmess oder am Peterstage wird von der Bäuerin in der Umgegend von Eisenach ein Rocken mit Flachs auf den Mist gestellt, damit der Hahn daran spinne. Im Werragrunde ist es am Peterstage Brauch, dass gute Freunde einander den ‚Petersdreck' bringen. Sie füllen einen Topf mit Leinsamen oder mit den Annen vom Flachse, auch wohl mit Kehricht aus der Spinnstube, schleichen sich damit in des Nachbars Haus und werfen den Topf mit den Worten: ‚So hoch soll der Flachs werden!' in die Stube oder vor die Stubenthür. **Je höher der Topf geworfen wird, desto höher wird auch der Flachs.** Da also der Petersdreck demjenigen, welchem er gebracht wird, eine gute Vorbedeutung für das Wachsen und Gedeihen der Leinsat ist, so sehen die Leute es gerne, wenn ihnen um jene Zeit Töpfe wider die Thüren geworfen werden.[2])

Aehnliche Sitten müssen in ganz Deutschland verbreitet gewesen sein. Schon in der Chemnitzer Rockenphilosophie heisst es: ‚Die Weiber sollen am Lichtmesstage beym Sonnenschein tanzen, so geräth ihnen dasselbe Jahr der Flachs wohl'[3]); und noch bis auf den heutigen Tag üben in Nord- und Süddeutschland, sowie auch bei den Sachsen Siebenbürgens entweder zu Lichtmess oder zu Fastnacht die Weiber diesen Brauch zum Gedeihen des Flachses aus.[4])

---

[1]) Daher z. B. die sich in Norddeutschland findende Sitte, dass die Burschen den Mädchen, welche zu Fastnacht noch Flachs auf dem Wocken haben, denselben anstecken: Kuhn, Westfäl. Sag. II, 391. 392; Kuhn u. Schwartz, Nordd. Gebr. Nr. 6 etc.

[2]) Witzchel, Sitten u. Gebr. um Eisenach s. 11 Nr. 37. 38; auch im Solling und in Hessen hat sich, wenn auch abgeschwächt, noch das Topfwerfen zur Beförderung des Gedeihens des Flachses erhalten: A. Harland, Sagen und Mythen aus dem Sollinge. s. 87; E. Mülhause, die Gebräuche der Hessen. s. 322.

[3]) Chemn. Rockenphil. I, 80.

[4]) Vgl. Birlinger, Volksth. I s. 470 Nr. 697. 1; Aus Schwaben I s. 383; Bavaria II, 1, 298; IV, 2, 379; Wolf, Beiträge I s. 228 Nr. 325; Montanus, s. 21; Kuhn u. Schwartz, Nordd. Gebr. Nr. 354; Bartsch, Mekl. Sag. II Nr. 1315;

Etwas veränderte Form hat der Brauch nur in Tirol angenommen und zwar deshalb, weil er dort mit dem Vertreiben der winterlichen Dämonen in Verbindung gebracht ist. In der Umgegend von Hall im Unterinnthal findet nämlich am unsinnigen oder schmutzigen Pfinztag (dem Donnerstag vor Fastnacht) das Huttlerlaufen statt, wobei bunt verkleidete, mit Besen und Peitschen versehene Buben, Hexen und Huttler genannt, unter grossem Lärm, die Zuschauer mit ihren kothigen Besen fegend und mit den Peitschen knallend, durch die Strassen ziehn. Unterlässt man diesen Brauch, so gedeihen Flachs und Mais nicht; je mehr Huttler dagegen laufen, um so höher und schöner werden beide.[1])

Es hat nach alledem den Anschein, als ob das Flachsopfer, auf welches ja in Anbetracht des thüringischen Brauches alle eben angeführten Sitten hinweisen, wenn auch nicht ausschliesslich, so doch vorzugsweise von den Weibern dargebracht worden sei, welche dabei zu Ehren der über das Gedeihen des Flachsbaues waltenden Gottheit, der mütterlichen Erde, der Berchta, Holda, Fria[2]), feierliche Tänze aufführten. Auch werden sie, wie die Männer aus den Körnern der Opfergarbe, ganz ähnliche Weissagungen aus dem geopferten Leinsamen zu machen verstanden haben; denn in der Oberpfalz sät man an den drei Fastnachtstagen Lein in einen Topf. Der Same, welcher am schönsten aufgeht, bildet das Wahrzeichen, ob die Früh-, Mittel- oder Spätsat anschlage.[3])

Der mütterlichen Göttin Erde, welcher man bei der Frühlingsfeier den Flachs opferte, werden ferner folgende Speiseopfer dargebracht worden sein. Am Tage vor Fastnacht kochte man am Niederrhein und im Odenwalde das Beste und Leckerste, was im Hause war, für die lieben Englein, setzte es Abends auf einen Tisch, öffnete den Engeln die Fenster und legte sich dann schlafen. Die Meinung war, wenn die Hausleute schliefen, so kämen die Englein, welche der Speise genössen.[4]) Für Schwaben wird uns derselbe Brauch schon durch Lorichius (1593) bezeugt:

Wuttke § 322; Weinhold, Beiträge zu einem schlesisch. Wörterbuch. p. 21; Engelien und Lahn, Der Volksmund i. d. Mark. s. 227. Nr. 2; Peter, Volksth. II. s. 266; Witzschel, Sitten. s. 11 Nr. 43; Proehle, Harzbilder, s. 53; drslb. in Wolfs Ztschrft. I s. 200; G. A. Heinrich, Agrar. Sitten s. 11 fg.

[1]) Zingerle, Sagen a. Tirol s. 462 Nr. 1075. 1076; Sitten etc. s. 86 Nr. 687.
[2]) Cap. II. § 5.
[3]) Bavaria II, 1, 298.
[4]) Montanus s. 23; Grimm, D. M. Aberglaube. Nr. 896.

‚Die Fleischspeisen am Dienstag in der Fassnacht oder andere Speisen am ersten Sonntag in der Fasten oder zu welcher Zeit sonsten, durch die ganz Nacht aufm Tisch stehn lassen für die Seelen, ist ein grober spöttischer und heidnischer Aberglaub.'[1]) Noch in jüngerer Zeit liess man in Faurndau bei Göppingen von dem Fastnachtsschmause etwas übrig für die Erdwichtele. Man stellte es an einem besonderen Platze für sie hin, und am anderen Morgen war es dann jedesmal verzehrt. Es wurde viel darauf gehalten, dass es nicht unterbliebe.[2]) Im Oesterreichischen erhält das Opfer die Erde; dieselbe bekommt in der Fastnacht ihr ‚Futter', indem man ein kleines, zugleich mit der ‚Störi' gebackenes Laibchen in sie eingräbt. An anderen Orten wirft man dafür einen Faschingskrapfen in das Feuer.[3])

Derartige Bräuche lassen sich sogar noch bis in die Zeiten des deutschen Heidenthums zurückverfolgen. Schon Beda schreibt (De temporum ratione. tom. II cap. 13. p. m. 81) von ‚placentis quas (im Februar, den die Angelsachsen ‚Solmonath' nennen) Diis suis offerebant.' Unbestimmter in der Zeitangabe, aber doch wohl nicht nur auf die Zwölften sondern auch auf die Fastnacht sich beziehend, ist folgende Stelle in den Decreten Burchards von Worms († 1024): ‚Fecisti ut quaedam mulieres in quibusdam temporibus anni facere solent, ut in domo tua mensam praeparares et tuos cibos et potum cum tribus cultellis supra mensam poneres, ut si venissent tres illae sorores, quas antiqua posteritas et antiqua stultitia Parcas nominavit, ibi reficerentur.'[4]) Deutlicher spricht sich die zweite Synode von Tours (567) aus: ‚Sunt etiam, qui in festivitate cathedrae domini Petri apostoli cibos mortuis offerunt et post missas redeuntes ad domos proprias ad gentilium revertuntur errores' (Can. 22. tom. III Consil. Harduini fol. 365).

Diese Speise- und Brotopfer erscheinen also nach den einzelnen Berichten bald den Göttern, der Erde, den Parzen, bald den Engeln, den armen Seelen oder den Geistern der abgeschiedenen Angehörigen dargebracht. Aber trotzdem werden sie ursprünglich nur einer bestimmten Gottheit geopfert worden sein und zwar der mütterlichen Göttin Erde, der Fria, Holda etc., welche mit den

---

[1]) Birlinger, Aus Schwaben II s. 54; vgl. über diesen Brauch auch H. Schreiber, Taschenbuch für Gschcht. u. Alterth. in Süddeutschland. 1840. s. 277.
[2]) E. Meier, Schwäb. Sag. 58, 64.
[3]) Baumgarten, a. d. Heimat I s. 42, s. 15.
[4]) Grimm, D. M. Aberglaube C; vgl. auch A. Stöber, Geiler von Kaisersberg. Emeis s. 19.

Seelen der Verstorbenen einherzieht, Glück und Unglück den Menschen zuwägt und als Brunnen- und Quellgottheit die zum Gedeihen der Pflanzenwelt nöthige Feuchtigkeit der Erde gewährt. Mit dem Vordringen des Christenthums verschwand und verblaste allmählich das Bild der Göttin, sie trat in die Reihe der niederen Geister ein, welche nach dem heidnischen Glauben ihr Gefolge bildeten, sie ward selbst zur Seele, (unter kirchlichem Einfluss zum Engel), zur Parze, zum Element der Erde. Denselben Entwicklungsgang hatten naturgemäss auch die Opfer durchzumachen, und daher schreibt sich die grosse, sonst unerklärliche Verschiedenheit betreffs der Empfänger derselben, welche sich allenthalben in den Berichten bemerklich macht.

Dass unsere eben gegebene Erklärung die richtige sei, beweisen die dem Speise- und Brotopfer bei der Frühlingsfeier ganz analogen, nur noch weit reichlicher bezeugten Opferbräuche in der Weihnachtszeit, worauf deshalb hier des weiteren verwiesen werden mag. Bemerkt soll nur noch werden, dass diese Analogie sogar so weit geht, dass hier wie da als ständige Opferspeisen in den meisten Gegenden Deutschlands Fische und Krapfen erscheinen.[1])

Wie bei jedem germanischen Opfer, so erwartete man auch hier von dem Genusse der heiligen Speisen alles Gute und alles Schlechte von dem Verschmähen derselben, verstand aus ihnen zu wahrsagen und benutzte die Reste zu allen möglichen heilsamen Dingen. So heisst es um Aschersleben: Wer die Fastnachtsbretzeln verachtet, bekommt Eselsohren.[2]) Dagegen sagt schon eine Papierhandschrift des 14. Jahrhunderts: ‚Item milich essend sy des nachts, so waschent sy weis des jars. Item ayr essend sy, so wernt sy nicht hertt an dem pauch des jars.‘ Dieselbe Handschrift verbürgt uns auch, dass man aus den Opferspeisen Prophezeiungen machte: ‚Item an dem vaschangdag so werseyt sy prein an die dillen, velt er herab, so stirbt er des jars.‘[3])

In der Gegend um Marksuhl hub man früher das Fett, worin die Fastnachtskräpfel gebacken wurden, auf, die Wagen damit zu schmieren, wenn man zum ersten Male ins Feld fahren wollte. Im Meininger Oberlande schnitzt man zu Fastnacht die Ackerpflug-

---

[1]) Vgl. u. a. Montanus s. 23; Birlinger, Aus Schwaben II s. 38 fg.; Zingerle, Sitten s. 89. 700; Panzer II s. 540 fg.; Witzschel, Sitten etc. s. 11. Nr. 39. 41.

[2]) Schrader, Quellen und Vorarbeiten für die Geschichte der Stadt Aschersleben; vgl. Mannhardt, Germ. Mythen s. 412.

[3]) Grimm, D. M. Aberglaube F 2—4; siehe auch Aberglaube Nr. 682.

theile, taucht sie in das Kräpfelfett und schlägt sie später in den Pflug. **Das hilft dem Wachsthum und Gedeihen der Sat.**[1]) In Groschwitz bei Torgau wird den Fastnachtskuchen Einwirkung auf die **Maulwürfe** zugeschrieben.[2])

Ja selbst den Schaden, welchen der Fuchs oder der Habicht im Hühnerstall anzurichten pflegt, vermag das Opfer abzuwehren. Im Oberpfälzischen wird zu Fastnacht beim Mittagessen von allem, was auf den Tisch kommt, ein Stücklein in eine Schüssel gethan. Davon erhalten die eine Hälfte die Hühner (um so der Segnungen des Opfers theilhaftig zu werden), die andere Hälfte wird dem Fuchs auf das Feld gestellt mit den Worten: ‚Da, Fuchs, hast du dein Theil, lass mir den meinen.'[3]) Im Schwarzwald legt man zu derselben Zeit dem Fuchs Backwerk unter eine Hecke, **damit er sich nicht an den Hühnern vergreife.**[4]) In der Rheinpfalz zieht man im Hofe des Hauses einen Kreis, ruft sämmtliches Geflügel in denselben und giebt ihm von allen ‚Essensspeisen', die an diesem Tage gekocht werden, als Fleisch, Küchelchen, Brot etc., **dass die Hühner nicht weglegen sollen und sie der Habicht nicht hole.**[5])

Wieder beginnt sich hier der Zug bemerklich zu machen, dass das Opfer, welches ursprünglich einer Gottheit dargebracht wurde, um von ihr Schutz vor Schaden zu erlangen, mit dem Schwinden der Erinnerung an dieselbe im Laufe der Zeit in ein Opfer an die schädigende Macht übergeht. Ganz durchgeführt finden wir diesen Entwicklungsgang in der österreichischen Sitte, wo aus diesem Opfer eine feste, zu den verschiedensten Jahreszeiten fällige Abgabe an den Fuchs geworden ist. Der Fuchs wurde nämlich dort gefüttert, wie man an den hohen Festtagen Wind und Feuer fütterte, indem man ihm z. B. Kopf und ‚Krebn' einer Henne auf einen Platz im Walde legte.[6]) Dass wir übrigens auch in dieser über das Gedeihen des Federviehes waltenden Gottheit Berchta, Holda, Fria zu erkennen haben, beweist der hessische Brauch, zu **Ostern kleine Opfergaben in die Quellen zu werfen, um dadurch Hühnersegen zu erhalten.**[7])

Vielleicht hat man auch bei der Frühlingsfeier diese Göttin an

---

[1]) Witzschel, Sitten s. 11 Nr. 42.
[2]) Kuhn u. Schwartz, Nordd. Gebr. Nr. 5.
[3]) Bavaria II, 1, 304.
[4]) E. Meier, Schwäb. Sag. s. 375. 9.
[5]) Bavaria IV, 2, 378.
[6]) Baumgarten, a. d. Heimat, I, s. 76. 2.
[7]) Wolf, Beiträge I. s. 177,

den Brunnen und Wassern verehrt und in dieselben das Opfer geworfen, denn hie und da finden sich noch heute Spuren von einer solchen Quellenverehrung. Besonders wird der folgende mehrfach bezeugte Brauch hierher zu ziehen sein. In der Nacht vom Peterstag auf Matthias (in der Matthiesnacht) gehen die Mädchen, oder überhaupt die Jugend, an einen Quell, zünden Lichtchen um denselben an und stellen dann allerhand Prophezeiungen an. Sie werfen zweierlei Kränze, von Wintergrün und Epheu und von Stroh, in den Quell, umtanzen ihn bei Fackelschein unter Liedern, gehen darauf rücklings hinzu und ergreifen einen Kranz. Fassen sie einen grünen Kranz, so bedeutet dies Glück, fassen sie einen Strohkranz, so bedeutet es Unglück. Oder sie werfen schweigend einen Kranz, Stroh und Asche in die Quelle, tanzen mit verbundenen Augen nach einander schweigend um das Wasser und greifen sich dann die Vorbedeutung: im Sinngrün den Brautkranz, im Stroh Unglück, in der Asche Tod.[1]) Alles verräth das hohe Alter und den heidnischen Ursprung dieser Sitte, und gewis werden sich die Prophezeiungen ehemals unmittelbar an Opfer angeschlossen haben, wie dies auch die verwandten, mit Opfer verbundenen Quellenorakel bei den andern Jahresfesten zeigen werden.

Endlich scheint, wie sonst dem germanischen Opfer, so auch dem Frühlingsopfer der Minnetrunk nicht gemangelt zu haben. Man erinnere sich, dass der Gutsbesitzer zu Sporwitz bei Dresden, welcher zuletzt mit dem Dreschen fertig wurde, so wie derjenige, welcher zu Fastnacht noch nicht vollständig ausgedroschen hatte, eine Tonne Fastnachtbier sämmtlichen Dienstboten zum Vertrinken geben muste, und dass in Schwaben nach dem Umzuge, welcher am Tage vor Fastnacht mit dem festlich geschmückten Kalbe statt fand, die Gesellen von den Meistern umsonst mit Wein bewirthet wurden. Auch der Umstand ist in Betracht zu ziehen, dass im Meklenburgischen und sonst in Norddeutschland das Fastnachtfest wegen der grossen Rolle, welche bei ihm das Getränk spielt, ‚Fastnachtbier' heisst.

Ausschlaggebend dürfte aber folgender Brauch aus dem stammverwandten Scandinavien sein. Dort ist um Lichtmess das ‚dricka Eldborgs skål' üblich. ‚Zwei grosse Lichter werden aufgestellt, jedes Glied der Familie sitzt der Reihe nach zwischen ihnen nieder und thut aus hölzernem Becher einen Trunk. Nach dem Trinken

---

[1]) Montanus s. 22; Spiels und Spangenbergs Archiv. 1828. p. 4; vgl. Grimm, D. M. Aberglaube Nr. 867. Eine andere Art des Orakels in der Matthiasnacht an fliessendem Wasser bei Kuhn, Westfäl. Sag. II Nr. 375. Vgl. über solche Bräuche auch V. Grohmann, Sag. a. Böhmen s. 35, s. 264.

wird die Schale rückwärts über das Haupt geworfen. Stellt sie sich niederfallend um, so stirbt der Werfende; steht sie aufrecht, so bleibt er am Leben. Frühmorgens hat schon die Frau Feuer in dem Backofen gemacht und versammelt nun in einem Halbkreis vor dem Ofenloch ihr Gesinde; alle biegen die Knie, essen einen Bissen Kuchen und trinken ‚Eldborgs skål.' Was von Kuchen und Getränke übrig ist, wird in die Flamme geworfen.[1])

Vielleicht ist sogar der Ursprung der vorzugsweise in Norddeutschland verbreitet gewesenen Gertrudenminne [2]) hierher zu ziehen. Der Tag der Heiligen fällt auf den 17. März, gehört mithin noch in den Kreis der kirchlichen Festtage, auf welche Bräuche der heidnischen Frühlingsfeier verlegt erscheinen. Sollte nun, wie dies bei der S. Johannis Evang., der S. Johannis Bapt., der S. Michaelis-, der S. Martini- und der S. Stephani-Minne wirklich der Fall ist, der Brauch seinen Namen Gertrudenminne erst von dem Kalendertag, auf welchen er von der Kirche fixiert wurde, erhalten haben, und wäre er erst dann auch auf andere Dinge, welche nach christlicher Mythologie mit der Person der heiligen Gertrud in Verbindung gestellt wurden, als Reisen etc. übertragen, so würde sicherlich dieser Minnetrunk von dem Frühjahrsopfer nicht zu trennen sein. Allerdings müste, um in der Sache völlige Gewisheit zu erlangen, zuvor nachgewiesen werden, dass der Heiligen zu Ehren wirklich einst am 17. März die Minne getrunken wurde. Dass bis jetzt solche Zeugnisse fehlen, beweist gegen unsere Annahme nichts; denn unbestreitbar ist eine beträchtliche Anzahl von Gebräuchen, welche ehemals allgemein in Deutschland ausgeübt wurden, unserer Kenntnis noch verborgen.

Blicken wir jetzt noch einmal kurz auf unsere in diesem Paragraphen angestellten Untersuchungen zurück, so erhalten wir folgendes Resultat: Gegen Ende des Februars, wenn die winterliche Macht dem neuen Frühling zu weichen beginnt, ward bei den heidnischen Germanen ein grosses Opferfest gefeiert. Man wollte dadurch vor allem Gedeihen für die Wintersat und überhaupt Fruchtbarkeit für das Jahr erlangen, und so galt es, die über Himmel, Erde und Wetter waltenden Gottheiten durch Bittopfer gnädig zu stimmen und durch Sühnopfer zu versöhnen. Deshalb wurden Rinder, (Pferde), Hunde und Korngarben dem Himmelsgotte Wuotan, Schweine, Katzen, Flachs und Speisen der

---

[1]) Grimm D. M.² s. 595; D. M. Schwed. Abergl. Nr. 122. 123.
[2]) Vgl. darüber u. a.: Zingerle, Johannissegen und Gertrudenminne s. 217 fg.; Fibiger, De Poculo S. Joannis § 37; Grimm, D. M.² s. 54.

grossen weiblichen Gottheit, wie sie in Deutschland als Fria, Berchta, Holda etc. erscheint, und Hähne, Gänse und Böcke dem Wettergott Thunar dargebracht; auch trank man zu ihrer Ehre heilige Minne.

Zur Darbringung der Opfer wurden ferner grosse Feuer angezündet, deren Flamme, Rauch und verkohlte Ueberreste dadurch zauberische Heilkraft erhielten. Man stellte Weissagungen an und hielt zum Schlusse ein feierliches Mahl ab, bei welchem ein jeder von den verschiedenen Opfergaben bekam, um so auch für seine Person der Segnungen derselben theilhaftig zu werden. Selbst das Vieh ging nicht leer aus, und zwar weist dieses sowie der Umstand, dass bei der feierlichen Vertreibung der winterlichen Dämonen nicht nur die Aecker, sondern auch Hof und Stall berücksichtigt wurden, darauf hin, dass man durch die Opfer zwar vornehmlich für das Gedeihen des Ackerbaues, aber daneben auch für das Wohl der Viehzucht Schutz und Hilfe von den Göttern zu erlangen hoffte.

Wir wenden uns nun zu dem zweiten grossen Opfer, welches von der Gemeinde nach der Bestellung der Aecker mit Sommerkorn dargebracht wurde.

B. Das Opfer am ersten Mai.

Wenn überhaupt in Deutschland ein Opfer nach der Aussat des Sommerkorns dargebracht wurde, so kann dasselbe der Zeit nach nur in die letzten Tage des Aprils oder in den Anfang des Mais gefallen sein, weil erst um diese Zeit für unser Vaterland die Ackerbestellung mit Kornfrüchten als vollendet gelten kann. Da nun aber, wie wir schon mehrfach sahen, nach der Christianisierung der Germanen die Ueberreste des heidnischen Kultus sich an kirchliche Feste anzulehnen, hinter ihnen zu verstecken und mit ihnen zu verquicken liebten, so werden wir nicht nur die in jene Zeit fallenden Gebräuche zu berücksichtigen haben, sondern vornehmlich auch auf das Osterfest unser Augenmerk richten müssen. Es wird sich empfehlen, die Untersuchung nach demselben Schema, wie wir das Frühlingsopfer behandelt haben, durchzuführen, also zunächst mit den verschiedenen Nachrichten über Festfeuer zu beginnen.

In der Wilstermarsch und in vielen Gegenden des östlichen Holsteins stecken die Knechte und Jungen grosse brennende Schoefe am Osterabend in die Weiden; das nennt man ‚Ostermaenlüchten'. In Ditmarschen und Femarn dagegen finden die Feuer am Walpurgisabend auf Hügeln und Kreuzwegen statt; man nennt sie Baken. Knaben und junge Leute tragen von allen Seiten Stroh und dürre Reiser zusammen, und unter Jubeln und Springen wird der Abend bei der Flamme hingebracht. Einige grössere Burschen nehmen ganze Strohbündel auf eine Forke, laufen damit umher und schwenken sie so lange, bis sie ausgebrannt sind.[1]) Auch in Rügen lief man früher am Abend Philippi und Jacobi, d. h. am 1. Mai, mit grossen Feuerblasen im Felde umher und hiess das ‚Molkentöverschen brennen'.[2]) In der Altmark werden an vielen Orten am heiligen Abend und den beiden Festtagsabenden Osterfeuer angesteckt. Man wählt besonders Anhöhen, errichtet hier Stangen und befestigt oben Theertonnen, Bienenkörbe u. dergl. Um die Stange herum werden ebenfalls leicht Feuer fangende Gegenstände gelegt, darunter auch Knochen. Während des Brennens umtanzt das junge Volk das Feuer. Nachher verlässt es den Platz, und die älteren Dorfbewohner erscheinen, sammeln die Asche, die sorgfältig aufbewahrt und bei Viehkrankheiten als Heilmittel gebraucht wird. Man glaubt, soweit das Feuer leuchte, gedeihe in dem folgenden Jahre das Korn gut und entstehe keine Feuersbrunst.[3]) Hiervon weicht die Sitte, wie sie im Kalbeschen Werder geübt wird, in sofern ab, als dort das Feuer geschwunden ist, sich aber trotzdem die Errichtung des Scheiterhaufens aus Knochen erhalten hat. In jener Gegend ziehen nämlich am Karfreitag oder ersten Ostertag die Jungen aus, um die Brachweide auszustecken. Es werden Knochen herbeigeschafft und eine Tanne geholt, von der man die Zweige ungefähr einen Fuss vom Stamme aus abhaut. Die Tanne wird auf einen Hügel in der Nähe der Pfingstweide gesetzt und die Aeste mit den gesammelten Knochen besteckt. Die Spitze des Baumes ziert ein Pferdeschädel; das Ganze nennt man den Knochengalgen.[4])

In verhältnismässig sehr alte Zeiten geht der Bericht Joh. Letzners, welcher sich auf handschriftliche Nachrichten eines Helmershäuser Benedictiners im 13. Jahrhundert beruft, über Osterfeuer in Niedersachsen zurück. Derselbe schreibt in seiner Historia Bonifacii (Erffurdt 1603. Cap. 12), nachdem er zuvor er-

---

[1]) Müllenhoff Nr. 228.
[2]) Rugian. Landgebr. cap. 243; vgl. Grimm D. M² s. 1026 Anm.
[3]) Kuhn, Märk. Sag. s. 311.
[4]) Kuhn, Märk. Sag. s. 323.

zählt hat, dass Bonifacius das auf einem Berge stehende Bild des Götzen Reto umgeworfen habe: ‚Nach der bekerung aber, vnd als diese Leut Christen wurden, hat man auff demselbigen Hügel (scilic. dem mons Retonis) am Ostertage, mit der Sonnen vntergang, noch bey Menschen gedencken, das Osterfewr gehalten, welchs die alten Bockshorn[1]) geheissen.' Dieser Bericht Letzners erfährt durch andere Nachrichten volle Bestätigung. In der Topographie von Braunschweig und Lüneburg (1654. s. 10 von Zeiller-Merian) heisst es: ‚Als die Kinder dort (in der Stadt Hasselfelde i. J. 1559) kurtz zuvor die Oesterlichen Feyertage über das Osterfeuer, oder wie man es dess Orts nennet, den Bockshorn, vor dem Flecken brennen und dabey allerley Ueppigkeit treiben gesehen, solches nachzuahmen haben die einfältigen Kinder Strohe auf einen Schweinskoffen zusammengetragen und dasselbe angestecket.' In der Grafschaft Wernigerode wird in der zweiten Hälfte des 17. Jahrhunderts das ‚Bockshornbrennen oder das abgöttische Osterfeuer' als grosses Aergernis bezeichnet, und nach der Amtsrechnung von 1601 zu 1602 Namens der Herrschaft verausgabt: ‚9 groschen Thomas Hofchen (alias Weinschenke) zur Theertonnen zum Bockshorn'.[2])

Ist auch in diesen Gegenden jetzt der alte Name Bockshorn geschwunden, so wird doch das Feuer selbst noch heute dort allenthalben in ungetrübter Alterthümlichkeit entflammt. Im Oberharze steckt man am Abend des ersten Ostertages einen auf einem Berge oder Hügel aufgethürmten Scheiterhaufen an. Sobald derselbe in Flammen steht, sucht jeder der Theilnehmer einen tüchtigen Brand zu erhaschen. Damit springen sie dann in tollem Jubel umher und ziehen schliesslich um den Ort herum; je besser eine Fackel brennt, um so mehr Glück bedeutet es für ihren Träger. Häufig werden auch brennende Theertonnen von den Höhen herab in die Thäler gerollt. In einigen Gegenden warf man früher Eichhörnchen in die Gluth. Von den Ueberresten des Feuers nimmt ein jeder ein angebranntes Stück Holz mit nach Hause und verwahrt dasselbe sorgsam; dann wird das Vieh nicht krank. Ueberhaupt glaubt man, durch die Beobachtung des Osterfeuers die Raupen und Insecten von Feldern und Bäumen zu vertreiben und das Vieh vor Seuchen zu schützen.

---

[1]) Im Texte steht Bocksthorn; doch ist am Rande von dem Verfasser bemerkt: ‚Osterfewr für alters Bockshorn genand.'

[2]) Zeitschrift d. Harzvereins 1868. s. 105; Jacobs, der Brocken und sein Gebiet s. 168. 240; Mannhardt, Antike Wald- und Feldkulte s. 316. Anm. 1.

Im Unterlassungsfall dagegen hat das Dorf alles mögliche Unheil zu gewärtigen.[1]) Im Unterharz finden wir dieselben Feuer wieder, nur dass sie dort auf den Walpurgisabend verlegt erscheinen. Im übrigen werden auch hier Tänze um den Scheiterhaufen und Umzüge mit brennenden Besen oder Fackeln, welche die Theilnehmer jubelnd schwenken, abgehalten.[2])

Nicht minder zahlreich wie im Harze zündet man noch heute im Westfälischen und in den andern niedersächsischen Landschaften derartige Feuer an. Im Münsterlande werden die Osterfeuer jedesmal auf bestimmten Höhen, die davon Oster- oder Paskeberge heissen, entflammt. Die ganze Gemeinde ist versammelt. Die verheiratheten Hausväter schliessen um den Holzstoss einen Ring, den die Jünglinge und Jungfrauen in weitem Bogen, Osterpsalmen singend, umkreisen, bis mit dem Zusammenstürzen des Feuers für sie der Augenblick naht, dasselbe zu durchspringen. Die Feier endigt mit einem dreimaligen Umzuge um die Kirche und dem Umlaufe der Knaben, welche brennende Strohbündel über die Kornfelder tragen, um dadurch **Fruchtbarkeit für dieselben zu erwirken**. Von den übrig gebliebenen Kohlen nahm man einige, zerstiess sie ganz fein, mengte sie mit Schmant zu einer Salbe und bewahrte sie als **treffliches Mittel gegen das wilde Feuer auf**.[3]) Im Hildesheimschen wälzte man bei diesen Feuern brennende Räder und Theertonnen von den Bergen herab.[4]) Zu Dassel wird das Osterfeuer von Kreuzdorn angemacht. Auch rollt man dort eine brennende Tonne den Bierberg hinab, an deren Feuer man sodann Fackeln entzündet, die von ihren Trägern so lange über den Köpfen geschwenkt werden, bis sie erlöschen. Um Winterberg und Brilon wird ausserdem vor dem Beginne des Osterfeuers in feierlichem Zuge um den Ort mit Birkenfackeln gezogen.[5]) Derartige Umzüge mit brennenden, 10—15 Fuss langen und von etwa 5 Fuss aufwärts mit Stroh umwickelten Bohnen-

---

[1]) Proehle, Harzbilder s. 63; Harzsagen s. 284 fg.; derselbe in Wolfs Ztschrft. I, s. 79; Kuhn, Nordd. Sag. 373, 19; Rosenkranz, N. Ztschrft. f. Geschichte d. germ. Völker I, 2, 7; Grimm, D. M.[2] s. 582; Wolfs Ztschrft. III s. 365.

[2]) Proehle, Unterharz. Sag. s. 229 fg.

[3]) L. Strackerjahn, Abergl. u. Sag. a. Oldenburg. 1868. II, 43, 313; Kuhn, Westf. Sag. II s. 137. Nr. 406; Mannhardt, Baumkultus s. 505 fg.

[4]) K. Seifart, Sag. etc. a. Hildesheim 135. 9.

[5]) Kuhn, Westfäl. Sag. II s. 134. 404, 140. 408; vgl. auch H. Hartmann, Der Volksaberglaube im hannover. Westfalen, in den Mittheilungen des hist. Vereins für Osnabrück. 7. Bd. 1864. s. 391.

stangen (Strohwiepen) fanden auch in Oldenburg bei den Osterfeuern statt.[1])

Osterfeuer wurden ferner in den Niederlanden entzündet, wo man ähnlich wie in Westfalen durch das auf hohen Plätzen angerichtete Paschvuur sprang.[2]) In Köln wurde von den Kindern ein, oft angekleideter, Strohmann, der Judas, verbrannt.[3]) In Hessen pflegte das Landvolk zu Ostern auf den Höhen Feuer anzuzünden. Man beobachtete sorgfältig, nach welcher Gegend hin der Wind die Flamme blies. Dahin wurde für das Jahr der Lein gesät; denn man glaubte, dass er da am besten gedeihe. Früher wird mit dem Feuer auch das Vertreiben der Hexen verbunden gewesen sein, welches jetzt als selbständiger Brauch am Walpurgisabend geübt wird. Dazu versammeln sich die jungen Burschen vor den Dörfern und knallen die ganze Nacht hindurch, um die Geister zu vertreiben.[4]) Zu Dillhausen, im Amte Weilburg im Herzogthum Nassau, finden Feuer in der Mainacht statt. Seit alter Zeit sammeln die Knaben dazu am letzten April im Dorfe Holz und Stroh und verbrennen es dann am Abend auf einem nahen Berge in der Meinung und Absicht, sie verbrenneten so die Hexen, die in der folgenden Nacht auf den Blocksberg führen.[5]) Auf dem Eichsfelde werden die Osterfeuer am Abend des ersten Ostertages auf den Höhen entflammt.[6])

Auf der Eichstätter Alp in Mittelfranken gilt an einigen Orten das Pfahlfeuer, d. h. am Ostersamstage wird an einem Pfahl auf den Wiesen ein grosses Feuer angezündet. So weit der Rauch geht, bringt das Wetter der Feldfrucht keinen Schaden.[7]) Am fränkischen Landrücken findet am Ostermontag das sogenannte ‚Osterlichteln' statt, bei dem die Schulbuben mit brennenden Reiserbesen längs der Hügelkämme in langgezogenen Reihen hinlaufen, so dass sich eine förmliche Kette von Flämmchen bildet.[8]) Im Voigtlande finden wir Maifeuer. Die Ortsjugend zieht dort am Walpurgisabend mit Peitschenknallen, Schiessen, Schwenken brennender Besen durch die Luft, Jauchzen und Lärmen aller Art aus, um die Hexen

---

[1]) Strackerjahn, Abergl. a. Oldenb. II, 43, 313.
[2]) Buddingh, Verhandeling over het Westland s. 140; vgl. Wolf, Beitrg. I, 75.
[3]) Wolf, Beitrg. I, 74.
[4]) Lyncker, Hess. Sagen 240. 322, 245. 327.
[5]) Kehrein, Volkssprache u. Volksbrauch. II. s. 145. 4.
[6]) Waldmann, Eichsf. Gebr. s. 4.
[7]) Bavaria III, 2, 936.
[8]) Bavaria III, 2, s. 956.

abzuwehren. Auch im Altenburgischen werden am Abend vor dem ersten Mai die alten Besen verbrannt. Man nimmt sie, geht hinauf auf einen Berg, steckt sie an und läuft so mit den Bränden durcheinander.[1]

Im jetzigen Königreich Sachsen lassen sich zwar Feuer nicht mehr nachweisen, doch wurde die mit demselben eng verbundene Sitte des Hexenvertreibens daselbst noch im Anfang des vorigen Jahrhunderts allgemein ausgeübt. Die Chemnitzer Rockenphilosophie berichtet: ‚Es wird fast im ganzen Sachsenlande von dem gemeinen Volk geglaubet, und dafür gehalten, dass in der Walburgisnacht die Hexen auf ihren Tanz und Versammlung zögen. Dahero an manchen Orten solcher Lande die Gewohnheit eingerissen ist, dass diejenigen, welche Landgüter oder Felder besitzen, am Walburgis-Abend mit Röhren und Büchsen über die Felder schiessen, aus der einfältigen und albern Meynung, hiermit die Hexen zu scheuchen, dass sie auf ihrer Reiterey und Reise, die sie durch die Luft über solche Felder thäten, nicht die Saat beschädigen möchten.'[2] In ungeschwächter Alterthümlichkeit hat sich der Brauch in den deutschen Gegenden Nordböhmens erhalten, wo am Walpurgisabend auf einem Scheiterhaufen eine weibliche Figur verbrannt wird, um dadurch alle die Satfelder schädigenden Zauberinnen zu vertreiben. Um das Feuer tanzt die Jugend jubelnd herum und springt über dasselbe, wenn es bald erloschen ist, hinweg. Die Sitte wird Hexenverbrennen, Hexenbrand oder Walper genannt.[3] Um Leobschütz in Schlesien gehen Knaben und Knechte am Abend des Mittwochs in der Karwoche, der sogenannten ‚krummen Mittwoche', aufs freie Feld hinaus und zünden alte, mit Theer bestrichene oder mit Kiensplittern besteckte Besen an. Sie werfen dieselben in die Höhe, laufen damit hin und her und treiben anderen Muthwillen. Auch Strohschütten schleppte man häufig zum Anleuchten aufs Feld hinaus. Das Ganze heisst das ‚Judensehen'.[4]

In Oesterreich werden in der Osternacht in Kirchhain, Traunviertel, um 1, 2, 3 Uhr früh auf freiem Felde Feuer angezündet. Die Bäuerin giebt rohes Fleisch mit, welches an diesem Feuer gesotten und alsogleich verzehrt wird. Fällt Thau auf die Erde,

---

[1] R. Eisel, Sagenb. d. Voigtlandes s. 210. Nr. 551; Kuhn u. Schwartz, Nordd. Gebr Nr. 37.

[2] Chemn. Rockenphil. II. 46.

[3] Vernaleken, Mythen s. 306, 29 und mündlich.

[4] Philo vom Walde, Schlesien in Sage und Brauch. s. 124.

sowie auf das frisch gesottene Fleisch, so zeigt es eine reiche Ernte, überhaupt ein fruchtbares Jahr an.[1]) Auch in Kärnthen und dem steierischen Oberlande brennen hie und da am Osterfest, früh morgens um 2 oder 3 Uhr, an den Bergen Osterfeuer, an welchen der Rosenkranz gebetet wird.[2]) Recht alterthümlich hat sich der Brauch in einigen Ortschaften Tirols erhalten. Dort beginnt nämlich am 1. Mai nach dem Gebetläuten, wenn die Abenddämmerung eintritt, das Hexenverjagen, das ‚Ausbrennen der Hexen‘ genannt. Knaben und Männer lärmen mit Schellen, Glocken und Pfannen; die Weiber tragen Rauchgefässe, die Hunde werden alle von den Ketten gelassen und ziehen bellend und heulend mit, und Thüren und Fenster stehen bei Häusern und Hütten alle sperrangelweit offen. Sobald die Kirchenglocken drein zu läuten anfangen, werden Reisigbüschel auf hohen Stangen und Rauchwerk angezündet; jetzt werden auch alle Haus- und Essglocken geläutet. Schellen, Glocken, Pfannen, Hunde, alles muss lärmen, und unter diesem fürchterlichen Getöse schreit jeder, so laut er kann:

‚Hexe fluich — fluich von hier,
Oder es endet schlecht mit dir.‘

Dann wird zum Schlusse siebenmal um Haus, Hof und Dorf gelaufen.[3]) In anderen Theilen Tirols, wo dies Feuer völlig in dem kirchlichen Ignis Paschalis aufgegangen ist, finden wir wenigstens das Hexenvertreiben am 1. Mai oder am 24. April wieder. Die Buben ziehen, paarweise geordnet, mit Schellen, Kuh- und Dachglocken unter schallendem Geläute auf die Dorffluren und läuten dort das Gras aus. Rückkehrend erhalten sie bei manchem Hause, dessen Felder vom Zuge berührt wurden, Brot, Butter, Käse oder Geld.[4])

In Oberbaiern und dem Lechrain entflammte man Ostern auf steilen Hügeln grosse Feuer. Dabei fand, ganz wie bei dem Frühlingsfeuer, ein ‚Treiben‘, ‚Schlagen‘ von glühenden Holzscheiben statt, aus deren Flug man Prophezeiungen anzustellen verstand. Statt der Scheibe wurde häufig auch ein altes Wagenrad gebraucht, mit Stroh umwunden, angezündet und über den Berg hinabgerollt. Den Jünglingen, welche die Scheibe trieben, gaben

---

[1]) Baumgarten, a. d. Heimat. I, s. 25. 9.
[2]) A. Zwanziger in der Carinthia, 63. Jahrgang. Klagenfurt 1873. s. 270 fg.; Rosegger, Sittenbilder. s. 68—72.
[3]) Alpenburg, Mythen. s. 260.
[4]) Zingerle, Sitten s. 93. 719, 99. 748; derselb. in Wolfs Ztschrft. II. s. 360. 6; III s. 339.

die Mädchen gefärbte Ostereier.¹) Abweichend ist die Sitte, wie sie in Giggenhausen bei Freising und um Althenneberg in Oberbaiern, sowie um Aufkirchen bei Erding ausgeübt wurde. Dort pflanzten die Burschen des Dorfes am Abend des Ostersamstags eine aus Stroh verfertigte Gestalt, den Ostermann, auf einer Anhöhe, eine Viertelstunde vom Dorfe entfernt, in den Boden ein, steckten um ihn herum mit Stäben einen Kreis von 200—300 Fuss im Durchmesser ab und stellten sich darum in gleichen Abständen von einander auf. Kein Dorfbursche unter 18 Jahren, keine Frau, kein Mädchen durfte theilnehmen oder sich nahen. Inzwischen hatte ein Bursche im Kreise, nahe am Ostermann, eine geweihte Wachskerze aus der Kirche angezündet und hielt sie in Bereitschaft. Ein anderer, eigens dafür gewählt, gab das Zeichen zum dreimaligen Umlauf um den Kreis. Während des dritten Umlaufs rief er: „Hottrei"!" d. i. rechtsrein. Alle liefen nun gegen den Ostermann. Wer ihn und die brennende Kerze zuerst erreichte, durfte ihn anbrennen. Da war Jubel, bis die Strohpuppe ganz verbrannt war. Dann wählten sie drei aus ihrer Mitte, und jeder von diesen beschrieb mit einem Stabe dreimal einen Kreis auf dem Boden um die Asche herum, so weit sie reichte. Hierauf verliessen alle den Platz. In Althenneberg gab man sich mit dieser feierlichen Einfriedung der heiligen Feuerstelle noch nicht zufrieden, sondern zwei Burschen musten streng die Gluth die ganze Nacht hindurch gegen Entwendung bewachen. Am Ostermontag sammelten die Bewohner des Dorfes die Asche und streuten sie auf ihre Felder, um dieselben dadurch gegen Schauer zu schützen. Demselben Zwecke sollte überhaupt die ganze Handlung dienen.²) Getrennt von dem Feuer erscheint wieder das Hexenvertreiben am Walpurgisabend. Dasselbe findet in der Oberpfalz, in Ober- und Mittelfranken und auch sonst in Baiern statt und wird mit dem gröstmöglichsten Lärm und Getöse ausgeführt. Man nennt es das ‚Hexenausknallen', ‚Hexenausblasen'.³)

Auch in Schwaben wurden ehemals Osterfeuer angezündet, so z. B. auf dem Hundsbüchl, einer kleinen Anhöhe bei Gersthofen; an anderen Orten galt dabei sogar noch der höchst alterthümliche Brauch, dies Feuer durch blosses Reiben zu erzeugen. Das Hexen-

---

¹) Panzer, Beitrg. I s. 211. 233, 212. 234; II s. 539 fg; Leoprechting, a. d. Lechrain s. 173.
²) Panzer II s. 78. 114, 79. 115; I s. 212; Bavaria I, 2, 1002 fg.
³) Panzer II s. 305; Bavaria II, 1, s. 272, 302; III, 1, s. 302 fg.; III, 2, s. 934.

verjagen wurde hier am Georgitag, dem 23. April, vorgenommen.[1])
Osterfeuer brannten endlich auch in der Schweiz und dem Elsass; in letzterer Landschaft wurden dabei lebendige Katzen in die Flamme geschleudert.[2])

Was die Verbreitung des Brauches ausserhalb Deutschlands angeht, so mag erwähnt werden, dass auch in Dänemark und Schweden allgemein am 1. Mai Feuer entzündet wurden. Besonders wichtig ist die schwedische Sitte, weil sie sich ganz den deutschen vergleicht. Von allen Bergen und Hügeln leuchten da die „Walborgsmesseldar", um welche die Jugend einen oft zweifachen, dreifachen Ring zu fröhlichem Reigentanze schlingt. Schlagen Flamme und Rauch nach Norden, so erwartet man einen kalten, ziehen sie nach Süden, einen warmen Frühling. Nicht selten glaubt die Phantasie der Versammelten plötzlich einen Spuk in Gestalt eines Zauberweibes und dergleichen leibhaftig mitten im Feuer vor sich sitzen zu sehen.[3])

Ausser den bis jetzt angeführten Zeugnissen über Osterfeuer haben wir ferner hier noch den kirchlichen Ignis Paschalis zu besprechen, bei dem in Deutschland schon für die ältesten Zeiten eine Verquickung mit dem heidnischen Festfeuer nachweisbar ist. Bereits zu Bonifacius Zeit war nämlich in deutschen Kirchsprengeln der damals noch in Rom unbekannte Ritus aufgekommen, das neue heilige Feuer durch Schlagen aus einem Steine oder durch ein Brennglas von Kristall hervorzurufen, feierlich zu weihen und daran die Osterkerze zu entzünden. Die hierher gehörige Stelle aus einem Briefe des Papstes Zacharias an den h. Bonifacius lautet: „De igne autem paschali quod inquisisti. A priscis sanctis patribus, ex quo per dei et domini nostri Jesu Christi gratiam et pretioso sanguine eius dedicata est, quinta feria paschae, dum sacrum crisma consecratur, tres lampadae magnae capacitatis, ex diversis candelis aecclesiae oleo collecto, in secretiori aecclesiae loco ad figuram interioris tabernaculi insistente, indeficienter cum multa diligentia inspecte ardebunt, ita ut oleum ipsum sufficere possit usque ad tertium diem. De quibus candelis sabbato sancto pro sacri fontis baptismate sumptus ignis per sacerdotem renovabitur.

---

[1]) Panzer II. s. 241. 446; Birlinger, Volksth. II, s. 82. 106; Meier, Schwäb. Sag. s. 395. 70.

[2]) Mannhardt, Baumkultus s. 515; E. L. Rochholz, Das Allerseelenbrot, in Pfeiffers Germania XI. Bd. s. 14.

[3]) Grimm, D. M.² s. 736; Mannhardt, Baumkultus s. 508 fg. und die dort angeführten Belegstellen.

De christallis autem, ut adseruisti, nullam habemus traditionem.'¹) Unmöglich kann diese Sitte, welche in späteren Jahrhunderten auch in Rom üblich ward, dem Zufall ihren Ursprung verdanken, sie wird vielmehr, da sie sich ganz der heiligen Bereitung der Noth- und Johannis-Nothfeuerflamme vergleicht, aus dem Heidenthume stammen.

Im Laufe der Zeit übertrug man nun an vielen Orten ausser der dem heidnischen Ritus entlehnten Art der Anzündung auch die Segnungen, welche man von dem profanen Feuer für Ackerbau und Viehzucht erwartete, auf den Ignis Paschalis, wodurch es kam, dass jenes theilweise gänzlich verschwand oder doch bedeutungslos wurde, theilweise vollkommen sich mit dem kirchlichen Feuer verschmelzte. So wird uns durch eine Reihe von Schriftstellern des 15.—18. Jhdts. bezeugt, dass die Leute von dem Ignis Paschalis ein brennendes Scheit genommen und damit das erloschene Heerdfeuer wieder entflammt hätten. Auch seien die rückständigen Kohlen des Osterbrandes sorgsam aufbewahrt worden; denn man habe geglaubt, dieselben schützten das Haus vor Feuersbrunst und Zauberei, die Familienglieder vor Krankheit und die Saten vor Hagel und Ungewitter. Selbst das Hexenvertreiben wuste die Kirche mit dem Ignis Paschalis zu verbinden, indem sie es zum Judasjagen machte, welches Nic. Gryse folgendermassen beschreibt: ‚An den beyden nafolgeden dagen (scilic. nach Palmsonntag), holdt men de Rumpelmetten, vnd lüdet mit holteren Klocken, den Sekenklappen gelyck, welckere Instrument Raspelen genömet werden. Ock jagen se den Judam mit stöken vnd steinen stormende herumme, alse dulle vnd vulle vorblendede lüde.'²)

Noch heute ist in allen katholischen Gegenden Deutschlands die Verschmelzung des profanen Osterfeuers mit dem kirchlichen deutlich erkennbar. Im Hildesheimischen, am Niederrhein, in Hessen, Baiern, Tirol, Kärnthen, Steiermark, Oesterreich und Schlesien wird am Karsamstag auf dem Kirchhof ein Scheiterhaufen, zu dem jedes Haus des Dorfes etwas beigesteuert hat, aufgeführt, mit Stahl und Stein angezündet und von dem Priester

---

¹) Bibliotheca Rerum Germanicarum ed. Phil. Jaffé. Tom. III. Berlin 1866. s. 222 fg.

²) A. Stöber, Geiler von Kaisersberg Emeis. s. 57, s. 52; Nic. Gryse, Spegel des Pawestdoms. 1593. De I. Bede; Fr. Wessel, Kathol. Gottesdienst in Stralsund. ed. H. Zober. s. 7, 10; Seb. Franck, Weltbuch. 1567. I. f. 130ᵇ; Thomas Naogeorgus, Regnum Papisticum. Lib. IV. s. 146; Hildebrand, De Diebus Festis. Helmstaedi. 1701. s. 72. § 3.

geweiht. Nachdem das alte heilige Oel in dem Feuer verbrannt und die Osterkerze nebst der Osterlampe an ihm wieder neu angezündet worden ist, treten die Umstehenden an die Gluth heran, ziehen aus ihr ein brennendes Scheit heraus und nehmen dasselbe, sowie einen Theil von den verkohlten Ueberresten des heiligen Feuers mit sich nach Hause, um dort damit ihr vorher ausgelöschtes Heerdfeuer von neuem anzubrennen. Mancherorts weiss man aus dem Flackern des brennenden Scheites Weissagungen anzustellen, auch giebt man hie und da Acht, dass die neu entzündete Heerdflamme das ganze Jahr durch nicht wieder erlösche. Man glaubt, das Haus bliebe dann vor Todesfällen bewahrt. Der Rest der angebrannten Pfähle wird sorgsam aufgehoben und, wenn ein drohendes Gewitter am Himmel steht, verbrannt, oder zu kleinen Geräthen, z. B. gewissen Theilen am Pfluge, verarbeitet. Häufig macht man auch aus den verkohlten Scheiten kleine Kreuzchen und steckt dieselben am Georgi-, Kreuzerfindungs- oder Walpurgistage in die Aecker und Wiesen, damit dieselben vor Miswachs, Abfrass, Hagelschlag und Bilmersschnitt bewahrt bleiben. Mit den rückständigen Kohlen des Osterfeuers malt man am Abend vor dem 1. Mai drei Kreuze an die Thüren, um Menschen, Vieh und Gebäude vor Krankheit, vor den bösen Einflüssen der Hexen und vor Wetterschlag zu schützen. Dasselbe glaubt man zu erreichen, wenn man solche Kohlen unter das Dach des Hauses steckt, oder unter der Stallthüre vergräbt. Aehnliche Kräfte schreibt man auch dem Tropfwachs der an dem heiligen Osterfeuer entzündeten Osterkerze zu. Dasselbe soll, in die Bienenkörbe gelegt, den Ertrag befördern und, in Krankheiten eingegeben, Heilung bewirken. Diebe glauben sich vor dem Ertappen, Jäger vor Unglück gesichert, wenn sie dies heilige Wachs bei sich tragen. Erwähnt mag noch werden, dass man fast allgemein den Brauch des kirchlichen Osterfeuers in Deutschland das „Judasbrennen' nennt.[1])

Nachdem so das nöthige Material von Zeugnissen beigebracht ist, gehen wir jetzt auf das innere Wesen des Brauches näher ein. Auffallen muss es da vor allen Dingen, dass überall in den Be-

---

[1]) Grimm, D. M.² s. 583; Montanus. s. 26; Kehrein, Volkssprache u. Volkssitte II s. 142. 2, 154. 9; Waldmann, Eichsfeld. Gebr. s. 5 fg.; Witzschel, Sitten. s. 12. Nr. 49; Bavaria I, 1, 371; II, 1, 251; III, 1, 357; IV, 2, 333; Panzer, Btrg. II. s. 241. Nr. 447; v. Leoprechting. s. 172 fg.; Wolfs Ztschrft. II. s. 107; Zingerle, Sitten. s. 96. 737, s. 97. 738; drslb. Sagen, s. 463. 1081; M. Lexer in Wolfs Ztschrft. III. s. 31; A. Zwanziger in der Carinthia. 63. Jahrgang. s. 270 fg.; Rosegger, Sittenbilder. s. 66; Baumgarten, a. d. Heimat. I, 65; Philo vom Walde, Schlesien in Sage und Brauch. s. 125.

richten der erste Mai oder besser die ihm vorausgehende Nacht eine so grosse Rolle spielt. Entweder werden nämlich die Feuer überhaupt in der Walpurgisnacht angezündet, oder, wo dies nicht der Fall ist, wo wir statt der Maifeuer Osterfeuer haben, finden wir wenigstens das ursprünglich eng mit dem Feuer zusammengehörige Hexenvertreiben auf diese Nacht verlegt.[1]) Ja selbst in den Bräuchen, wo das heidnische Feuer ganz verkirchlicht erscheint, macht sich durchaus das Bestreben geltend, die heilkräftigen Kohlen und angebrannten Scheite erst am Walpurgisabend zum Heile für Ackerbau und Viehzucht zu verwenden.

Dies alles weist darauf hin, dass Feuer und Hexenvertreiben ursprünglich in der ersten Mainacht statt fand und erst von da aus auf das Osterfest übertragen wurde. Sollte aber noch irgend ein Zweifel bestehen, indem man sich vielleicht an der scharfen Fixierung des Datums stösst, so wird derselbe dadurch gehoben, dass jene Zeit sicher schon den heidnischen Germanen für hochheilig galt. Dann fand die alte Maiversammlung des Volkes statt, und noch lange Jahrhunderte wurden die ungebotenen Gerichte vorzugsweise am 1. Mai abgehalten.[2]) Auf diesen Tag fiel ferner das fröhliche Maireiten, und nicht zu vergessen ist, dass, so uralt der Glaube ist, dass auf Walpurgis die Hexen ihren Hauptauszug machen, so uralt auch die Sitte des Hexenvertreibens und mithin auch des Maifeuers sein muss.

Was nun das Feuer selbst angeht, so macht sich eine nahe Verwandtschaft desselben mit dem Frühlingsfeuer entschieden bemerkbar. Hier wie dort haben wir es mit einer über ganz Deutschland verbreiteten Sitte zu thun. War das Frühlingsfeuer auch erst für das 15. Jahrhundert urkundlich belegbar, muste es aber dennoch seiner ganzen Natur nach aus dem Heidenthume stammen, so lässt bei dem Maifeuer der auf Conrad Fontanus (13. Jhdt.) zurückgehende Bericht Letzners und das Schreiben des Papstes Zacharias (8. Jhdt.) über den heidnischen Ursprung desselben keinen Zweifel. Für beide Feuer wird der Stoff von Haus zu Haus eingesammelt, bei beiden findet das Tanzen um den angezündeten Holzstoss, der Sprung durch die Flamme, der lärmende Umzug mit brennenden Fackeln und Besen, um die Hexen von

---

[1]) Dass hie und da das Hexenvertreiben ausser am ersten Mai auch am Georgitag vorgenommen wird, zeigt deutlich, wie sehr die Kirche bemüht war, jenem alten Festtag der Germanen auch den letzten Rest der Heiligkeit zu rauben.

[2]) Grimm, Rechtsalterth. 822. 824.

den Feldern zu vertreiben, statt, und bei beiden begegnen wir neben dem Umlauf dem Scheibentreiben und dem Rollen in Brand gesetzter Tonnen, Reisigwellen und Räder die Abhänge herunter ins Thal hinab. Dort verbrannte man den schädlichen, winterlichen Dämon in Gestalt einer Strohpuppe als Winter, des Winters Grossmutter, das alte Weib, Hexe, Strohhexe, bösen Säemann, hier sucht man unter demselben Bilde durch das heilige Feuer den der Vegetation feindlichen, das Wachsthum hindernden Geist als Hexe, in christlicher Umdeutung als Judas, zu vernichten. Aus der Flamme und dem Rauche des Frühlings- wie des Maifeuers verstand man die Witterung und die Ernteaussichten des Jahres zu weissagen, und von beiden Feuern, welche überhaupt, um dem Acker Schutz vor Wetter, Hagelschauer und dgl. zu gewähren, entflammt wurden, nahm man endlich die rückständigen Reste, als Asche, Kohlen und angekohlte Scheite, mit nach Hause, wo sie, als werthvolle Talismane hoch in Ehren gehalten, für die verschiedensten Dinge Verwendung fanden.

Ein wesentlicher Unterschied zwischen Frühlings- und Maifeuer liegt nur darin, dass bei letzterem durchaus eine nahe Beziehung zur Viehzucht neben der zum Ackerbau obwaltet, wovon bei ersterem wenig zu finden ist. Der Grund für diese Erscheinung ist, wie wir dies später bei der Besprechung der auf die Viehzucht bezüglichen Opfer noch näher zu erkennen Gelegenheit haben werden, darin zu suchen, dass die Feier des ersten Mais zu gleichen Theilen ein Fest der Ackerleute und der Hirten war, während bei der Frühlingsfeier letztere nur in zweiter Linie durch das Vertreiben der winterlichen Dämonen auch aus Hof und Stall interessiert waren.

Ausser dieser Verschiedenheit zwischen beiden Bräuchen ist noch zu bemerken, dass sich bei dem Maifeuer einige Züge von grosser Alterthümlichkeit vorfinden, welche dem Frühlingsfeuer gewis ursprünglich auch eigen waren, demselben aber im Laufe der Zeit abhanden gekommen sind. Es ist dies erstens die uralte, feierliche Art des Feuergewinns durch Aneinanderreiben zweier Hölzer (oder schon jünger die Erzeugung der heiligen Flamme durch Kristall oder Stein und Stahl) und die hohe Ehre, welche demjenigen, der das Feuer entzündet, von allen Familien des Dorfes erwiesen wird. Noch wichtiger als dies ist jedoch für uns der Umstand, dass die Darbringung verschiedener Opferthiere, auf die wir bei dem Frühlingsfeuer nur schliessen durften, bei dem Maifeuer ganz klar hervortritt.

Der märkische Brauch bezeugt uns bestimmt ein Pferdeopfer,

bei dem das Knochengerüst der Gottheit zu Ehren in dem Festfeuer verbrannt wurde. Der für Niedersachsen hinlänglich belegte Name Bockshorn für das Osterfeuer dagegen lässt sich schwerlich anders deuten als dadurch, dass man von dem Opferbocke vornehmlich die Hörner in die heilige Flamme warf. Nicht minder hat sich die Erinnerung an ein Thieropfer in dem österreichischen Brauch erhalten, wo rohes Fleisch an der lodernden Osterfeuerflamme gesotten und sogleich verzehrt werden muss. Zugleich findet sich hier auch noch der Zug wieder, welcher ehemals sicher jedem germanischen Opfer eigenthümlich war, dass man aus ihm Prophezeiungen machte: Fällt der Thau auf das Feuer und das an demselben gesottene Fleisch, so folgt ein fruchtbares Jahr, eine reiche Ernte.

Selbst der Opferritus, dem für die Gottheit bestimmten Thiere die Genitalien auszuschneiden, dürfte sich für das Maiopfer nachweisen lassen. In dem bei der Besprechung der Noth- und Johannis-Nothfeuer schon mehrfach citierten mittelalterlichen Schriftsteller der Harlej. Sammlung heisst es nämlich: ‚Insuper hoc tempore apud Inverchetin in hebdomada Paschae sacerdos parochialis nomine Johannes, Priapi prophana parans, congregatis ex villa puellulis, cogebat eas, choreis factis Libero patri circuire; ut ille feminas in exercitu habuit, sic iste procacitatis causa membra humana virtuti seminariae servientia super asserem artificiata ante talem choream praeferebat, et ipse tripudians cum cantantibus motu mimico omnes inspectantes et verbo impudico ad luxuriam incitabat. Hi, qui honesto matrimonio honorem deferebant, tam insolente officio, licet revererentur personam, scandalizabant propter gradus eminentiam. Si quis ei seorsum ex amore correptionis sermonem inferret, fiebat deterior et conviciis eos impetebat.'[1])

Erscheinen hier auch nur ‚membra humana virtuti seminariae servientia super asserem artificiata', so kann doch, in Anbetracht der Uebereinstimmung dieses Brauches mit dem bei dem Nothfeuer geschilderten Aufhängen und Verehren des Hundepriapus, nicht gezweifelt werden, dass ursprünglich wirkliche Genitalia feierlich herumgetragen wurden. Der Ausdruck ‚membra humana' aber braucht darum noch nicht auf Menschenopfer zurückzugehen, denn wir haben es in der Schilderung nur mit nachgemachten Zeugungsgliedern zu thun, und ‚humana' nennt der Berichterstatter dieselben

---

[1]) Kemble, Die Sachsen in England, übersetzt von Brandes I, 295; vgl. Kuhn, Westfäl. Sag. II s. 137 fg.

wohl nur deshalb, weil er den Vorgang seinen Lesern so scheusslich wie möglich darstellen wollte.

Der oben genannte Priester Johannes war gewis selbst dem Volke entstammt und in den Anschauungen desselben gross gewachsen. Wie man nun sonst gemäss dem heidnischen Ritus bei dem grossen Maiopfer dem Opferthiere die Genitalien ausschnitt, mit ihnen die Theilnehmer, um sie fruchtbar zu machen, berührte und sie dann nebst Haut und Knochen den Göttern weihte, so nahm er, da die Verfolgungen der Kirche gegen alles Heidnische die Vornahme des Opfers schlechthin unmöglich gemacht hatten, wenigstens ein Abbild des heilkräftigen Priapus. Dass nämlich durch die Berührung mit den Genitalien des Opferthieres die Fruchtbarkeit der Theilnehmer an der heiligen Handlung erhöht werden sollte, ist daraus ersichtlich, dass an dem Umzug mit dem Priapus nur die ‚puellulae‘ theilnehmen durften. Wir begegnen also hier der Anschauung wieder, welche wir schon bei der Verzierung der Giebelbalken mit hölzernen Pferdeköpfen, bei der Ersetzung der in der Dachfirst aufbewahrten Rossschädel durch aus Holz geschnitzte und bei der besonders in Baiern heimischen Sitte der Votivbilder kennen lernten, dass nicht nur dem Opfer selbst, sondern auch den Nachbildungen desselben grosse, Wunder wirkende Kräfte zugeschrieben wurden. Was aber den Umstand angeht, dass bei dem altenglischen Brauch nichts von einem Feuer berichtet wird, so zeigt das eben nur, dass nicht das Feuer, sondern das Opfer das wesentlichste Moment bei dem Feste war, wie sich dies auch in der auf dem Kalbeschen Werder ausgeübten Sitte des ‚Knochengalgens‘ ausspricht.

Ausser den essbaren Thieren müssen nun bei dem Maifeuer auch noch andere Thiere geopfert worden sein. Im Elsass verbrannte man in dem Osterfeuer Katzen und, wenn wir uns der Hypothese Kuhns anschliessen, dass der Hundsbüchl, auf dem bei Gerstenhofen seit alter Zeit die Osterfeuer angezündet werden, auf Hundeopfer zurückweise[1]), in Schwaben Hunde. Zu diesen Opfern, welche sich ganz den bei dem verwandten Frühlingsfeuer dargebrachten Hunde- und Katzenopfern vergleichen und deshalb auch wohl wie diese ehemals allgemein in Deutschland dargebracht wurden, gesellt sich als drittes ein Eichhornopfer. Letzteres fiel nach den Berichten über Maifeuer allerdings nur im Harz, muss jedoch viel weiter verbreitet gewesen sein. Auch um Cammin in

---

[1]) Kuhn, Westfäl. Sag. II s. 138 Anm.

Pommern wurden einst um die Osterzeit die Eichhörnchen gejagt[1]), und im Kölnischen singen die Kinder, wenn sie das Holz zum Verbrennen des Judas einsammeln, folgendes Liedchen, welches noch deutlich die Erinnerung an dieselbe Sitte ausspricht:

,Rode, Roden, Eichhôn,
Gitt meer gätt en et Zeichhôn!
Roden dit, Roden dat,
Gitt meer gätt en der Knappsack!' etc.[2])

Haben wir die Hunde- und Katzenopfer, wie wir dies bei dem Frühlingsopfer nachwiesen, als Sühnopfer anzusehen, welche der Himmels- und der Erdgottheit dargebracht wurden, so wird das Eichhorn, welches schon seiner rothen Farbe und des Baumes wegen, von dem es den Namen erhalten hat, zu Thunar in naher Beziehung steht, wohl zu demselben Zwecke dem Wettergotte geopfert worden sein. Ich möchte aber noch einen Schritt weiter gehen. Wenn bei der Feier des ersten Mais ein Sühnopfer für die Wettergottheit dargebracht wurde, wird dasselbe dann dem so nahe verwandten Frühlingsfeste gemangelt haben? Gewis nicht, zumal da die Sühnopfer für Himmel und Erde, für Wuotan und Fria, beiden gemeinsam waren. Allerdings, ob dies Sühnopfer auch bei der Frühlingsfeier ein Eichhorn war, dürfte sich, bis jetzt wenigstens, schwerlich entscheiden lassen; es kann füglich eben so gut ein Hahn oder ein Raubvogel[3]) dazu verwendet worden sein; so viel aber glaube ich als feststehend annehmen zu dürfen, dass auch hier überhaupt ein Sühnopfer dem Thunar gebracht wurde.

Wir haben jetzt eine Reihe von Bräuchen zu durchgehen, in welchen sich, getrennt von dem Feuer, die Erinnerung an Opfer, die einst bei der Feier des ersten Mais dargebracht wurden, erhalten hat. In Biberach in Schwaben war es ein alter Brauch, am Ostermontag eine Steuer für ein ,Hagelrind' zu sammeln und dasselbe dann in das Kloster Ottenbeuren für das Wetter zu schicken.[4]) In Ueberlingen am Bodensee spielt der sogenannte Osterochse eine grosse Rolle. Auf Ostern wird ein ausgezeichneter, fetter, gemästeter Ochse ausersehen, manchmal schon vom Metzger darauf hin früher gekauft und gefüttert. Auf ein schönes Exemplar wird vor allem gesehen. Das Thier treibt man bekränzt durch die Stadt, und jede Familie holt sich

---

[1]) Wolf, Beiträge I. s. 78.
[2]) Firmenich, Germaniens Völkerstimmen I. s. 458.
[3]) Vgl. Cap. I § 8.
[4]) Birlinger, Volksth. II, 186.

dann Fleisch für die hohen Festtage.¹) In Buchau wurden am 1. Mai die zwei schönsten Kühe, wenn sie am Abend heimkamen, bekränzt²), und in Zürich werden noch jetzt jedes Jahr in der Karwoche fette Ochsen (Osterstiere), bevor sie geschlachtet werden, zur Schau durch die Strassen geführt.³)

Als ehemalige Rinderopfer kennzeichnen sich diese Bräuche durch die Wahl des schönsten Stieres, die Ausschmückung desselben mit Blumen, den feierlichen Zug durch die Stadt, das gemeinschaftliche Verzehren des Fleisches von Seiten der ganzen Gemeinde und ebenso durch die Schenkung des Hagelrindes an ein Kloster, um dadurch das Jahr hindurch vor Unwetter bewahrt zu bleiben. Haben wir nun unseren früheren Untersuchungen gemäss anzunehmen, dass diese Stieropfer, so wie das durch den märkischen Brauch des Knochengalgens bezeugte Pferdeopfer dem Wuotan fielen, so wird sich in folgenden Sitten die Erinnerung an ehemals dem Thunar, der Wettergottheit, dargebrachte Opfer erhalten haben.

In Siebenbürgen findet fast allgemein am zweiten oder dritten Ostertag ein Hahnabreiten, -Schlagen oder -Schiessen statt. Der Sieger muss den Vogel für die Gesellschaft zurichten.⁴) Im übrigen Deutschland scheint bei der Feier des ersten Mais statt des Hahnes ein Bock geopfert worden zu sein, worauf schon der Name Bockshorn für Osterfeuer hinweist. Dieses Bockopfer wird sich aber später häufig mit dem jüdisch-christlichen Osterlamm, welches noch im 15. und 16. Jhdt. allgemein in Deutschland verzehrt wurde, verquickt haben, wie sich dies in der schon einmal angeführten Stelle von Kaisersbergs Emeis ausspricht: ‚Du fragest: sol ich geweichte bluomen vnd kraut dem fych geben zuo gesundheit; warum gibt man nicht die beinlin von dem Osterlamb den hunden, das gesegnet ist? man spricht, sie werden vnsynnig. Ich wil vff der hund seiten sein, vnd sprich, das man sie inen wol geben mag, es schadet nüt; sie trincken dick geweicht wasser vnd schadet in nüt.'⁵)

---

¹) Birlinger, Aus Schwaben II. s. 81.
²) Meier, Schwäb. Sag. s. 397. 78.
³) Vernaleken, Alpensagen. s. 369.
⁴) G. A. Heinrich, Agrar. Sitten etc. s. 29; Schuster, Deutsche Mythen a. siebenb. sächs. Quellen. s. 278; s. 481 fg.; Schuller, Das Hahnenschlagen am Osterfest, im Archiv d. Vereins für siebenb. Landeskunde. Neue Folge. Bd. I s. 403 fg.
⁵) A. Stöber, Geiler von Kaisersberg Emeis s. 56.

Wir sahen, dass in diesem Glauben von der Unverletzbarkeit der Knochen des Osterlammes die heidnische Vorstellung von der Heiligkeit des für die Götter bestimmten Knochengerüstes der Opferthiere durchblickt.[1]) Auf dieses Bockopfer mag sich ferner der ‚hircus paschalis pro primo infante baptizando' beziehen, der zu Schillingen bei Trier nach dem Visitationsprotokoll von 1712 als Abgabe abgeschafft wurde[2]), und ebenso der im bairischen Schwaben übliche Brauch, neben sonstigen Lebensmitteln zu Ostern besonders auch ein aus Butter gefertigtes Lamm zu weihen, dessen Wolle aus fein gekrausten Butterfäden besteht.[3]) Auch an die von der katholischen Kirche am Sonntag nach Ostern geweihten ‚Agni dei' mag hier erinnert werden, denen man die Kräfte zuschrieb: ‚quod fulgura pellant, quod incendia restinguant, quod eripiant ex aqua, quod gravidas servent'[4]); bestimmt weist aber auf das heidnische Bockopfer die Sitte hin, wie sie sich noch in unserer Zeit in der Jachenau in Oberbaiern erhalten hat. Es wird nämlich in jedem Jahre der Reihe nach von einem der 36 Hofbesitzer ein Widder zum besten gegeben, in Vierteln gebraten, dann wieder in einem Korb ganz zusammengerichtet, am **Kopf mit einem Kranz von Buchs und Bändern geziert und an den Hörnern vergoldet.** Der Erbe des Hauses oder der Oberknecht trägt darauf den Widder zur Weihe in die Kirche und von da ins Wirthshaus, wo ihn der Wirth zerhackt und der Hirt eines jeden Hofes den treffenden Theil in Empfang nimmt; der Rest verbleibt den armen Söldnern.[5])

Nicht minder geht der allgemein in Deutschland verbreitete Brauch der Ostereier, welche uns schon in Süddeutschland als eng mit dem Osterfeuer zusammenhängend begegneten, auf ein ehemaliges Eieropfer für die Wettergottheit zurück. Weil diese Eier Opfereier waren, bringt ihr Genuss mancherlei Vortheile mit sich. Nach oberpfälzischem Glauben heilt ein ‚Antlassei' allerlei Brest, namentlich aber jeglichen Leibesschaden. Um Hemau müssen derartige Eier gleich nach der kirchlichen Weihe mit sammt der Schale gegessen werden, damit man sich beim Heben nicht wehe thut.[6]) In Oberfranken isst der Hausvater am Gründonnerstag ein

---

[1]) Cap. I. § 5.
[2]) Simrock, Deutsche Mythologie 5. Aufl. s. 378.
[3]) Bavaria II, 2, 831.
[4]) J. Hildebrand, De Diebus Festis. Helmstadi 1701. s. 82.
[5]) Bavaria I, 1, 372.
[6]) Bavaria II, 1, 309. 320.

frisch gelegtes Ei, damit er stark heben kann und in demselben Jahre keinen Bruch bekommt.[1]

Auch auf Haus und Hof, auf Ackerbau und Viehzucht haben die Ostereier Bezug. Im Elsass, in der Oberpfalz, in Belgien, Kärnthen und England glaubt man, dass Gründonnerstags- oder Karfreitagseier vor Feuersbrunst bewahren oder, in ein Schadenfeuer geworfen, dasselbe auslöschen.[2] Im Lechrain gräbt man von den geweihten Eiern etliche unter die Thürschwellen des Hauses, die zurückgebliebenen Schelfen der gegessenen geweihten Eier streut man auf die Satfelder.[3] In der Altmark singen die Kinder beim Einsammeln der Ostereier:

,Tein Eier, tein Eier in meine Kiep,
So wären jü selig un wi wåren rik!
Und wenn jî us de tein Eier nich gewen,
Schall us Hân ôk juwer Hôn nich me treden.'[4]

Als Opfer kennzeichnen sich die Ostereier schliesslich noch dadurch, dass sie, wie ähnliches mit so vielen andern Opfergaben geschah, häufig in einen Zins an die Kirche umgewandelt wurden. Noch jetzt müssen dieselben im Niederrheinischen und in Hessen zu Ostern an Pfarrer und Küster geliefert werden und zwar entweder als wirkliche Hühnereier oder als Abgabe in Geld, in beiden Fällen aber unter dem Namen ,Ostereier.'[5]

Dem Rinder- und Pferdeopfer für Wuotan und dem Bock-, Hahn- und Eieropfer für Thunar sollte nun für die mütterliche Gottheit Erde ein Schweineopfer entsprechen. Allerdings befindet sich unter den Dingen, welche zu Ostern von der katholischen Kirche geweiht werden, auch Schweinefleisch und Speck[6], wie denn überhaupt alles Fleisch, das in den Osterfeiertagen gegessen werden soll, Weichfleisch (= Weihfleisch) sein, d. h. in die Kirche gebracht und dort von dem Priester gesegnet worden sein muss[7]; auch besagt ein Zeugniss aus dem 14. Jahrhundert, dass man dem Osterspeck zauberische Kräfte zuschrieb, wie sie sonst nur den

---

[1]) Bavaria III, 1, 341.

[2]) Stöber, Alsatia. 1852. s. 126; Wuttke § 300; Wolf, Beiträge I s. 288. Nr. 333; Kuhn, Westfäl. Sag. II s. 133 Nr. 397. Del Rio, Disquisitiones Magicae. 1599. Tom. II. Lib. III. s. 93; A. Zwanziger in der Carinthia. 63. Jahrgang. Klagenfurt 1873. s. 333.

[3]) Leoprechting s. 175.

[4]) Waldmann, Eichsfeld. Gebr. s. 10.

[5]) Montanus s. 26; Mülhause, Gebräuche der Hessen. s. 319.

[6]) Vgl. z. B. Bavaria I, 1, 371; Rosegger, Sittenbilder. s. 64 fg.

[7]) Thom. Naogeorgus, Regnum Papisticum. 1553. Lib. IV. s. 151 u. v. a.

Resten eines Opfers beigemessen werden: ‚Item den spekch den man weicht mit den praitigen, do smirent dy pawren den phlüg mit, so mag man sew nicht zaubern'[1]), aber sonst ist mir kein Brauch aufgestossen, welcher an ein Schweineopfer bei der Feier des ersten Mais erinnern könnte. Dass uns nicht mehr Berichte überkommen sind, ist jedoch sicher nur Zufall, bestanden hat ein solches Schweineopfer gewis, zumal da auch sonst die Verehrung der grossen weiblichen Gottheit durch Opfergaben bei diesem Feste sich nachweisen lässt.

So opfert man in der Grünau, in Oberösterreich, am Georgitage ein Bündel Heu in den Almfluss.[2]) In Schwaben wirft man zu Ostern geweihten Wein und geweihtes Salz in die Brunnen, um schädliches Wasser ferne zu halten[3]), und in Hessen legt man um dieselbe Zeit eine Kleinigkeit in die Quelle, um dadurch Hühnersegen zu bekommen.[4]) So dürftig und kahl werden diese Gaben allerdings im Heidenthum der bei den Quellen verehrten Gottheit, der Berchta, Holda, Fria, nicht dargebracht worden sein; sie werden vielmehr mit den theilweise noch heute gefeierten Maibrunnfesten (später auch zu Ostern abgehalten) in engstem Zusammenhang gestanden haben, bei denen, wenn auch abgeschwächt zur blossen Blumenspende, die Erinnerung an das alte Quellenopfer überall durchblickt.

Im Oberbergischen wurden am Maiabend die Trinkquellen gereinigt, und Lämpchen und Kerzen dabei angezündet, an die nahestehenden Bäume befestigt und unter dem Absingen von Liedern bewacht. Am anderen Morgen wurden zum Schmucke der Brunnen Blumen gepflückt und zu Kränzen gewunden. Auch Eier fehlten nicht dabei. Man legte sie zwischen die Blumen an den Brunnenrand. Nachmittags beim Maireigen wurden Kuchen daraus gebacken und gemeinschaftlich verzehrt.[5]) Ebenso war es in der Eifel an vielen Orten bräuchlich, dass die Mägde im Frühjahr und Sommer die Ortsbrunnen reinigten und darauf ein fröhliches Fest feierten.[6]) Recht alterthümlich hat sich der Brauch

---

[1]) Papiercodex des 14. Jhdts. in der Bibl. zu St. Florian: Grimm, D. M. Aberglaube F. 6.
[2]) Baumgarten, A. d. Heimat. I, s. 32. 4.
[3]) Birlinger, Aus Schwaben II. s. 82.
[4]) Wolf, Beitrg. I. s. 177.
[5]) Montanus s. 31.
[6]) Schmitz, Sitten s. 99. 100.

im Hessischen erhalten. Alljährlich gehen dort am zweiten Ostertage die Burschen und Mägde von Hilgershausen und Kammerbach zu dem sogenannten Hohlstein, steigen in die unter dem Felsen liegende Höhle, legen einen Strauss von Frühlingsblumen als Opfer hinein, trinken von dem Wasser des in der Grotte befindlichen Teiches und nehmen in Krügen für die Ihrigen davon mit nach Hause. Früher wurde das Blumenopfer so heilig gehalten, dass sich, auch zu anderer Zeit, ohne ein solches niemand hinabgewagt hätte.[1]) Ganz ähnlich geht an demselben Tage in der Lippegegend das Landvolk in den hohlen Stein[2]), und wenigstens verwandt ist es, wenn im Harze die Brautklippe vor dem Hohnekopfe von den Beerengängerinnen alle Jahre am ersten Mai, unter dem Absingen von Liedern, mit Blumen bestreut und bekränzt wird. Sie glauben dann Glück im Auffinden von Beeren zu haben.[3]) In Schwaben werden zu Steisslingen im Hegau am Maitage bei allen Brunnen des Dorfes bunte, mit flatternden Bändern gezierte Maien von den Dienstbuben aufgerichtet, welche an diesen Brunnen ihr Vieh tränken.[4]) Nicht minder putzen auch bei den siebenbürgischen Sachsen die Knechte im Frühling die Brunnen in festlichster Weise aus.[5])

In anderen Gegenden Deutschlands ist zwar die Blumenspende bei dem Maibrunnenfeste geschwunden, dafür weisen aber dort auf das alte Quellenopfer die Prophezeiungen zurück, welche aus dem Wasserstande auf die Jahresernte gemacht werden, und die ursprünglich nur in Verbindung mit Opfern vorgenommen sein können. So liegt dreiviertel Meilen von Eutin ein Tümpel ohne Abfluss, die theure Zeit genannt, bei dem noch im Anfang dieses Jahrhunderts am Maitagmorgen die Hamburger Kaufleute zusammen kamen und nach dem Wasserstande sahen. War viel Wasser darin, gab es hohe Kornpreise; war aber nur wenig oder fallendes da, dagegen niedrige. Aehnliche Gruben waren in einem Gehölze bei Preetz und auf dem Gute Gaarz im Lande Oldenburg.[6]) In der Eifel

---

[1]) Wigands Archiv 6, 317; Lyncker, Hess. Sag. Nr. 346; Grimm, D. M.[2] s. 52.

[2]) Firmenich, Germ. Völkerst. I, 334.

[3]) Proehle, Unterharz. Sag. Nr. 347. Ueber Spuren des Quellenkultus im Harz vgl. auch H. Weichelt, Hannover. Geschichten u. Sag. III Bd. s. 24 fg. Nr. 203.

[4]) Birlinger, Aus Schwaben II s. 90.

[5]) Müller, Siebenb. Sag. s. 380. 132; Schuster, Deutsche Mythen aus siebenbürg. sächsisch. Quellen. s. 474 fg.

[6]) Müllenhoff Nr. 121.

weissagt der Landmann im Frühjahr dasselbe aus dem Wasserstand des Weinfelder Sees und des Pulvermaars. Im Zusammenhang damit wird der Brauch stehen, dass seit undenklichen Zeiten an einem Tage im Frühjahr die Anwohner des Pulvermaars ihre ländlichen Wohnungen verlassen und singend und betend um diesen See ziehen.[1]) Zu Velmede an der Ruhr palmte man am Ostertage unter Glockengeläut die Felder, um sie dadurch vor Wetterschaden zu schützen. Dann zog man in feierlicher Prozession zu der oberhalb des Ortes gelegenen Höhle, ging zu den in derselben und einem Nebengange befindlichen Wasserbecken und sah zu, ob sie gefüllt oder leer waren, wonach man sich ein fruchtbares oder unfruchtbares Jahr versprach.[2]) Aus Bockenem und der ganzen Umgegend zog man zu demselben Zwecke am ersten Ostertage hinaus zum Dilsgraben. Stand das Wasser hoch, so sollte es theures Korn geben, stand es niedrig, wohlfeiles; andere sagten jedoch, stehe das Wasser hoch, so werde das Korn dicht. Während des übrigen Nachmittages schlug man dann dort Ball und ass und trank.[3]) Auch im Voigtlande ist ein solcher Brunnen, zu dem die Leute im Frühjahr wallfahrten, um sich aus seinem Wasserstande die Aussichten für die kommende Ernte zu weissagen.[4]) Nur auf den Tag des Ortsheiligen verlegt, finden wir dieselbe Sitte ferner zu Hohenberg in Schwaben.[5]) In Baiern wird das Orakel nicht auf die Ernte, sondern auf die Heirath gestellt. So gehen im Baireuthischen, wo am Osterfeste die Brunnen mit Kränzen, Moos und Bäumchen verziert werden, in der Mitternacht vor Ostern die Mädchen unvermerkt an eine Quelle, ‚um sich einen Osterbrunnen zu holen.' Kein Bursche darf sie beobachten. Ins Osterwasser werden Ringlein von Weiden geworfen, welche je eine Person bedeuten. Das Ringlein, welches untergeht, kündet, dass die betreffende Person in diesem Jahre sterbe.[6]) Nur die Modernisierung eines solchen uralten Brauches ist es endlich, wenn nach dem Sieferinger Brünnlein bei Wien jährlich am Karfreitag, am Johannistag und hlg. Dreikönige grosse Wallfahrten stattfinden, wo man dann aus

---

[1]) Schmitz, Sagen d. Eifler Volkes. s. 72. 73.
[2]) Kuhn, Westfäl. Sag. II Nr. 416.
[3]) Kuhn, Westfäl. Sag. I s. 322. Nr. 369; H. Weichelt, Hannov. Geschichten u. Sag. III Nr. 254, s. 125.
[4]) R. Eisel, Sagenb. d. Voigtlandes Nr. 650.
[5]) E. Meier, Schwäb. Sag. s. 433. 136.
[6]) Bavaria III, 1, 304.

dem Wasser der Quelle die Nummern liest, welche beim Lottospiel gewinnen werden.[1])

Aus der Zusammenfassung der eben aufgeführten Zeugnisse über Quell-Opfer, Prozessionen und Orakel ergiebt sich zunächst eine Bestätigung für unsere Annahme, dass im Heidenthum ‚das Gemeindeopfer nach beendeter Aussat des Sommerkorns' am 1. Mai abgehalten worden sei; finden wir doch auch hier allenthalben in den Berichten das Schwanken zwischen Osterfest und Maitag wieder. Was nun aber das Maibrunnenfest selbst angeht, so wird es im Alterthume etwa folgende Gestalt gehabt haben: Nachdem zuvor von der Jugend der heilige Ortsbrunnen zur Feier des Tages auf das festlichste ausgeschmückt war, zog die Gemeinde in feierlicher Prozession zu der Quelle hin, wo eine reich mit Blumenschmuck versehene Opfergabe dargebracht ward. Man wollte dadurch von der über die Quellen waltenden Gottheit, der Berchta, Holda, Frîa etc., Fruchtbarkeit für das Jahr erlangen; denn auch die im Anschluss an das Opfer angestellten Prophezeiungen bezogen sich auf die kommende Ernte. Zum Schlusse nahm ein jeder von den Theilnehmern etwas von dem durch das Opfer und die Heiligkeit des Tages geweihten Quellwasser mit sich in sein Haus, wo es als Heilthum mannigfache Verwendung fand.

Letzterer Zug, so sehr er dem inneren Wesen des germanischen Opfers entspricht, ist uns allerdings nur für Hessen bezeugt; doch möchte ich ihn auch in der über ganz Deutschland hin verbreiteten Sitte des Osterwassers wieder finden, welche schwerlich von dem Maibrunnenfeste zu trennen ist und nur im Zusammenhang mit diesem genügend erklärt werden kann. Recht scharf tritt er ferner in der Verkirchlichung des Quellenkultus hervor, welche Thomas Naogeorgus im 4. Buche seines Regnum Papisticum (s. 149 fg.) folgendermassen beschreibt:

‚Post liquidas etiam baptismi consecrat undas
Vel praesul, uel Praepositus: nec enim amplius illae
Baptismo prosunt, nec possunt tingere quenquam,
Praeterito quarum ualuit toto usus in anno.
Magna procedunt pompa celebrique paratu
Candelis, crucibus, uexillis, chrismate, oliuo:
Circumeunt fontem nouies, diuosque precantur.
Fixi stant omnes tandem. mox incipit ille,
Et ter tangit aquam, crucis effingitque figuras.

---

[1]) Vernaleken, Mythen u. Bräuche s. 3 – 22.
[2]) Es ist vom Ostersamstag die Rede.

Grandia tum fert multa et plaustralia uerba,
Sanosque adiurat latices, et uexat inepte,
Dum studet et credit meliores reddere multo
Omnipotentis quam dextra ac benedictio fecit.
Post et candelam uexatas ponit in undas,
Terque suo flatu turbat pridiana obolenti
Prandia, et infuso tandem unctas chrismate reddit.
Attonitus spectat populus, creditque potentem
Vndis uim tribui tanto adiurantis hiatu,
Atque aliis, agitat quas gens doctissima, nugis.
Allatis igitur uasis de fontibus haurit,
Fertque domum contra morbos pecorisque suosque.'

Noch ein anderer Brauch wird dem Opfer bei dem Maibrunnenfeste seinen Ursprung verdanken, nämlich die kirchlichen Bittgänge, welche in vielen Gegenden Oesterreichs, Tirols, Böhmens, Schlesiens, Thüringens etc. um die Osterzeit vorgenommen werden, um den Feldern Fruchtbarkeit zu verschaffen.[1]) Eine Erklärung aus dem katholischen Ritus dürfte sich nur gezwungen beibringen lassen. Die Kirche wird eben, wie häufig, so auch hier die unausrottbare heidnische Quellprozession in ihre Hand genommen und sie dadurch unschädlich gemacht haben. Wie ungemein verbreitet nämlich das Quellenopfer bei der Feier des ersten Mais gewesen sein muss, ergiebt sich daraus, dass sich überall in Deutschland Quellen vorfinden, von denen das Volk glaubt, sie flössen nur dann, wenn ein schlechtes Jahr und Kriegszeiten, oder auch ein gutes Weinjahr und reiche Ernte kommen sollen, weshalb sie allgemein den Namen Hungerbrunnen führen. Dieselben sind also ihrem Wesen nach den Quellen, zu welchen mit Opfern und Weissagungen verbundene Prozessionen stattfanden, völlig gleich, und wir werden deshalb gewis nicht irre gehen, wenn wir annehmen, dass auch sie sich einst derselben Verehrung erfreuten wie jene. Da jedoch eine namentliche Aufzählung aller Brunnen, Seen und Tümpel, welche die Bezeichnung Hungerbrunnen tragen, zu weit führen würde, so genüge hier einfach die Angabe der betreffenden Litteratur, aus deren Betrachtung ohnehin die Verbreitung jener Quellen zur Genüge hervorgehen wird.[2])

---

[1]) Vgl. darüber u. a.: Mannhardt, Baumkultus s. 397 fg.; Peter, Volksth. II s. 285; Reinsberg-Düringsfeld, Festkalender aus Böhmen s. 140; Zingerle, Sitten s. 94. Nr. 720; Witzschel, Sitten etc. s. 13 Nr. 51.

[2]) Kuhn u. Schwartz, Nordd. Sag. Nr. 178; Müllenhoff Nr. 121; Kuhn, Westfäl. Sag. I s. 322. Nr. 369; II Nr. 416; Schambach u. Müller Nr. 80 und Anm.; Harrys, Volkssagen Niedersachsens. Celle 1840. I, 8; Schmitz, Sagen

Ausser den bis jetzt genannten Opfern wurden bei der Feier des ersten Mais wie bei dem Frühlingsfeste auch Speiseopfer dargebracht. Noch heute nimmt man in der Grafschaft Mark am Ostertage etwas von allen Speisen, die auf dem Tische stehen, geht um das Gehöft und streut das Genommene umher mit den Worten: ‚Hawek, Hawek! hie giew ik di en Osterlamm! friet mi kaine Hauner af.'[1]) Häufiger hat sich die Erinnerung an das alte Opfer darin erhalten, dass man von den Festspeisen allerlei zauberische Kräfte erwartet. So sagt die Chemnitzer Rockenphilosophie: ‚An dem Grünendonnerstage soll man Brezeln essen, so bekömmt man selbiges Jahr das kalte Fieber nicht,' und an anderer Stelle: ‚Wer am Grünendonnerstage nicht neunerley Kraut isset, der krieget das Fieber.'[2]) Nach neuerem Aberglauben wird derjenige, welcher am Gründonnerstag neunerlei Kraut zu essen vergisst, zum Esel.[3]) Am Niederrhein sagt man, der Genuss dieses Gerichtes schütze vor Bezauberung, in Westfalen, Hannover und der Mark dagegen erhält er das ganze Jahr gesund und bewirkt, dass dem Geniessenden ein langes Leben zu Theil wird.[4]) Im Nassauschen muss man auf Gründonnerstag grünes Gemüse essen, weil einem sonst die Ziegen nachlaufen.[5]) Nicht minder wird in Schlesien darauf gehalten, dass an diesem Tage Grünes gegessen

---

s. 72. 77; Grimm, Deutsche Sagen 1. s. 163 Nr. 104; R. Eisel, Sagenb. d. Voigtlandes Nr. 650; Witzschel, Sitten. s. 16 Nr. 79; G. F. Stertzing in Haupts Ztschrft. III. s. 361. 8; Wolf, Hess. Sagen s. 132 Nr. 207; Lyncker, Hess. Sagen Nr. 346; Stöber, Sagen d. Elsasses s. 15, s. 100. 84, s. 167. 139, s. 226. 174; Rochholz, Schweiz. Sag. a. d. Aargau I. s. 29. 16, 39. 26, 40. 27—42. 28; Rochholz, Naturmythen s. 11; Nork, Mythologie d. Volkssagen s. 506; Meier, Schwäb. Sag. s. 262. 293, 433. 136; Birlinger, Volksth. I. s. 141 Nr. 220; Leoprechting, a. d. Lechrain s. 37; Bavaria I, 1, 318; II, 2, 802; IV, 2, 293; Zingerle, Sagen etc. a. Tirol. s. 101 Nr. 158; J. G. Seidl in Wolfs Ztschrft. II. s. 43; Baumgarten, a. d. Heimat I. s. 36. 8; Vernaleken, Mythen u. Bräuche s. 3—22; V. Grohmann, Sag. a. Böhmen. s. 230; Müller, Siebenbürg. Sagen s. 380. 132; Grimm, D. M.² s. 557 fg., s. 376 Anm.; F. Liebrecht, Gervasius v. Tilbury s. 129 fg. Anm. 50; K. Lyncker, Brunnen und Seen und Brunnenkultus in Hessen, i. d. Zeitschrift des Vereins für hess. Geschichte u. Landesk. VII. Band. Kassel 1858. s. 227, s. 233 fg.

[1]) Woeste, Volksüberlieferungen. s. 53.

[2]) Chemn. Rockenphil. I, 44; III, 95; vgl. auch Praetorius, Philosophia Colus, Pfy, lose vieh der Weiber. 1662. s. 221. Canon C.

[3]) Bechstein, Mythe, Sage, Märe u. Fabel etc. Lpzg. 1854. 55. I. s. 161.

[4]) Montanus. s. 27; Kuhn, Westfäl. Sag. II. Nr. 398; Engelien und Lahn, Der Volksmund i. d. Mark. s. 232. Nr. 12; Rollenhagen, Froschmeuseler. I, 2, cap. 8, v. 5—20; Seemann. Hannover. Gebr. s. 8.

[5]) Kehrein, Volkssprache u. Volkssitte II. s. 258. 105.

wird: Brunnenkresse auf Butterbrot, Suppe aus jungen grünen Kräutern etc.[1])

Endlich wird auch der Minnetrunk der Feier des ersten Mais nicht gemangelt haben. Indem ich anderes übergehe, möchte ich in Bezug hierauf nur an den bairischen Brauch erinnern, dem zufolge am Freudensonntag, dem weissen oder ersten Sonntag nach Ostern, an welchem seit Fastnacht das erste Mal wieder getanzt werden darf, der Bauer sein Eheweib, die Burschen ihre Mädchen zum Lebzelter des nächsten Marktes führen, um ihnen daselbst im Meth ‚die Schön und die Sterk zu zalen.'[2])

So finden wir denn, dass die Opfer bei Frühlings- und Maifeier einander im grossen und ganzen völlig analog sind. Der Unterschied zwischen beiden beruht lediglich darin, dass bei jenen der nahe Bezug auf die Viehzucht, bei diesen die Korn- und Flachsopfer fehlen, was wiederum darin seinen Grund hat, dass in Verbindung mit dem Frühlingsfeste die Drischelhenke und der Abrupf, in Verbindung mit der festlichen Begehung des ersten Mais das erste Austreiben des Viehes gefeiert ward.

§ 3. Die Opfer bei der Hagelfeier.

Ist das Satkorn dem Ackerboden anvertraut, so hat der Landmann anfangs wenig zu besorgen. Gefahr tritt erst dann ein, wenn die Sat sich mächtiger zu entwickeln beginnt, wenn bei den einzelnen Pflänzchen die Aehren sich bilden, wenn, wie der Bauer sich ausdrückt, das Korn im Schusse ist. Dann vermag ein heftiger Hagelschauer, ein Hochgewitter die schönsten Hoffnungen auf eine reiche Ernte zu vernichten, und deshalb sendet um diese Zeit der Landmann seine inbrünstigsten Gebete zur Gottheit empor, dass sie gnädig seine Felder vor Wetterschaden bewahre. Die katholische Kirche lässt darum auch in jenen Tagen Bittprozessionen abhalten, bei denen mit dem höchsten Gut um die Aecker gezogen und an den vier Ecken der Feldmark das Evangelium gelesen wird, überhaupt eine gottesdienstliche Feier stattfindet, in der Gott um Schutz vor Hagelschauer und Miswachs angerufen wird.

Diese Bittgänge, welche ehemals in ganz Deutschland verbreitet waren, aber mit dem Einführen der Reformation in den jetzt protestantischen Gegenden abgeschafft wurden, würden uns an sich hier wenig interessieren, wenn uns nicht ein altes, sicher ver-

---

[1]) Mitgetheilt durch Herrn Prof. K. Weinhold.
[2]) Schmeller, Bair. Wörterb. II. Aufl. II. s. 297; Bavaria I, 2, 1006.

bürgtes Zeugnis überkommen wäre, aus dem ersichtlich ist, dass die kirchlichen Umgänge auf heidnischen Bräuchen fussen und nur, um letztere unschädlich zu machen, eingerichtet wurden. Die Aebtissin Marcsuith, im Kloster Schildesche bei Bielefeld, erliess nämlich im Jahre 940 folgende Verordnung: „Statuimus, ut annuatim secunda feria Pentecostes, Spiritu Sancto cooperante, eundem Patronum (scil. ecclesiae) in Parochiis vestris, longo ambitu circumferentes et domos vestras lustrantes, et pro gentilicio Ambarvali in lacrymis et varia devotione, vos ipsos mactetis, et ad refectionem pauperum eleemosynam comportetis: et in hac curti pernoctantes, super reliquias, vigiliis et cantibus solennizetis, ut praedicto mane determinatum a vobis ambitum, pia lustratione complentes, ad monasterium cum honore debito reportetis. Confido autem de Patroni huius misericordia, quod sic ab eo gyrade terrae semina uberius provenient, et variae aëris inclementiae cessent."[1])

In diesem denkwürdigen Schriftstück, zu dem man § 28 des Indiculus Paganiarum: „De simulacro quod per campos portant" halte, ist besonders wichtig die Stelle „et pro gentilicio Ambarvali in lacrymis et varia devotione vos ipsos mactetis;" denn das weist darauf hin, dass man bei den heidnischen Prozessionen Opferthiere mit herum führte, welche dann nachher geschlachtet wurden. Spuren solcher Opfer haben sich übrigens in dem Volksbrauch bis in unsere Tage erhalten. So war es z. B. in vielen Orten Schwabens, Niedersachsens und am Niederrhein früher üblich, Rinder, Pferde, Schafe etc. an den Bittgängen theilnehmen zu lassen, angeblich, um auch ihnen Antheil an dem Segen der feierlichen Handlung zu verschaffen.[2]) Noch deutlicher ist das alte Opfer in folgendem Brauche erkennbar, der bis in unsere Zeiten an vielen Orten Oesterr. Schlesiens ausgeübt ward. Am Pfingstmontage ritten der Dorfrichter und andere aus der Gemeinde auf schönen Pferden ins Feld und umzogen langsam und mit Andacht ihre Aecker, indem sie dabei beteten und fromme Lieder sangen. Sie hofften hierdurch Gottes Segen für die junge Sat zu erflehen und Wetterschaden von ihr abzuhalten. Wer das schönste Pferd bei dieser Feierlichkeit hatte, ward als König anerkannt. Nachmittags begaben sich alle Bauern zu ihm, und muste er dann

---

[1]) Eckhart, Commentarii de Rebus Franciae Orient. Würzburg 1729. Tom. I. s. 437.

[2]) Panzer II. s. 90 Nr. 137; Montanus. s. 29; Pfannenschmid s. 54.

ein schwarzes Schaf braten lassen, welches gemeinsam verzehrt wurde. Ein jeder nahm einen Knochen von der Mahlzeit mit sich und steckte ihn am andern Morgen früh vor Sonnenaufgang in seine Saten, damit dieselben gedeihen möchten, und Wetterschaden von ihnen fern bliebe.[1])

Eine grosse Reihe weiterer Zeugnisse über Thieropfer bei der Hagelfeier müssen wir uns auf einen späteren Paragraphen versparen, wo gezeigt wird, dass dieses Fest nicht nur auf den Ackerbau, sondern in gleichem Masse auch auf die Viehzucht Bezug hatte. Es genüge hier, nur noch diejenigen Sitten aufzuführen, welche auf unmittelbar mit den Hagelprozessionen zusammenhängende Opfer zurückweisen. Seb. Franck schreibt in seinem Weltbuch (1567. Tom. I. f. 133b): ‚Auff diss Fest kompt die Creutzwoch, da gehet die gantze Stadt, etwan in ein Dorff zu einem Heiligen, dass er das Getreyde bewaren wölle, vnd wolfeyle zeit vmb Gott erwerben. Das geschicht drey tag aneinander, da isset man Eyer vnd was man guts hat im gruenen Grass auff dem Kirchhof, vnd ermeyen sich die Leuth wol. Baldt darnach folget das Fest der Auffart Christi (daran jederman voll ist, vnd ein geuögel essen muss, weiss nicht warumb).' Nach diesem Bericht, der durch das Zeugnis des Thomas Naogeorgus in jeder Weise bestätigt wird[2]), gehört also zu dem Bittgang gegen Hagelschaden nothwendig der Genuss von Eiern und Geflügel. Da nun, wie wir schon mehrfach sahen, Eier- und Vögelopfer der Wettergottheit dargebracht wurden, überdies Thunar bei einem Fest, wo es sich vorzugsweise darum handelte, Schutz vor allem Unwetter zu erlangen, sicher vornehmlich angerufen sein wird, so wird auch hier die Erinnerung an ein Opfer für den Wettergott vorliegen.

Häufig erscheint dies Vogelopfer bei der Hagelfeier auf das Pfingstfest übertragen. So war früher an vielen Orten Meklenburgs und in der Gegend von Baireuth das Hahnschlagen Pfingstsitte. War der Topf, unter dem das arme Thier sass, zerschlagen und der Vogel getödtet, so wurde derselbe zubereitet und von allen Theilnehmern gemeinsam verzehrt.[3]) Anderwärts trat an die Stelle des lebendigen Vogels ein phantastisch aus Holz ge-

---

[1]) Vernaleken, Mythen u. Bräuche s. 306. Nr. 28.

[2]) Thom. Naogeorgus, Regnum Papisticum. 1553. Lib. IV. s. 158; Hildebrand, De Diebus Festis. s. 83.

[3]) K. Bartsch, Meklenb. Sag. II. Nr. 1414; Bavaria III, 1, 356.

schnitztes Ungethüm, welches mit Keulen von einer Stange, auf die es gesteckt war, herabgeworfen wurde. Schon Loccenius kennt diesen Brauch, wenn er schreibt: ‚Circa festum Pentecostes in plurimis Germaniae locis olim columbam ex ligno factam (postea in ciconiam mutatam) bombardis cives publici exercitii et letitiae loco petere consuerunt: quod etiam Graecis gentilibus olim inter certamina se sagittis exercendi fuisse notat Dictys Cretensis III. belli Troi. A diabolo apud Christianos renovatum in ludibrium Spiritus sancti, qui in similitudine columbae in Apostolos eo tempore effusus fuit.'[1]) Gelehrter Aberglaube brachte die unschuldige Sitte mit dem christlichen Feste in Beziehung, erkannte in dem hölzernen Vogel das Symbol des heiligen Geistes, die Taube, und verschrie deshalb den Brauch als lästerlich und gottwidrig.

Ein Seitenstück zu diesem Vogelabwerfen, welches noch heute in Pommern sehr verbreitet ist, dürfte das seit uralter Zeit in Deutschland zu Pfingsten abgehaltene Vogelschiessen sein, in dem ich ebenfalls das zum Opferspiel herabgesunkene Vogelopfer für Thunar wiedererkenne. Auch von dieser Sitte wähnten die Gelehrten, sie sei behufs der Verspottung des heiligen Geistes eingeführt. So schreibt z. B. Nic. Gryse: ‚Sonderlyken ock im H. Pingstfeste, dar men scholde predigen vam ampt vnd woldaden des H. Geistes, dar wyset men de Lüde van dem worde aff tho des H. Geistes Missen, alse se desülue nömen, welckere se affgödischer auergelöuischer wyse vorrichten. Ock hen thom Vagelstangen vnd Vagelschetende, wyle de H. Geist am Jordan in einer duuen gestaldt erschenen.'[2])

Die Erinnerung an ein anderes Opfer bei der Hagelfeier hat sich in dem Umgange erhalten, welcher jährlich am Himmelfahrtstage vom Chorherrenstift Beromünster im Kanton Luzern vorgenommen wird. Die Prozession durchzieht in einem siebenstündigen Marsche das ganze dem Münster gehörige Gebiet zum **Schutze gegen Viehseuchen, Miswachs und Verhagelung der Felder.** Am Hofe Hasenhausen ist der Bauer verpflichtet, dem Abte **einen schönen Blumenstrauss** zu überreichen. Dieser windet ihn um die Monstranz. Im Hofe Maihausen überreicht der Hofbauer jedem Reiter **eine Ankenschnitte** (Butterbrot). Dieser stösst einen Theil derselben dem Brauche gemäss seinem Rosse ins Maul; das übrige nimmt man mit heim, **denn**

---

[1]) Loccenius, Antiquitates Sueo Gothorum. Edit. Secunda. Holmiae 1670. I. 5. s. 31.

[2]) Nic. Gryse, Spegel des Antichr. Pawestdoms. De VIII. Artikel.

es bewahrt die Stiere vor Stössigkeit, die Pferde vor dem Koller und die Hunde vor der Wuth, auch heilt man offene Schäden damit. Unterliesse der Bauer diese Bewirthung, so würde sein Vieh sterben und sein Getreide verhageln.[1])

Die heilkräftige Wirkung des Brotes, so wie die Strafe für den unterlassenen Brauch kennzeichnen diese Spende hinlänglich als ehemaliges Opfer; andererseits weist uns aber die Verbindung mit der Uebergabe eines Blumenstrausses, in der dies Brotopfer erscheint, auf die ganz ähnlichen Vorgänge bei dem Maibrunnenfeste hin, wo man ebenfalls in feierlicher Prozession mit Blumen geschmücktes Gebäck darbrachte, um reichen Erntesegen zu erlangen. Durch eine Reihe von Nachrichten lässt sich nun auch wirklich nachweisen, dass, wie bei der festlichen Begehung des ersten Mais, so auch bei der Hagelfeier im Heidenthume die Bittgänge in nächster Beziehung zu dem Quellenkult gestanden haben müssen.

In verschiedenen Gegenden Deutschlands werden nämlich nicht nur zu Ostern, sondern auch zu Pfingsten oder Johannis feierliche Prozessionen zu bestimmten Quellen abgehalten, wo man dann aus dem Wasserstand die Fruchtbarkeit des Jahres, den günstigen oder ungünstigen Ausfall der Ernte (in moderner Umwandlung des Brauches die Glück bringenden Nummern beim Lottospiel) weissagt oder Liebesorakel anstellt.[2]) Recht bemerkenswerth ist ferner die ehemals zu Sindolfingen in Schwaben ausgeübte Sitte des Kuchenrittes. Berittene Burschen, Musik an der Spitze, führten jährlich am Pfingstdienstage vier grosse, bunt bebänderte Kuchen, welche gewisse Mühlen zu liefern verpflichtet waren, auf Stangen durch den Ort. Sie umzogen dreimal den grossen Klosterbrunnen und endigten mit Gastmahl und Tanz auf dem Rathhause.[3])

Wie bei der Maifeier erscheinen auch hier förmliche Brunnenfeste. So wählen die an der Ohm Wohnenden jedes Jahr auf den Johannistag einen Brunnenherrn. Dem Gewählten wird auf einem blanken zinnernen Teller ein grosser Blumenstrauss und Abends ein Ständchen gebracht. Dann macht er die Runde und

---

[1]) Rochholz, Naturmythen s. 17—20.
[2]) Kuhn, Westfäl. Sag. I. Nr. 369; Vernaleken, Mythen. s. 3—22; Rosegger, Sittenbilder aus dem steierisch. Oberlande. s. 86 fg.
[3]) E. Meier, Schwäb. Sag. s. 421, Nr. 105.

stellt sich bei jedem Hause vor, wobei er eine Gabe an Geld bekommt. Dasselbe ist zur Brunnenzeche bestimmt, die gewöhnlich am Sonntage nach Johannis statt findet. Alle Brunnen sind um diese Zeit mit Maien und Kränzen von Johannisblumen geschmückt, ebenso die Thüre der Wohnung des neuen Brunnenherren.[1]) In Nieder- und Oberhessen setzt die Magd, welche am Tage S. Johannis des Täufers am ersten zum Brunnen geht, diesem einen grossen, bunten Kranz von allerlei Feld- und Wiesenblumen auf.[2]) Auch im Halberstädtischen und zu Fulda und ebenso zu Neudorf in Siebenbürgen pflegen um dieselbe Zeit die Mädchen oder Knechte die Brunnen mit Blumen zu schmücken.[3])

In anderen Gegenden tritt zwar das Fest mehr zurück, dafür spricht sich aber die Erinnerung an das Opfer um so deutlicher aus. In den Reinhardsbrunnen zu Göttingen und den Ilkenborn bei Sievershausen legen die Kinder zu Pfingsten Brot, Zwieback und Blumen.[4]) Dem Diemelnix bringt man jährlich Brot und Früchte dar, dem Nickelmann in der Bode zu Pfingsten einen schwarzen Hahn, einen Hund oder eine Katze.[5]) Zu Rotenburg in Schwaben hat das Spital die Verpflichtung, jährlich am Johannistage einen Laib Brot in den Neckar zu werfen; unterbliebe der Brauch, so würde der Fluss wild werden und einen Menschen nehmen. In Vaihingen, Bietigheim und Mittelstadt sagt man die Enz, der Neckar verlangten am Himmelfahrtstage einen Bienenkorb, einen Laib Brot, ein Schaf und einen Menschen, weshalb an diesem Tage dort jedermann das Baden unterlässt.[6]) Ueberhaupt ist es eine über ganz Deutschland hin verbreitete Glaubensvorstellung, dass Flüsse, Bäche, Quellen, Seen, Teiche und Tümpel am Johannistage ihr Opfer forderten.

Ist aus alle dem die Wesensgleichheit dieser Brunnenfeste mit

---

[1]) Wolf, Beiträge I. s. 229 Nr. 349.

[2]) Lyncker, Hess. Sagen. s. 253 Nr. 335; Kehrein, Volkssprache u. Volkssitte im Herzogth. Nassau II. s. 155 fg.

[3]) Proehle, Unterharz. Sag. s. 179; Lyncker, Hess. Sag. s. 254 Nr. 336; drslb. Brunnen und Seen und Brunnenkultus in Hessen, in der Zeitschrift des Vereins für hess. Geschichte u. Landesk. VII. Bd. Kassel 1858. s. 222 fg.; Schuster, Deutsche Mythen aus Siebenbürg. s. 448.

[4]) Schambach und Müller Nr. 81.

[5]) Lyncker, Hess. Sag. s. 257 Nr. 343; Grimm, D. M.² s. 462; Nachtrag s. 143; Haupts Ztschrft. V. s. 378; Kuhn, Nordd. Sag. Nr. 197, 1; Proehle, Unterharz. Sag. Nr. 20.

[6]) Meier, Schwäb. Sag. s. 400. 86. 87. 429. 121.

denjenigen, welche am 1. Mai gefeiert wurden, klar geworden, und müste also schon allein deswegen die Hagelfeier, auch wenn uns die Verordnung der Aebtissin Marcsuith nicht überkommen wäre, heidnischen Ursprungs sein, so wird zum Ueberfluss jeder Zweifel dadurch beseitigt, dass, wie bei allen Festen der heidnischen Germanen, so auch hier behufs des Opfers Feuer entzündet wurden. In dem zehnten Paragraphen der sogenannten Lüneburger Artikel aus dem Jahre 1527 heisst es: ‚Andere feste schollen alle afgedaon wesen, sunderliken de, der sik der gemene Bursmann bruket, alse hylligen Drachte[1]), Hagelvyre, Kese eetent edder wo solcke mögen genömet werden, darynne nicht gerynge teken des vngelouens gespörth werden.' Da der ganze Paragraph die Ueberschrift trägt: ‚van der Hagelvyre', so können unter den innerhalb desselben genannten ‚Hagelvyre' nur Hagelfeuer verstanden sein.

Dazu vergleicht sich folgende Stelle in der Leiningischen Polizeiordnung vom Jahre 1566, wo bei einem Gulden Strafe untersagt wird: ‚Mayen stecken, Hagel baum brennen, Johans fewer machen und darüber springen'[2]) und eine Verordnung der Kurfürstlich Trierschen Regierung vom Jahre 1787: ‚Die Anzündung der sogenannten Fastnachts-, Hagel-, Johannis- und Martinsfeuer, oder wie sie sonst Namen haben mögen, welche nicht nur oft die benachbarten Ortschaften in Unruhe und Schrecken versetzten, sondern auch feuergefährlich sind, zu dem nur abergläubischen Misbrauch und Muthwillen der jungen Purschen zum Grunde haben, werden für die Zukunft durchaus verboten, und sollen die ferner daran sich betheiligenden Contravenienten mit 14tägigt- und längerer Arbeit auf der Landstrasse von Localbehörden bestraft werden.'[3])

Derartige Feuer haben sich, wenn auch abgeschwächt, an einigen Orten Niedersachsens bis auf den heutigen Tag erhalten. So werden um Alten-Hundem zu Pfingsten von den Kindern Feuer angezündet, wofür sie am Abend Vesperkuchen erhalten. Wichtig ist der Brauch, wie er an der Hönne geübt wird. Dort liegt unweit des Clusensteins der Schulenstein, eine Höhle, in welcher ein Gebilde aus Tropfstein den Namen ‚Rûendäupe' oder ‚Perdedäupe' führt. Hierher zieht die Jugend aus den Dörfern

---

[1]) ‚Hylligen Drachte' bedeutet nach der Clevischen Kirchenordnung von 1553: ‚Dat umploepen in der Cruytzwecken doir dat veld vnd korn.'

[2]) Richter, Evangel. Kirchenordnungen I, 71; II, 289.

[3]) Scotti, Sammlung der Gesetze und Verordnungen im ehemal. Kurfürstenthum Trier. Düsseldorf 1832. III. 1459. Nr. 838; vgl. Pfannenschmid, Germ. Erntefeste. s. 384. Anm. 50.

der Umgegend am ersten Pfingsttage mit Strohschofen, die mit Birkenreisern umwunden sind, welche dann in der Höhle entzündet werden.¹) Der enge Zusammenhang, in dem in der letztgenannten Sitte Feuer und Höhle stehen, weist wiederum auf die grosse Bedeutung hin, welche die über den Quellen waltende Göttin bei unserem Feste hatte.

In Hessen und Nassau nennt man mit Stroh umwickelte Wagenräder, welche am Johannisabend angezündet und die Berge hinabgerollt werden, Hagelräder. Hie und da im Nassauschen werden aber auch, getrennt von dem Johannisfeuer, um den Sonnwendtag herum Hagelfeuer (Hâlefeuer) entflammt.²) In Süddeutschland wird seit langer Zeit an vielen Orten die Hagelfeier am 26. Juni, dem Tage S. Johannis und S. Pauli abgehalten, welche beide nach Nic. Gryse ‚van dem Römischen Paweste tho Wederheren vnde Donnergödern vorordent syn.‘³) In Bezug auf diesen Tag bemerkt nun die Constanzer Chronik zum Jahre 1441: ‚Sant Johans und sant Paul, zwên martrer und Roemer herren gewesen, ûf der tag ist hagelfiur.‘⁴)

In anderen Gegenden Süddeutschlands hat eine ähnliche Verkirchlichung des Brauches, wie wir sie bei dem Osterfeuer kennen lernten, stattgefunden. In dem ‚Landtgebott wider die Aberglauben Zauberey Hexerey und andere sträfliche Teufelskünste‘ des Herzogs Maximilian in Baiern (a. 1611) heisst es nämlich: ‚Ueber das befindt sich, dass von Alters am heiligen Auffartstag, bey der Nachmittag gebreuchigen Gedechtnus unsers lieben Herrn Himmelfahrt, auff dem Landt ein geklaidte und angezündte Bildtnus dess bösen Geists in den Kirchen von der Höhe herab geworffen würdet, das gemaine Volck sich fast darumb reissen thut, und die Stuck oder Fleck, welche sie darvon bekommen, im Feldt auffstecken, der Zuversicht, dass der Schauer daselbs nit schlagen soll. Welches je nichts anders, als gleichsam eine aussdruckliche Anruffung dess bösen Geists, darmit er das feldt behüten soll. Darumben solche böse Superstition und Aberglauben vor andern zu straffen.‘⁵) Verbrannte man dort den der Vegetation schädlichen Dämon in kirchlicher Umdeutung als Judas, so hier als den bösen Geist.

---

¹) Kuhn, Westfäl. Sag. II. Nr. 475. 476.
²) Grimm, Deutsch. Wörterb. IV. 2. 147.
³) Nic. Gryse, Spegel des Antichrist. Pawestdoms. 1593. Dat II. Gebodt.
⁴) Lexer, Mhd. Wörterb. I. 1142.
⁵) Panzer. II. s. 281. 28; vgl. auch Thom. Naogeorgus, Regnum Papisticum. 1553. Lib. IV. s. 152 fg.

Echte heidnische Hagelfeuer haben wir ferner in den Johannisfeuern zu erblicken, welche zu Mittsommer im steierischen Oberlande entzündet werden. Dort macht der Bauer zu Johannis an einer Ecke seines Roggen- oder Haferfeldes, um welches ihm die kommenden Hundstage mit ihren bösen Gewittern viel Angst bereiten, ein Feuer an und streut Weihrauch von der Christnacht und Weihholz vom Palmsonntag hinein. Hierauf überdeckt er das nun auflodernde Feldfeuer kreuzweise mit grünem Reisig, feuchtem Moos und Heidekraut und spricht sodann folgendes Gebet:

,O heiliger Johanni und Donati,
Behüte unser Feld und unser Vieh
Vor Blitz und Donner und Schauertoben,
Auf dass wir euch immer und ewiglich loben.'[1]

Hagelfeuer erkenne ich endlich in den Feuern wieder, welche in mehreren Gegenden Baierns und Schwabens neben den Johannisfeuern am S. Veits-Tage, dem 15. Juni, angezündet wurden. Von Haus zu Haus sammelte man das Material zu diesem Feuer, indem man dabei Lieder sang, in welchen der h. Veit angerufen wurde: so z. B.

,Hälige' sanct Veit!
Schick üns e͂ Scheit,
E͂ kurz und e͂ langs
Zum Sümetsfuirtanz.'

Aus dem auf diese Weise zusammengebrachten Holz ward ein hohes Feuer gemacht, worüber dann die Kinder unter dem Absingen des auch bei den Johannisfeuern üblichen Spruches sprangen:

,Flachs, Flachs!
Dass der Flachs dés Jaur
Siben Elle͂ wachs.'

Die Erwachsenen und Verheiratheten bestrichen ein altes Wagenrad mit Pech, umflochten es mit Stroh, steckten darauf das Rad mittelst der Nabe, häuften Wellen obendrauf und zündeten es zwischen Licht und Dunkel an. Wenn das Rad lichterloh brannte, die Flamme hoch auflodcrte, sagten alle zugleich einen Spruch, gen Himmel die Augen und Arme emporrichtend und die Hände zur Bitte in einander gelegt.[2]

Auffallen könnte, dass in den Berichten über die Hagelfeuer nichts von dem Hexenverjagen verlautet. Das Vertreiben der schädlichen Dämonen mangelt jedoch dem Hagelfeuer nur scheinbar; es findet sich in den verschiedensten Gegenden Deutschlands vor,

---

[1] Rosegger, Sittenbilder. s. 84 fg.
[2] Panzer. I. s. 213. 237, 215. 242; II. s. 240. 443.

nur dass es sich allenthalben von dem Feuer losgelöst hat und zu einem selbständigen Brauche geworden ist. Da aber das Hexenvertreiben bei der Hagelfeier im grossen und ganzen durchaus dieselben Züge an sich trägt wie dasjenige, welches bei dem Frühlingsfeste und der Maifeier vorgenommen wurde, so soll es hier mit der Beschreibung der im Böhmerwald üblichen Sitte genug sein. Dort findet in der Nacht zum Pfingstsonntag unter Peitschengeknall das „Hexen-ausblaschen" statt. Man legt frischen Rasen vor Stall- und Hausthüre, besprengt denselben mit Weihwasser und ruft dann unter dem Knallen der Peitschen:

,Fluigts davo~, Nachgàid und Hècksne~,
'Páschne~ (Peitschen) tusch·nt enk âs,
D· Eng·l tháte~ t enk zmècksne~
I~ má~ guet g·wè'tn (geweihten) Hâs.'[1]

Schon die flüchtige Durchsicht der angeführten Berichte lehrt, dass die Hagelfeuer ihrem inneren Wesen nach in jeder Beziehung den Frühjahrs- und Maifeuern analog sind, und dass sie also wie jene rein heidnischen Ursprungs sein müssen. Es bleibt uns jetzt die Frage zu beantworten, wann von unsern heidnischen Vorfahren dies Feuer entflammt und die demselben zu Grunde liegende Hagelfeier begangen wurde. Jüngere wie ältere Zeugnisse schwanken in der Angabe des Termins für die Entzündung des Feuers, das Abhalten des Bittgangs und die Feier des Brunnenfestes zwischen Himmelfahrt, Pfingsten, S. Veitstag, Johannis und S. Johannis und Paul. Es liegt jedoch auf der Hand, dass diese Verschiedenheit in der Zeitangabe nur auf Rechnung kirchlicher Beeinflussung zu setzen ist; im Heidenthum kann das Fest, da es den Verherungen der Felder durch Unwetter vorbeugen sollte, nur im Anfang der Zeit gefeiert worden sein, in der Hagelschauer von nachhaltigem Schaden für die Saten sind, d. h. bei den ehemals rauheren climatischen Verhältnissen Deutschlands ungefähr in der Mitte des Junis, also in denselben Tagen, in denen zum Frommen des Viehstandes die Johannis-Nothfeuer angezündet wurden.

Alles Weitere über Opfer, welche bei der Hagelfeier dargebracht wurden, wollen wir uns für eine spätere Untersuchung versparen[2]); es möge hier nur noch eines Brauches gedacht werden, welcher, scheinbar eine rein kirchliche Einrichtung, dennoch in die fernsten Zeiten

---

[1]) Rank, Aus dem Böhmerwald. 1843. s. 78; vgl. Schmeller, Bair. Wörterb. 2. Aufl. I. s. 1047. Ueber das Hexenvertreiben zu Pfingsten siehe sonst u. a.: Kuhn, Westfäl. Sag. II. Nr. 460; Bartsch, Meklenb. Sag. II. Nr. 1403. 1408—1410. 1419; E. Meier, Schwäb. Sag. s. 402. Nr. 92.

[2]) Cap. III. § 3.

des Heidenthums zurückweist. Eine Reihe von Zeugnissen besagt nämlich, dass an den Priester, welcher zur Abwehr von Hagelschauern bei der Flurprozession den Wettersegen sprach, eine bestimmte Abgabe entrichtet wurde, das Segenskorn, der Segenszehent genannt, welche entweder sofort in Gestalt einer Naturalleistung von Brot, Holz, Flachs etc. entrichtet wurde, oder als wirkliche Getreideabgabe erst bei der nächsten Ernte fällig war.[1]) Dieser Zins ist völlig wesensgleich dem Glockenkorn, Glockenzehent etc., welche letztere Abgaben wir im achten Paragraphen des ersten Capitels als durchaus heidnischen Ursprungs nachgewiesen haben. Da nun im Heidenthum bei einer zur Abwehr von Hagelschaden eingerichteten Feier unzweifelhaft Wettersegen gesprochen wurden, so muss auch der Segenszehent bei der heutigen kirchlichen Hagelfeier der heidnischen Sitte seine Entstehung verdanken.

§ 4. Ernteopfer des einzelnen Hausstandes.

Die fröhliche Zeit der Ernte ist gekommen. Die Gottheit hat die Gebete und Opfer im Frühjahr und Sommer erhört und das Korn vor all den mannigfachen Gefahren, die ihm drohten, gnädig geschützt, so dass es jetzt goldig reif nur noch der Sichel des Schnitters harrt. In seinem Glücke vergisst jedoch der fromme Landmann seiner Wohlthäter nicht, sondern dankbar bringt er ihnen von seinem Ueberflusse das Beste zum Opfer dar. Dadurch wird der Ernte im grossen und ganzen der Charakter eines Dankfestes verliehen. Aber diese Bezeichnung ist nicht erschöpfend, denn was nützt der reichste Fruchtsegen auf den Feldern, wenn während der Erntezeit sich Unwetter einstellt und denselben in die Scheuern einzuheimsen verbietet. Neben den Dankgebeten erschallen also nicht minder Bittgebete, neben den Dankopfern müssen im Heidenthum auch Bittopfer dargebracht worden sein, und zwar werden letztere beim Beginn, erstere beim Schluss der Ernte stattgefunden haben.

A. Bittopfer beim Beginn der Ernte.

Unter feierlichen Ceremonien wurde die Ernte eröffnet, wie sich dies noch allenthalben in unsern Erntebräuchen kund thut. In Schwaben und Kärnthen fällt der Bauer mit allen Schnittern, ehe mit der Mahd begonnen wird, auf die Knie und betet mit ihnen das Vaterunser und den Glauben oder sonst einen frommen Spruch. Man unterlässt

---

[1]) Frisch, Deutsch-Latein. Wörterbuch. Berlin 1741. s. v. Segenskorn; Pfannenschmid, Germ. Erntef. s. 62, 77, 79, 386. Anm. 51, 390. Anm. 57; Proehle, Harzsagen s. 253; Kuhn, Märk. Sag. s. 329; Rosegger, Sittenbilder. s. 4 fg.

das nie und glaubt dadurch vor jedem Unfall während des Schneidens gesichert zu sein.[1]) In Oesterr. Schlesien wohnt vor dem Beginn der Ernte der Landwirth mit seinen Leuten einer heil. Messe bei, um günstige Witterung zu erflehen.[2]) Auch in manchen Gegenden Siebenbürgens wird wie in Süddeutschland vor dem ersten Schnitt von den Schnittern gemeinsam gebetet. An anderen Orten derselben Landschaft gehen die Mäher das erste Mal in festlicher Kleidung auf den Acker. Sobald dann die erste Garbe geschnitten ist, begiebt sich der Ortsrichter (Hann) auf den Pfarrhof und meldet es. Darauf wird am nächsten Morgen früh die Erntekirche gehalten, wozu die ganze Gemeinde durch Nachbarzeichen eingeladen wird. Die Kirche nicht zu besuchen, galt für einen grossen Frevel. Die Sage erzählt, ein Mann, der, statt in die Kirche zu gehen, sich hinter dem Dorf durch den Bach ins Kornschneiden begab, sei wenige Tage darauf eines plötzlichen Todes verstorben.[3])

Ganz ähnliche Bräuche fanden in Norddeutschland statt. In der Altmark bestimmte früher, als die Bauernfelder noch im Gemenge lagen, der Schulze, wenn das Mähen seinen Anfang nehmen sollte. Tags vorher ward „Umlôp holln", d. h. es wurde ein paar Stunden zur Probe gemäht, am folgenden Tage aber „vullweg meit".[4]) In Rohrberg und ebenso in Mirow im Meklenburgischen läutete ehemals der Schulze die Ernte ein, und zwar durfte niemand eher mähen, als bis des Schulzen Knecht den ersten Schnitt gethan.[5]) Noch heute hat in vielen Gegenden Westfalens der erste Tag, an welchem man hinauszieht zum Schnitt, einen Anflug von Festlichkeit bewahrt. Die Mäher schmücken ihre Mützen mit Blumensträussen, farbigen Bändern und Knittergold, die Mädchen und Frauen binden eine grosse weisse Schürze vor und legen weisse Mieder an, was sich dann zu den gebräuchlichen dunkeln Röcken hübsch ausnimmt.[6])

---

[1]) Meier, Schwäb. Sag. s. 439 fg.; Birlinger, Aus Schwaben. II. s. 328; M. Lexer in Wolfs Zeitschrift. IV. s. 300.

[2]) Peter, Volksth. II. s. 267.

[3]) G. A. Heinrich, Agrar. Sitten. s. 17 fg.; Schuster, Deutsche Mythen a. siebenb. sächs. Quellen. s. 267.

[4]) Danneil, Altm. Wörterbuch. s. 234; vgl. auch Kuhn u. Schwartz, Nordd. Gebr. Nr. 110.

[5]) K. Bartsch, Meklenb. Sag. II. Nr. 1472, 1494; Kuhn, Märk. Sag. s. 338; Kuhn u. Schwartz, Nordd. Gebr. Nr. 107.

[6]) Pfannenschmid, Germ. Erntefeste. s. 90, s. 394. Anm. 2.

Für das hohe Alter und den heidnischen Ursprung dieser Bräuche sprechen vor allen Dingen die aus Norddeutschland und Siebenbürgen beigebrachten Sitten. Dort ist von einer kirchlichen Beeinflussung noch wenig zu merken, im Gegentheil erinnert die grosse Rolle, welche bei der Feierlichkeit der Dorfschulze zu spielen hat, an die heidnisch-germanische Verbindung des richterlichen mit dem priesterlichen Amte. Aber selbst die scheinbar rein christlichen süddeutschen und schlesischen Bräuche können ihren heidnischen Ursprung nicht verläugnen, denn das Niederknieen und Beten vor dem Getreidefeld kann zwar ein von der katholischen Kirche geduldeter, unmöglich aber ein von derselben angeregter Brauch sein. Dazu kommt nun noch, und dies dürfte den Ausschlag geben, dass sowohl im Norden als auch im Süden Deutschlands den feierlichen Ceremonien vor dem ersten Schnitt sofort ein Opfer der ersten geschnittenen Aehren oder der ersten Garbe folgte.

In vielen Orten Niederbaierns und Mittelfrankens legt man in die erste Garbe ein rothes Gründonnerstagsei (Antlassei), Brot, Salz und geweihte Kräuter. Hie und da besprizt man das Ganze mit einigen Tropfen Johanniswein oder betet einen Spruch dabei, so z. B. um Landau:

„Gott wird uns wohl bewahren,
Das ist unsere erste Garben!"

Diese Garbe wird sodann oben auf die erste Fuhre gelegt und, wenn der Wagen beim Stadel angekommen ist, zuerst abgeladen und in die Oes (das Fach für die Garben) gestellt. Nachdem abgedroschen ist, holt man sie wieder hervor und verbrennt sie im Ofenfeuer, **damit der Bilmesschneider, welcher am Sonnwendtag in der Frühe vor dem Avemarialäuten über die Felder streift und die Aehren abschneidet, den Saten nicht schaden kann.** In Niederaltaich an der Donau wirft man ausserdem noch, bevor die erste Fuhre vom Felde abgeht, drei Aehren in fliessendes Wasser. Mangelt dieses, so legt man die drei Aehren, vor dem Abladen der ersten Garbenfuhre in dem Stadel, in das Ofenfeuer, welches, wenn es ohnehin nicht schon brennt, für diesen Zweck angezündet wird.[1])

Die Frau von Donnersberg faste vor der Ernte drei stehende Halme, **band sie unter den Aehren zusammen, betete und sagte: „Das gehört den drei Jungfrauen"** (d. i. den Haylräthinnen zu Oberingling in Oberbaiern). Dies that sie auf allen Aeckern, wo Roggen, Weizen und Fesen geschnitten werden sollte; und wo

---

[1]) Panzer. II. s. 211—213; Bavaria. III, 2, 937.

sie nicht selbst hingehen konnte, band sie drei Kornähren mit weisser Seide zusammen und schickte ein Kind unter sieben Jahren auf das Feld, das die drei Kornähren hinlegte.[1]) In der Oberpfalz, um Landshut in Niederbaiern und in Steiermark schneidet der Bauer, wenn die Ernte beginnt, drei Aehren, legt sie übers Kreuz auf den Acker und nagelt sie dann, wenn der Schnitt vorüber ist, an die Hausthüre, oder er legt sie in den Weihbrunnkessel oder auf den Kirchhof.[2]) Anderswo wirft man der Kornmutter beim Herannahen der Kornernte als Antheil drei Aehren ins Satfeld, **damit die Ernte gut werde.**[3]) In der Umgegend von Eisenach werden an vielen Orten die ersten und die letzten Hampfeln Aehren kreuzweise auf den Acker gelegt. In anderen Gegenden Thüringens warf man die erste Garbe für die Mäuse in die Tenne.[4]) In Hessen wirft man die erstgebundene Garbe Nachts um zwölf Uhr durch die hintere Scheunenthüre, ohne weiter darnach zu sehen. **Sie ist für die Engel vom Himmel und heisst der Erntesegen.**[5]) In der Wetterau, in Meklenburg und Schlesien gilt als Regel: Wer drei Kornähren im Namen Gottes des Vaters, d. S. etc. über den Spiegel steckt, hat das ganze Jahr **Glück in der Ernte.**[6])

Im Niederrheinischen und in Niedersachsen ist an manchen Orten an die Stelle der Gottheit oder der göttlichen Wesen, denen sonst die ersten Aehren geopfert werden, die Gutsherrschaft getreten. Ihr wird nämlich dort am ersten Tage des Mähens von den Binderinnen in feierlicher Weise unter dem Hersagen eines Erntespruches im Namen der hlg. Dreifaltigkeit die erste Handvoll Aehren überreicht. Die Halme sind häufig mit farbigen Bändern geschmückt und zu einem Strauss, einem Kranz oder einer Krone mit einander verbunden.[7]) Auf diesem Brauche beruht es, dass in der Umgegend von Mirow in Meklenburg, ehe die Separationen stattgefunden hatten, jede Gemeinde, wenn sie mähen wollte, drei Aehren auf's Amt bringen und um Erlaubnis zu mähen bitten muste.[8])

---

[1]) Panzer. I. s. 60.
[2]) Bavaria. II, 1, 299; Panzer. II. s. 215. 391; Rosegger, Sittenbilder. s. 4.
[3]) Mannhardt, Korndämonen. s. 22.
[4]) Witzschel, Sitten etc. s. 15. 69, 16. 77.
[5]) Wolf, Beiträge. I. s. 222. Nr. 248; II. s. 426.
[6]) Wolf, Beiträge. I. s. 222. Nr. 245; Bartsch, Meklenb. Sag. II. Nr. 758; Wuttke² § 660.
[7]) Pfannenschmid, Germ. Erntef. s. 93 fg., s. 400. Anm. 17; Mannhardt, Baumkultus. s. 210.
[8]) K. Bartsch, Meklenb. Sag. II. Nr. 1472; Kuhn und Schwartz, Nordd. Gebr. Nr. 107.

Reiner hat sich das alte Opfer in folgenden Bräuchen erhalten. In Schilde bei Wittenberge und in der Umgegend wird aus der ersten Roggengarbe eine Puppe gemacht, welche schlechthin die Austgarbe heisst.[1]) In Oesterr. Schlesien legt man an einigen Orten die erste Garbe für die Mäuse in die Scheune. In andern Gegenden derselben Landschaft beschränkt man sich jedoch heute nur noch darauf, die erste Garbe oder auch die erste Getreidefuhre mit Weihwasser zu besprengen.[2]) Bei den Sachsen Siebenbürgens endlich muss die erste Garbe gegen das Brachfeld gebrochen werden, damit auch die Frucht des folgenden Jahres gedeihe. Hie und da gilt dabei, dass diese erste Garbe mit der linken Hand geschnitten werden müsse. In Leblang hebt man sie auf, um sie am Neujahrsmorgen den Vögeln des Himmels zu geben. In Almen dagegen bindet man in die erste Garbe für die Mäuse in der Scheune Knoblauch, Brotrinde und wilden Eisbet ein.[3])

Dies Aehrenopfer der ersten geschnittenen Halme oder der ersten Garbe, welches nach den Berichten theilweise selbst heute noch als ein wirkliches Opfer im heidnischen Sinne empfunden wird, soll also ein gutes Erntewetter, d. i. eine glückliche Ernte, verschaffen, die Felder vor den verderblichen Einwirkungen des Bilmesschnitters schützen und die Scheuer vor Mäusefrass bewahren.[4]) Feierliche Ceremonien wurden beim Schneiden der für die Gottheit bestimmten Halme beobachtet; dann schürzte man sie mit einem Bande unterhalb der Aehren zusammen, schmückte sie mit Feldblumen und brachte sie unter dem Hersprechen einer Segensformel dar. Zu dem Zwecke wurden sie entweder auf dem Felde liegen gelassen, in ein fliessendes Wasser geworfen, in Feuer verbrannt, oder aber man hing sie in der Wohnstube auf, nagelte sie über der Hausthüre an, legte sie zu unterst in die Scheune, weil sie als heilige Opfergaben die Kraft besassen, alles Unglück von Haus und Hof fern zu halten.

---

[1]) Kuhn u. Schwartz, Nordd. Gebr. Nr. 103.
[2]) Peter, Volksth. II. s. 268.
[3]) G. A. Heinrich, Agrar. Sitten. s. 19; Schuster, Deutsch Myth. a. siebenb. sächs. Quellen. s. 308.
[4]) Nach den Berichten haben wir es allerdings mit einem Opfer für die Mäuse zu thun, es ist hier jedoch nur der von uns schon mehrfach beobachtete Entwicklungsprozess vor sich gegangen, dass aus dem Opfer für eine Gottheit, damit sie den Darbringer vor Schaden bewahre, im Laufe der Zeit, wenn die Erinnerung an jene Gottheit geschwunden ist, ein Opfer für die schädigende Macht wird.

Jetzt werden auch folgende Bräuche ihre Erklärung finden. Die Chemnitzer Rockenphilosophie berichtet: ‚Wer in der Erndte das erste Korn einführet, der soll von denen ersten Garben etliche nehmen, und in die vier Winkel der Scheunen Creutze damit legen, so kan der Drach nichts davon holen.‘ ¹) In diesem Brauche, der noch heute in der Oberpfalz, Mittelfranken ²) und Pommern ³) ausgeübt wird, hat sich eben die Erinnerung an die Zauber wirkende Kraft der ersten Garbe, der Opfergarbe, frisch im Gedächtnis erhalten. Auf dieselbe Weise ist auch die im Niederrheinischen übliche Sitte des Fruchtstreuens unter den Kornbarm zu erklären, welche nach Montanus seit Jahrhunderten verbotweise erwähnt, aber noch in unserer Zeit von altgläubigen Leuten beobachtet wird, um, wie sie sagen, den Barm vor Mäusefrass und anderm Unheil zu schützen. ⁴)

Ferner finden wir bei unserm Aehrenopfer die Züge wieder, dass man zauberkräftige Wirkungen den einzelnen Theilen desselben zuschrieb und aus ihm Prophezeiungen zu machen verstand. In der Oberpfalz, Niederbaiern, Thüringen und Siebenbürgen nimmt der Schnitter, ehe er mit der Arbeit beginnt, stillschweigend drei Halme und bindet sie um sich, damit er beim Schneiden keine Kreuzschmerzen bekomme und vor Verwundungen mit der Sichel geschützt sei. Recht alterthümlich wird dieses Gürten der Lenden bei den siebenbürgischen Sachsen durch ein Gebet eingeleitet; die Hausfrau spricht:
‚Im Namen Gottes beginnen wir dies Land,
Gott segne unsern Bauernstand,
Thut wie ich und bindet auch die Lenden
Und sputet fleissig mit den Händen.‘ ⁵)

Da die erstgeschnittenen Aehren in ganz Deutschland der Gottheit geweiht waren, die zum Gürten der Lenden gebrauchten Halme aber ebenfalls vor dem Beginn der eigentlichen Mahd geschnitten werden, so müssen diese Aehren ursprünglich den Opferhalmen entnommen sein, und kann ihre Krankheit vertreibende und vor Verwundung schützende Kraft nur daher stammen.

---

¹) Chemn. Rockenphil. III. 72.
²) Bavaria. II, 1, 299; III, 2, 935.
³) Mündlich aus Cratzig, Kreis Koeslin, Hinterpommern; Knorrn, Sammlung abergl. Gebräuche Nr. 126.
⁴) Montanus. s. 42.
⁵) Panzer. II. s. 214. 386, 217. 396; Bavaria. II, 1, 299; Witzschel, Sitten. s. 15. Nr. 70; G. A. Heinrich, Agrar. Sitten. s. 18 fg.

In Betreff der Orakel, welche man mit der Opfergarbe anstellte, ist folgende Stelle in der Chemnitzer Rockenphilosophie bemerkenswerth: ‚Wenn sie (die Bauern) anfangen zu dreschen, so nehmen sie die erste Garbe aus der Scheune, (einige nehmen auch die erste Garbe, die sie auf dem Felde haben binden lassen, zu diesem Werk), dreschen oder klopfen das Korn daraus, nehmen alsdenn einen Topf, Napf, oder ander Maas, machen solches voll mit dem ausgedroschenen Korne, und streichen es glatt ab, schütten es auf den Tisch, und dieser erste Haufen bedeutet das erste Vierteljahr. Dieses Maas messen sie auf solche Art vier mal voll, und schütten jedes absonderlich auf den Tisch. Wenn dieses geschehen ist, so nehmen sie den ersten Haufen, und thun ihn wieder in das Maas, und streichen es eben, wie zuvor, glatt ab. So sie nun etliche Körner abstreichen, da kratzen sie sich hinter den Ohren, und vermeynen, das Korn werde im ersten Vierteljahre wohlfeil werden; streichen sie aber nichts ab, oder es scheinet, als ob noch einige Körner mangelten, so lachen sie, und schmutzeln mit denen Mäulern, als wie ein Esel, der Teig frisst, und vermeynen, es werde das Korn aufschlagen; also machen sie es ferner mit denen übrigen drey Haufen, da ein jeder ein Quartal nach der Ordnung bedeutet.'[1])

Ganz entrüstet fragt der Verfasser der Rockenphilosophie, warum die Bauern nur dem Korn der ersten Garbe diese weissagende Kraft zuschrieben. Der Grund dafür liegt, wie bei der Heilkraft der erst geschnittenen Halme, lediglich darin, dass jene Garbe die ehemalige Opfergarbe war. Ebenfalls wird man nur Körner von dieser Garbe zu dem Orakel genommen haben, welches angestellt wurde, um die beste Zeit für die Aussat des Winterkorns zu erhalten, auf das jedoch, da es den bei dem Frühlingsopfer besprochenen Bräuchen ganz gleichartig ist, hier nicht weiter eingegangen werden soll.[2])

Ausser den ersten Aehren brachte man nun aber auch, wie die oben angeführten Berichte zeigten, Eier- und Brotopfer dar, zu welchen letzteren man noch den Bericht Fr. Wessels (um 1550) halte: ‚Dadt nyejar dadt se (scilic. die Bauern in Vorpommern) backeden, dadt wart thom dele vorwaret beth de meyer meyen wolden, so ethen se daruan; meneden, se konden sick denne nen vordrot dhon.'[3]) Auch die an manchen Orten Westfalens übliche Sitte, in die erste Garbe einen Käse zu binden und sie dann in der Scheuer zuerst in den Haufen zu legen, um dadurch für die ein-

---

[1]) Chemn. Rockenphil. III, 77.
[2]) Panzer II. s. 207. Nr. 363; Bavaria. III, 1, 343; vgl. oben s. 112.
[3]) Fr. Wessel. ed. Zober. s. 4.

geheimsten Früchte Schutz vor Mäusefrass zu erlangen, gehört hierher.[1]) Ferner scheinen bei dem Opfer, dem zu Loching in Niederbaiern üblichen Brauche zufolge (s. oben), Libationen stattgefunden zu haben. Das Opfer beim Erntebeginn vergleicht sich demnach seiner ganzen Natur nach völlig dem Opfer bei der Aussat, und Aehren, Brot und Ei werden darum hier, genau wie dort Körner, Brot und Ei, den drei Gottheiten, welche über Himmel, Erde und Wetter gebieten, dargebracht worden sein. Wie jenes muss es ferner ein Bittopfer gewesen sein; denn wenn auch die Darbringung der Erstlinge der Ernte an sich dem Charakter eines Dankopfers nicht widerspricht, so ist das jedoch hier deshalb nicht annehmbar, weil erstens durch dies Opfer der Landmann nur Vortheile, als gutes Erntewetter und Schutz vor Bilmesschnitter und Mäusefrass für sich zu erlangen hoffte, dann aber dem für ganz Deutschland nachgewiesenen Opfer vor der Ernte ein ebenso allgemein verbreitetes Opfer bei Ernteschluss gegenüber steht, welches, wie wir jetzt näher erörtern werden, durchaus rein dankender Natur war.

B. Dankopfer beim Schluss der Ernte.

Nicolaus Gryse beschreibt in dem ‚Spegel des Antichristischen Pawestdoms vnd Luttherischen Christendoms' (Rostok 1593) in dem Abschnitt, wo er die Versündigungen der ‚vorflökeden Papisten, in erem Ertzketterischen Pawestdom' gegen das zweite Gebot aufzählt, unter anderm folgenden meklenburgischen Erntegebrauch: ‚Ja im Heydendom hebben thor tydt der Arne, de Meyers dem Affgade Woden, vmme gudt Korn angeropen, denn wenn de Roggenarne geendet, hefft men vp den lesten Platz eines ydern Veldes, einen kleinen ordt vnde humpel korns, vnaffgemeyet stan laten, datsülue bauen an den Aren, dreuoldigen thosamende geschörtet, vnde besprenget, alle Meyers syn darumme hergetreden, ere Höde vam Koppe genamen vnde ere Seyssen na dersüluen Wode vnde geschrencke dem Kornbusche vpgerichtet, vnde hebben den Wodendüuel dremal semplick, lud auerall also angeropen, vnde gebeden:

    Wode hale dynem Rosse nu Voder,
    Nu Distel vnde Dorn,
    thom andren Jhar beter Korn.

Welcker Affgödischer gebruck im Pawestom gebleuen, darher den ock noch an dissen örden dar Heyden gewanet, by etlyken Ackerlüden, solcker auergelöuischer gebruck in der anropinge des Woden, thor tydt der Arne gespöret wert, vnde ock offt dersülue

---

[1]) Kuhn, Westfäl. Sag. II. Nr. 508, 522.

Helsche Jeger, sonderlyken im Winter des nachtes, vp dem Velde mit synen Jagethunden sick hören leth.' Dies Zeugnis Gryses wird durch einen gleichzeitigen Bericht über den auf dem Lande herrschenden Aberglauben, wovon leider nur ein Bruchstück im Schweriner Archiv erhalten ist, in allen Einzelheiten bestätigt.[1]) Ja noch im vorigen Jahrhundert muss dieser Erntebrauch im Meklenburgischen ausgeübt worden sein; denn Dav. Franck, der in der Mitte des 18. Jhdts. schrieb, sagt bestimmt aus, dass er selbst alte Leute gekannt habe, welche sich dieses Festes erinnerten. Auf adlichen Höfen, fügt er hinzu, werde, wenn der Roggen ab sei, den Erntemeiern **Wodelbier** gereicht.[2])

In abgeschwächter Gestalt hat sich das alte Opfer selbst bis in die neuste Zeit in Meklenburg erhalten. Noch im Anfang dieses Jahrhunderts liess man in der Gegend von Hagenow in einer Ecke des Feldes einige Halme stehen, damit ‚de Waur' Futter für sein Pferd finde. Und nur eine Verdrehung des alten, jetzt unverständlich gewordenen Götternamens ist es, wenn in Gross-Trebbow bei Schwerin die letzte Garbe nicht vom Felde geholt werden darf, sondern dem **Wolfe** als Futter für sein Pferd stehen bleibt.[3])

Diesen meklenburgischen Bräuchen vergleicht sich eine Reihe von Erntesitten in anderen Landschaften Deutschlands. Nach Grupen liessen noch ums Jahr 1752 in Niedersachsen an verschiedenen Orten die Hausleute beim Roggenmähen einige Halme stehen, banden Blumen dazwischen, steckten hie und da wohl auch einen Pfahl mit einem Querstock in Form eines Kreuzes in die Erde und umflochten dasselbe dann mit den Halmen und Blumen. Nach verrichtetem Mähen versammelten sie sich darauf um die stehen gebliebenen Halme oder den Pfahl, fasten die Roggenähren an, nahmen die Hüte ab und riefen dreimal aus vollem Halse:

,Frû Gaue[4]) hâlet ju Fauer.
Düt Jahr up den Wagen
Dat andere Jahr up de Kâre.'

Hiernach zog jeder den angefasten Halm nach sich, rupfte ihn

---

[1]) K. Bartsch, Mekl. Sag. II. Nr. 1491.

[2]) Dav. Franck, Meklenb. 1, 56. 57; vgl. Grimm, D. M². s. 141 fg. Ueber die dem Wodelbier gleichzusetzenden Weddelbiere K. Bartsch, Meklenb. Sag. II. Nr. 1480.

[3]) Mannhardt, Roggenwolf und Roggenhund. s. 44.

[4]) Frû Gaue aus Frô Gaue entstanden: Grimm, D. M.² s. 231 fg.

ab und strafte denjenigen, der nicht mit gerufen, noch den Hut abgenommen hatte.[1])

Auch in Baiern gehörte bei der Ernte ein Aehrenbüschel für den Waudlgaul. Dabei stellte man ausserdem Bier, Milch und Brot für die Waudlhunde hin, welche nach dem Volksglauben in der dritten Nacht kamen und es auffrassen. Wer nichts stehen liess, über dessen Felder ging der Biber (der Bilmerschnitt.) Im vorigen Jahrhundert galt noch ein Erntefest, die ‚Waudlsmähe' genannt, wo man den schwarzen Rossen des Waude Futter aussetzte, dabei zechte und sang:

,O heilige sanct Mäha,
Beschere übers Jahr meha,
So viel Köppla, so viel Schöckla,
So viel Ährla, so viel 1000 gute Jährla.'

Vergassen es die Schnitter, so hiess es: ‚Seids net so geizig und lassts dem heiligen sanct Mäha auch was steha und machts ihm sein Städala voll!' Das Gebet an den heiligen sanct Mäha hat sich bis heute im Fränkischen erhalten, die Erinnerung an den Waude und den Waudlgaul dagegen ist dort jetzt gänzlich dem Volksgedächtnis entschwunden.[2])

Als älteste Belege für die Ausübung derartiger Bräuche in Süddeutschland erscheinen folgende urkundliche Zeugnisse. Im ‚Statregister etc. zu Prespurgk' (zwischen 1350 — 90) heisst es: ‚Item zum erstenmal ist zu merken, was wir, dy stat, ierleichen schuldig ist an dem newen iare, daz man heyst dy Wud,' und unter den Abgaben, welche nach einer Urkunde aus der Mitte des dreizehnten Jahrhunderts S. Pölten an die Kirche in Passau zu entrichten hatte, kommt vor: ‚V modios auene minoris mensure quod dicitur Wutfuter'.[3]) Schwerlich werden diese Abgaben, ‚dy Wud' und das in Getreide zahlbare ‚Wutfuter', von dem Futter für den Waudlgaul, das Ross des Wuotan, zu trennen sein. Es wird vielmehr hier, wie auch sonst häufig, die alte Opfergarbe, welche dem Wuotan am Schlusse der Ernte dargebracht wurde, von der Kirche in eine Abgabe verwandelt worden sein, die nun an ihre ehemalige Bestimmung nur noch durch ihren Namen erinnert.

---

[1]) Grupen, Observationes Rerum et Antiquitatum Germ. et Romanicarum. Halle 1763. 4°. 1, 185. Observat. X; drslb. i. d. Hannöver. Gelehrt. Anzeigen. 1751. p. 662, p. 726; 1752. p. 884; Braunschweig. Anzeig. 1751. p. 900; vgl. Pfannenschmid, Germ. Erntef. s. 106, s. 409. Anm. 34; Grimm, D. M². s. 231.

[2]) Grimm, D. M. Nachtrag. s. 59 fg.; Panzer. II. s. 216. 394, 217. 395; Bavaria III, 1, 344.

[3]) Schuster, Woden. s. 37. Anm; Deutsch. Myth. a. siebenb. sächs. Quellen s. 324. Anm. 43; Panzer, Btrg. II. s. 505.

Wie in Deutschland war es ferner auch im scandinavischen Norden Brauch, dem Gott bei der Ernte für sein Ross einen Aehrenbüschel zu opfern. Auf der Insel Moen warf man, wenn eingeerntet wurde, die letzte gebundene Hafergarbe hin auf den Acker mit den Worten: ‚Das ist für den Jöde von Upsala (d. i. Oðinn), das soll er haben Julabends für sein Pferd.' Thaten das die Leute nicht, so starb ihr Vieh; auch fürchteten sie, dass ihnen im Unterlassungsfalle der erzürnte Gott die Saten niedertreten würde.[1]) Ebenso blieb es in Schonen und Blekingen lange Sitte, dass die Ernter auf dem Acker eine Garbe für Odens Pferd zurückliessen.[2])

Den bis jetzt geschilderten Bräuchen stehen andere gegenüber, denen zufolge das Opfer nicht dem Rosse des Gottes, sondern dem Gotte selbst dargebracht wird. So liess man früher in Nenndorf, Horsten und den umliegenden schaumburg-lippeschen Dörfern und ebenso in Heuersten und noch weit ins Hessische hinein am ganzen Süntelgebirge hin beim Schluss des Roggenmähens ein rundes Stück stehen, der ‚Waulroggen' genannt. Dahinein steckte man einen mit Blumen bis obenhin umwundenen Stab, den ‚Waulstab', und band dann die Aehren an dem Stocke ringsum zusammen. War das geschehen, so nahmen alle Schnitter den Hut ab und riefen dreimal: ‚Waul! Waul! Waul!' Auch in Hageburg und Umgegend, am Steinhudersee, blieb ehemals bei der Ernte ein Busch Aehren unabgemäht. Man tanzte um ihn herum, warf die Kappen in die Höhe und rief dabei: ‚Waul! Waul! Waul!' oder ‚Wôl! Wôl! Wôl!'[3])

Abweichend in etwas ist die Sitte, wie sie zu Beckendorf, Amts Rodenberg, ehemals geübt wurde, zu Catharinenhagen bei Obernkirchen aber noch heute stattfindet. Dort erschallt nämlich bei den letzten Schlägen der Sensenmäher ein neunmaliger Waulruf, welcher einer mit Blumen umwundenen und bekränzten Stange gilt, die durch eine ziemlich hoch oben angebrachte Querstange Kreuzesgestalt bekommt.[4]) Es hat sich also hier nur der Blumenschmuck und der zur Befestigung der Opferhalme eingepflanzte Stab erhalten.

Weiter gehört hierher der in einem grossen Theile Norddeutschlands verbreitete Brauch des ‚Vergodendeels Struss'.

---

[1]) Grimm, D. M.² s. 896.
[2]) Geyer, Schwed. Geschichte I, 110; vgl. Grimm, D. M.² s. 141.
[3]) E. Meier in Wolfs Ztschrft. I. s. 170 fg.; Kuhn, Westfäl. Sag. II. Nr. 491; Kuhn u. Schwartz, Nordd. Gebr. Nr. 97.
[4]) Pfannenschmid. s. 104.

Der Hergang ist folgender. Während der ganzen Roggenernte bleibt auf jedem Ackerstück ein Büschel Aehren stehen, welches der ‚Vergodendeelsstruss' genannt wird. Wenn nun alles abgemäht ist, zieht man mit Musik und geschmückt aufs Feld und umbindet dieses Büschel mit einem bunten Bande, springt sodann darüber hin und tanzt um dasselbe herum. Zuletzt durchschneidet es der Vormäher mit der Sense und wirft es zu den übrigen Garben. Von dieser Sitte her heisst in manchen Gegenden das ganze Erntefest ‚Vergodendêl', und in einem von Kuhn aus Bonese mitgetheilten märkischen Erntespruch der Erntekranz ‚Vergutentheilskranz'.[1])

Kuhn hat mit Recht die volksthümliche Erklärung des ‚Vergodendeel' als Vergütigung für die schwere Erntearbeit verworfen und dafür seine eigene scharfsinnige Deutung dieses Wortes als ‚Frau Goden Theil' gesetzt, da ‚Ver' die übliche Schwächung von Frau ist. Dies Frau wäre dann wieder aus einem Misverständnis des alten Frô entstanden, die Sitte des ‚Vergodendeelsstruss' also als das alte, dem Wuotan dargebrachte Aehrenopfer anzusehen.

In den Erntebräuchen einiger westfälischer und hessischer Ortschaften, wie dieselben noch vor 20 Jahren geübt wurden, ist zwar das Opfer selbst geschwunden, aber die Erinnerungen an den Namen des Gottes und seine Verehrung sind geblieben. Die Knechte nahmen dort, wenn der letzte Roggen gemäht war, ihre Streichbretter zur Hand, stellten sich um den Erntekranz auf, strichen darauf weit hinschallend die Sensen und riefen, indem sie die Kappen in die Höhe warfen: ‚Waul! Waul! Waul!' oder sie machten einen Vers daraus, z. B:

‚Waul! Waul! Waul!
De N. N. Maikens sind Haurn! Haurn! Haurn!'

Das Streichen und der Ruf wurden dreimal wiederholt.[2])

Zum Schlusse mag die Fassung der Sitte beschrieben werden, wie sie nach dem Bericht v. Münchhausens etwa vor 100 Jahren im Schaumburgischen üblich war. Er berichtet: In Scharen von zwölf, sechszehn, zwanzig Sensen[3]) zieht das Volk aus zur Mahd. Es ist so eingerichtet, dass alle am letzten Erntetage zugleich fertig sind,

---

[1]) Kuhn, Märk. Sag. s. 337—338. s. 341; Westfäl. Sag. II. Nr. 493; Kuhn und Schwartz, Nordd. Sag. s. 394. Nr. 96.

[2]) E. Meier in Wolfs Ztschrft. I. s. 171 fg; Kuhn, Westfäl. Sag. II. Nr. 492; K. Lyncker, Hess. Sag. s. 256. 34.

[3]) Eine Sense bestand aus drei Personen: einem Mäher, einem Garber (oder Garberin) und einem Binder.

oder sie lassen einen Streif stehen, den sie am Ende mit einem Schlag hauen können, oder sie fahren nur zum Schein mit der Sense durch die Stoppel, als hätten sie noch zu mähen. Nach dem letzten Sensenschlag heben sie die Werkzeuge empor, stellen sie aufrecht und schlagen mit dem Streek dreimal an die Klinge. Jeder tröpfelt von dem Getränke, das er hat, es sei Bier, Branntwein oder Milch, etwas auf den Acker und trinkt selbst, unter Hüteschwingen, dreimaligem Anschlag an die Sense und dem lauten Ausruf: ‚Wôld! Wôld! Wôld!" Die Weibsleute klopfen alle Brotkrumen aus den Körben auf die Stoppeln. Jubelnd und singend ziehen sie heim und schwingen ihre mit Rauschgold befiederten Hüte. Fünfzig Jahre früher war ein Lied gebräuchlich, das seitdem ausgestorben ist, und dessen erste Strophe lautete:

    Wôld! Wôld! Wôld!
    Hävenhüne weit wat schüt,
    Jümm hei dal van Häven süt.
    Vulle Kruken un Sangen hät hei,
    Upen Holte wässt manigerlei:
    Hei is nig barn un wert nig ôld.
    Wôld! Wôld! Wôld!

Unterbleibt die Feierlichkeit, so ist das nächste Jahr Miswachs an Heu und Getreide.'[1])

Diese denkwürdige Nachricht zweifelte schon Grimm in etwas an, wenn er sagt: ‚Hei is nig barn un wert nig ôld', schildere den Gott fast zu theosophisch[2]); Ernst Meier dagegen verdächtigt den ganzen Bericht und zwar deshalb, weil er von dem Spruche in Schaumburg-Lippe nichts mehr hat auffinden können und ebenso die Form Wôld nirgends entdeckte.[3]) Der erste Grund ist jedoch nicht stichhaltig, da oft eine alte Sitte, ein altes Lied fast plötzlich dem Volksgedächtnis entschwindet und ganz in Vergessenheit geräth. Was aber die von Münchhausen beigebrachte Form Wôld anbelangt, so hätte Meier dieselbe, falls sie wirklich unrichtig wiedergegeben wäre, nur als ein zumal für einen Laien sehr verzeihliches Misverständnis aus dem von Kuhn[4]) für jene Gegenden nachgewiesenen Wôl (Waul) anzusehen brauchen. Darum die Wahrhaftigkeit der ganzen Nachricht anzuzweifeln, war kein Grund vorhanden. Heute würde ein solcher Zweifel noch weniger angebracht sein, da nach einem Bericht des Rectors Sommerlat vom 18. Juli 1868

---

[1]) v. Münchhausen im Bragur. Lpzg. 1798. VI. 1, 21—34.
[2]) Grimm, D. M.² s. 143.
[3]) E. Meier in Wolfs Ztschrft. I. s. 172.
[4]) Kuhn u. Schwartz, Nordd. Sag. s. 395 Nr. 97.

in dem Dorfe Engern bei Rinteln die Sitte besteht, nach dem letzten Sensenschlage dreimal zu rufen:

,Wôld! Wôld! Wôld!'

dann zu trinken, aber ohne Spende, und unter dem Absingen von Liedern den Heimweg anzutreten.[1])

Wichtiger wäre es, wenn sich Meiers Behauptung rechtfertigen liesse, dass Münchhausen auch sonst in der Wiedergabe von Sagen sich Erdichtungen und Zudichtungen habe zu Schulden kommen lassen. Immerhin aber glaube ich aus dem obigen Berichte wenigstens die Züge retten zu dürfen, welche durch die aus anderen Gegenden Deutschlands beigebrachten Zeugnisse Bestätigung erfahren.

Machen wir jetzt einen kurzen Haltepunkt, um aus den zusammengestellten Bräuchen das Ergebnis heraus zu ziehen. Es wird folgendes sein: In ganz Nord- und Süddeutschland und ebenso im scandinavischen Norden liessen die Schnitter bei der Ernte auf jedem oder doch wenigstens auf dem letzten Acker einen Busch Aehren für den Wuotan (Wode, Waude, Wud, Waur, Waul, Wôl, Wôld, Frû Gaue, Frû Goden, Jöde von Upsala, Oden) stehen, damit er denselben als Futter für sein Pferd gebrauche. Diese Opferhalme, in die ein Stab, der Waulstab, gesteckt wurde, um ihnen dadurch einen Halt zu geben, schürzte man dicht unter den Aehren mit bunten Bändern zusammen und schmückte sie mit allerhand Feldblumen aus. Das Ganze hiess dann nach dem Gotte, welchem das Opfer dargebracht wurde, entweder selbst die Wode, ,dy Wud' (siehe bei Gryse: ,na dersülven Wode vnde geschrencke dem Kornbusche' und die oben beigebrachte Stelle aus dem Pressburger Stadtregister) oder ,Frô Goden Deel', Wutfuter.

Nachdem man so alle Vorbereitungen getroffen hatte, und ausserdem der Aehrenbusch mit reinigendem Wasser besprengt war, traten die Schnitter mit entblöstem Haupte um die blumengeschmückte Wode in einen Kreis, richteten ihre Sensen auf dieselbe zu und riefen unter dem Schwingen der Hüte und dem weithin schallenden Streichen der Sicheln zu dreien Malen mit überlauter Stimme den Gott im Gebet an. Wenn letzteres in den uns überkommenen Fassungen auch sicher viel von seiner ursprünglichen Gestalt verloren haben wird, so sind seine Grundzüge doch noch deutlich erkennbar. Man bat den Wuotan, die geringe Gabe gnädig anzunehmen und sie als Futter für sein Ross zu holen. An ihrer Kleinheit und Werthlosigkeit sei nur die heurige schlechte Ernte

---

[1]) Pfannenschmid, Germ. Erntef. s. 407.

Schuld, würde dieselbe im nächsten Jahre besser ausfallen, so solle er auch reichlicher von ihnen bedacht werden. Nur auf diese Weise lassen sich meiner Meinung nach die Verse:

,Nu Distel vnde Dorn,
Thom andren Jhar beter Korn'

und:

,O heilige sanct Mäha,
Beschere übers Jahr meha'

genügend erklären, und deshalb möchte ich auch in dem Grupenschen Bericht statt des unpassenden:

,Düt Jahr up den Wagen
Dat andere Jahr up de Kâre'

lieber lesen:

,Düt Jahr up de Kâre
Dat andere Jahr up den Wagen,'

wodurch sich dieser Spruch seinem Inhalte nach vollkommen den meklenburgischen und bairischen Erntegebeten an den Wuotan gleich stellen würde.[1]) Bei der Anrufung des Gottes ergriff ein jeder von den Schnittern einen Halm aus dem Aehrenbusch, um so der Zauberkraft des Opfers theilhaftig zu werden, und zog ihn, sobald das Gebet zu Ende gesprochen war, aus dem Erdboden heraus. Gewis wird man ihn, wenn dies auch in den Berichten nicht bezeugt ist, als werthvollen Talisman mit nach Hause genommen haben, wo er dann, als Universalmittel gegen allerhand Uebel und Schaden hoch in Ehren gehalten, sorgsam aufbewahrt wurde. Zu demselben Zwecke, nämlich um den Erntern Antheil an den Segnungen des Opfers zu verschaffen, wurde sodann über die Wode hinweggesprungen und um sie herumgetanzt. Das Ende der Feierlichkeit bildete ein festliches Mahl, Wodelbier, Weddelbier, Waudlsmähe genannt, bei dem Spenden von Bier und Milch, so wie Brotopfer dargebracht wurden.

Wenn nun auch der bairische Brauch diese letzteren Gaben den Waudlhunden geopfert werden lässt, so werden sie trotzdem ursprünglich nicht dem Wuotan bestimmt gewesen sein, sondern der mütterlichen Göttin Erde; denn überall bei der Aussat und beim Beginn der Ernte, bei der Frühlings-, der Mai- und der Hagelfeier

---

[1]) Anders wird dies Gebet in den Gegenden gelautet haben, wo die letzte Garbe, die Opfergarbe, um ein beträchtliches grösser als die übrigen gemacht werden muste, vgl. z. B.: Chemn. Rockenphil. VI. 23; G. A. Heinrich, Agrar. Sitten. s. 22; Mannhardt, Baumkultus s. 201. Man wähnte dort, die Gottheit durch die Grösse der Opfergabe sich zu einer entsprechenden Gegenleistung bei der nächsten Ernte verpflichten zu können, und wird dem gewis auch in dem Gebete, welches bei der Darbringung des Opfers gesprochen wurde, Ausdruck verliehen haben.

waren ihr die Brotopfer und Milchspenden eigenthümlich. Da wir ausserdem auch sonst noch häufig dem Brotopfer bei der Darbringung der letzten Garbe begegnen, aber nirgends dabei eine Beziehung desselben zu Wuotan finden werden, so ist wohl anzunehmen, dass die Deutung des Brotopfers in dem bairischen Brauch als Futter für die Waudlhunde lediglich dem Bedürfnis seinen Ursprung verdankt, ein Seitenstück zu dem Opfer für den Waudlgaul zu erhalten.

Wer den heiligen Opferbrauch unterliess, dem ging zur Strafe der Bilmerschnitt über die Felder. Seine Saten wurden von dem erzürnten Gott niedergeritten, Miswachs verdarb ihm die Heu- und Getreideernte, und an Seuchen ging sein Vieh zu Grunde.

In den bisher besprochenen Ernteopfergebräuchen wurde der Gott, welchem man die letzte Garbe darbrachte, Wuotan genannt, wir kommen jetzt zu einer Anzahl von Sitten, in denen dem Empfänger dieser Opfergabe ein anderer Name beigelegt wird. Nach einer höchst merkwürdigen Urkunde aus dem Jahre 1249 musten die Bewohner einer preussischen Landschaft dem päpstlichen Legaten Jacob von Lüttich geloben, nicht ferner dem Götzenbilde, der Alte genannt, zu opfern, das sie alle Jahre nach eingebrachter Ernte zu bilden und als einen Gott anzubeten pflegten.[1]

Diese Verehrung des Alten hat sich bis auf den heutigen Tag in einem grossen Theile Deutschlands erhalten. Wenn in der Gegend zwischen Gesmold, Borgloh und Bissendorf der Roggen abgemäht ist, bindet man zwei Garben mit einem Seile zu einer Puppe zusammen und stellt sie am Ende einer Mandel auf. Dann strömen die Mäher und Binderinnen herbei und alles ruft jubelnd: De Aule! de Aule! Häufig knieen die Leute bei diesem Ausruf sogar nieder. In anderen Gegenden Westfalens wird da, wo das beste Korn auf dem Felde steht, ein Baum aufgerichtet. Beim Garbenbinden verbindet man dann das um den Baum liegende Getreide zu einer grösseren Garbe, de Ålle (Ôle) genannt, und hängt dieselbe an jenen. Beim Einfahren fällt der Ålle entweder der Grossmagd zu, oder er bleibt auf dem Felde stehen, und jeder, der will, kann Garbe und Baum nehmen.[2]

In der Mark Brandenburg wird aus der Garbe des Mädchens, das mit dem Binden zuletzt fertig geworden ist, oder überhaupt aus dem letzten Korn eine Puppe gefertigt, welcher man die Gestalt eines Mannes giebt, und die der Alte (dei Olle) heisst.

---

[1] Mannhardt, Korndaemonen. s. 7.
[2] Kuhn, Westfäl. Sag. II. Nr. 510—513.

Nachdem diese Erntepuppe mit Laub, Blumen und Flitterwerk aufs beste ausgeputzt ist, und alle Schnitter und Schnitterinnen jubelnd um sie herum getanzt haben, wird sie im festlichen Zuge, Musik an der Spitze, auf den Gutshof gefahren und dort von der Binderin der letzten Garbe der Gutsherrschaft überreicht mit den Worten:

,Wir bringen dem Herrn den Alten,
Bis er 'n neuen kriegt, mag er ihn behalten.'

Der Herr hat dafür den Leuten den Ernteschmaus zu geben. Bemerkt mag noch werden, dass jenes Mädchen trotz ihres ehrenvollen Amtes nicht nur allgemeiner Spott trifft, sondern dass auch an einigen Orten ihr Vesperbrot in den Alten hineingebunden wird. Ganz ähnlich wird der Brauch des Alten in Meklenburg und Vorpommern geübt.[1])

In Hinterpommern sagt man zu dem Mädchen, welches die letzte Garbe bindet: ,Dei het dea Ulla bunge' oder ,Dei het dea Ulla krêje.' Dies gilt für keinen grossen Ruhm, und die Frauensleute scheuen sich deshalb alle davor, die letzte Garbe zu bekommen. Dieselbe wird nun genommen, wie ein Mann ausgeputzt und mit Blumen geschmückt. Darauf setzt man den Alten auf den letzten Erntewagen und bringt ihn so auf den Gutshof. Hier wird er von dem Mädchen, das ihn gebunden hat, unter dem Hersagen eines Spruches dem Herrn übergeben, wofür derselbe, wenn aller Roggen aufgeharkt ist, den Leuten ein Gastmahl, die Austköst, auszurichten hat. Von dem dabei stattfindenden Tanz wird gesagt: ,Dei Ulle waad bedanzt.'[2]) Im Fürstenthum Trachenberg (Schlesien) heisst der letzte Erntewagen der Ultemân, wie Holtei es schreibt in seinem Gedicht „der Ultemân". Dabei ist nicht an ultimus zu denken, wie der Dichter that, sondern „der âlte Mân". In der Umgegend von Eisenach, im Werrathal und Feldagrund lässt man auf dem letzten Acker einer Getreideflur beim Schneiden einige Halme ungemäht stehen, dreht sie zusammen, bindet oben unter den Aehren ein Strohseil darum und schmückt diesen Halmbusch mit Laub und Feldblumen aller Art. Auch wird in die Mitte der Halme ein Kreuz von dünnen Holzstäben gesteckt; die Aehren werden so um den Stock gewunden und geflochten, dass eine menschenähnliche Figur mit Kopf und Armen daraus entsteht, die gleichfalls mit Laub und Blumen ausgeputzt wird. Alsdann reichen sich zuweilen Schnitter

---

[1]) Kuhn, Märk. Sag. s. 341 fg.; Westfäl. Sag. II. Nr. 512b; Kuhn u. Schwartz, Nordd. Gebr. Nr. 102.

[2]) Mündlich aus den Kreisen Koeslin und Bütow.

und Schnitterinnen die Hände und umtanzen, ein Lied singend, den Halmbusch oder die Kornpuppe. Früher sprach der Vorschnitter, ehe der Tanz begann, mit entblöstem Haupte ein Gebet oder einen Segensspruch. Bei Salzungen nannte man diesen Halmbüschel den ‚Struiss' oder den Alten, bei Berka ‚die alte Schusel'; um Eisenach und Marksuhl herum heisst er der ‚Wichtelmann', ‚Waldmann' oder ‚Feldmann'. Gewöhnlich bleibt er, als **Wächter des Korns**, draussen auf dem Felde stehen, bis ihn die armen Leute beim Aehrenlesen mit abschneiden.[1])

Es wäre unnöthig, alle weiteren Zeugnisse über das Vorkommen des Alten in Deutschland anzuführen, da fast durchweg immer dieselben Züge wiederkehren wie in den oben beigebrachten Sitten; an einzelnen Abweichungen würde etwa nur hervorzuheben sein, dass man an einigen Orten die Kornfigur küsst, wie katholische Christen die Heiligen zu verehren pflegen. Anderswo wird der Alte, wenn er in feierlichem Zuge vom Felde heimgetragen oder hereingefahren ist, dreimal um die Scheune geführt, ‚gekullert' (gewälzt). Man übergiebt ihn darauf dem Herren und legt demselben ans Herz, er solle ihn wohl in Acht nehmen, **denn er werde ihn behüten Tag und Nacht**. Deshalb erhält die Erntepuppe auch in der Scheune oder in der Vordiele des Herrenhauses einen Ehrenplatz, wo sie oft bis zur nächsten Ernte bleibt. Hie und da wird der Alte jedoch nur bis zur Satzeit aufbewahrt; alsdann klopft man ihn aus und mengt die Körner unter das Satgetreide, **damit das Erträgnis des nächsten Jahres dadurch erhöht werde**. In Baiern heisst man den Ernteschmaus, welcher nach dem Einbringen des Alten von dem Bauern gegeben wird, ‚Niederfallet'.[2])

Wenn nun auch die Nachrichten über den Brauch des Alten, mit alleiniger Ausnahme der in die erste Hälfte des 13. Jahrhunderts zurückgehenden preussischen Urkunde, sämmtlich der jüngsten Zeit angehören und deshalb den ganzen Hergang desselben schon sehr abgeschwächt gewähren müssen, so lassen sie trotzdem darin keinen Zweifel, dass das Aehrenopfer für den Alten mit dem durch weit ausführlichere, ältere Belege bezeugten Aehrenopfer für Wuotan völlig identisch ist. Beide Opfer sind in gleicher Weise über ganz Nord- und Süddeutschland verbreitet, und bei beiden werden nur die letzten Halme, die letzte Garbe entweder eines jeden oder des zuletzt geschnittenen Ackerfeldes dargebracht. Gleich

---

[1]) Witzschel, Sitten etc. s. 15. Nr. 73.

[2]) Mannhardt, Korndaemonen s. 7. s. 25 fg.; Panzer. II. s. 217 fg.; Meier, Schwäb. Sag. 442. 159; Bavaria IV, 1, 254; vgl. auch IV, 2, 383.

ist ihnen ferner die Art, wie der Opferbusch hergerichtet werden muss; denn hier wie dort steckt man, um die schwanken Halme aufrecht zu halten, einen Stab in dieselben hinein, worauf sie hart unter den Aehren mit einem Bande geschürzt und dann auf das reichlichste mit Feldblumen geschmückt werden. Nannte man diesen Opferbusch, indem man den Namen des Empfängers der Gabe auf die Gabe selbst übergehen liess, bei dem Opfer für Wuotan ‚Wode‘, so hiess und heisst er bei dem Opfer für den Alten, dem völlig entsprechend, ‚der Alte‘. Bei beiden bezeugen die Schnitter unter feierlichen, mit Gebet verbundenen Ceremonien der Gottheit in dem heiligen Opfer ihre Ehrfurcht, und bei beiden tritt ihre Natur als Opfer noch deutlich in den Kräften, welche man ihnen zuschrieb, zu Tage. Dort legte man während des Gebetes die Hände auf die für die Gottheit bestimmten Halme und sprang nach demselben über sie hinweg, damit man auf diese Weise Antheil an ihrer Zauberkraft erlange, riss ein jeder sich eine Aehre aus dem Busch heraus, um sie als werthvollen Talisman gegen allerhand Uebel zu verwenden; hier lässt man den Alten entweder als Wächter des Feldes auf dem Acker stehen, oder hängt ihn, nachdem er zuvor dreimal um die Scheune geführt ist, um dadurch von dieser alles Unheil fern zu halten, an einem Ehrenplatze im Herrenhause oder in der Scheuer auf, wo er Haus und Hof bei Tag und bei Nacht behütet. Wichtig und ganz dem Wesen eines Opfers gemäss ist auch die Sitte, die Körner des Alten unter das Satkorn zu mischen in dem Glauben, dadurch das Erträgnis der nächsten Ernte zu erhöhen. In diesem wie in jenem Brauch findet sich endlich neben dem Aehrenopfer auch ein Brotopfer wieder, welches wie dort nicht auf Wuotan, so auch hier nicht auf den Alten, sondern auf die mütterliche Erde zu beziehen sein wird.

Haben wir somit nachgewiesen, dass das Opfer für Wuotan dem Opfer für den Alten in jeder Beziehung durchaus identisch ist, so kann es wohl keinem Zweifel mehr unterliegen, dass auch die Empfänger dieses Opfers, Wuotan und der Alte, einander wesensgleich sind oder, besser gesagt, eine und dieselbe Person bilden. Etwas anderes wie der Beiname für einen Gott dürfte ja überhaupt die Benennung ‚der Alte‘ schwerlich sein, und welchem Gotte gebührt diese Bezeichnung mehr als dem Himmelsgott Wuotan, der deshalb auch nicht nur nach nordischer Ueberlieferung, sondern ebenso in vielen westgermanischen Sagen als ein im Greisenalter stehender Mann geschildert wird.

Obgleich unser Volk mit ungemeiner Zähigkeit gerade bei den Erntegebräuchen an dem Althergebrachten festzuhalten liebt, so konnte dennoch das Ernteopfer Abschwächungen und Abblassungen nicht widerstehen. Vor allem war es die Kirche, welche die ihr verhaste heidnische Sitte auszurotten strebte. Sie gab den alten Himmelsgott für den Teufel aus; aber auch das nützte nichts. Das Landvolk opferte in Folge dessen die schuldige Gabe nicht mehr dem Wuotan, sondern dem Teufel, für den man z. B. in Oesterr. Schlesien noch jetzt, wenn alles Getreide vom Felde weggeführt ist, ein Strohseil auf dem Acker zurücklässt.[1]) Nun suchte man den unverwüstlichen Brauch wenigstens unschädlich zu machen, indem man an die Stelle des Gottes einen Heiligen setzte. Derartige Versuche müssen in den verschiedensten Gegenden Deutschlands vorgenommen worden sein: so liess man im Saterlande bei Scharrel und Ramslohe bei der Roggenernte einen Busch stehen, welcher mit bunten Bändern umwunden und **Peterbült oder Peterbölt** genannt wurde[2]); in Almen in Siebenbürgen wird die Erntekrone **in der Kirche** aufgehängt und in einigen Gemeinden des Bistritzer Bezirkes ein Erntekranz **auf den Altar** niedergelegt[3]): ein grösserer und nachhaltigerer Erfolg konnte dadurch jedoch nur in Baiern erzielt werden, dessen Bevölkerung überhaupt der Verkirchlichung heidnischer Sitten sehr geneigt gewesen zu sein scheint.

Wenn in Niederpöring eine Gattung Getreide ganz abgeschnitten ist, bleibt auf dem Acker der letzte Büschel stehen. In die Mitte dieses Busches steckt man einen Stab und befestigt dann die einzelnen Halme derart an demselben, dass eine Puppe mit Kopf, Armen und Rumpf entsteht, welche **der Åswald** genannt wird. Während die Burschen den Åswald machen, sammeln die Mädchen die schönsten Feldblumen und schmücken ihn damit. Dann knieen alle im Kreise herum, danken und beten, **dass das Getreide wieder gewachsen ist, und dass sie sich nicht geschnitten haben.** Nach dem Gebete wird um den Åswald ein Walzer getanzt.

In anderen Gegenden Niederbaierns machen die Schnitter **mit der rechten Hand, ohne die linke zu gebrauchen,** mit den drei stehen gebliebenen Halmen einen Knoten, den sie mit Blumen zieren, und sagen dabei: „Das ist für den Åswald.' Der Åswald ist auch allgemein unter der Benennung ‚Nothhalm' bekannt. Im Laberthale in Niederbaiern legt man auf Kornäckern ein Stücklein

---

[1]) Peter, Volksth. II. s. 268 fg.
[2]) Kuhn u. Schwartz, Nordd. Gebr. Nr. 99.
[3]) G. A. Heinrich, Agrar. Sitten s. 26. 27.

Brot, auf Weizenäckern ein Stücklein Küchl in den Busch des Oswald. In Oberottenbach werden die Stengel der drei stehen gebliebenen Aehren des Oswald mit drei Kränzchen aus allerlei Blumen zusammengebunden. In Plättling und Hombach wird derselbe aus Kornähren gemacht und mit Feldblumen, als Camillen, rothen und blauen Kornblumen etc., geschmückt. Die älteren Schnitter beten und danken, dass sie sich nicht geschnitten haben, die Jugend dagegen tanzt während dessen jubelnd um den geschmückten Nothhalm herum.[1]) In ganz ähnlicher Form wurde die Sitte um Niederaltaich an der Donau geübt. Ferner ist der Brauch um Sonthofen in Schwaben bekannt, wo aber der Oswald von dem Bauer im Stillen, nicht in Gegenwart der Schnitter, angefertigt und mit einem Spruche gesegnet wird. Man meint dort, der Oswald helfe gegen die Windsau (Windsbraut). Ebenso bleiben um Adelschlag und Meckenloh in Mittelfranken gegen Ende der Ernte etwa 20 Halme stehen. Man schlingt dieselben oben in einen Knoten, setzt einen Blumenkranz darauf und steckt zwischen Knoten und Kranz eine Nudel. Dann stellen sich die Schnitter im Kreise herum und beten: „Heiliger Aswald, wir danken dir, dass wir uns nicht geschnitten haben."[2])

Als dem Brauche des Oswald nahe verwandt mögen endlich noch zwei Sitten aus alemannischem Gebiet hier angeführt werden. Wenn in der Gegend um Mühlhausen im Elsass der letzte Roggen gemäht ist, lassen die Schnitter einige Aehren auf dem Acker stehen. Alle knieen sodann nieder und beten fünf Vaterunser und den Glauben. Ist dies geschehen, so schneidet eine Jungfrau die letzten Halme ab und verbindet sie mit Blumen zu einem Strausse, der auf das Dach der Scheune gesteckt und dort bis zum nächsten Jahre belassen wird. Im Kanton Zürich und im Thurgau hinwieder nennt man die letzten Halme ‚Glückshampfeli' oder ‚Glückskorn'. Bevor dieselben abgeschnitten werden, kniet das ganze Geschnitt nieder und betet fünf Vaterunser, worauf sie, zum Kranze verflochten, in der Nähe des Crucifixes aufgehängt werden. Häufig lässt man sie jedoch auf dem Erntefeld zurück, um sich den Segen des Himmels auch für das kommende Jahr zu sichern.[3])

---

[1]) Panzer I. s. 240. Nr. 270; II. s. 214. 386 — 215. 390; Bavaria I, 2, 1005 fg.
[2]) Panzer II. s. 214. 385, 216. 393, 215. 392.
[3]) Mannhardt, Baumkultus s. 203, 213; Fr. Staub, Das Brot. Lpzg. 1868. s. 23. Anm. 2; Rochholz, Schweiz. Sag. II. s. XLI.

Keiner von allen diesen Bräuchen kann seinen heidnischen Ursprung verläugnen; man setze nur an die Stelle des Oswald[1]), der heiligen Dreieinigkeit etc. den Namen Wuotan, und man wird ein treues Abbild des alten Aehrenopfers bei Ernteschluss erhalten. Auch nicht eines der Hauptmomente bei demselben als: Verwendung des letzten Aehrenbüschels zum Opfer, Zusammenschürzen der Halme hart unter den Aehren, Einpflanzung des Erntestabes zur Stütze, Ausschmückung mit Feldblumen, Uebergang des Namens des Empfängers auf die Gabe selbst, mit feierlichen Ceremonien verbundenes Gebet, Tanz um den Opferbusch und Aufbewahren desselben an einem Ehrenplatz im Hause zum Schutz gegen allerhand Unheil: ist in den Oswaldbräuchen zu vermissen, eben so wenig wie das zwar im Verein mit dem Aehrenopfer auftretende, aber für die mütterliche Erde bestimmte Brotopfer. Ja in der verkirchlichten Sitte hat sich sogar ein höchst alterthümlicher Zug, welcher in den Berichten über die Opfer für Wuotan oder den Alten nicht mehr zu finden ist, zu erhalten vermocht, nämlich dass die für die Gottheit bestimmten Halme nur unter gewissen, fest vorgeschriebenen Handbewegungen zum Opfer zugerichtet werden dürfen. Ausserdem sind die Oswaldbräuche der sicherste Beleg dafür, dass auch bei dem Aehrenopfer, welches bei dem Beginn der Ernte dargebracht wurde, Wuotan der Empfänger war. Wie wir früher sahen, nahm von jenem Opfer jeder Schnitter einige Aehren und gürtete sie um sich, damit er durch ihre Zauberkraft vor Verwundungen mit der Sichel geschützt sei. Wenn nun allenthalben nach der Ernte die Ackerleute dem Oswald—Wuotan dafür danken, dass sie sich nicht geschnitten haben, so kann es auch nur dieser Gott gewesen sein, welcher jenen Aehren die Kraft, vor Verwundungen mit der Sichel zu bewahren, eingab, das heisst, es müssen für ihn bestimmte Opferhalme gewesen sein.

Die heidnische Sitte auszurotten, was der Kirche trotz aller ihrer Anstrengungen nicht gelingen wollte, hat die alles vernichtende Zeit zu erreichen vermocht. Denn heutigen Tages tritt uns fast überall in Deutschland das alte Ernteopfer schon so abgeschwächt entgegen, dass es nur noch wenige Jahre währen kann, bis auch die letzte Erinnerung an dasselbe dem Gedächtnis unseres Landvolkes entschwunden sein wird. Das Verderbnis begann da-

---

[1]) Vgl. auch Zingerle, Die Oswald-Legende und ihre Beziehung zur deutschen Mythologie. Stuttgart 1856, wo selbst die Legende des hlg. Oswald auf Wuotan zurückgeführt wird.

mit, dass man die alten Götter, welche dem neuen Christengotte weichen musten, in ihrer Grösse und Hoheit nicht mehr verstand und sie zu dämonischen Elementargeistern erniedrigte. Als Uebergangsglied ist der oben angeführte Brauch aus Thüringen von Wichtigkeit, wo an manchen Orten noch, wie ursprünglich, die letzte Garbe dem Alten geopfert wird, in anderen dicht dabei liegenden aber dieselbe schon für den Wichtelmann, Waldmann, Feldmann bestimmt ist.[1]) In anderen Landschaften ist dieser Prozess völlig durchgeführt. So liess man jährlich auf der Kinzhalde im Aargau beim Kornschnitt den Erdmännchen, Erdbiberli, auf jedem Acker zwei Garben stehen.[2]) In Niederösterreich blieb auf jedem Felde in der Mitte ein Büschel Hafer unabgemäht. Die Halme wurden umgebogen und dann zusammengebunden. Diese Büschel gehörten ‚fürs Bäri-Mandl.'[3]) In anderen Theilen Oesterreichs, sowie in Böhmen und Mähren, wird die letzte Garbe der Hemann genannt, das heisst, sie ist für den Hemann bestimmt.[4])

Hierher gehört auch die über einen grossen Theil Norddeutschlands, vorzüglich aber in Meklenburg verbreitete Sitte, die letzte Garbe den Wolf zu nennen. Zu Gross-Trebbow bei Schwerin wird dieselbe etwas kleiner genommen als die übrigen und das sogenannte Seil näher an den Aehren zugebunden. Man schmückt sie mit Bändern und allerlei Kraut aus, steckt in ihre Mitte einen Strauss Feldblumen und fährt sie auf dem letzten Fuder in den Hof. Um Wittenburg und zu Jürgenshagen bei Bützow wird der Wolf drei- bis viermal so gross als die andern Garben gebunden, mit Blumen und grünen Zweigen ausgeputzt und allein im Felde aufgestellt. In der Trebelgegend im Meklenburgischen brachte man den Wolf in feierlichem Zuge vor das Herrenhaus, wo sich die Wolfträgerin, auch ‚de Wulf' genannt, die Erlaubnis erbat, den Wolf bringen und vor der Herrschaft streichen zu dürfen. Nach erfolgter Zustimmung sprach ‚de Wulf' einen ‚Versch', dessen Inhalt war: Man bringe hier den Wolf, der Roggen sei nun vom Halme. Hierauf strichen die Mäher mit möglichst grossem Getöse ihre Sensen, und schliesslich liess die Herrschaft geistiges Getränk ausschenken. ‚De Wulf' erhielt ausser

---

[1]) Witzschel, Sitten etc. s. 15. Nr. 73.
[2]) Rochholz, Naturmythen. s. 110.
[3]) Vernaleken, Mythen s. 310 Nr. 33; C. M. Blaas, Volksthüml. a. Niederösterr. in Pfeiffers Germania XXIX. s. 100. Nr. 10.
[4]) Mannhardt, Antike Wald- und Feldkulte s. 155.

dem Branntwein noch ein ‚fîn Botterbrod' und ein Stück Geld.[1]) Von anderen hierher gehörigen Bräuchen möge nur noch die Sitte geschildert werden, wie sie ehemals zu Buir, Kr. Berg, Regierungsbezirk Köln, statt fand. Man formte die letzte Garbe in Gestalt eines Wolfes und überbrachte sie dann dem Bauer, welcher dafür die Schnitter bewirthen muste. Sie wurde hierauf in der Scheune aufbewahrt, bis alles Getreide ausgedroschen war. Dann brachte man sie dem Bauer abermals. Er muste sie mit Bier oder Branntwein besprengen und damit die Tenne reinigen. Darnach wurde ein Mahl gehalten.[2])

Der Ursprung dieser Sitten aus dem Aehrenopfer für Wuotan liegt zu klar auf der Hand, als dass es dafür noch eines Beweises bedürfte; wie kommt aber die letzte Garbe zu der Bezeichnung der Wolf? Der Grund dafür scheint mir ein zweifacher zu sein. ‚Wolf' klingt an die niederdeutschen Formen für Wuotan: Wode, Wôl, Wôld etc. an, und es lag deshalb nahe, statt des zwar noch hie und da im Volksgedächtnis erhaltenen, aber unverstandenen Namens des längst nicht mehr als Gott empfundenen Wuotan mit Volksetymologie ‚der Wolf' zu setzen. Dass dies keine leere, aus der Luft gegriffene Hypothese ist, beweist der zu Gross-Trebbow bei Schwerin übliche Brauch, die letzte Garbe den Wolf zu nennen und sie dann dem Wolf als Futter für sein Pferd auf dem Felde zurückzulassen[3]), was, wie wir schon früher sahen, nur auf Wuotan bezogen werden kann.

Diesen Uebergang von Wode, Wôl, Wôld etc. zu Wolf begünstigte nun noch die sehr verbreitete Vorstellung von einem im Getreide hausenden, schädlichen Dämon, dem Kornwolf (Roggenwolf, Haferwolf etc.). Wenn letzterer nämlich auch durchaus nicht in irgend welcher Beziehung zu dem Wachsthum und Gedeihen der Saten gedacht wurde, sondern wie das Kornschwein einfach den Zeiten seinen Ursprung verdankt, wo Wölfe und wilde Schweine das Land unsicher machten und leicht arglos in das Korn sich wagenden Leuten gefährlich werden konnten, so war er doch immerhin ein auf dem Ackerfelde wirksam geglaubter Dämon; und wie der Himmelsgott bei zunehmendem Verderbnis im Volksglauben an manchen Orten zum Waldmann, Wichtelmann, Erdmännchen, Erdbiberli, Bärimandl und Hemann abgeschwächt wurde,

---

[1]) W. Mannhardt, Roggenwolf und Roggenhund. s. 25—28.
[2]) W. Mannhardt, ebend. s. 25.
[3]) Mannhardt, Roggenwolf. s. 44; vgl. auch oben s. 164.

so konnte er auch, zumal da ein Gleichklang in den Namen vorlag, zum Kornwolf werden.

In vielen Gegenden unseres deutschen Vaterlandes glaubt aber das Landvolk nicht einmal mehr an das Vorhandensein von Dämonen oder halbgöttlichen Elementargeistern, geschweige dass sich die Erinnerung an die alten heidnischen Götter erhalten hätte. Wenn da nun trotzdem der letzte Aehrenbüschel nicht geschnitten, die letzte Garbe nicht zum menschlichen Gebrauch verwandt werden darf, so kann das nur folgende Gründe haben: entweder man will aus Anhänglichkeit an das Alte die von den Vätern überkommene Sitte nicht aufgeben, oder aber man fürchtet abergläubischer Weise, durch die Unterlassung des Brauches sich Nachtheile zuzuziehen. Was ersteres angeht, so genüge es, von den vielen hierher gehörigen Bräuchen nur einige zur Veranschaulichung herauszugreifen. Ohne dass man sich weiter etwas dabei dächte, wird in der bairischen Rheinpfalz das Vieruhrbrot in die letzte Hafergarbe eingebunden.[1]) Ebenso wissen im Oldenburgischen in der Gegend von Kloppenburg die Erntenden dafür keinen Grund anzugeben, dass sie beim Schluss der Ernte ein Stück Halme stehen lassen und dann darum tanzen[2]); und fragt man am Weizner den Bauern, warum er nach der Ernte ein Büschel Getreide auf dem Acker zurücklasse, so antwortet er ausweichend (eben weil er sich selbst darüber nicht klar ist): ‚Der Acker hat genug gegeben, man muss ihm auch nicht gerade alles nehmen.'[3])

Wichtiger ist für uns der andere Grund, das Ernteopfer beizubehalten, die Furcht, durch Nichtbeachtung des Brauches sich Nachtheile zuzuziehen, und umgekehrt die Hoffnung, durch seine Ausübung gewisse Vortheile zu erlangen; denn nur diesen egoistischen Motiven haben wir es zu verdanken, dass die Mehrzahl der heidnischen Opfergebräuche sich bis in unser aufgeklärtes Jahrhundert zu erhalten vermochte. Auf diese Weise erklärt es sich, dass in Siebenbürgen noch heute die letzte Korngarbe an das Scheunenthor genagelt werden muss[4]), dass an anderen Orten Erntebaum und Erntekranz an der Vorthüre oder am Oberboden des Zimmers aufgehangen werden, wo sie entweder bis zur nächsten Ernte bleiben oder bis zur nächsten Aussat, indem im letzteren Falle ihre Frucht dem Satgute beigemengt wird. Die Erinnerung an das Opfer ist geschwunden,

---

[1]) Bavaria IV, 2, 380.
[2]) Grimm, D. M.² s. 142.
[3]) K. Lyncker, Hess. Sag. s. 258. Nr. 344.
[4]) G. A. Heinrich, Agrar. Sitten. s. 28.

aber man behielt die Sitte dennoch bei, weil die aufgehängte letzte Garbe Haus und Hof vor allerhand Unheil schützte, und die Beimengung ihrer Körner zu dem Satkorn das Erträgnis des nächsten Jahres erhöhte, den Brand im Getreide verhütete.[1]

Auch folgende Bräuche sind hier zu berücksichtigen. In Otternhagen, Amts Neustadt am Rübenberge, lässt man einen Busch Roggen stehen und bindet ihn mit einem Strohband zusammen. Das nennt man den ‚Vågeltêjen' und sagt, es sei für die Vögel, damit die auch etwas hätten. Ganz ähnlich liess man ehemals im Saterland bei der Buchweizenernte ein Bund für die ‚Kudderhöner', die Moorhühner, auf dem Felde zurück.[2] Im hessischen Kreise Ziegenhain heissen die Vögel, für welche ein Büschel Getreide, mit drei Knoten versehen, auf dem Acker unabgemäht stehen bleibt, die Herrgottsvögelchen. Ebenso bekamen im Harz die Sperlinge bei der Ernte das letzte Kornbüschel zum Opfer.[3] Zu Harkerode, am Fusse des Arnsteins im Mansfelder Gebirgskreis, endlich wird der erste Hamster, der auf einem geschnittenen Getreidestück gefangen wird, nicht getödtet, sondern sorgfältig gepflegt, indem man ihm eine kleine Garbe vergräbt.[4]

Im ersten Augenblick möchte es scheinen, als hätten wir es hier mit einem Opfer zu thun, welches der Landmann den Feinden seiner Getreidefelder und seiner Scheuer darbringt. Aber nur oberflächliche Betrachtung kann hierbei stehen bleiben; blicken wir näher zu, so ergiebt sich, dass auch diese Bräuche, wie das vor allen Dingen das charakteristische Zusammenschürzen der Opferhalme unter den Aehren und die Verbindung mit dem Brotopfer lehrt, dem Aehrenopfer für Wuotan ihren Ursprung verdanken. Es ist also hier wieder der Entwicklungsgang, den wir schon so häufig zu beobachten Gelegenheit hatten, vor sich gegangen, dass aus dem Opfer für die Gottheit, damit sie die schädliche Macht fern halte,

---

[1] Schuster, Deutsch. Myth. a. siebenb. sächs. Quellen. s. 268; Knorrn, Sammlung abergl. Gebräuche. Nr. 129. Zu Langenbielau in Schlesien wird die Garbe, aus der man die Erntepuppe (Antepuppe) verfertigt hat, ausgedroschen, gemahlen und dann aus dem so gewonnenen Mehl ein Brot gebacken. Dies Brot besitzt grosse Heilkraft und bringt Segen; es dürfen deshalb von ihm nur die Mitglieder der Familie essen (mündlich).

[2] Kuhn u. Schwartz, Nordd. Gebr. Nr. 98. 99.

[3] Mülhause, Urreligion. Cassel 1860. s. 293; drslb. Gebräuche der Hessen. s. 324; Leipziger Illustrierte Zeitung. 1867. Nr. 1260; vgl. Pfannenschmid, Erntefeste s. 107 fg.

[4] Mannhardt, Roggenwolf. s. 14. Anm.

im Laufe der Zeit, als das Bild der Gottheit dem Volksbewusstsein entschwand, ein Opfer für die schädliche Macht selbst wurde. In unserem Falle ward dem zufolge aus dem Aehrenopfer für Woden, damit er das Land vor Misernten, das heisst, die Felder vor den Verherungen, welche Sperlinge, Hühner, Hamster etc. anzurichten pflegen, schütze und bewahre, ein Aehrenopfer für jenes Gethier.

Nach allen bis jetzt besprochenen Erntebräuchen wurde das Opfer der letzten Garbe allgemein in Deutschland dem Wuotan dargebracht; dem scheinen nun folgende Sitten zu widersprechen. In Niederbaiern liessen die Bauern bei der Ernte für die (mythischen) sieben Schauerjungfrauen eine Garbe auf dem Acker liegen, dann blieben die Felder von jedem Schauer verschont.[1]) In Kerstlingerode bei Göttingen wurde die letzte Hand voll Frucht nicht abgeschnitten. Man drehte die Halme oben an den Aehren zusammen und sprach: „Das ist vor Frû Holle."[2]) Auf dieselbe Göttin ist auch folgender Brauch zu beziehen. In Tilleda am Kyffhäuser und in der ganzen Umgegend bleibt, nachdem aller Roggen gemäht ist, eine Garbe unabgemäht stehen. Die Aehren derselben werden darauf umgeknickt und mit bunten Bändern unterwärts zusammengebunden, so dass das Ganze die Gestalt einer Puppe mit einem Kopfe bekommt. Sodann springen alle Schnitter und Schnitterinnen der Reihe nach darüber fort. Das nennt man über ‚Schâinichen' oder über ‚Schinnichen springen'. Wer anstösst, muss Strafe bezahlen.[3])

Scharfsinnig erklärt Kuhn dies ‚über Schâinichen (Schinnichen) springen' in der Anmerkung zu Nordd. Sagen Nr. 190 mit ‚übersch Hâinichen, Hinnichen springen', da im thüringischen Dialect s nach r im Auslaut, wie im Anlaut nach auslautendem r, und auch im Inlaut in sch überzugehen pflegt. Sage 190 nennt nun eine Hinnemutter, welche durchaus an die Haulemutter erinnert. Da aber letztere gleich Frau Holle ist, so dürfen wir auf eine Frau Hinne schliessen und in dem Brauche des ‚übers Hinnichen' springen ein Opfer für die grosse weibliche Gottheit der Germanen erkennen, welche sonst als Berchta, Frîa, Holda etc., hier als Frau Hinne auftritt.

An anderen Orten wird diese Göttin die Alte genannt sein, wie man Wuotan den Alten hiess, und als Opfer für sie werden wir die

---

[1]) Panzer. I. s. 88.
[2]) Pfannenschmid, Germ. Erntefeste. s. 107; Mannhardt, Korndämonen. s. 82.
[3]) Kuhn u. Schwartz, Nordd. Gebr. Nr. 100.

Bräuche zu fassen haben, in denen beim Schneiden der Frucht die letzte Handvoll für die Alte auf dem Acker zurückgelassen wird, oder die letzte Garbe den Namen: ‚die Alte', ‚die Kornmutter', ‚die Roggenmutter', bekommt. Hier und da wurde bei der Uebergabe dieses Aehrenopfers an die Alte ein Gebet gesprochen, welches lautete:

,Wir gebens der Alten,
Sie soll es behalten.
Sie sei uns im nächsten Jahr
So gut, wie sie es diesmal war.'[1]

Ferner gehört hierher, dass in Thüringen bei Völkershausen und im Feldagrund die mit Laub und Feldblumen geschmückte Erntepuppe für die gute Frau stehen bleibt[2], und dass in der Gegend von Unna, zu Bausenhagen und an anderen Orten in Westfalen die letzte Garbe ‚de greaute Meaur', in Saldern bei Wolfenbüttel ‚die Kornjungfer', in Uchte ‚dat Hôrkind'[3] und in Alpach in Tirol ‚die Braut'[4] heisst.

Auch hier sank die Gottheit im Laufe der Zeit zum Elementargeist herab. So bleibt bei Tiefenort in Thüringen für die arme Frau eine kleine Garbe auf dem Felde zurück, welcher Halmbüschel deshalb auch selbst ‚das arme Fräche' genannt wird.[5] In der Gegend von Pilsen in Böhmen lässt man auf den Aeckern eine Handvoll Aehren für die Milzfrau oder Holzfrau stehen.[6] In Windischeschenbach in der Oberpfalz und um Culmbach in Oberfranken gehört dieselbe den Holzfräulein.[7]

Dass die überirdischen Wesen, welche in den eben beigebrachten Erntebräuchen als Empfänger des Aehrenopfers bezeichnet werden, nämlich Frû Holle, Frau Hinne, die Schauerjungfrauen, die Alte, Kornmutter, Roggenmutter, Kornjungfer, gute Frau, greaute Meaur, (Hôrkind, Braut), so wie deren Abschwächungen das arme Fräche, die Milzfrau, Holzfrau und die Holzfräulein, sämmtlich auf die grosse weibliche Gottheit der Germanen, welche theils als mütterliche Erde, theils als Berchta, Frîa, Holda etc. erscheint, zurückzuführen sind, dürfte kaum zweifelhaft sein, wenn wir die analogen

---

[1] Mannhardt, Korndämonen. s. 22.
[2] Witzschel, Sitten etc. s. 16. Nr. 73.
[3] Kuhn, Westfäl. Sag. II. Nr. 514—516.
[4] Zingerle, Sitten. s. 111. Nr. 816.
[5] Witzschel, Sitten etc. s. 16. Nr. 73.
[6] Panzer. II. s. 160. Nr. 254.
[7] Panzer. II. s. 160. 255, 161. 259.

Vorgänge bei dem Aehrenopfer für Wuotan betrachten. Da ausserdem der Hergang bei diesem Opfer für Frau Holle etc. in jeder Beziehung mit dem Opfer für Woden übereinstimmt, so fragt es sich hier nur, ob nach alle dem noch unser früher gewonnenes Resultat, dass allgemein in Deutschland die Körner- und Aehrenopfer bei Aussat wie bei Ernte dem Wuotan eigenthümlich waren, sich aufrecht erhalten lässt oder nicht.

In Bezug darauf müssen wir uns vor allen Dingen darüber klar werden, dass die Berichte, welche die letzten Halme des Ackerfeldes der grossen weiblichen Gottheit dargebracht werden lassen, sämmtlich der jüngsten Zeit angehören. Alle älteren Zeugnisse, mögen sie nun aus Nord- oder aus Süddeutschland stammen, kennen als Empfänger der Opfergarbe nur den Wuotan. Weiter ist es eine ausgemachte Thatsache, dass sich überall in unserm Volksglauben das Bestreben geltend macht, männliche Götter in weibliche umzuwandeln, wozu vielleicht das später nicht mehr verstandene Frô den Anlass gab. Da nun ausserdem mit dem Aehrenopfer zusammen ein Brotopfer, das sicher für die Berchta, Fria etc. bestimmt war, dargebracht wurde, ferner auch die Opfer beim Flachsbau, welche ebenfalls, wie wir in dem folgenden Paragraphen sehen werden, nur dieser Gottheit zukamen, auf die Erntebräuche beeinflussend gewirkt haben können, so dürfte es doch wohl wahrscheinlich sein, dass die Uebertragung auch des Aehrenopfers an diese Göttin erst ein jüngeres Verderbnis ist.

Ausser dem bis jetzt besprochenen Aehren- und Brotopfer für Wuotan und Fria wurde beim Schluss der Ernte noch ein drittes Opfer dargebracht. In Schlesien fährt man an irgend einem Tage kurz vor oder nach dem Erntefest auf einem vier- bis sechsspännigen leeren Erntewagen einen mit Bändern festlich geschmückten Hahn zu einem Stoppelfeld. Dort wird er unter Gebärden, als hebe man eine schwere Last, heruntergeholt, halb in die Erde gegraben und mit einem umgestülpten Topfe bedeckt, so dass nur der Kopf aus dem durchlöcherten Boden des Gefässes hervorblickt. Dann tritt ein Bursche nach dem andern mit verbundenen Augen hinzu und sucht den Hahn zu köpfen oder mit einem Knüttel zu erschlagen. Der Sieger heisst **Hahnkönig**. An anderen Orten derselben Provinz überreichen die Schnitter beim Schlusse der Ernte dem Gutsherrn einen lebenden Hahn auf einem Teller.[1])

Um Fürstenwalde in der Mark Brandenburg lässt man, bevor die letzte Garbe aufgebunden wird, einen lebendigen Hahn laufen und fängt

---

[1]) Mannhardt, Korndämonen. s. 16, 14.

ihn dann wieder ein.[1]) In Westfalen wurde früher unmittelbar nach dem Kornschnitt auf dem Acker ein Hahn todt geschlagen. Hier und da übergab auch der Bauer den mit dem Bauthahn einziehenden Knechten einen lebendigen Hahn, welchen sie mit Peitschen oder Knütteln tödteten, oder mit einem alten Säbel köpften und den Mädchen auf die Scheune warfen, zuweilen der Hausfrau zur Bereitung übergaben. War kein Fruchtwagen umgefallen, so hatten die Knechte das Recht, den Haushahn mit Steinen todt zu werfen oder zu köpfen. Jetzt, da diese grausame Sitte erloschen ist, besteht gleichwohl häufig noch der Gebrauch, dass die Bäuerin den Schnittern eine Hühnersuppe zurichtet und den Kopf des geschlachteten Haushahns vorweist.[2]) An anderen Orten Westfalens wurde oft ein lebender Hahn auf dem Harkelmaibaum nach der Ernte mit heim geführt.[3])

Bei Horn im Lippeschen fand acht Tage nach dem Einbringen des letzten Fuders das Verzehren des Erntehahns statt. Zu dem Behuf schlachteten kleinere Bauern noch ein Schaf, grössere aber mehrere Stücke. Der Hausherr, der Meier, sass bei diesem Mahle sammt seiner Frau, seinen Kindern und Anerben an einem besonderen Tische und hatte auch ein besonderes Gericht voraus, nämlich den gebratenen Erntehahn.[4]) Zu Agnethlen in Siebenbürgen wird um die Erntezeit das sogenannte Hahnabreiten vorgenommen, wobei an ein aufgespanntes Seil gebundenen Hähnen in scharfem Reiten der Kopf abgerissen wird.[5])

Auch für Süddeutschland lassen sich ähnliche Gebräuche nachweisen. So fand in der Schweiz am Tage der Ernteschlussfeier das Verzehren eines Hahnes statt.[6]) Ebenso wurde zu Tettnang in Schwaben früher bei der Sichelhenke ein Hahn todt geschlagen. Man band den Vogel im freien an ein Stück Holz, worauf die Burschen, welche sich jedoch vorher die Augen verbinden lassen musten, mit Flegeln nach ihm schlugen. Wer ihn traf, hatte ihn gewonnen.[7])

Häufig erscheint das Tödten des Erntehahns als Volksbelustigung auf die Kirmessfeier verlegt, so z. B. im Elsass, im Herzogthum

---

[1]) Kuhn u. Schwartz, Nordd. Gebr. Nr. 106; vgl. auch Nr. 104.
[2]) Mannhardt, Korndämonen s. 15.
[3]) Mannhardt, Baumkultus, s. 198.
[4]) Pfannenschmid, Germ. Erntefeste s. 111, s. 422. Anm. 61.
[5]) Schuster, Deutsch. Myth. aus siebenb. sächs. Quellen s. 268.
[6]) Otto Sutermeister, Erntesitten in der Schweiz, in den Grenzboten. 1865. Nr. 41. s. 597; vgl. Pfannenschmid. s. 419. Anm. 54.
[7]) E. Meier, Schwäb. Sag. s. 442. 158.

Nassau, in Oberschwaben, im Böhmerwald und in dem nördlichen Böhmen.[1]) In anderen Gegenden Deutschlands ist in unserer Zeit die grausame Sitte des Hahnschlagens überhaupt abgekommen, indem dort an die Stelle des lebenden Hahnes ein nachgemachter gesetzt wurde. In der Eifel heisst es, wenn beim Kornschnitt die letzte Handvoll gemäht ist: ‚Wir haben den Hahn gefangen.' Es wird dann von Blumen ein Hahn gemacht, auf eine Stange gesteckt und von den Schnittern unter Gesang nach Hause getragen, wo sie eine bessere Mahlzeit als die gewöhnliche erhalten.[2]) Damit vergleicht sich der siebenbürgische Brauch, wie er um Braller geübt wird. Dort lässt man das letzte Stück des Aehrenfeldes ungeschnitten stehen, umringt es und ruft: ‚Hier sollen wir den Kokesch (Hahn) fangen.'[3]) In der Gegend von Höxter in Westfalen bis Minden und östlich davon wird über dem Erntekranz ein hölzerner Hahn befestigt. In Buer, Crange und Witten steckt man zuweilen auf den Erntebaum eine Hahnenfeder. Das Ganze heisst dann ‚Bauthânen'. Zu Velmede befestigte man oben auf dem Håkelmai einen hölzernen Hahn.[4]) Derselbe Brauch herrscht noch zu Heesten und Leopoldsthal, nur dass dort der Hahn ausserdem vergoldet und mit einem Kranz von bunt bemalten Eiern um den Hals und mit Bändern aufgeputzt ist.[5]) In anderen Ortschaften Westfalens wieder setzte man den mit bunten Farben bemalten und mit Knittergold geschmückten Erntehahn auf das letzte Fuder. In Kohlstädt am lippeschen Walde war der Hahn vergoldet und trug allerlei Frucht im Schnabel. Nach dem Abladen wurde er entweder vorn am Hause oder hoch am Giebel oder auch über der Scheunenthür angebracht, wo er oft bis zur nächsten Ernte verblieb.[6]) Rings im Kreise herum hing man zuweilen Habichte und Eulen auf.[7]) Auch der schlesische Brauch, einen Hahn aus Stroh auf

---

[1]) Stöber, Kochersberg. s. 49; Pfannenschmid, Germ. Erntefeste. s. 293, s. 560 Nr. 20; Kehrein, Volkssprache u. Volkssitte. II. s. 185 fg.; E. Meier, Schwäb. Sag. s. 442. 160.

[2]) Schmitz, Sitten etc. s. 95.

[3]) G. A. Heinrich, Agrar. Sitten. s. 21.

[4]) Kuhn u. Schwartz, Nordd. Gebr. Nr. 105; Kuhn, Westfäl. Sag. II. Nr. 500. 499.

[5]) Pfannenschmid, Germ. Erntef. s. 412. Anm. 47.

[6]) Kuhn, Westfäl. Sag. II. Nr. 501, 503, 506—508, 510.

[7]) Mannhardt, Korndämonen. s. 14.

die für die Arbeiter als Erntelohn stehen gelassenen Mandeln zu stellen, ist hierher gehörig und ebenso die siebenbürgische Sitte, auf den für den Pfarrer bestimmten Zehnthaufen ein Büschel Aehren zu binden, welches Kokesch (Hahn) genannt wurde.[1]

Die Sitte, gleich nach dem Mähen der letzten Halme einen Hahn zu tödten, findet sich übrigens weit über die Grenzen Deutschlands hinaus verbreitet. Für das Vorkommen dieses Brauches in Frankreich vergleiche man die von Mannhardt (Baumkultus s. 206 fg.) beigebrachten Zeugnisse, und es ist nicht unwahrscheinlich, dass hier germanische Sitte zu Grunde liegt. Weniger dürfte an eine derartige Beeinflussung von deutscher Seite aus bei folgenden, höchst alterthümliche Züge aufweisenden Nachrichten aus Ungarn zu denken sein. Da aber gerade in den Erntebräuchen sich bei den meisten Völkerschaften grosse Uebereinstimmung findet, und jene ungarisch-siebenbürgischen Bräuche den Hergang bei dem Hahnopfer noch wenig verändert gewahrt haben, so mögen sie immerhin hier aufgeführt werden. Bei den Szeklern in der Nähe von Udvarhely wird ein lebender Hahn in die letzte Garbe hineingebunden und von einem dazu erwählten Burschen mit einem Bratspiess zu Tode gestochen. Den Leichnam balgt man aus und wirft das Fleisch weg. Haut und Federn werden bis zum nächsten Jahre aufgehoben. Im Frühjahr werden dann die Körner der letzten Garbe mit den Federn des Hahnes zusammengerieben und auf das anzubauende Feld gestreut. In der Umgegend von Klausenburg dagegen gräbt man einen Hahn auf dem Erntefeld in die Erde, so dass nur der Kopf hervorblickt. Ein Jüngling durchschneidet ihm dann mit der Sense auf einen Streich den Hals. Gelingt das nicht, so heisst der Bursche ein Jahr lang rother Hahn, und man fürchtet, dass die Ackerfrucht des nächsten Jahres nicht gerathen werde.[2]

Selbst Mannhardt konnte sich nicht verhehlen, dass die Tödtung des Hahns beim Schluss der Ernte ein Opfer ist; da er aber in jedem Erntebrauch von vornherein irgend eine Verwandlung des Vegetationsdämons erblicken zu müssen glaubte und von dieser vorgefasten Ansicht um keinen Preis abwich, so stellte er die Sache auf den Kopf und sagte: Die Tödtung des Getreide-

---

[1] Schuster, Woden. s. 38; G. A. Heinrich, Agrar. Sitten etc. s. 20; Mannhardt, Korndämonen. s. 13; Schuster, Deutsch. Myth. a. siebenb. sächs. Quellen. s. 267.

[2] G. A. Heinrich, Agrar. Sitten. s. 28 fg.; Mannhardt, Korndämonen s. 15.

hahns, die ursprünglich blosse Vernichtung des Dämons im Kornschnitt war, habe in der Sitte nahezu den Charakter eines Opfers angenommen.[1]) Wer jedoch frei von jedem Vorurtheil die Sache betrachtet, dem kann es nicht zweifelhaft sein, dass, wenn sich in unseren Erntebräuchen überhaupt die Erinnerung an ein Opfer bewahrt hat, die Tödtung des Hahns nach dem Abmähen der letzten Halme ein solches Ernteopfer gewesen sein muss. Denn alle Züge, welche wir als dem germanischen Opfer überhaupt eigenthümlich erkannt haben, finden sich hier wieder.

Der Hahn wird festlich mit Blumen, farbigen Bändern, Flittergold und Aehren von allerhand Frucht geschmückt und dann in feierlichem Zuge auf den Kornacker gebracht. Sobald dort die Schnitter mit dem Mähen der letzten Frucht fertig sind, so dass nur noch die für den Wode bestimmten Opferhalme dastehen, wird der Vogel genommen und entweder in der altheiligen Opferweise durch Hauptabschneiden getödtet, oder mit einem Dreschflegel erschlagen, mit einem Spiess erstochen. In ersterem Falle scheint nur der Kopf des Hahnes der Gottheit dargebracht worden zu sein, während der Rumpf sofort zubereitet und von allen Theilnehmern an der heiligen Handlung gemeinsam verzehrt wurde. In den Gegenden aber, wo man den Hahn auf andere Weise tödtete, hing man ihn, wie er war, an geheiligter Statt in Haus oder Scheune auf, damit er dort als Talisman das Gehöft vor Unglück bewahre. Sobald aber die nächste Aussat kam, nahm man ihn herab und mengte seine Federn so wie die Körner der Opfergarbe unter das Satgut, um so auch die Felder der Heilkraft des Opfers theilhaftig zu machen und ihre Ertragfähigkeit zu erhöhen.

Das Hahnopfer bei Ernteschluss, welches später von der Kirche in einen um die Erntezeit fälligen Zins, das ‚Ernhun'[2]), umgewandelt wurde, muss einst eine grosse Bedeutung gehabt haben, denn in vielen Gegenden ist nach ihm das ganze Erntefest benannt worden. So heisst dasselbe im Lechrain und in Schwaben der Schnitthahn[3]), in der Schweiz Krähhahne[4]), in der bai-

---

[1]) Mannhardt, Korndämonen s. IX.

[2]) Grimm, Rechtsalterth. s. 374.

[3]) Leoprechting s. 192; Schmeller, Bair. Wörterb. 2. Aufl. I. s. 1114; II. s. 334; Meier, Schwäb. Sag. s. 442. Nr. 159; Birlinger, Aus Schwaben II. s. 327.

[4]) O. Sutermeister, Erntesitten in der Schweiz, in den Grenzboten. 1865. Nr. 41. s. 597; vgl. Pfannenschmid, s. 419. Anm. 54; Staub, Das Brot. s. 60 fg.

rischen Rheinpfalz der Aehrenhahn[1]), in Thüringen und Niedersachsen Bauthân, Stoppelhahn, Erntehahn[2]), und an vielen Orten darf in jenen Landschaften noch heute nicht unter den Gerichten der Erntemahlzeit ein Hahn fehlen.

Dieser hervorragenden Stellung, welche das Hahnopfer unter den anderen Ernteopfern einnahm, haben wir es zu verdanken, dass sich bei demselben bis in unsere Zeit hinein einige höchst alterthümliche Züge in vollkommener Schärfe erhalten haben, welche uns in dem weiteren Verlauf unserer Untersuchung über manche sonst unverständliche Bräuche genügenden Aufschluss gewähren werden. Vor allem rechne ich hierher, dass wir näheres über die Person, welche das Opfer zu verrichten hatte, erfahren. Entweder wird dieselbe nämlich von sämmtlichen Theilnehmern an der heiligen Handlung gewählt, oder aber man überlässt dem Zufall, d. h. der Gottheit, die Entscheidung darüber, und ein jeder von den Erntearbeitern muss der Reihe nach hinzutreten und mit verbundenen Augen einen Schlag nach dem Hahn führen. Wie heilig das Amt des Opfervollstreckers geachtet wurde, ergiebt sich für Deutschland aus der Sitte, denjenigen, welcher den Hahn getödtet hat, feierlich zum Hahnkönig zu ernennen; für Siebenbürgen dagegen beweist dies der Glaube, dass jede Störung in dem Verlauf der Opferhandlung, welche durch die Ungeschicklichkeit des gewählten Opferpriesters, wenn ich so sagen darf, hervorgerufen wird, die nachtheiligsten Folgen für den Ausfall der nächsten Ernte habe. Wichtig ist ferner, dass der Name des Opferthieres einerseits auf die Person, welche es zu tödten durch Wahl oder Loos bestimmt war, überging (vgl. dass in der Umgegend von Klausenburg der betreffende der rothe Hahn genannt wird), andererseits aber auch auf die letzten Halme des Fruchtackers, die für Wuotan bestimmten Opferähren, gleich nach deren Darbringung das Hahnopfer vorgenommen wurde. In einem grossen Theile Deutschlands wird nämlich die letzte Garbe Hahn, Hahngarbe, Bauthân, Aarhenne, Herbsthahn, Erntehahn genannt.[3])

Was endlich den Empfänger dieses Hahnopfers angeht, so kann derselbe nach der Analogie der Opfer, welche bei Aussat, Frühlings-, Mai- und Hagelfeier dargebracht wurden, nur Thunar

---

[1]) Bavaria. IV, 2, 381.
[2]) Kuhn, Westfäl. Sag. II. Nr. 502. 505; Witzschel, Sitten etc. s. 15. Nr. 72; Pfannenschmid, Germ. Erntef. s. 111; Mannhardt, Baumkultus s. 198.
[3]) Mannhardt, Korndämonen. s. 13; Witzschel, Sitten etc, s. 15. Nr. 71.

gewesen sein, auf den auch die Umkränzung des an der Dachfirst aufgehängten Erntehahns mit angenagelten Habichten und Eulen[1]) hinweist. Die Wahrscheinlichkeit dieser Annahme wird dadurch ausser Zweifel gestellt, dass, wie bei jenen Festen, so auch bei dem Erntefest, wie wir jetzt sehen werden, das Hahnopfer durch ein Bockopfer vertreten werden konnte.

In der Umgegend von Grénoble in der Dauphiné, also auf ehemals niederburgundischem Boden, schmückt man vor Beendigung des Kornschnittes eine lebendige Ziege mit Blumen und Bändern und lässt sie in das Feld laufen. Die Schnitter eilen hinterher und suchen sie zu haschen. Ist sie gefangen, so hält die Bäuerin sie fest, indes der Bauer ihr den Kopf abschneidet. Vom Fleische wird die Erntemahlzeit hergerichtet. Ein Stückchen desselben pökelt man ein und bewahrt es, bis zur nächsten Ernte wieder eine Ziege geschlachtet wird. Dann essen alle Arbeiter davon. Noch denselben Tag verfertigt man aus dem Ziegenfell ein Mäntelchen, Manteau, das der mitarbeitende Hausherr zur Erntezeit stets tragen muss, wann Regen oder schlechtes Wetter eintritt. Bekommt ein Arbeiter Kreuzschmerzen und dergleichen, so giebt man statt dem Herrn ihm das Mäntelchen zu tragen.[2]) Zu dieser denkwürdigen Nachricht halte man die von uns auf Seite 111 wiedergegebene Stelle aus Hentzes Ruinen des fränkischen Kreises über Schafopfer, welche ehemals in der dortigen Gegend bei der Schnittlege dargebracht wurden.

Wie das Hahnopfer im Laufe der Zeit auf das Kirchweihfest übertragen wurde, so finden wir auch das Bockopfer bei den Kirmessen, zur Volksbelustigung herabgesunken, wieder. Im Elsass wird der ‚Kilbehammel' mit Bändern geschmückt, zur Schau gestellt oder durchs Dorf geführt und sodann ausgetanzt, ausgespielt, ausgekegelt oder ausgeschossen. Der Gewinnende muss die übrigen Burschen mit einigen Flaschen Wein nebst dem Hammelbraten tractieren.[3]) Auch zu Kiebingen in Schwaben, wo am Bartholomäustage, dem 24. August, die Sichelhenke zugleich mit der Kirchweih gefeiert wird, tanzt man dabei einen Hammel aus.[4]) Ueberhaupt lassen sich derartige Kirmessbräuche für ganz Süd- und Mitteldeutschland in Menge nachweisen[5]); da ihre Grundzüge

---

[1]) Vgl. oben s. 62.
[2]) Mannhardt, Antike Wald- und Feldkulte s. 166.
[3]) Pfannenschmid, Germ. Erntef. s. 290—292, s. 550, 558. Anm. 18. Nr. 19.
[4]) E. Meier, Schwäb. Sag. s. 437 Nr. 142; vgl. auch s. 437. 143, s. 442. 160.
[5]) Bavaria III, 2, 974; IV, 2, 387; Kehrein, Volkssprache u. Volkssitte II.

aber immer wieder dieselben sind, so sei es mit den angeführten Zeugnissen genug.

Ferner stimmt das Bockopfer mit dem Hahnopfer darin überein, dass statt des wirklichen Thieres in jüngerer Zeit ein nachgemachtes genommen wird. So setzt man zu Grafenau bei Straubing in Niederbaiern dem letzten Korn- oder Weizenhaufen zwei Hörner auf und nennt denselben dann den gehörnten Bock.[1]) Zu Gablingen in Schwaben schnitzen die Schnitter, wenn das letzte Haferfeld eines Bauerhofes geschnitten wird, aus Holz eine Geiss. Durch die Nasenlöcher und das Maul stecken sie, in entgegengesetzter Richtung, je zwei Haferähren (Haberspitz) und auf das Genick eine. Auf dem Rücken der Geiss, von den Hörnern bis zum Schweif, liegt eine Blumenkette. Sie wird auf den Acker hingestellt und heisst Habergeiss.[2])

Am alterthümlichsten ist uns der Hergang des Bockopfers unzweifelhaft in der burgundischen Sitte erhalten, der zufolge es in jeder Beziehung analog dem Hahnopfer vorgenommen wurde. Kurz vor der Beendigung des Kornschnittes, d. h. zugleich mit der Darbringung der Opferhalme für Wuotan, ward das festlich mit Blumen, farbigen Bändern und Kornähren geschmückte Thier von dem Hausvater, der hier das priesterliche Amt auszuüben hatte, durch Hauptabschneiden getödtet. Von dem Rumpf wurde die Opfermahlzeit bereitet, an der alle Schnitter und Schnitterinnen theilnahmen, um so der Heilkraft des Opfers theilhaftig zu werden; ein Stück von dem Opferfleisch bewahrte man jedoch bis zur nächsten Ernte als schützenden Talisman auf. Noch grössere Zauberkraft ward dem abgezogenen Fell des Bockes oder der Ziege zugeschrieben, weil es ursprünglich nebst Haupt, Knochen und Genitalien der Antheil der Gottheit war. Das aus der Haut verfertigte Mäntelchen vermag deshalb Krankheiten zu heilen und, was für die Bestimmung der Gottheit, welcher dies Opfer dargebracht wurde, entscheidend ist, Unwetter zu vertreiben. Denn nur der Wettergott kann dem Wetter gebieten, und folglich muss der Bock, dessen Haut durch die Heiligkeit des Opfers Wetter vertreibende Kraft bekam, dem Thunar geopfert worden sein.

Endlich sei noch erwähnt, dass, wie bei dem Hahnopfer, so auch bei dem Bockopfer der Name des Opferthieres, weil es gleich-

---

s. 179 fg.; Reinsberg-Düringsfeld, Das festliche Jahr der Deutschen. s. 311; Mülhause, Gebräuche der Hessen s. 316 fg.; Pfannenschmid, Germ. Erntefeste. s. 291 fg. u. v. a.

[1]) Mannhardt, Antike Wald- und Feldkulte s. 162.
[2]) Panzer II. s. 232. Nr. 426.

zeitig mit dem Opfer für Wuotan, d. h. mit dem Schneiden der letzten Halme, dargebracht wurde, auf die letzte geschnittene Frucht überging. So wird z. B. im Thale der Wiesent in Oberfranken die letzte Garbe, welche auf dem Acker gebunden wird, der Bock genannt; und im Sprichwort sagt man deshalb: ‚Der Acker muss einen Bock tragen.'[1]) Im Kreise Rheinbach, Regierungsbezirk Köln, heisst die letzte Einfuhr die Mahlegeiss, Mahldegeiss oder Mahdegeiss.[2]) Auch in Hessen nennt man die letzte unvollkommene Garbe den Bock; das aus ihr gemahlene Getreide wird zu Brot für die Armen gebacken.[3]) Ueberhaupt findet sich die Bezeichnung Bock für den letzten Getreidebüschel, die letzte Garbe über ganz Süd- und Norddeutschland bis nach Schweden hinein verbreitet, wozu man die von Mannhardt (Antike Wald- und Feldkulte s. 162 fg.) beigebrachten zahlreichen Belege vergleiche. Hier soll nur noch eine Nachricht näher besprochen werden, die der eigenthümlichen Fassung wegen, in welcher der Brauch erscheint, Veranlassung zu allerhand Vermuthungen gegeben hat.

Zu Wanesfeld bei Gardelegen und zwischen Salzwedel und Kalbe liessen vor einem halben Jahrhundert die Schnitter die letzten Halme unabgeschnitten auf dem Acker stehen mit den Worten: ‚Dat sall de Buck beihollen.'[4]) Nach Mannhardt haben wir es mit einem Vegetationsdämon zu thun, der hier theriomorphisch als Kornbock erscheint. Wolf und andere dagegen meinen, unter jenem Bock sei das heilige Thier des Thunar zu verstehen, dem man, wie sonst dem Pferde des Wuotan, die letzte Garbe in dieser Gegend geopfert habe. Die Annahme Mannhardts hängt mit seiner Theorie von einem uralten, allgemein menschlichen Kultus der Vegetationsdämonen zusammen, deren Unhaltbarkeit klar zu legen, hier nicht der Ort ist. Aber auch Wolfs Ansicht dürfte sich nicht behaupten lassen; denn nirgends in Deutschland wurden dem Wettergott Aehren oder Körner zum Opfer dargebracht. Ausserdem wäre es doch eigenthümlich, dass sich die Erinnerung an den Bock des Thunar länger erhalten haben sollte als die Erinnerung an Thunar selbst. Auf die weit verbreitete Erntesitte, dem Wuotan für sein Ross die letzte Handvoll Aehren zu opfern, darf man sich dabei nicht stützen, da niemals jenes

---

[1]) Panzer II. s. 228 Nr. 422.

[2]) Mannhardt, Ant. Wald- und Feldk. s. 163.

[3]) Wolf, Beiträge I. s. 222. Nr. 250.

[4]) Mannhardt, Korndämonen s. 8; Ant. Wald- und Feldk. s. 170; Wolf, Beiträge I. s. 71.

Aehrenopfer statt dem Gotte für sein Ross dem Pferd schlechthin dargebracht wird.

Mir scheint es, als ob jener um Gardelegen und Salzwedel üblich gewesene Brauch nur eine Weiterbildung der Sitte, die letzte Garbe den Bock zu nennen, sei. Wie wir früher sahen, hiessen nämlich die Opferhalme, welche für den Wode, den Åswald, den Alten, die Kornmutter, die greaute Meaur etc. bestimmt waren, nach dem Namen ihres jedesmaligen Empfängers selbst Wode, Åswald, Alte, Kornmutter, greaute Meaur. Wenn nun auch aus einem ganz andern Grunde die letzte Garbe die Bezeichnung der Bock erhielt, so war es doch natürlich, dass zu einer Zeit, da der Volksglaube sich weder über die Natur des Wode etc., noch über die Bedeutung des Bockes mehr klar war, der Name Bock den übrigen Benennungen der letzten Garbe völlig gleichgestellt ward. Die Folge davon war, dass man analog der Redeweise: ‚Die letzte geschnittene Frucht ist der Åswald, Wode etc. und gehört dem Åswald, Wode etc.‘, sagte: ‚Die letzte Garbe ist der Bock und gehört dem Bock.‘ Selbstverständlich ward dieser Bock dadurch zu einem dämonenhaften, dem Wode, Alten etc. ähnlichen Wesen, und insofern ist Mannhardt berechtigt, von einem Bock als Korndämon zu sprechen, nur dass dessen Ursprung nicht in den Zeiten vor dem Wodankultus, sondern in den letzten Jahrhunderten zu suchen ist.

§ 5. Die Opfer beim Flachsbau.

Der Grund dafür, dass wir von den Opfergebräuchen beim Kornbau die Opfer, welche beim Flachsbau dargebracht wurden, absondern, liegt in der Natur des letzteren. Wie die Kunkel des Weibes schönstes Symbol ist, so nimmt auch Aussat, Ernte, Brechen und Verarbeitung des Flachses fast ausschliesslich das Interesse der Frauen in Anspruch, und dieser Umstand giebt den Opfern beim Flachsbau im Gegensatz zu den bei der Bestellung und dem Einheimsen von Roggen, Weizen und Hafer dargebrachten ein ganz eigenthümliches Gepräge. Trat bei den letzteren Wuotan mehr in den Vordergrund, so überwiegt bei jenen der Einfluss der grossen weiblichen Gottheit, welche in Deutschland als Frîa, Berchta, Hulda, als Himmelskönigin oder als Mutter Erde erscheint.

Der Flachsbau, das Spinnen und Weben ist ja vornehmlich der Gegenstand ihrer Fürsorge, und so überwandeln noch heute nach dem Tiroler Volksglauben die Seligen unter Anführung ihrer Königin Hulda die Flachsfelder, richten geknickte Stengel auf und segnen Kraut und Blüten.[1]) Deshalb besteht ihr Heer aus sichelführenden Weibern, wie Erasmus Alberus (Fab. 16) reimt:

,Es kamen auch zu diesem heer
viel weiber, die sich forchten sehr,
und trugen sicheln in der hand,
fraw Hulda hat sie ausgesandt.'[2])

Schon Burchard von Worms († 1024) sagte: ,Illud etiam omittendum, quod quaedam sceleratae mulieres retro post Satanam conversae, daemonum illusionibus et phantasmatibus seductae credunt se et profitentur nocturnis horis cum Diana Paganorum dea, velcum Herodiadae, et innumera multitudine mulierum equitare super quasdam bestias, et multa terrarum spatia intempestae noctis silentio pertransire, eiusque jussionibus velut dominae obedire, et certis noctibus ad eius servitium evocari.'[3]) So viel über die Ursache, dass wir die Opfer beim Flachsbau in einem besonderen Paragraphen behandeln; kommen wir jetzt zur Sache selbst.

A. Die Aussat des Flachses.

In der Oberpfalz warf man beim Leinsäen einige Körner für das Holzfräulein in die Büsche des nahen Waldes. War die Leinsat aufgegangen, so verfertigte man bei Gelegenheit des Jätens aus den Restchen von Flachsstengeln ein Hüttchen und rief:

,Hulzfrâl! dau is dañ Dâl!
Gib an Flachs an kräftinga Flaug,
Nau hôb i un du gnaug.'[4])

Damit vergleicht sich, dass in Oesterr. Schlesien die Magd, welche zum ersten Mal das Flachsfeld betritt, um dort zu jäten, so hoch, wie sie vermag, springen muss, damit der Flachs recht hoch wachse. Zu jäten beginnt sie mit den Worten: ,Gott helf! än jeed·r Hailige a Hamfala!' Schüttet sie das ausgejätete Gras weg, so nimmt sie zuerst eine Handvoll und wirft sie auf eine leere Stelle mit den Worten:

,Grashäuflein, da hast du einen Fropp,
Dass das ganze Gras auf dich hopp.'[5])

In anderen Gegenden, wo das Leinsamenopfer schon geschwunden

---

[1]) Alpenburg, Mythen etc. s. 3, 32. 10; Hammerle, Neue Erinnerungen a. d. Bergen Tirols. Innsbruck 1854. s. 8, 14—15, 19.

[2]) Grimm, D. M.² s. 247. Anm. 2.

[3]) Grimm, D. M. Aberglaube. C.

[4]) Schönwerth, A. d. Oberpfalz II. s. 369 fg.; vgl. Mannhardt, Baumkultus. s. 77.

[5]) Peter, Volksth. II. s. 266.

ist, hat sich wenigstens noch der Segensspruch, welcher ursprünglich bei der Darbringung desselben gesprochen wurde, erhalten. So sagt man in Schleswig-Holstein beim Flachssäen:

,Flass, ik streu dy in den Sant,
Du must wassen as en Arm dick
Un as en Kaerl lank.'[1]

und ehemals im Saalfeldischen:

,Flachs, du sollst nicht eher blüh,
Bis du mir gehst an die Knie;
Flachs, du sollst nicht eher knotte,
Bis du mir gehst an die . . . . . .;
Flachs, du sollst nicht eher gehle,
Bis du mir gehst an die Kehle.'[2]

Auch die Erinnerung an bestimmte Ceremonien, welche bei dem Samenopfer vorgenommen wurden, und den zum Opfer gehörigen Pflanzenschmuck hat sich bewahrt. Wenn in der Grafschaft Mark der Flachs gesät werden sollte, so schüttete man ehemals den Leinsamen in einen langen Beutel, stellte sich auf den Tisch und **sprang rücklings** mit dem Beutel herunter. **Dann sollte der Flachs recht lang werden.**[3] Zu demselben Zwecke macht in Thüringen und Hessen die Hausfrau noch heute beim Samentragen **recht lange Schritte**[4], springt man in Schwaben, sobald die Hanfsat beendet ist, auf dem Acker **recht in die Höhe**[5] und wirft im Saalfeldischen, in Siebenbürgen, der Mark und dem Vogelsberg das Säetuch **hoch in die Luft.**[6] In anderen Gegenden Thüringens steckt man in der Walpurgisnacht Hollunderzweige an den Rand der Flachsfelder und **springt darüber**; und so hoch man springt, so hoch wächst der Flachs. Hie und da schält man von diesen Ruthen noch den Bast ab; man glaubt, das aus dem Flachs gesponnene Linnen werde dann recht weiss.[7] Zu Liepe im Havellande, in der Umgegend von Egeln und im Vogelsberg sagt

---

[1] Müllenhoff. s. 516; Jahrb. f. d. Landesk. d. Herzogth. Schleswig-Holst. u. Lauenb. VII. Band. Kiel 1864. s. 385; J. Ehlers, Was die Alten meinen. s. 109.

[2] Aus dem Journal von und für Deutschland. 1790; vgl. Grimm, D. M. Aberglaube. Nr. 519.

[3] Woeste, Volksüberliefer. s. 56.

[4] Wolf, Beiträge. I. s. 229 Nr. 342; Wuttke. § 322. 2. Aufl. § 101, § 657.

[5] E. Meier, Schwäb. Sag. s. 499. 333.

[6] Journal von u. für Deutschl. 1790; vgl. Grimm, D. M. Abergl. Nr. 533; G. A. Heinrich, Agrar. Sitten. s 11; Engelien u. Lahn, Der Volksmund i. d. Mark. s. 271 Nr. 193; Th. Bindewald im Daheim. Jahrgang 1865. Nr. 16. s. 218.

[7] Sommer, Sag. a. Thüringen. s. 148; Wuttke, Volksaberglaube. § 322, 2. Aufl. § 657; Witzschel, Sitten. s. 15. Nr. 61.

die Bauernregel, beim Flachssäen müsse man Stäbe in die Erde stecken, denn so hoch die seien, werde der Flachs wachsen.[1]) Um Iserlohn endlich sollen die eingesteckten Hollunderzweige die Flachsäcker vor den Maulwürfen bewahren.[2])

So abgeschwächt alle diese Bräuche auch auf uns gekommen sind, so lässt sich doch der ehemalige Hergang des Samenopfers bei der Bestellung des Flachsackers nicht verkennen. Unter dem Hersagen einer Segensformel ward die erste Handvoll von dem zur Aussat bestimmten Leinsamen dargebracht. Sobald das Feld bestellt war, besteckte man es darauf mit grünen Zweigen von Weiden und Hollunder und führte feierliche Tänze auf, in denen man die Gottheit anrief, dem Flachs gutes Gedeihen zu geben und ihn recht hoch und üppig wachsen zu lassen. Jene Gottheit kann aber nur die mütterliche Göttin Erde gewesen sein, von der das Holzfräulein in der oberpfälzischen Sitte, wie das die analogen Opfer bei der Flachsernte darthun werden, nur als Abschwächung zu fassen ist. Auf sie weist vornehmlich die Ausschmückung des Flachsackers mit Weidenruthen und Hollunderzweigen hin, denn beide Bäume müssen nach vielen deutschen Sagen und Sitten mit der Frîa, Berchta, Holda in engstem Zusammenhang gestanden haben. Nicht minder ist auf diese Göttin der feierliche Tanz zu beziehen, den wir in ganz gleicher Art auch bei der Frühlingsfeier allgemein in Deutschland zu Ehren derselben aufgeführt sahen, um dadurch ein gutes Flachsjahr zu bekommen.

Im übrigen wird das Opfer bei der Bestellung des Flachsackers ähnlich wie dasjenige, welches bei der Aussat des Korns dargebracht wurde, verlaufen sein. Auch hier fanden neben dem Samenopfer Brot- und Eieropfer statt, worauf noch folgende Bräuche hinweisen. In Ramsdorf bei Borken gilt die Regel, dass man auf St. Antoniustag (17. Januar) gesegnetes Brot aufbewahren müsse, denn es schimmelt nicht und ist auch gut auf das Flachsfeld zu legen.[3]) Um Marksuhl befand sich ehemals ausser den Knochen und Rippen des zu Fastnacht verzehrten Schweinefleisches in dem Leinsack noch eine Semmel und Wurst, ein Eierkuchen und etwas Branntwein als Frühstück für den Bauer, das er draussen auf dem Felde verzehren, dabei aber auf seinem eigenen Lande sitzen muste.[4]) Um Rauen in der Mark Brandenburg isst man

---

[1]) Kuhn u. Schwartz, Nordd. Gebr. Nr. 40, Nr. 353; Daheim, Jahrg. 1865. Nr. 16. s. 218.

[2]) Kuhn, Westfäl. Sag. II. Nr. 200.

[3]) Kuhn, Westfäl. Sag. II. Nr. 322.

[4]) Witzschel, Sitten etc. s. 14. Nr. 60.

beim Flachssäen Eier und wirft die Schalen auf das Feld, damit der Flachs recht hoch werde.[1]) Ganz ähnlich ist der Gebrauch in Thüringen und Niederösterreich.[2]) Um Grünberg in Schlesien endlich muss man in den Leinsamen ein Ei hineinschlagen, damit der Flachs recht lang und gelb werde.[3]) Werden wir nun auch nach Analogie des Opfers bei der Aussat des Korns unbedenklich annehmen dürfen, dass diese Eier- und Brotopfer für die Wetter- und Erdgottheit bestimmt waren, und kommen wir also zu dem einfachen Resultat, dass auch bei der Bestellung des Flachsackers ein dreifaches Opfer, nämlich Samen-, Brot- und Eieropfer, dargebracht wurde, aber nur zwei Gottheiten, Frîa und Thunar, die Empfänger desselben waren, so kann doch nicht verschwiegen werden, dass gar manches in den Berichten lückenhaft ist, und es wäre deshalb erwünscht, wenn durch erneute Forschung weitere Belege uns nachgewiesen würden. Um ein weniges besser sind wir über ehemalige Opfer bei der Flachsernte unterrichtet.

B. Die Flachsernte.

In Flandern lässt man nach vollendeter Flachsernte ein Bündelchen Flachs für die fahrende Mutter oder Frau auf dem Felde zurück. In andern Gegenden der Niederlande ist an ihre Statt unsere liebe Frau zu Lebbeke bei Dendermonde getreten, der jährlich von weit und breit ein Bündel Flachs geopfert wird.[4]) Wenn in Buttstätt in Thüringen der Flachs ausgerauft wurde, so liess man ein Büschel stehen, band die Knoten oben zusammen und sprang darüber. Das nannte man ein Schâinichen machen oder über ein Schâinichen springen. Ehe der Flachs ins Wasser kam, wurde in einem Büschel ein Theil des Flachses mit den Spitzen nach oben, der andere mit den Spitzen nach unten gebunden und zu den übrigen Bündeln gelegt. Holte man dann alles wieder aus dem Wasser heraus, so hiess es von der Magd, welche jenes Bündel herauszog, sie habe die Flachskröte gekriegt.[5]) Um Hagenburg in Westfalen macht man bei der Flachsernte einen Kranz, welcher das ganze Jahr

---

[1]) Kuhn u. Schwartz, Nordd. Gebr. Nr. 355.
[2]) Wuttke. § 322, 2. Aufl. § 657; C. M. Blaas, Volksthüml. a. Niederösterr. in Pfeiffers Germania. XXIX. s. 100. Nr. 7.
[3]) Engelien u. Lahn, Der Volksmund i. d. Mark. s. 271. Nr. 195.
[4]) Wolf, Niederl. Sag. Nr. 171, Anm. zu Nr. 518 u. 519; Beiträge I. s. 175, 176.
[5]) Kuhn u. Schwartz, Nordd. Gebr. Nr. 101.

hindurch aufgehoben wird. In Riemke bei Bochum wurde ehemals nach beendigter Flachsernte, wenn der Flachs ins Wasser gekommen war, in eins der Bünde ein Butterbrot gebunden. Das hat man den Frettboden genannt und gemeint, das solle das Wasser fressen, damit der Flachs gut werde. Zu Frankenau endlich bindet man, wenn der Flachs ins Wasser gelegt wird, in eins der Bünde drei bunte Wiesenblumen und eine Sichel hinein. Man glaubt, dass dadurch das Linnen so schön wie die Blumen und so fest wie der Stahl werde.[1])

Ueberall sind die Hauptzüge des alten Opfers noch deutlich erkennbar. Nach vollendeter Ernte liess man einen Flachsbüschel stehen, schürzte die einzelnen Stengel oben in einen Knoten zusammen, band ein Brot hinein, schmückte das Ganze mit Blumen aus und sprang schliesslich, um Antheil an der Heilkraft des Opfers zu bekommen, darüber hinweg. Dieser Opferflachs, welcher für Frau Hinne[2]), die fahrende Mutter, in christlicher Umdeutung für die Jungfrau Maria, bestimmt war und deshalb selbst Frau Hinne hiess, wurde entweder bis zum nächsten Jahre als Heiligthum aufbewahrt, oder, und dies war das ungleich häufigere, man warf ihn in ein fliessendes Wasser. Letzteres weist uns aber wieder auf die hohe weibliche Gottheit der Germanen, die wir oben als Frau Hinne und fahrende Mutter oder Frau kennen lernten, zurück, welche ihrer unterweltlichen Seite nach als Beherrscherin der Gewässer gedacht wurde.

Den Berichten aus dem Norden Deutschlands, welcher alte Traditionen meist mit grösserer Zähigkeit bewahrte als der Süden, stehen folgende süd- und mitteldeutsche Bräuche gegenüber. Zwischen Altötting und Trostberg in Oberbaiern bleiben auf dem Acker drei Flachsstengel stehen und werden oben mit einer Schmiele zusammengebunden.[3]) In der Gegend von Pilsen in Böhmen gehört der Flachsbüschel, welchen man auf den Aeckern stehen lässt, der Milzfrau oder Holzfrau.[4]) Zu Neuenhammer in der Oberpfalz bindet man beim Ausraufen des Flachses vom

---

[1]) Kuhn, Westfäl. Sag. II. Nr. 517—519.

[2]) Vgl. oben s. 182 die Erklärung von „über schinnichen, schâinichen springen‘ = übers Hinnichen springen, wobei an eine Frau Hinne gleich Berchta, Fria, Holda zu denken ist. Eine Erinnerung an diese Göttin liegt auch in dem Namen Flachskröte, wozu man Kuhn, Nordd. Sag. s. 514. Anm. zu Nr. 101 vergleiche.

[3]) Panzer, Beitr. II. s. 162. Nr. 262.

[4]) Panzer. II. 160. 254.

Felde fünf oder sechs Halme oben in einen Knoten zusammen, damit das Hulzfrâl sich darunter setze und Schutz finde. Auch in Windischeschenbach in derselben Landschaft ist es Sitte, dem Holzfräulein auf dem Acker ein paar Flachshalme zurückzulassen.[1]) Zu Küps bei Kronach in Oberfranken wird dieser Busch zuweilen in Gestalt eines Zopfes geflochten und jubelnd umtanzt, wobei die jungen Leute rufen:

,Holzfrâla! Holzfrâla!
Flecht ich dir a Zöpfla
Auf dei nackets Köpfla.'[2])

Im Frankenwald war es üblich, den Holzweibeln drei Hände voll Flachs auf dem Felde stehen zu lassen.[3]) In Kleingarnstedt in Sachsen-Koburg, wo dieselbe Sitte herrschte, wurde aus dem Büschel ein Zopf geflochten, worauf die jungen Leute jubelten und alle zugleich in die Luft schrien:

,Holzfräule! Holzfräule! Holzfräule!
Da flecht i dir ain Zöpfle,
An dei~ nackets Vötzle;
So lang als wie ain Weiden,
So klor als wie ain Seiden;
Holzfräule! Holzfräule! Holzfräule!'[4])

Diese Gebräuche kann nur Voreingenommenheit für älter und ursprünglicher als die aus Norddeutschland beigebrachten Sitten erklären; denn abgesehen davon, dass die gleichartigen Vorgänge bei der Darbringung der letzten Garbe dafür bürgen, dass das Opfer für die Holzweibel, das Holzfräule, Hulzfrâl, die Holzfrau, Milzfrau aus dem Opfer für Berchta, Fria, Holda entstanden ist, so lehrt schon der blosse oberflächliche Vergleich zwischen den norddeutschen Sitten einerseits und den süd- und mitteldeutschen andererseits, dass in den letzteren der alte Opferbrauch ersteren gegenüber schon bedeutend abgeschwächt und verdunkelt ist. An alten Zügen hat sich in Süd- und Mitteldeutschland nur noch das Zusammenschürzen der Opferhalme erhalten und die Erinnerung an die feierliche Verehrung derselben durch Gebet und Tanz. Der Inhalt der oben angeführten Sprüche an das Holzfräulein, so poëtisch er auch sein mag, darf sicher kein grosses Alter für sich in Anspruch nehmen. Hier ist das Flachsopfer ja nicht mehr ein

---

[1]) Schönwerth, Aus der Oberpfalz. II. s. 360; Bavaria, II, 1, 239; Panzer, Beitrg. II. 160. 255.

[2]) Mannhardt, Baumkultus. s. 77.

[3]) Julian Schmidt, Topographie der Pflege Reichenfels. s. 147; R. Eisel, Sagenb. d. Voigtlandes. Nr. 59; Bavaria III, 1, 344.

[4]) Panzer, Beitrg. II. s. 161. Nr. 257, s. 551.

Dankopfer, sondern eine gutherzige, milde Spende an das arme, durch das Ausraufen des Flachses aller Hülle beraubte Holzweibel, welches fleissig den ganzen Sommer hindurch für das Gedeihen des Flachses zu sorgen bestrebt war.

Auffällig ist die Erscheinung, dass uns nirgends etwas von einem Eier- oder Hahnopfer, welches die Analogie zu dem Bittopfer bei der Aussat des Flachses und zu den Opfergebräuchen beim Kornbau unbedingt fordert, in den Berichten über die beim Einernten des Flachses üblichen Bräuche gemeldet wird. Bestanden hat ein solches Opfer gewis. Möglich, dass die Erinnerung daran dem Volksgedächtnis heute schon gänzlich entschwunden ist; möglich aber auch, dass ebenfalls hier neue, eingehende Forschung noch manches interessante zu Tage fördern kann.

C. Das Brechen des Flachses.

Ausser bei Aussat und Ernte müssen ferner bei dem Brechen des Flachses Opfer dargebracht worden sein. Zwischen Altötting und Trostberg in Oberbaiern wird das ‚Hàrriffeln' Nachmittags im Stadel von Manns- und Weibsbildern begonnen. Es wird gearbeitet bis zum Abendmahl. Kurz vor demselben schlagen zwei Mannsbilder, in jeder Hand einen Stab, auf ein Brett, dass man es weit hört. Auf dieses Zeichen kommt die Nachbarschaft zum Tanz bei Cither und Schwegelpfeife. Zur zwölften Stunde Nachts wird das ‚Hàrriffeln' wieder begonnen und muss mit Ablauf der zwölften Stunde Mittags vollendet sein, wo das Riffelmahl gehalten wird. Bei manchen Bauern wird aufgetragen wie am Kirchtag. Die letzte Speise ist jedoch immer der Jungfernschmarren mit der Jungfernmilch. In der Mitte des Schmarrens und am Rande herum stehen die Hàrfangbüschel, aus Hàr mit vergoldeten Bollen, Rosmarin und allerlei Blumen gebunden. Der mittlere ist der gröste und schönste. Jedes Mannsbild sucht den ersten Löffel Jungfernmilch und den grossen Hàrfangbüschel zu erhalten. In Waldkirchen und Umgegend wird nach dem Hàrriffeln der Riffelbrein, d. i. Brein in Milch gekocht, mit Krapfen und anderen Mehlspeisen gegeben.[1]

Im steirischen Oberlande wird das Brecheln ganz ähnlich wie in Oberbaiern gefeiert. Auch hier bildet das Auftragen des letzten Gerichtes den Höhepunct der ganzen Festlichkeit. Würdig und ernst setzt die Grossmagd eine verdeckte Speise auf den Tisch. Sogleich fällt die Tischgesellschaft darüber her, das Geheimnis zu enthüllen. In der verdeckten Schüssel befindet sich nichts anderes

---

[1] Panzer, Beiträge. II. s. 162. 262, 161. 261.

als Blumensträusse, Aepfel, Nüsse, Dornen und Brennesseln. Um diese Kostbarkeiten beginnt nun unter den Brechlern ein lebhafter Kampf. Wer, die Dornen und Nesseln nicht achtend, die meisten Sträusse, Aepfel und Nüsse erobert, der ist Blumen- oder Nüssenkönig und hat das Vorrecht, mit der Brechelbraut, welche gewöhnlich die Tochter des Hauses ist, den Ehrentanz zu machen. Derselbe wird unmittelbar nach dem Mahle, gewöhnlich bei Cither und Hackbrett, abgehalten. Das giebt dann einen Abend wie keinen zweiten im Jahre. Zum Schlusse beschenkt der Bauer jede Brechlerin mit einem Büschlein feinen Flachses, welches sie in ihrem Schranke sorgsam bewahrt.[1])

Festliche Begehung des Flachsbrechens finden wir ferner in Mittelfranken und dem ehemaligen Herzogthum Nassau. Im Aargau wird zum Arbeitsende der letzte Werghaufen von den Hanfbrecherinnen angezündet und jubelnd umtanzt.[2]) In der bairischen Rheinpfalz feiert man die Hanfbreche als Brechhochzeit. Der ‚Nachtimbs‘ ist reichlich besetzt und darf in der Nordpfalz der unvermeidliche ‚Herschebrei‘ (Hirsebrei) dabei nicht fehlen. Es herrscht tolle Lust bis spät in die Nacht hinein. Von den Tischen aus wird in hohem Bogen auf den Fussboden herabgesprungen; man glaubt, so hoch der Sprung sei, so hoch wachse im nächsten Jahre der Hanf und der Flachs.[3])

Dem bairischen Härriffeln, dem steirischen Brecheln, der Brechhochzeit in der Pfalz entsprechen im Niederrheinischen die Schwingtage. Frauen und Mädchen der Nachbarschaft versammeln sich in den letzten Tagen des Octobers oder Anfang November zum gemeinsamen Werke unter freiem Himmel oder in Scheune und Schober. Jede führt das Geräth mit und einen Schatz von Liedern. Zu dem tactmässigen Geklapper der Schwingen schallen Jauchzen und Gesänge. Daneben muss einst auch andere Musik ertönt sein, und zwar nach unseren Begriffen recht seltsame; denn der Pastor Magerus von Schlebuschrath schreibt, voller Eifer wider die Sitte des Schwingtages, in seinem geschriebenen Predigtbuch (an. 1778): ‚dass die Dorfburschen einen Pferdeschädel mit Katzendärmen überspannen und neben dem Hackbrett darauf schnurren zu teuflischem Hallo und Hopsa.‘ Noch in jüngerer Zeit wusten die Burschen aus einigen Rechenfurchen, die man mit

---

[1]) Rosegger, Sittenbilder. s. 110—119.
[2]) Bavaria, III, 2, 969 fg.; Kehrein, Volkssprache u. Volkssitte. II. s. 229. 2, s. 232 fg; Rochholz, Schweizersagen. II. s. XLI fg.
[3]) Bavaria, IV, 2, 381 fg.

Dreschtüchern umwand, eine Pferdegestalt nachzubilden, die dann an diesen Abenden erschien. Gewöhnlich Nachmittags gegen 1 oder 2 Uhr verlässt die ganze Gesellschaft ihre Beschäftigung und eilt hinaus vors Gehöft auf eine Anhöhe, und alle, gegen Osten gewandt, mit erhobenen Händen, jauchzen dreimal aus voller Brust. Es ist das Ersteigen einer Anhöhe dabei so erforderlich, dass die Weiber in Ermanglung eines Hügels einen Korn- oder Heubarm oder sonst eine Erhöhung zu erklettern angewiesen sind. Darnach begiebt sich wieder alles an die Arbeit, während der gesungen wird. Dann wird ein grosses irdenes Gefäss voll methähnlichen Getränkes bereitet; das herkömmliche Gericht dazu ist Hirsebrei und Mehlkuchen. Der Trank wird dem Gefässe nach Kümpchen, Minnekümpchen oder Minnetrunk genannt, und besteht dabei die Sitte, dass die Mädchen den Burschen den Trank zubringen.[1])

Von niederdeutschen Bräuchen, das Flachsbrechen zu feiern, soll hier nur der pommersche beschrieben werden. In den Kreisen Wollin und Cammin kommen in dem Hofe, wo ‚Flassbråke‘ stattfindet, gegen Abend die Nachbarn zusammen und arbeiten dort tief in die Nacht hinein, bis aller Flachs gebrochen ist. Die letzte Riste Flachs heisst ‚dei Olle.‘ Wer sie bekommt, wird von den andern verspottet und geneckt. Alsdann werden die Theilnehmer an der Arbeit festlich mit Kaffee und Kuchen bewirthet. Bezahlung verlangt niemand für seine Dienstleistung; unentgeltlich hilft einer dem andern. Und wie im Niederrheinischen an den Schwingtagen der Schimmelreiter auftritt, herrscht im Naugarder Kreise der Glaube, dass im November zur Zeit der ‚Flassbråke‘ der Dråk, welcher in dortiger Gegend an die Stelle des wilden Jägers getreten ist, durch die Luft ziehe.[2])

Aus den eben angeführten Berichten sind für uns besonders folgende Züge von Wichtigkeit. Das Flachsbrechen wird von einer grösseren Gemeinschaft, die, wie dies in der Natur der Sache liegt, meist aus Weibern besteht, abgehalten. Während der Arbeit singt man unter höchst primitiver und gerade darum heiliger Musikbegleitung uralte Lieder, dramatische Aufzüge werden aufgeführt und feierliche Tänze vorgenommen. Ja die Zeit galt so heilig, dass die höchste Gottheit umziehend gedacht wurde. Zu

---

[1]) Montanus, Deutsche Volksf. s. 43 fg., 48 fg., 56; Kuhn, Westf. Sag. II. Nr. 8.

[2]) Mündlich aus Konow, Kr. Wollin; Fritzow, Kr. Cammin; Schwarzow, Kr. Naugard.

einer bestimmten Stunde wird die Arbeit unterbrochen, worauf unter der Beobachtung feierlicher Ceremonien auf einer Anhöhe ein Gebet gesprochen wird. Das eigentliche Festmahl findet erst in der Nacht, die ja die heilige Zeit der germanischen Feste überhaupt war, statt. Als stehendes Gericht erscheint dabei der Hirsebrei; dazu wird in Meth Minne getrunken. Auf einer besonderen Schüssel prangt als Glanzpunct des Festes ein Flachsbüschel, welcher mit vergoldeten Bollen, Rosmarin und allerlei Blumen auf das prächtigste ausgeschmückt ist. Beim Schluss der Mahlzeit ist ein jeder eifrig bestrebt, desselben habhaft zu werden, was vermuthen lässt, dass ihm allerhand glückbringende Kräfte zugeschrieben wurden.

Nach alledem kann es nicht mehr zweifelhaft sein, dass wir in der feierlichen Begehung des Flachsbrechens ein altheidnisches Fest zu erblicken haben. Der vergoldete und mit Blumen geschmückte Hårbüschel, die dei Olle genannte letzte Riste Flachs, welche in der Schweiz am Schluss der Feier jubelnd verbrannt wird, war das Opfer. Der Empfänger desselben muss wieder Berchta, Frîa, Holda gewesen sein; denn auf sie weist, abgesehen davon, dass ihr überhaupt das Flachsopfer eigenthümlich gewesen zu sein scheint, auch der feierliche Tanz hin, den wir in gleicher Form schon bei der Frühlingsfeier und dem Opfer bei der Aussat des Flachses beobachten konnten. Nicht minder endlich ist auf diese Göttin zu beziehen, dass als ständiges Festgericht Hirsebrei, Mehlspeisen und Krapfen erscheinen, welche Gerichte nach mehreren deutschen Sagen die von der Berchta selbst verordneten Speisen sind, und deren Verachtung sie deshalb fürchterlich zu rächen weiss.[1])

D. Erstlingsopfer von dem verarbeiteten Flachs.

Schliesslich scheint man auch bei dem Spinnen des ersten Flachses von der neuen Ernte ein Opfer dargebracht zu haben. Hormayr berichtet in der Geschichte der gefürsteten Grafschaft Tirol (s. 141): ‚Sonderbar ist es auch, dass die Weiber der Waldfrau (welche hauptsächlich zur Zeit der Zwölften verehrt wird) ein Stück Hår am Rocken spinnen und es ihr zum Sühnopfer in das Feuer werfen.'[2]) In einigen Dorfschaften des Mümpelgarder Landes hält man sehr daran fest, sogleich beim Beginn der ersten Stunde des neuen Jahres Wasser am Brunnen zu holen. Wem es gelingt, der hat Glück und Segen aller Art in seinem Hausstande

---

[1]) Vgl. Cap. II. § 9.
[2]) Zingerle, Sagen etc. aus Tirol. s. 467. 1107; Grimm, Deutsche Sag. Nr. 150; D. M.² s. 403. s. 882.

zu erwarten. Dies kann aber nur selten geschehen, denn gewöhnlich liegt schon, wenn man kommt, auf dem Brunnenstock oder Trog eine frischgebackene Waffel, in welcher sich ein Büschel Hanf oder Flachs befindet, zum Zeichen, dass schon jemand unsichtbar da war, um das erste Wasser für sich zu nehmen.[1]) Zu Gehlenbeck, im Kreise Lübbecke in Westfalen, wird der jedesmalige Donnerstag vor Weihnachten festlich begangen und heisst Sünnematten. An diesem Tage findet das ‚Opferspinnen' statt. Die Bewohner des Dorfes vereinigen sich zu einzelnen ‚Drops' je in einem Bauerhofe, um dort zu spinnen. Die Arbeit wird bis gegen 10 Uhr Abends ausgedehnt, und dann wird Kaffee gekocht, das nöthige Zubrot aus dem Wirthshaus geholt und ein fröhliches Fest gefeiert. Eigenthümlich dem Opferspinnen ist es, dass ein jeder, und das bezieht sich hauptsächlich auf das Gesinde und die älteren Kinder des Hauses, dasjenige, was er gesponnen hat, für seinen eigenen Gebrauch verwenden darf. Die Kinder, welche zum Spinnen noch zu klein sind, ziehen während dessen von Hof zu Hof und singen, wofür sie mit Obst reichlich beschenkt werden.[2])

In dem Tiroler und dem elsässischen Brauch liegt das Flachsopfer für Berchta, Frîa, Holda auf der Hand, denn die zur Zeit der Zwölften verehrte Waldfrau, für die man gesponnenes Hâr in das Ofenfeuer warf, ist mit dieser Göttin identisch, und ebenso kann die Niederlegung eines Flachsbüschels mit einer frischgebackenen Waffel am Brunnen nur auf sie bezogen werden. Aber auch die westfälische Sitte kann ihren Charakter als ursprüngliches Opfer nicht verleugnen. Schon der Name Opferspinnen ist bedeutsam, und dazu kommt noch, dass ein jeder das von ihm an dem Tage gesponnene Garn behalten darf (denn an dem ehemaligen Opfergarn hat die Hausfrau kein Recht), und dass der ganze Hergang am Sünnematten das Gepräge eines der ‚Flassbråke' ähnlichen Festes trägt.

Dies Flachsopfer ward allenthalben um die Zwölften dargebracht, also, weil das Flachsbrechen in den November fällt, in der Zeit, da man den neuen Flachs zu verarbeiten beginnt. Schon deshalb ist es wahrscheinlich, dass jenes Flachsopfer ein Erstlingsopfer war. Zur Gewisheit scheint mir diese Annahme aber durch folgende Stellen aus der Chemnitzer Rockenphilosophie erhoben zu

---

[1]) Stöber, Sagen d. Elsass. s. 298. Nr. 231.
[2]) Mündlich aus Gehlenbeck, Kr. Lübbecke in Westfalen.

werden: ‚Wenn im Obererzgebürge, allwo das Weibsvolk das Spitzenklöppeln für ihre beste Arbeit hält, ein Mägdgen die erstemal geklöppelte Spitzen ins Wasser wirft, welches so viel zuwege bringen soll, dass hernach alle Spitzen, die dieses Mägdlein ihre ganze Lebenszeit klöppelt, schön weiss und rein bleiben sollen' und ‚Das erste Garn, das ein Kind spinnet, soll man in einer Mühle aufs Mühlrad legen, so lernet das Kind wacker spinnen.'[1]) Hier ist nur, was ursprünglich Jahr für Jahr zu geschehen hatte, auf das erste von einem Menschen überhaupt gesponnene Garn, auf die erste geklöppelte Spitze übertragen worden. Dass aber Garn und Spitze in den Mühlbach oder in ein Wasser geworfen werden müssen, weist wieder auf Frîa, Berchta, Holda zurück.

Die Erinnerung an das Erstlingsopfer von dem neuen gesponnenen Flachs wird auch folgender in Thüringen und Hessen umlaufenden Sage zu Grunde liegen: Eine Frau spann am heiligen Dreikönigsabende und spottete bei der Warnung vor Perchta dieser noch dazu. Da stiess letztere plötzlich das Fenster auf und warf eine Handvoll leerer Spulen herein, die bei Strafe in einer Stunde vollgesponnen sein sollten. Die Frau hat jedoch nur ein paar Reifen um jede gesponnen und dann alles in den Bach geworfen; da hat ihr Perchta nichts anhaben können.[2]) Auch hier wird gesponnener Flachs in den Zwölften für die Frîa, Berchta, Holda in ein Gewässer geworfen. Was ehemals altheiliger Brauch war, erschien jedoch später verbrecherisch und sündhaft und bot Anlass zur Bildung einer den ganzen Hergang des Opfers verdrehenden Sage.

E. Anhang. Opfer bei der Heuernte und dem Beerensuchen.

Im Anschluss an die Opfer beim Flachsbau mag eine Reihe von Bräuchen aufgeführt werden, welche darauf hinweisen, dass auch bei der Heuernte und dem Beerensuchen Opfer statt fanden. Was zunächst die Heuernte angeht, so liess man bei ihr ehemals in der Gegend von Culmbach in Oberfranken einige Büschel auf der Wiese liegen und sprach: ‚Das gehört dem Holzfräulein.'[3]) In Ahornberg bei Münchberg in derselben Landschaft reisst man noch jetzt von jeder Fuhre Heu etwas ab und wirft es auf die

---

[1]) Chemn. Rockenphil. V, 86.
[2]) Börner, Volkssag. a d. Orlagau. 1838; R. Eisel, Sagenb. d. Voigtlandes. Nr. 261; Kehrein, Volkssprache u. Volkssitte. II. s. 102. 10.
[3]) Panzer. II. s. 161. Nr. 259.

Erde, damit das Holzfräulein sich darauf setzen könne, wenn es von dem Bösen umgetrieben wird.[1]) In der Oberpfalz thaten die Leute beim Heumachen stets einen Theil unter einen kleinen Busch, drückten mit der Hand segnend drei Kreuze darauf und beteten drei Vaterunser, dass das wilde Heer den Holzweiblein nicht ankomme.[2]) Im Meininger Oberland lässt man, wenn das Grummet eingefahren wird, ein kleines Häufchen Heu auf der Wiese liegen und sagt, das gehöre den Holzfräulein oder dem Holzfräle für den gebrachten Segen.[3]) In Martell in Tirol endlich werden den Arbeitern auf den Bergwiesen immer die sogenannten ‚Mahdkücheln' mitgegeben, angeblich für einen möglichen Besuch der weissen Fräulein. Auch erscheint jeder Arbeiter im Feiertagskleide bei dem Mahle, was, wie das späte Mittagsessen, sonst nicht bräuchlich ist. Alles dies geschieht, wie die Leute sagen, der Fräulein wegen.[4])

Wenn wir es hier auch unzweifelhaft mit einem Opfer zu thun haben, welches aus einem Büschel Heu und einem Stück Brot bestand, so ist es doch nicht erlaubt, da Nachrichten über derartige Sitten aus Norddeutschland bisher gänzlich mangeln, schon jetzt bestimmtes über die Verbreitung dieses Opfers und die Gottheit, der es dargebracht wurde, zu sagen. Allerdings dürfte es wahrscheinlich sein, weil Holda nicht nur die Göttin der Flachsfelder, sondern auch die Beschützerin der Wiesen und Auen ist, dass auch hier die Holzfräulein und weissen Fräulein nur Abschwächungen dieser Gottheit sind und ihr selbst ursprünglich das Gras- und Brotopfer bestimmt war.

In derselben Lage wie beim Grasopfer befinden wir uns bei dem Beerenopfer. Im bairischen Hochland bindet man den Kühen Körbchen voll Erdbeeren und Alpenrosen zwischen die Hörner ‚für die Fräulein.' Sie sollen dann die Kühe melken, und das bringt grossen Segen.[5]) Erdbeerenopfer kommen auch in Böhmen vor. In Franken legt man beim Eintritt in einen grossen Wald Brot, Baumfrüchte, Beeren als Opfergaben in drei Theilen auf einem Stein nieder, um die Angriffe des im Walde hausenden ‚Heidelbeermannes' abzuwehren.[6]) Sehr

---

[1]) Mannhardt, Baumkultus. s. 78. Anm. 1.
[2]) Schönwerth, Aus der Oberpfalz. II. s. 378.
[3]) Witzschel, Sitten etc. s. 16. Nr. 75; Mannhardt, Baumkultus. s. 78.
[4]) Zingerle, Sitten. s. 135. Nr. 953.
[5]) Schöppner, Sagenbuch der bayerischen Lande. München 1851—53. II. Bd. s. 26; vgl. Wolf, Beiträge II. s. 280.
[6]) Wuttke. § 129. 2. Aufl. § 436.

bekannt sind solche Bräuche in Hessen. Zu Neustadt, Kreis Kirchhain, und zu Wolferode eröffnen die Kinder das Pflücken der Heidelbeeren damit, dass ein Blumenstrauss nebst einem Stein in eine hohle Eiche niedergelegt wird mit dem Ausruf:
,Hier opfer ich dir ein Schippchen,
Opfer mir in mein Dippchen.'
Zu Josbach wird der Strauss mit einem rothen Bande an den Stamm einer alten Eiche oder Birke befestigt; die drei schönsten Beeren werden unter den Worten „Gott walt's" in die Höhle des Baumes gelegt. Alsdann wird der Baum eine Zeit lang singend umtanzt. Zu Schwabendorf werden drei oder neun Beeren in die Höhlung eines Birnbaumes gelegt. Zu Dodenhausen, Kreis Frankenberg, stecken die Kinder die drei schönsten Beeren auf die Spitzen eines vor dem Walde befindlichen Dornstrauches und werfen einen Stein in den Busch. Zu Rosenthal werden neun Beeren in drei Theilen rücklings zu Boden geworfen und zu Treysa, Kreis Ziegenhain, ausserdem noch ein Knoten in eine Schmiele dicht unter die Rispe geknüpft. Ueberall werden diese hessischen Bräuche an den bezüglichen Orten Zehnten genannt.[1])

Auch in Betreff dieser Beerenopfer, bei denen als höchst alterthümliche Züge die Theilung des Opfers in drei Theile, die oft wiederkehrende Drei- oder Neunzahl, das Rücklingswerfen, die Verbindung mit einem Blumenopfer, das Schürzen eines Knotens dicht unter die Rispe einer Schmiele, das Sprechen eines Gebetes und der die Feierlichkeit beschliessende Tanz zu beachten sind, kann, wie schon oben gesagt war, die Untersuchung noch nicht für abgeschlossen gelten, und sind ergänzende Berichte aus anderen Gegenden Deutschlands abzuwarten.

§ 6. Opfer bei der Obstzucht.

Wie fast alle Gartengewächse, so sind auch die Obstbäume den Germanen durch die Vermittlung der Römer überkommen, und zwar fand dies in verhältnismässig später Zeit statt, da noch Karls des Grossen Capitulare de villis und das Specimen breviarii rerum fiscalium ein deutliches Bild davon geben, wie die italienische oder gallische Villa mit allem Zubehör, den Gewächsen, Thieren und nöthigen Werkzeugen und Arbeiten auf deutschen Boden ver-

---

[1]) Mülhause, Gebräuche der Hessen. s. 274 fg.

pflanzt wurde.¹) Wenn nun ungeachtet dieses jungen, mit der Christianisierung der Germanen zusammenfallenden Ursprungs bei dem Obstbau für ganz Deutschland Opfer nachweisbar sind, so können das eben nur den Opfern bei Aussat und Ernte analog gebildete, abgeleitete Opferbräuche sein, und ist dies ein Zeugnis dafür, wie stark damals noch das heidnische Element gewesen sein muss. Der Einwand, dass Holzäpfel und Holzbirnen und wahrscheinlich auch die Mispel in Deutschland altheimische Baumfrüchte waren, ist hinfällig; denn selbst der urwüchsigste Germane wird deren Genuss verschmäht haben, geschweige denn, dass er sie seinen Göttern zum Dankopfer dargebracht hätte.

A. Dankopfer bei der Obsternte.

In Holstein bleiben auf jedem Baum bei der Obsternte fünf oder sechs Aepfel unberührt hängen, dann gedeiht die nächste Ernte.²) In Meklenburg heisst es, man dürfe dem Baum nicht alle Früchte nehmen, sonst würde er träge. Gewöhnlich lässt man deshalb eine Frucht sitzen, die, nach dem Volksglauben um Raddenfort und Käterhagen, ‚der Wod' sich zum Opfer holt.³) Ebenso darf man im Kreise Köslin in Hinterpommern⁴), im Kreise Belzig in der Provinz Brandenburg und in der Uckermark⁵) den Baum nicht aller Früchte berauben; man sagt, der Baum müsse auch etwas behalten. In Thüringen und Schlesien gilt die Regel: Bei der Obstlese soll man immer eine Frucht auf dem Baume lassen, sonst trägt er das nächste Jahr keine Früchte.⁶) Um Guttenberg, im Bezirksamt Stadtsteinach in Oberfranken, bleibt auf jedem Obstbaum etwas für das Holzfräulein hängen. Zu Pommersfelden, im Bezirksamt Höchstädt in derselben Landschaft, tritt für das Holzfräulein das Wetterfräulein ein, dem der letzte Apfel die letzte Birne auf dem Baume zugeeignet und ungepflückt belassen wird.⁷) Nicht minder pflückt man in Schwaben, Hessen, der Rheinpfalz, Oldenburg, dem Erzgebirge und Böhmen, um im nächsten Jahre eine reiche Ernte zu bekommen, im Herbste nicht alles Obst ab, sondern lässt etwas,

---

¹) V. Hehn, Kulturpflanzen und Hausthiere. Berlin 1870. 4. Aufl. 1883.

²) Grimm, D. M.² s. 51.

³) Bartsch, Meklenb. Sag. II. Nr. 782.ᵃ· ᵇ·, Nr. 1189ᶜ·.

⁴) Mündlich aus Cratzig, Kr. Köslin.

⁵) Mitgetheilt durch Herrn cand. med. M. Fischer in Breslau; mündlich aus Jatznick bei Pasewalk.

⁶) Witzschel, Sitten etc. s. 16. Nr. 74; Peter, Volksth. II. s. 271; Philo vom Walde, Schlesien in Sage u. Brauch. s. 152.

⁷) Mannhardt, Baumkultus s. 78.

wenn auch nur ein Stück, hängen.[1]) Ja selbst in Schweden sind derartige Bräuche bekannt. Dort lässt der Bauer für die Glôsô einige Aepfel auf dem Baume zurück mit der ausdrücklichen Bestimmung: ‚Das soll die Glôsô haben‘, ‚Das soll für die Glôsô sein.‘ Wer der Glôsô den geringen Fruchtantheil im Obstgarten lässt, der hat im nächsten Jahre dafür eine reichliche Obsternte zu erwarten.[2])

Da nach unserer obigen Erklärung über das Alter des Obstbaus in heidnischer Zeit in Deutschland ein Obstopfer nicht dargebracht worden sein kann, eben weil es damals noch kein Obst gab, so ist auch die Frage nach der Gottheit, der es geopfert wurde, müssig. Es scheint genau dem Aehrenopfer bei Ernteschluss nachgebildet worden zu sein und hat deshalb alle Wandlungen, die jenes im Laufe der Zeit erfuhr, mit durchgemacht. So werden in Meklenburg, wo noch heute hie und da die letzten Halme für den Wode auf dem Acker zurückbleiben, auch die letzten Früchte dem Wode hängen gelassen, in Süddeutschland und Schweden dagegen, wo an die Stelle dieses Gottes Holzfräulein und Glôsô getreten sind, dem Holzfräulein (Wetterfräulein) und der Glôsô. Wie aber in vielen Gegenden Deutschlands in unserer Zeit das Ernteopfer nur noch als alte Sitte, von deren Beobachtung man mancherlei Vortheile erwartet, geübt wird, und die letzten Halme, wenn sie auch unbenutzt auf dem Felde zurückbleiben, keinem höheren Wesen mehr zugeeignet werden, so lässt man auch bei der Obsternte in den meisten Fällen heute den Bäumen nur deshalb einige Früchte, weil man dadurch im nächsten Jahre einen reichen Obstsegen zu erlangen hofft, und weil man fürchtet, im Unterlassungsfalle werde der Baum unfruchtbar werden.

Die Uebertragung der bei der Kornernte üblichen Opferbräuche auf den Obstbau geht so weit, dass bei demselben auch ein Erstlingsopfer dargebracht wurde, welches demjenigen bei Beginn der Ernte entspricht. So lässt man in Hessen, Oldenburg und Böhmen, damit ein frisch gepflanztes Bäumchen ein reichlich tragender Baum werde, ihm alles Obst, was er zum ersten Mal trägt. In Niederösterreich verschenkt man zu demselben Zweck etwas von der ersten Frucht. In Schwaben sagt man, die erste Frucht eines jungen Baumes dürfe nicht gegessen werden; sie bringe den Tod und gehöre

---

[1]) Meier, Schwäb. Sag. s. 441, Nr. 156; Birlinger, Aus Schwaben. II. s. 329; K. Lyncker, Hess. Sag. s. 258. Nr. 345; Mülhause, Gebräuche der Hessen. s. 320; Bavaria. IV, 2, 380; Kehrein, Volkssprache und Volkssitte. II. s. 256. 88; Wuttke. Volksaberglaube. 2. Aufl. § 431, 669.

[2]) Mannhardt, Korndämonen. s. 8.

dem Teufel.[1]) Auch in Schlesien lässt man häufig die Früchte eines Baumes, der das erste Mal trägt, unbenutzt hängen, damit er fruchtbar bleibe. Wo sie aber abgepflückt werden, da geschieht es durch Kinder, die man auf den Arm nimmt, damit sie rückübergreifend das Obst abnehmen.[2]) Derselbe Glaube liegt der im Amte Diepenau in Niedersachsen, in Pommern, dem Voigtland, Oldenburg, Schleswig-Holstein und Niederösterreich herrschenden Volksmeinung zu Grunde, dass ein Obstbaum, dem die erste Frucht gestohlen werde, überhaupt nicht wieder trage oder erst nach sieben oder neun Jahren.[3])

An die Stelle der ersten geschnittenen Halme ist hier die erste Frucht, welche der Baum trägt, getreten. Wird dieselbe abgepflückt, mag dies nun mit oder wider Willen des Besitzers geschehen sein, so rächt die Gottheit den Frevel dadurch, dass sie den Baum für immer oder für lange Zeit unfruchtbar macht. Der Vermessene aber, welcher die dem Gotte geweihten Aepfel oder Birnen zu geniessen wagt, muss sterben.

B. Bittopfer zur Erlangung einer reichen Obsternte.

Wir kommen jetzt zu einem Bittopfer bei dem Obstbau, welches zwar der Analogie des Bittopfers bei der Aussat seinen Ursprung verdankt, aber nicht wie dieses im Frühjahr oder Herbst, sondern in den Zwölften dargebracht wurde. Um diese Zeit beginnt nämlich in den Stämmen nach dem Volksglauben sich neues Leben zu regen[4]), und deshalb war sie zu einem Bittopfer für das Gedeihen

---

[1]) Mülhause, Gebräuche der Hessen. s. 320; C. M. Blaas, Volksthüml. a. Niederösterreich, in Pfeiffers Germania. XXIX. s. 99. Nr. 1; Birlinger, Voksth. a. Schwaben. I. s. 491. Nr. 704. 12; Wuttke[2]. § 431.

[2]) Peter, Volksth. III. s. 128; Philo vom Walde, Schlesien in Sage und Brauch. s. 152.

[3]) O. Heise, Geschichtliches, Sitten und Gebräuche aus dem Amte Diepenau, in der Zeitschrift des histor. Vereins f. Niedersachsen. Jahrg. 1851. s. 125. Nr. 8; J. Ehlers, Was die Alten meinen. s. 84; Knorrn, Sammlung abergl. Gebräuche. Nr. 115; Jul. Schmidt, Topographie der Pflege Reichenfels (im Voigtland). Lpzg. 1827. p. 113—126; Grimm, D. M. Aberglaube Nr. 857; C. M. Blaas, Volksthüml. a. Niederösterreich, in Pfeiffers Germania. XXIX. s. 99. Nr. 2; Wuttke[2] § 668.

[4]) Praetorius, Weihnachts-Fratzen. s. 413 fg.; J. Colerus, Calend. Oeconomicum et perpetuum. Wittenberg 1591. sub Dezember. Schon Seb. Franck schreibt (Weltbuch, 1567. I. Theil. f. 132) von der Christnacht: ‚Etlich sagen, es schlagen alle bäum dise nacht auss.' Zu Albringwerde in der Grafschaft Mark heisst es: ‚In den twiälf Nächten rammelt de Bâime' (Woeste in Wolfs Zeitschrift. I. s. 394); in anderen Gegenden Westfalens wieder sagt man, dass in den Zwölften ‚de Böum böcket.' (Kuhn, Westfäl. Sag. II. Nr. 355.) Auch der allgemein in Deutschland verbreitete Glaube, dass in der

der Obstbäume die geeignetste. Die hierher gehörigen Nachrichten sind folgende. Im XXVI. Capitel des sechsten Hunderts der Chemnitzer Rockenphilosophie heisst es: ‚Wenn man einen Schwerdtpfennig (gemeint sind die kursächsischen Pfennige, auf deren einer Seite zwei kreuzweis über einander liegende Schwerter geprägt sind) am Weyhnachtheiligabend in den Stamm eines Obstbaumes schlägt, so trägt er dasselbige Jahr gewiss Früchte.‘ Derselbe Aberglaube war noch in unserm Jahrhundert in Baiern üblich, nur dass die Bauern dort statt der Schwertpfennige die so genannten Händleinspfennige benutzten.[1]) In Pommern steckt man am Neujahrsheiligenabend, wenn mit den Glocken geläutet wird, ein kleines Geldstück neben den Stamm, damit der Baum auch im neuen Jahre wieder schön Früchte trage.[2]) Aehnlich wird der Brauch in Meklenburg und im Voigtland geübt, wo man, besonders wenn ein Baum nicht mehr recht tragen will, oder wenn er im Herbste bestohlen worden ist, einen Schilling dem Stamm in die Rinde steckt oder an die Wurzel legt. Die ganze Handlung muss stillschweigend geschehen, und der Schilling darf nur als Silbermünze geschenkt werden, sonst hilft es nichts.[3])

Wenn dies Opfer auch allenthalben schon zu einer Geldspende abgeschwächt ist, so fehlen doch auch ihm nicht Gebet und Hexenvertreiben. In ganz Nord- und Süddeutschland bis nach Kurland und England hinein[4]) schüttelt man zur Zeit der Zwölften die Stämme, schlägt die Aeste mit langen Ruthen, Peitschen und Stangen und schiesst in die Zweige. Man hofft, dass die Bäume dann im nächsten Herbst reichlich Obst tragen. Häufig wird dabei auch ein Gebet gesprochen, welches dieser Hoffnung in Worten Ausdruck verleiht, z. B.:

‚Ich schüttel dich, ich rüttel dich,
Du sollst mir tragen, dass die Aeste beugen sich.‘

Weil die Bäume durch das Verjagen der winterlichen, der Vege-

---

Christnacht die Apfelbäume blühen, selbst im tiefsten Schnee der Hopfen fingerlang hervorkomme, ist hierher zu ziehen. Vgl. dazu vor allem Praetorius, Weihnachts-Fratzen. s. 49 fg., s. 333 u. s. w.

[1]) Panzer, Beitrg. I. s. 267. 183.

[2]) Mündl. aus Cratzig, Kreis Cöslin; Knorrn, Sammlung abergl. Gebräuche Nr. 132.

[3]) Bartsch, Meklenb. Sag. II. Nr. 784 [a. b.], Nr. 1190; Wuttke, § 14. 2. Aufl. § 75.

[4]) Waldfreund in Wolfs Zeitschrift. III. s. 336; Zingerle, Sitten[1]. s. 123, Nr. 889. 890; Sitten[2]. s. 190. Nr. 1568. 1569; Birlinger, Aus Schwaben II. s. 13; Schreiber, Taschenb. f. Geschicht. u. Alterth. in Süddeutschland. 1839. s. 328; Jäger, Briefe über die Rhön. 1803. III, 6; Panzer, Btrg. II. s. 208. Nr. 364;

tation feindlichen Dämonen zu neuem Leben erwachen, wird der Brauch fast überall das Wecken der Bäume genannt, eine Benennung, welche sich ganz dem Lenzwecken und Grasausläuten, wie das Vertreiben der Hexen aus der grünenden Sat bei der Frühlingsfeier in Süddeutschland heisst, vergleicht und ein weiterer Beleg dafür ist, dass wir in den Opfern bei der Obstzucht eine spätere Analogiebildung zu den Opfern bei Aussat und Ernte zu erblicken haben. Aus demselben Grunde finden wir das Verjagen der Dämonen aus dem Obstgarten nicht nur zur Zeit der Wintersonnenwende, sondern in derselben Verbreitung auch bei Frühlings- und Maifeier wieder.[1]

Nicht in Verbindung mit dem Bittopfer zur Erlangung einer reichen Obsternte darf man mit manchen Mythologen nachstehende Bräuche bringen. In Oberösterreich küsst man am heiligen Dreikönigsabend einen oder alle Aepfelbäume des Wiesgartens, damit sie recht viel tragen. Man füllt sich zu dem Zweck den Mund mit ‚Koch' oder Krapfen und spricht dabei, indem man zugleich den Baum umarmt:

,Bâm i, Bâm i
Buss di,
Wîr sâ voll
As wie mâ~ Maül!'

Für das Alter dieser Sitte zeugt folgende Stelle aus einem Papiercodex des 14. Jahrhunderts in der Bibliothek zu S. Florian in Oesterreich: ‚Item die paum chust man, so werden se fruchtper des jars.'[2]) In Alpach in Tirol muste die Dirne, nachdem sie den Teig zum Weihnachtszelten geknetet hatte, mit den teigigen Armen die Bäume umfassen gehen, damit sie das künftige Jahr reiche Früchte trügen.[3]) Auch die mährische Bäuerin streichelt den Obstbaum mit den von der Bereitung des Weihnachtsteiges

---

Schild, Der Grossaetti. s. 135. 42; Bavaria. IV, 2, 379; Wuttke. § 14. § 320, 2. Aufl. § 75. § 668; Witzschel, Sitten. s. 8. Nr. 18; Sommer, Sag. a. Thüringen. s. 162; Kuhn, Märk. Sag. s. 378; Seifart, Hildesheimer Sag. II. s. 137; Handelmann, Nordelb. Weihnachten. s. 9; G. A. Heinrich, Agrar. Sitten. s. 16; Mannhardt, Baumkultus. s. 276 fg.

[1]) Vgl. dazu u. a. Lansens in Wolfs Zeitschrift III. s. 164; Witzschel, Sitten. s. 12. Nr. 48; Peter, Volksthüml. II. s. 271; Praetorius, Bericht von Zauberei und Zaubern. 2.Aufl. 1613. p. 219; Bavaria. II. 1, 299; Birlinger, Volksth. I. s. 472; Aus Schwaben. I. s. 386; Zingerle, Sitten. s. 96 Nr. 729; Mannhardt, Baumkultus. s. 277.

[2]) Baumgarten, Aus der Heimat. I. 127. 8; Grimm, D. M. Aberglaube. F. Nr. 47.

[3]) Waldfreund in Wolfs Zeitschrift III. s. 334; Zingerle, Sitten. s. 123. 891.

klebrigen Händen und sagt: ‚Bäumchen, bringe viele Früchte.'[1]) Im nördlichen Theile von Niederösterreich ist das **Bäumeschatzen** im Gebrauch. Wenn das Festmahl am heiligen Abend zu Ende ist, so wird das Tischtuch nicht abgetragen, und es bleiben die Nuss- und Aepfelschalen auf dem Tische liegen, bis man um Mitternacht zur Christmette geht. Dann werden die Ueberbleibsel genommen und im Garten an die Stämme der Obstbäume geschüttet. Man **schatzt** dadurch die Bäume, und sie tragen dafür im nächsten Jahre um so reichere Frucht.[2]) Ebenfalls um einen reichen Obstertrag zu erzielen, legt man in Schlesien die Fischgräten vom Weihnachtsmahl und die Schalen der verzehrten Aepfel und Nüsse an die einzelnen Bäume des Gartens.[3]) In Hinterpommern streut man zu Silvester, wenn Abends mit den Glocken geläutet wird, Asche um jeden Obstbaum. Es heisst, der Baum müsse auch etwas haben.[4]) In Lauenburg glaubt man einen unfruchtbaren Obstbaum fruchttragend machen zu können, indem man ihn ‚gebraucht.' Das geschieht auf folgende Weise. Wenn am heiligen Abend Klösse eingesetzt sind, so nimmt man davon **stillschweigend** einen und bringt ihn unter der Beobachtung gewisser Ceremonien an dem betreffenden Baum an. Um eine reiche Obsternte zu erlangen, werden auch häufig in derselben **Landschaft die Eingeweide von geschlachteten Thieren** in den Obstbäumen aufgehängt.[5]) In Böhmen endlich hängt man, wenn ein Obstbaum nicht viele Früchte trägt, einen Aasknochen in seine Aeste. Alsdann schämt sich der Baum und trägt im anderen Jahre reichlicher.[6])

In allen diesen Bräuchen haben wir es nur mit den **Resten** von Opfern zu thun, welche, vermöge ihrer ehemaligen Zugehörigkeit zum Opfer die Kraft von Universalheilmitteln erlangten und deshalb zu allen möglichen Dingen verwandt wurden, auf die das Opfer selbst nicht den mindesten Bezug hatte. So hängt das Bestreichen der Bäume mit dem Krapfenteig und

---

[1]) V. Grohmann, Abergl. a. Böhmen. s. 87.

[2]) Vernaleken, Mythen u. Bräuche. s. 290. Nr. 10.

[3]) Weinhold, Weihnachtsspiele und Lieder. s. 28; Peter, Volksth. II. s. 271.

[4]) Mündl. aus Cratzig, Kreis Cöslin.

[5]) Jahrbücher für die Landeskunde der Herzogth. Schleswig-Holstein u. Lauenburg. VI. Band. Kiel 1863. s. 396, 397.

[6]) V. Grohmann, Aberglaube aus Böhmen. s. 143; vgl. Rochholz, Deutscher Glaube und Brauch. I. s. 245.

das Beschütten der Wurzeln mit Fischgräten durchaus mit dem Mehlspeisen- und Fischopfer für Fria, Berchta, Holda, die Verwendung der Aepfel- und Nusschalen mit dem Fruchtopfer, das Aufhängen der Eingeweide mit Thieropfern und das Streuen von Asche um die Stämme mit dem Opferfeuer zusammen. Auch der Aasknochen, den man in Böhmen in die Aeste eines schlecht tragenden Fruchtbaumes hängt, wird ehemals der Knochen eines Opferthieres gewesen sein. Erst später, als mit den Opfern auch das Verständnis derselben dahinschwand, wähnte man, der Knochen werde in den Baum gehängt, um ihn zu beschämen, und nahm jetzt, um den Baum noch mehr niederzudrücken, statt des Knochens von einem feierlich getödteten Thiere einen Aasknochen.

C. Das Umwinden der Bäume mit Strohseilen in den Zwölften.

Am Schlusse dieses Paragraphen mag noch eine Sitte eingehender besprochen werden, welche zwar weder mit einem Opfer noch überhaupt mit der deutschen Mythologie in Zusammenhang steht, die jedoch deshalb hier zu berücksichtigen ist, weil sie von namhaften Forschern für ein Opfer, theilweise sogar für ein tiefsinniges Mysterium im heidnisch-germanischen Götterglauben ausgegeben worden ist: ich meine das Umwinden der Bäume mit Strohseilen zur Zeit der Zwölften. Schon Sebastian Franck schreibt: ‚Etlich binden jre bäum mit eim stroband an der Weihnacht für alle hagel, würm vnd brandt.'[1]) In ‚der alten weiber philosophey, getruckt zu Franckfort a/M. 1537' heisst es: ‚Welcher auff S. Vincentius tag (22. Januar) die baum in seinem hoff mit einem ströen bandt umbindet, der sol das jar vil korns haben.'[2]) Ebenso waren dem Verfasser der Chemnitzer Rockenphilosophie derartige Bräuche bekannt, da er im 61. Capitel des 2. Hunderts berichtet: ‚In der Christnacht soll man nasse Strohbänder um die Obstbäume binden, so werden sie fruchtbar', und in der Erklärung dieses Aberglaubens fortfährt: ‚Ich erinnere mich in meiner Jugend gesehen zu haben, dass einige Bauern in Thüringen die Bäume mit Strohbändern zusammen gebunden haben, und zwar ein Ende des Strohbandes an diesem, und das andere Ende an jenem Baum, vorgebend, dass die Bäume dadurch gleichsam copuliret, und zum Rammlen geschickt gemacht würden.'

Ungemein zahlreich fliessen die Nachrichten über das Um-

---

[1]) Seb. Franck, Weltbuch. 1567. I. Theil. f. 135.

[2]) Wolfs Zeitschrift III. s. 311. Nr. 30 wird derselbe Aberglaube aus einer Schrift vom Jahre 1612 beigebracht.

winden der Bäume mit Strohseilen aus der heutigen Zeit. Es ist uns dasselbe für alle Landschaften Deutschlands, für Siebenbürgen, für Schweden, ja selbst für die Bretagne bezeugt und wird je nach den verschiedenen Gegenden verschieden, am Nachmittag vor Weihnachten während des Schreckeläutens, am Weihnachtsabend, in der Zeit des Christnachtläutens, am Neujahrs-Sonnabend während des Mittagläutens, am Silvesterabend, in der Neujahrsnacht, am Neujahrsmorgen, am Vorabend vor Dreikönigstag während des Festeinläutens, oder überhaupt in der Zeit der Zwölften stillschweigend vorgenommen. Man sieht in dem Strohseil ein Geschenk für den Baum, das er im nächsten Herbst durch reichen Obstsegen vergelten werde, oder man glaubt, die Ausübung des Brauches schütze den Garten vor Behexung. Hie und da wähnt man sogar, durch den Act werde die Begattung der Bäume bewerkstelligt, und nennt man deshalb z. B. zu Sievern bei Stade das ganze Verfahren: ‚De Böm bî den Buck bringen.‘ An manchen Orten gelten besondere Vorschriften für das Stroh, welches zum Binden der Obstbäume benutzt wird. In Schweden darf dazu nur Julstroh verwendet werden. In den Herzogthümern Schleswig, Holstein und Lauenburg und in vielen Ortschaften Meklenburgs fordert die Sitte, dass die Seile aus dem Wurststroh geflochten werden, d. i. Stroh, auf welches die zum Weihnachtsfest bestimmten Würste, nachdem sie gekocht sind, gelegt werden. Um Görlitz in der Oberlausitz und zu Friedrichsdorf in Meklenburg müssen die betreffenden Strohbänder während des Weihnachts- oder Neujahrsmahles unter dem Tische gelegen haben. Im Aargau dagegen umwickelt man die Stämme mit Widstrau. Es sind dies Strohseile, welche zur Zeit des Ostertaufläutens verfertigt sind, und denen man allerhand übernatürliche Kräfte beimisst. Thiere, die man damit abreibt, gedeihen, die man damit schlägt, sind jedem Unfall ausgesetzt.[1])

---

[1]) Kuhn u. Schwartz, Nordd. Gebr. Nr. 142; Jahrb. f. d. Landesk. d. Herzogth. Schleswig-Holst. u. Lauenb. VI. Bd. Kiel 1863. s. 397; Ehlers, Was die Alten meinen. s. 84; Wuttke. § 14, § 231, § 320. 2. Aufl. § 74. 75. 180, 668; Kuhn, Westfäl. Sag. II. Nr. 326. 327; Woeste in Wolfs Zeitschrift. I. s. 394; Mannhardt, Antike Wald- u. Feldkulte. s. 170; Engelien und Lahn, Der Volksmund i. d. Mark. s. 240. Nr. 49, s. 272. Nr. 199; Bartsch, Meklenb. Sag. II. Nr. 1189. 1208—1209. 1257; Knorrn, Sammlung abergl. Gebr. Nr. 100; Philo v. Walde, Schlesien in Sage u. Brauch. s. 150; Peter, Volksth. II. s. 271; Witzschel, Sitten. s. 8. Nr. 19; Mülhause, Gebr. d. Hessen. s. 320; Kehrein, Volkssprache u. Volkssitte. II. s. 259. 119; Wolf, Beiträge. I. s. 121, s. 230. Nr. 359; Bavaria. II, 1, 299; IV. 2. 379; Birlinger, Volksth. I. s. 465. 6; Meier, Schwäb. Sag. s. 463. 208; Panzer, Btrg. I. s. 262. Nr. 95; Rochholz, Schweiz. Sag. a. d. Aargau. II. s. 277; Drslb. in

Was soll nun dieser alte und noch heute so allgemein verbreitete Brauch bezwecken? Unser Landvolk behauptet, wie wir oben sahen, fast allenthalben, das Strohband sei ein Geschenk, also ein Opfer für die Bäume. Kann aber, fragen wir billig, ein schlechtes Strohseil zum Opfer verwandt worden sein, und wie kamen gerade die Obstbäume zu einem solchen unerhörten Strohopfer? Trotzdem tritt Kuhn in der Anmerkung zu Nr. 358 des zweiten Bandes seiner westfälischen Sagen jener volksthümlichen Deutung der Sitte ohne weiteres bei, und Wolf weiss sogar, welcher heidnischen Gottheit dies Strohopfer einst dargebracht wurde, nämlich dem Frô.[1]) Warum? — wird nicht recht klar; wahrscheinlich wohl nur deshalb, weil es keinem andern Gotte zugewiesen werden konnte, und so muste der unbeweisbare Frô wohl oder übel damit Vorlieb nehmen.

Im Gegensatz zu Kuhn und Wolf stützen sich andere Forscher auf die zweite volksthümliche Erklärung des Brauches, dass dadurch die Stämme copuliert und zum Rammeln geschickt gemacht werden sollten. Ihnen zufolge haben wir es hier mit einem altheidnischen Mysterium, mit einer auf uraltem Naturdienst beruhenden Handlung zu thun. So schreibt z. B. Sandvoss in Bezug auf diesen Brauch: ‚Ein sehr tiefsinniger, auf feinster Naturverehrung beruhender Brauch, von dem ich gern wüste, ob er sich noch irgendwo erhielt, war der, in der Christnacht nasse Strohbänder um die Obstbäume zu binden, damit sie fruchtbar würden. Von thüringischen Bauern ist um das Jahr 1700 beobachtet worden, dass sie die Bäume mit Strohbändern zusammen gebunden haben, vorgebend, dass sie dadurch copuliert würden. Uralt ist diese Sitte und Zeugnis ahnungsvoller Naturverehrung, die in der Pflanzenwelt und im Thierleben eine tiefe Verwandtschaft mit dem Menschenleben erblickt.'[2])

Sehen wir davon ab, dass wegen des jungen Ursprungs der Obstzucht das Umwinden der Obstbäume mit Strohseilen nicht so uralt und deshalb auch kein heidnisches Mysterium sein kann, so muss man schon deshalb gegen beide Erklärungen dieser Sitte mistrauisch werden, weil sie sich lediglich auf volksthümliche

---

Wolfs Zeitschrift II. s. 229; Müller, Siebenb. Sag. s. 365. 69; G. A. Heinrich, Agrar. Sitten. s. 16; Schuster, Deutsche Myth. a. siebenb. sächs. Quellen. s. 444; Russwurm, Eibofolke. II. s. 96. Auch in dem hinterpommerschen Kreise Cöslin ist der Brauch allgemein bekannt. (mündlich.)

[1]) Wolf, Beiträge. I. s. 120.
[2]) Sandvoss in der Friedländischen Zeitung vom 18. Februar 1868; vgl. Bartsch, Meklenb. Sagen. II. Nr. 1189 d.

Deutungen stützen, die in den seltensten Fällen auch nur annähernd das Richtige treffen. Dazu kommt noch, dass eine andere, zwar sehr wenig poëtische, aber um so natürlichere Erklärung des Brauches sich von selbst darbietet. Um Weihnachten kriecht das Weibchen des Frostspanners (Geometra brumata), des gefährlichsten Feindes der Obstbäume[1]), an den Stämmen empor, um seine Eier in die Blattknospen zu legen. Da jedes einzelne dieser Thierchen eine Unzahl von Eiern in seinem Leibe birgt, so können dieselben, falls sie in grösserer Menge auftreten, die ganze kommende Obsternte vernichten. Den Weg, wie dieser Feind der Obstzucht zu bekämpfen sei, bietet seine Naturbeschaffenheit selbst. Da das Weibchen des Frostspanners flügellos ist und sich nur mühsam kriechend fortbewegen kann, so ist weiter nichts von Nöthen, als ihm das Hinaufklettern auf den Stamm unmöglich zu machen. Das wird nun durch das Umwinden der Bäume mit Strohseilen vollkommen erreicht, weshalb noch heute die rationelle Landwirthschaft dies einfache und billige Schutzmittel auf das angelegentlichste empfiehlt[2]), nur dass jetzt bei den Gärtnern Streifen von gummiertem Pergamentpapier, die genau wie die Strohseile um die Bäume gelegt werden, der noch grösseren Dichtigkeit wegen, mit der sie sich an den Stamm anschliessen, mehr bevorzugt werden.

Derartige Mittel verdanken wir nun keineswegs erst den Errungenschaften unserer heutigen fortgeschrittenen Landwirthschaft, sie waren schon seit Jahrhunderten dem deutschen Landmann wohl bekannt. So schreibt z. B. ‚Der in seiner Hausshaltung curieuse, darzu sehr bemühete Hauss-Wirth, und sorgfältige Bauers-Mann etc. In diese Ordnung gebracht von Eliesern. Franckfurth und Leipzig 1732‘ ‚der ausdrücklich betont, dass alle in dem Buch enthaltenen Mittel ‚mit vieler Mühe aus grossen und nützlichen Haushaltungs-Büchern dem armen Landmann zum besten zusammen getragen‘ sind, p. 34 fg.: ‚Dass die Raupen nicht auf die Bäume kriechen. Man tuncke ein wenig breite Leinwandene Lappen in Baum-Oel, oder bestreiche ein Viertelbreite Leinwand-Streiffen mit Wagen-Stencker oder Vogel-Leim, und wickele sie unten an die Stämme der Bäume, so kriechen sie nicht darüber. Item: Man bestreiche ein Theil vom Stamme, um und um mit Baum-Oele.

---

[1]) Nördlinger, Kleine Feinde der Landwirthschaft. 1869. s. 379; Taschenberg, Entomologie. 1874. s. 275.

[2]) Vgl. Birlinger, Aus Schwaben. II. s. 12 fg.

Item. Man nehme Korn-Aehren, und binde einen Crantz um den Stamm des Baumes, dass die Aehren mit ihren Stacheln herunterwerts hängen, so können die Raupen nicht drüber kriechen, sondern bleiben drunter sitzen, weiln sie über das fette Oel nicht kriechen, oder sich in die Stacheln der Korn-Aehren stechen, und also zurück bleiben, da man sie denn beysammen sitzen findet, und tödten kan.'

Uns interessiert hier vornehmlich das letzte Mittel, welches beweist, dass noch vor dem Jahre 1732 in dem Umwinden der Obstbäume mit Strohseilen ein nützliches landwirthschaftliches Schutzmittel gegen das Hinaufkriechen der Raupen auf die Baumstämme erblickt wurde; denn auf Grund dieser Erkenntnis ist es leicht, den Entwicklungsgang anzugeben, durch den der Brauch seine heutige Gestalt bekommen hat. Es ist ein häufig wiederkehrender Zug, dass unser Landvolk einer an sich ganz vernunftgemässen Handlung dadurch eine grössere Wirkung zu verschaffen wähnt, dass es dieselbe zu einer heiligen Zeit vornimmt. Belege dafür liessen sich mit Leichtigkeit in Menge anführen, es genüge hier nur zwei ebenso wie das Umwinden der Stämme mit Strohseilen auf den Obstbau sich beziehende Gebräuche zur Bestätigung heranzuziehen.

In Tirol wird für schadhafte Obstbäume folgendes Mittel gerühmt: ‚In einem Gefässe werden Blut, ungelöschter Kalk und Ochsengalle mit einem Holze durch einander gerührt, was aber an einem Karfreitage geschehen muss. Mit dieser Masse werden die Schäden an den Bäumen mittelst des Holzes überstrichen, so heilen sie, und die Bäume werden wieder tragbar.'[1]) Ein anderer sehr verbreiteter Aberglaube sagt: wer auf Fastnacht seine Bäume beschneide, dem blieben sie das Jahr über von Raupen und Würmern verschont.[2])

Beide Bräuche sind an sich durchaus nicht als Aberglaube anzusehen; denn die Verbindung von ungelöschtem Kalk, Blut und Galle giebt einen guten Kitt, der, auf die schadhafte Stelle gestrichen, wohl im Stande ist, dem Ausströmen des Baumsaftes Einhalt zu thun und so den Baum wieder tragbar zu machen. Ebenso wird derjenige, welcher im Frühjahr seine Obstbäume sorgfältig beschneidet und die in den Zweigen befindlichen Raupen-

---

[1]) Alpenburg, Myth. u. Sag. Tirols. s. 391.
[2]) Vgl. dazu u. a. Wolfs Zeitschrift III. s. 311. Nr. 30; Birlinger, Aus Schwaben. II. s. 54. Der älteste Beleg findet sich in ‚Der alten weiber philosophey, getruckt zu Franckfort am Mayen 1537.'

nester zerstört, im Sommer wenig von Raupen- und Würmerfrass zu leiden haben. Zum Aberglauben wurden diese Mittel erst dadurch, dass man, anfänglich nur um ihre Wirkung zu erhöhen, die Ausübung derselben auf Karfreitag und Fastnacht übertrug und schliesslich behauptete, nur wenn sie an diesen Tagen angewandt würden, seien sie von Erfolg.

Genau so erging es dem Brauch, im Dezember zum Schutz gegen die Raupen Strohbänder um die Baumstämme zu legen. Auch hier glaubte man die Wirkung zu erhöhen, wenn man die Handlung an einem der in diese Zeit fallenden Festtage, und bei diesem wieder zu einer besonders heiligen Stunde, vornahm. So ward allmählich der Schwerpunkt nicht mehr auf das Umwinden mit Strohseilen, sondern auf die genaue Einhaltung der heiligen Stunde gelegt, und dies hatte dann nothwendigerweise zur Folge, dass der Brauch nach und nach immer mehr den Charakter einer abergläubischen Handlung annahm.

Ausserdem wirkte noch die heidnisch-germanische Vorstellung von der Zauberkraft der Opferreste auf unsern Brauch ein. Man glaubte, das Mittel müsse um so sicherer wirken, wenn die Strohseile von dem Stroh hergestellt würden, welches bei den zur Zeit der Zwölften dargebrachten Opfern Verwendung gefunden hatte. In Scandinavien flocht man die Strohseile deshalb aus dem Julstroh, dem in Lauenburg, Schleswig-Holstein und Meklenburg das Wurststroh, in der Oberlausitz das während des Weihnachtsmahles auf den Fussboden gestreute Stroh und in der Schweiz, mit leicht erkennbarer Verkirchlichung der Sitte, das Widstrau, entsprechen.

Das Hinzutreten dieser beiden Momente, der Beobachtung einer bestimmten heiligen Stunde zur Ausübung des Brauches und der Verwendung von Opferresten zu den Strohseilen, bewirkte, dass der Bauer sich über den eigentlichen Zweck der ganzen Handlung nicht mehr klar war. Er schrieb den guten Erfolg, welchen er durch das Umbinden der Stämme mit Strohseilen erreichte, nicht mehr natürlichen Ursachen sondern geheimen Kräften zu und suchte die Erklärung dafür in den abenteuerlichsten Annahmen. Da sollte das Strohband ein Opfer sein, durch welches man den Baum zwingen wollte, sich im nächsten Herbst durch eine reichliche Obsternte erkenntlich zu zeigen; hier hielt man es für einen Zauber, wodurch die Früchte an den Baum gebunden würden; oder aber man glaubte, (weil nach der Volksmeinung in den Zwölften die Bäume zu neuem Leben erwachen), sie würden durch das Umwinden mit den Seilen ‚zum Rammlen geschickt' gemacht und ‚gleichsam copuliret.' Ja das Verderbnis ging hie und da so weit, dass man wähnte, die Ausübung dieses Brauches wirke auch gedeihlich auf das Wachsthum des Korns ein, und dass man an einigen Orten, indem die unverstandene Wirkung des Mittels nur der Heiligkeit der Zeit, in der man es anwandte, zugeschrieben wurde, die Bäume auch an anderen Festtagen im Jahre[1]) mit Strohbändern umflocht.

§ 7. Opfer beim Weinbau.

In derselben Lage wie bei der Obstzucht befinden wir uns bei dem Weinbau. Mögen die Germanen auch schon frühzeitig mit dem Wein als Getränk bekannt geworden sein, so überschritt der Weinbau jedoch zur Römerzeit den Rhein noch nicht. Bodmann sagt darüber in seinen rheingauischen Alterthümern (s. 393): ‚Wir setzen unbedenklich die Ursprünge des Weinbaus im westlichen Rheingau auf den Zeitraum der austrasischen Regierung des Merowingischen Königsstammes.'[2]) Wenn nun, obgleich die Deutschen erst in christlicher Zeit mit dem Weinbau bekannt wurden, deutsche Winzerbräuche auf Opfer bei demselben hinweisen, so können das in Folge dessen wie die Obstopfer nur Opfer jüngeren Ursprungs sein, die das noch stark im Heidenthum befangene Volk den Ernteopfern analog bildete.

A. Bittopfer bei dem Weinbau.

Thom. Naogeorgus giebt in seinem Regnum Papisticum von dem Fest des hlg. Urbanus folgende Beschreibung:

‚Post uenit Vrbanus, quem summo uinitor omnis
Obseruat cultu. cuius si lumina Phoebus
Clara die praebet, coelo splendetque sereno,
Quod laetum credunt omen Bacchoque sibique,
Illius exornant statuas per templa forumque,
Appensis collo cyathis, plexaque corona
Pampinea. quin in cauponam denique secum
Collecto portant coetu, multumque propinant
Non responsuro. porro eius nomine coetus
Ipse sibi pulchre respondent, donec ocellos
Peruortant tenebrae, nutetque caput, faciesque
Ardeat, atque simul fiant balba omnibus ora,
Destituantque pedes. sin uero nubila lux est,
Aut pluit, haud simili quicquam dignantur honore,
Immergunt undis miserum lamisque lutoque.'[3])

---

[1]) Sommer, Sag. a. Thüringen. s. 156; Montanus. I. s. 24; Schuster, Deutsche Myth. a. siebenb. sächs. Quellen. s. 149, s. 485.

[2]) V. Hehn, Kulturpflanzen. 4. Aufl. s. 72.

[3]) Thom. Naogeorgus, Regn. Papist. 1558. Lib. IV. s. 155 fg.

Dazu halte man folgende Stelle in Sebastian Francks Weltbuch: ‚An S. Vrbanus tag richten die Weinhäcker an offnem Marckt oder an anderm Platz ein tisch zu mit zweheln, tischtuch, wolriechenden kreutern vberlegt, darauff stellen sie S. Vrbans bild, ist dieser tag schön, so thun sie diesem bild vil ehr an, mit krönen, speisen, etc. Ists aber regenwetter, so ehren sie jn allein nicht, sondern werffen jn ins kadt, mit vil schmächworten, dann sie darauff haben, der wein so zu dieser zeit in d' blüt steht, sol so es regnet, vbel, aber so es schön ist, wol geraten.'¹) Ganz ähnlich schildert diesen Brauch eine von Birlinger ausgezogene schwäbische Handschrift des 16/17. Jahrhunderts: ‚St. Urban ist um pfingsten fewr darvor der Weinhäcker heilig, den werffen sye jemmerlich in das kott oder dreck, so es an seinem tag regnet; ist es aber schön, so tragen sie ihn gen Wein in das Wirthshaus, setzen hinder den tisch, behenken ihn mit Weinreben und vertrinkhen ihn, bringen ihn offt ein trunk und halten es von seinentwegen.'²) Ja noch in unserem Jahrhundert war es im Kleggau und Höhgau Sitte, wenn es an S. Urbans Tag schönes Wetter war, das Bild dieses Rebengottes mit Gesang und Lob umherzutragen, regnete es aber, ihn in den Brunnen zu werfen.³)

Combinieren wir diese Berichte, so erhalten wir folgendes Bild. Um die Zeit der Rebenblüthe, in der zum Gedeihen der Weinstöcke vornehmlich trockene Witterung von Nöthen ist, fanden Umgänge mit dem Bildnis S. Urbans durch die Weinberge statt. Man bat den Heiligen um gutes Wetter und brachte ihm Bittopfer dar. Sein Bild wurde mit Blumen bekränzt, mit jungen Reben umhangen und mit Wein begossen; auch ward S. Urbans Minne getrunken. Herrschte aber an dem für die Feierlichkeit festgesetzten Tage regnerisches, die Rebenblüthe und damit auch die Hoffnung auf eine reiche Weinlese zerstörendes Wetter, so gaben die Winzer das Jahr von vorneherein verloren und hielten nicht nur die Begehung des Bittopfers für unnöthig, sondern sie rächten sich sogar an dem Heiligen und verhöhnten und beschimpften ihn.

---

¹) Seb. Franck, Weltbuch. 1567. I. Theil. f. 51. Auch Joannes Boëmus Aubanus kennt diesen Brauch: vgl. Wolf, Btrg. II. s. 110.

²) Birlinger, Aus Schwaben. II. s. 162.

³) H. Schreiber, Taschenbuch f. Geschichte u. Alterth. in Süddeutschl. 1840. s. 277. Ueber die schlechte Behandlung des hlg. Urban vgl. noch des ‚Hertzogs Maximilian in Bayern etc. Landtgebott wider die Aberglauben, Zauberey etc.' München 1611. (vgl. Panzer. II. s. 282 fg.) und das Urbanreiten bei Pfister, Merkwürdigkeiten der Stadt Nürnberg. 1833. I. 335. (vgl. Panzer. II. s. 43 fg.)

Sehen wir vorläufig von dem letzteren Zuge ab, so muss die grosse Aehnlichkeit zwischen der Feier des Urbanstages und der Hagelfeier auffallen; denn hier wie dort werden zu einer Zeit, in der günstige Witterung für das Gedeihen der Früchte durchaus erforderlich ist, Bittgänge mit einem Götterbilde angestellt, und hier wie dort werden demselben dabei Bittopfer dargebracht. Da nun die Weinopfer erst sehr jungen Ursprungs sein können, so dürfte wohl das Vorbild für das Bittopfer am Urbanstag in der Hagelfeier zu suchen sein.

Wie ist aber die schlechte Behandlung des Heiligenbildes zu erklären? Wohl schwerlich, wie einige wollen, aus dem deutschen Heidenthum und zwar nur deshalb, weil herunter gekommene und im Fetischismus befangene Negerstämme auch solche thierische Rohheiten begehen. Ein so überaus pietätsloser und widerwärtiger Brauch würde wenigstens schlecht zu den sonstigen Opferbräuchen unserer heidnischen Voreltern stimmen. Er erklärt sich vielmehr aus dem gänzlichen Verfall aller wahren Frömmigkeit, der durch die katholische Heiligenverehrung im späten Mittelalter bedingt war[1]), und in den jede Religion durch die Veräusserlichung ihres Kultus gerathen muss.

Bemerkt mag noch werden, dass der Winzer auch ein dem Bittopfer bei der Aussat entsprechendes Opfer nach der Umreudung des Weinbergs und der Vollendung der Frühlingsarbeit dargebracht zu haben scheint. Es wird uns nämlich berichtet, dass zu dieser Zeit in Unterfranken und Aschaffenburg der Häcker seinen Arbeitern ein Festmahl zu geben schuldig ist, welches der Niederfall heisst.[2]) Doch steht diese Nachricht noch zu vereinzelt da, als dass man aus ihr weiter gehende Schlüsse zu ziehen berechtigt wäre.

B. Dankopfer bei der Weinlese.

Bodinus schreibt in seiner Daemonomania (übersetzt von Fischart. 1591. s. 139): „In Teutschland ist der Brauch verboten worden,

---

[1]) So wird z. B. auch in Italien der Heilige, welcher dem Ort, dessen Patron er ist, nicht die erforderliche Witterung (Regen oder Sonnenschein) zu rechter Zeit schickt, nachdem er seine Opfer erhalten hat, herunter geworfen (in effigie) und gemisshandelt. Aehnliche Frevel werden noch heute oft genug von rohen Menschen gegen Christus- oder Heiligenbilder ausgeübt. Gewöhnlich bemächtigt sich die Sage sofort solcher Stoffe und dichtet als erbaulichen Schluss Gottes schreckliches Strafgericht über den Tempelschänder hinzu. Vgl. dazu u. a. V. Grohmann, Sag. a. Böhmen. s. 285; Baader, Neue Sagen aus Baden. s. 57, 58, 153.

[2]) Bavaria. IV, 1, 254.

das Bild S. Urbans zu bösen Herbsten in den Bach zu ziehen, aber (das ist erlaubt) zu reichen Herbsten es in ein Wirthshaus zu führen und mit so viel Gutterufen, Angstern und Gläsern Weins zu behenken, als Bauern hinter dem Tische sitzen.'[1]) Wird uns hier gesagt, dass bei der Weinlese eine dem Aehrenopfer bei der Kornernte entsprechende Weinspende statt fand, bei der jeder Weinbauer ein Glas zu Ehren des heiligen Urban darbrachte, so bezeugt uns folgender Bericht, dass dabei auch den Erntefeuern bei dem grossen Erntedankfest analoge Feuer entflammt wurden. In Seb. Francks Weltbuch heisst es von der Weinlese: ‚Zu aussgang des lesens kommen die knaben all in eim Feld zusamen, vnd machen jnen allda von stroh, das dahin darzu verordnet ist, gute handtuöllige Fackeln, jeglicher zwo, gehn zu nacht singend in einer ordnung in die Stadt, damit leuchten sie den Herbst auss.' Derartige Feuer werden übrigens selbst heute noch in der bairischen Rheinpfalz entzündet.[2])

Den Schluss des Festes bildete ein festliches Mahl, das in Unterfranken und Aschaffenburg der Niederfall genannt wird[3]), und auch hierin kann das Opfer beim Weinbau seinen Ursprung aus dem Ernteopfer nicht verläugnen, denn mit demselben Namen Niederfall wird in vielen Gegenden Süddeutschlands (s. oben s. 182) auch der Festschmaus bei der Sichelhenke bezeichnet.

§ 8. Das Erntedankopfer der Gemeinde.

Bisher hatten wir es mit Ernteopfern zu thun, welche von dem einzelnen Hausstand nach dem Einheimsen der verschiedenen Fruchtarten, als Korn, Flachs, Heu, Obst und Wein, dargebracht wurden; wir wenden uns jetzt zu dem grossen Erntedankopfer, welches, alle die kleinen Familienopfer in sich vereinend, am Schluss der gesammten Ernte abgehalten wurde, und an dem sich die ganze Gemeinde als solche betheiligte.

Wenn in Heil bei Herringen im Kreise Hamm das letzte Fuder eingescheuert ist, so wird der Harkelmaibôm an der Einfahrt der Scheune oder des Hauses fest genagelt und verbleibt da, bis der Erntefestschmaus (der Harkemai oder Bauthahn) vorüber ist. Dieser findet statt, sobald im October die erste fette Kuh geschlachtet wird.[4]) Darum sagt man in Havixbeck

---

[1]) Rochholz, Naturmythen. s. 6 fg.
[2]) Bavaria. IV, 2, 383.
[3]) Bavaria. IV, 1, 254.
[4]) Mannhardt, Baumkultus. s. 197.

zu Martini, wenn es ans Schlachten geht: ‚Nun wird der Stoppelhahn verzehrt.'[1]) In der Umgegend von Werl wird, nachdem der Roggen gemäht ist, ein grüner Baum aufgerichtet, der Håkelmai. Zu Weihnachten dann, oft aber auch noch viel später bis gegen Fastnacht, geschieht es häufig, dass sich mehrere Bauern zusammen thun und einen Pickenick machen. Das nennt man den Håkelmai verzehren. Auch an der Wupper und an der Sieg heissen die Schmausereien, welche in den letzten Tagen der Zwölften abgehalten werden, Herkemai oder Herkelmai, ein Name, der nur dem Erntefest zukommt.[2]) In Obermedlingen in Schwaben wird die Sichelhenke und die Flegelhenke gewöhnlich am Stephanstag gehalten, wenn der Bauer geschlachtet hat. Der Schnitter erhält das Viertel vom Huzelzelten, das Viertel vom weissen Zelten, ein Stück Schweinefleisch und, wenn ein Rind geschlachtet ist, drei Rippen. Der Drescher dagegen bekommt einen ganzen weissen Zelten und ein Stück Schweinefleisch.[3]) In Siebenbürgen endlich richtete im Spätherbst, vor Advent, wenn alle Früchte des Feldes eingesammelt waren, die ganze Gemeinde ein Erntemahl her, und zwar zehntschaftsweise. Brot, Wein und Fleisch bildeten die Hauptbestandtheile desselben. Zu dieser Feier wurde von der Gemeinde ein Stück Vieh geschlachtet und den Insassen das Fleisch roh nach Hause gegeben. Das Essen selbst, bei welchem auch Backwerk nicht fehlen durfte, wurde auf dem Pfarrhofe zubereitet.[4])

Wir haben diese Bräuche voran gestellt, um von vorneherein klar zu legen, dass zu der richtigen Begehung des Erntedankfestes der Gemeinde vor allen Dingen das Schlachten von Vieh erforderlich war, d. h., dass der Schwerpunct bei der Feier auf die Darbringung blutiger Opfer gelegt wurde. Ehe wir uns jedoch auf eine nähere Untersuchung über die verschiedenen Arten der zu opfernden Thiere und die Gottheiten, denen sie zum Opfer bestimmt waren, einlassen, wollen wir zuvor eine kleine Abschweifung machen und über einige sehr merkwürdige Schnitter- und Drescherbräuche Aufschluss zu gewinnen suchen.

Naht sich um Ansbach in Mittelfranken das Ausdreschen seinem Ende, so wird dem Drescher, welcher bei den übrigen nicht beliebt ist, ein Possen gespielt. Der Oberknecht spricht

---

[1]) Kuhn, Westfäl. Sag. II. Nr. 504.
[2]) Kuhn, Westfäl. Sag. II. Nr. 351, 494; Montanus. s. 19.
[3]) Panzer. II. s. 233. Nr. 427.
[4]) G. A. Heinrich, Agrar. Sitten. s. 30.

schon vorher zu den andern: ‚Wenn ich den Kopf schüttele und die Drischel in die Höhe halte, so haut keiner mehr zu!' Wenn nun der Getäuschte den letzten Schlag macht, wird er tüchtig ausgelacht und alle rufen ihm zu: ‚Du hast die **Saufud**!' Dieser Drescher bekommt bei dem Mahle sein Küchel in Gestalt **eines Mutterschweines mit sehr grossen Geschlechtstheilen.** In Wasserburg bei Lindau am Bodensee heisst es, wenn man im Winterfeld etwa noch einen halben Tag zu schneiden hat: ‚Jetzt schneiden wir um die **Hundsfud**!' Man lässt eine gute Handvoll Halme stehen; ein jeder schneidet nun einen Halm ab, und wenn es nicht ausgeht, wird wieder von vorn angefangen. Wer den letzten Halm schneidet, Mannsbild oder Weibsbild, hat die **Hundsfud**. Am Tage der Nachkirchweih muss der Bauer die Sichelhenke geben. Da werden lauter gute Sachen aufgetragen, süss und sauer. Der die Hundsfud bekommen hat, darf **zuerst** in die Schüssel langen. Um Gremheim und Offingen in Schwaben und ebenso in der Umgegend von Roggenburg bekommt der Drescher, welcher den letzten Drischelschlag führt, **die Hundsfud, Hundsfod.** Er wird mit geschwärztem Gesicht rücklings auf einen alten, hinkenden oder blinden Gaul gesetzt und Schritt vor Schritt unter dem Jubeln und Lachen zahlreicher Begleiter durch das Dorf geführt. Hat er Geld, so gehen nach dem Umritt mehrere mit ihm ins Wirthshaus, und **er muss die Zeche bezahlen.**[1])

Was sollen diese sonderbaren Sitten bedeuten? Weshalb heisst es von demjenigen, welchen der Zufall oder die Arglist seiner Kameraden dazu bestimmte, der Schnitter des letzten Halmes, der Führer des letzten Drischelschlages zu sein, er habe die Saufud, die Hundsfud? Glücklicherweise sind uns einige fränkische Bräuche überkommen, welche über die Bedeutung dieses Ausdruckes keinen Zweifel lassen. Wenn in Mittelfranken bei den Bauern im Herbst ein Rind geschlachtet wurde, so muste früher der Schlächter die Genitalien des Thieres vollständig ausschneiden. Dieselben wurden sodann von dem Hausherrn demjenigen Dienstboten, der **die Alte bekommen,** d. h., der bei dem Schneiden der Kornfrucht die letzten Halme geschnitten hatte, bei der Metzelsuppe als sein Antheil am Mahle vorgesetzt.[2]) Am Hahnenkamm tischt man noch heute demjenigen, welcher beim Dreschen den letzten

---

[1]) Panzer, Btrg. II. s. 223, 234, 235, 516.
[2]) Panzer. II. s. 218. Nr. 401.

Schlag gethan, die ausgeschnittenen Geschlechtstheile eines Kalbes als Voressen auf. Man nennt das: ‚Er bekommt die Fud.'[1])

Hiernach kann es wohl kaum einem Zweifel unterliegen, dass auch die jetzt bedeutungslosen Redensarten: ‚Der hat die Saufud, die Hundsfud' ehemals wörtlich zu verstehen waren, und demjenigen, welcher die letzten Halme geschnitten, den letzten Schlag mit der Drischel geführt hatte, früher bei dem Ernteschmaus, beziehungsweise der mit der Frühlingsfeier verbundenen Drischelhenke, die Genitalien von Schweinen oder Hunden vorgelegt wurden. Wenigstens eine Erinnerung daran hat sich noch in dem Brauche erhalten, dem, der die Saufud bekommen, bei der Sichelhenke eine aus Brotteig gebackene Sau mit **hervorragend grossen Geschlechtstheilen** aufzutischen. Nun waren die zur Sichelhenke und Drischellege geschlachteten Thiere in heidnischer Zeit für die Götter bestimmte Opferthiere; der Gottheit gebührten aber, wie wir mehrfach sahen, ausser dem Knochengerüst und der Haut vor allem auch die Geschlechtstheile des Opfers. Da nun letztere dem Schnitter der letzten Aehren, dem Führer des letzten Drischelschlages in unsern Gebräuchen als sein Antheil zugewiesen werden, so muss er einst zu der Gottheit in naher Beziehung gestanden haben, es wird ihm etwa obgelegen haben, bei der Tödtung des Thieres das Amt des Opferpriesters zu versehen.

Auf eine solche hervorragende Stellung des Schnitters und Dreschers des Letzten weisen auch noch andere Dinge hin. Erstens ist bemerkenswerth, dass es nur vom Zufall, d. h., von der Gottheit abhängt, wer beim Kornschnitt oder Dreschen der Letzte wird. Der Zufall bestimmte nämlich auch bei den Hahnopfern[2]), wer, falls nicht der Hausvater als Haupt der Familie dies Amt selbst übernahm, das Opfer zu vollziehen hatte. Ausserdem liess man es nicht bei gewöhnlichen Aehren und Garben auf die Entscheidung des Zufalls ankommen, sondern nur bei den letzten, d. h., den für Wuotan bestimmten Opferhalmen und Opfergarben. Beachtung verdient ferner, dass mit demjenigen, welcher beim Kornschneiden oder Dreschen der Letzte geworden ist, in vielen Gegenden ein Umzug durch das Dorf abgehalten wird, dass nur er den Erntekranz oder die aus der letzten Garbe gebundene Puppe auf den Hof tragen darf, und dass ihm, wie beim Hahnopfer dem Hahnkönig, die ehrenvolle Verpflichtung obliegt, die übrigen Erntearbeiter zu bewirthen. Weiter wird ihm allein von Seiten

---

[1]) Bavaria. III, 2, 969.
[2]) Vgl. vor allem s. 184 fg.

der Herrschaft ein Trinkgeld zu Theil, er hat das Recht, beim Festschmaus als erster in die Schüssel greifen und beim Festtanz die ersten drei Tänze tanzen zu dürfen.[1]) Ja selbst darin spricht sich seine bevorzugte Stellung vor den andern Schnittern und Dreschern aus, dass es heisst, der Schnitter der letzten Halme müsse noch in demselben Jahre sterben[2]); denn es ist ein uralter, weit verbreiteter Volksglaube, dass Menschen, welche zu der Gottheit in nähere Beziehung treten, bald aus dieser Welt scheiden müssen. Diesem Glauben ist es denn auch wohl zuzuschreiben, dass, wie viel Ehren es auch immer bringt, der Schnitter oder Drescher des Letzten zu werden, dennoch allenthalben in Deutschland ein jeder sich vor dieser Ehre scheut. Dass aber jetzt in vielen Gegenden derjenige, den der Zufall zum Letzten gemacht hat, von allen Leuten verhöhnt und verspottet und bei dem Umzuge durch das Dorf in jeder Weise beschimpft wird, hat sicher nur in dem allerdings nicht unberechtigten Bestreben der Kirche seinen Grund, alles Heidnische zu verketzern und dem Volke zu verleiden, wodurch sie bewirkte, dass heute für Schande gilt, was ehedem hohe Ehre war.

Sind wir nach alle dem berechtigt in den Redensarten: ‚Der hat die Saufud, (Rindsfud), Hundsfud' die Erinnerung an Schweine-, Rinder- und Hundeopfer zu erblicken, welche bei Erntefest und Drischelhenke dargebracht wurden, indem dabei der Schnitter oder Drescher des Letzten das Amt des Opferpriesters verwaltete, so werden auch folgende Bräuche ebenso zu erklären sein. In vielen Gegenden Schwabens, in Niederösterreich, Oberbaiern und dem Lechrain sagt man von dem Schnitter des letzten Aehrenbüschels, dem Drescher, welcher den letzten Schlag führt, er habe die Sau, die Lôs, er müsse ‚d'Laes ve'trägng'. Man treibt allerlei Scherz und Spott mit ihm, auch hat er seinen Kameraden einen Trunk zu zahlen. Bei dem Festmahl erhält er jedoch ein grosses Küchel, das Lôskückel, auf das von Teig eine Lôs gestellt ist, und ausserdem darf er zuerst in die Schüssel langen.[3]) Der

---

[1]) Vgl. u. a. G. A. Heinrich, Agrar. Sitten. s. 24; Peter, Volksth. II. s. 270; Bavaria. IV, 2, 383.

[2]) Pfannenschmid, Germ. Erntef. s. 95, 98; Baumgarten, Aus der Heimat. IX. s. 101; Heinrich, Agrar. Sitten. s. 30; Schuster, Deutsch. Myth. aus siebenb. sächs. Quellen. s. 267.

[3]) Meier, Schwäb. Sag. s. 444. Nr. 162; Birlinger, Aus Schwaben. II. s. 328; Leoprechting, A. d. Lechrain. s. 165. fg.; Panzer. II. s. 220. 408—224. 419; C. M. Blaas, Volksthüml. a. Niederösterreich, in Pfeiffers Germania XXIX. s. 100. Nr. 11.

einzige Unterschied zwischen diesen und den vorher besprochenen Sitten ist der, dass man hier dem Schnitter (Drescher) des Letzten zuruft, er bekomme die Sau, die Lôs, während es dort hiess, er bekomme die Fud der Sau. Aber auch dies ist kein eigentlicher Unterschied, denn beide Redensarten bezwecken ein und dasselbe, nämlich den betreffenden an seine Verpflichtung, das Opfer zu vollziehen, zu gemahnen. Zu dem Zweck wird er hier an das Opferthier überhaupt, dort an das beim Opfer nöthige Ausschneiden der Genitalien erinnert.

Nun sahen wir bei dem Hahn- und Bockopfer, welches gleich nach dem Abmähen der letzten Halme von dem einzelnen Hausstand dargebracht wurde, dass von dem Opferthier der Name häufig einerseits auf die Person, welche es zu tödten hatte, übergehen konnte, andererseits aber auch auf die letzten Halme, nach deren Schnitt es geopfert wurde. Ein Gleiches finden wir auch hier wieder. An manchen Orten Schwabens heisst nämlich derjenige, welcher bei dem Mähen den letzten Schnitt thut, der **Mockel (Kuh)**. Der betreffende wird sehr geneckt und verspottet; er bekommt aber bei der Sichelhenke einen **Strauss mit Blumen** und einen Schoppen mehr wie die übrigen (so z. B. in Berkheim) oder, wie in Lorch, **einen Ehrenstrauss mit Blumen und vergoldeten Aehren und das gröste Küchlein**.[1]) In Würtemberg dagegen wird vielfach **die Hand voll Aehren**, welche auf dem letzten Acker der Winterfrucht zurückbleibt, der Mockel genannt.[2])

Das Resultat unserer Nebenuntersuchung ist also mit wenig Worten folgendes: Die Schnitter- und Drescherbräuche, denen zufolge von demjenigen, welcher den letzten Schnitt thut, den letzten Drischelschlag führt, gesagt wird, er bekomme die Rindsfud, Saufud, Hundsfud, die Sau, oder er müsse die Sau, die Lôs vertragen, er (oder die letzte Garbe) sei der Mockel, **sind sämmtlich auf Rinder-, Schweine- und Hundeopfer zu beziehen**, welche bei dem Erntefest und der mit der Frühlingsfeier zusammenfallenden Drischelhenke dargebracht wurden. Kehren wir jetzt zu der Hauptuntersuchung zurück, und suchen wir noch weitere Belege für blutige Opfer beim Erntedankfest der Gemeinde nachzuweisen.

Nach dem Vinkbucher Weisthum, in alemannischer Gegend,

---

1) Meier, Schwäb. Sag. s. 439. 148—441. 153, 444. 162; Panzer, II. s. 233. 427—234. 428.

²) Mannhardt, Baumkultus. s. 192.

heisst es: ‚Der Schultheiss solle in dem Kloster ein Schwein, 7 Schilling Pfennig werth, auslesen und, sobald die Ernte angeht, auf den Klosterhof lassen, wo man ihm gütlich Kost und freien Zutritt gewähren müsse. Da bleibe es bis zum Donnerstag nach Sanct Adolf, wo es geschlachtet und halb dem Meier, halb der Gemeinde ausgetheilt werde. Auf denselben Tag empfängt die Gemeinde auch Herrenbrot und Käse.'¹) Grimm fügt hinzu: ‚Der Preis von sieben Schillingen ist ein sehr hoher, den gewöhnlichen Werth übersteigender; es war ein in den Weisthümern lange fortgeführter und oft gebrauchter Ansatz, der sich für ein ausgewähltes Opferthier ziemte.' Da nun der Tag des hlg. Adolf auf den 29. oder 30. August, das Gericht also in den Anfang des Septembers fiel, so werden wir das Vinkbucher Gerichtsschwein mit Fug und Recht auf das gemeine Erntedankopfer beziehen dürfen. Dazu sind wir um so mehr berechtigt, als auch in Siebenbürgen, wo überhaupt bei der Erntedankfeier neben dem Gänsebraten der Schweinebraten als Festgericht nicht fehlen darf, in Winkbach und ebenso in der Umgegend von Mediasch um die Erntezeit das Gerichtsschwein geschlachtet wird.²)

Ferner weisen auf Schweineopfer bei dem grossen Erntefest eine Reihe von Martinsbräuchen hin. Schon in Colers Calendarium Oeconomicum (Wittenberg 1591) findet sich der Spruch:

‚Auff Martini schlecht man feiste Schwein,
Und wird der Most zu Wein.'

Nach Praetorius (17. Jhdt.) sagte man in Niedersachsen:

‚Sünt Märtine,
Schlacht feste Schwine.'³)

und noch heute finden sich in dortigen Martinsliedern Verse wie:

‚Marten, Marten tien,
Schlacht en fett Swîn.'

oder:

‚Doa kamm de groote Märtin,
Schlacht 'n groot fett Schwien.'⁴)

Aus Norwegen wird uns berichtet: ‚Multi Norwegi anseris loco porcellum in diei festivitatem (scil. diei Martini) assant et comedunt.'⁵) Um dieselbe Zeit vereinigen sich auf den Dörfern

---

¹) Grimm, D. M.² s. 45.
²) G. A. Heinrich, Agrar. Sitten. s. 9. Anm. 1, s. 31.
³) Praetorius, Weihnachts-Fratzen. s. 299.
⁴) Pfannenschmid, Germ. Erntef. s. 479. Anm. 17; Firmenich, Germ. Völkerst. s. 139.
⁵) Finn Magn., Lex. Mythol. 1121; vgl. Wolf, Beitrg. I. s. 49.

Northumberlands kleinere Familien zu einem sogenannten Mart, um gemeinschaftlich ein Stück Vieh zu kaufen und zu schlachten. Wenn das Thier getödtet ist, füllt man die Gedärme mit Blut, Fett, Hafergrütze und dergleichen und schickt diese Würste, welche man ‚Blackpuddings' nennt, als Geschenke zu den Nachbarn und Verwandten herum.[1])

In Franken ward das Schweineopfer gegen Ende des Mittelalters zum Opferspiel, welches Seb. Franck in seinem Weltbuch folgendermassen beschreibt: ‚Zwey Eberschwein schleust man in ein zirckel oder ring auff diesen (d. i. S. Martins-) tag zusammen, die einander zerreissen, das Fleisch theilet man auss vnter das volck, das best schickt man der Oberkeit.'[2])

Auch die Belege für Rinderopfer, welche bei dem gemeinen Érntedankfest dargebracht wurden, lassen sich durch die Martinsgebräuche vermehren. In Niederdeutschland wird fast allgemein zu Martini geschlachtet und zwar vorzugsweise Rinder. Deshalb singen die Kinder in Tecklenburg um diese Zeit:

‚Der N. N. häw en Ossen schlachtet,
Fell is fett und Flêsk is mager,
N. N. is en Knåkentank.'[3])

In England heisst das im Herbst geräucherte Rindfleisch Martlemasbeef.[4]) Dazu vergleicht sich, dass in Mittel- und Süddeutschland zur Herbstkirchweih Rinder geschlachtet werden, und Rinderbraten als stehendes Festgericht dabei eine grosse Rolle spielt.[5])

Die Knochen der geopferten Rinder, (Pferde) und Schweine wurden, wie die Ueberreste jedes germanischen Opfers, als heilkräftige Talismane verwandt, worauf noch folgende Bräuche hinweisen. Um Birk und an anderen Orten Siebenbürgens legt man Knochen in den fertigen Heuschober. Bei den Agnethlern steckt man Ochsenlungen auf die frisch bestellten Aecker, um dieselben vor Vogelfrass zu bewahren.[6]) Auch die von

---

[1]) Reinsberg-Düringsfeld, Das festl. Jahr. s. 339; vgl. Pfannenschmid, Germ. Erntef. s. 217.

[2]) S. Franck, Weltbuch. 1567. I. Theil. f. 50. 51; vgl. dazu auch J. Boëmus Aubanus, De omnium gentium ritibus. 1520. f. 60.

[3]) Kuhn u. Schwartz, Nordd. Sag. s. 517; Kuhn, Westfäl. Sag. II. Nr. 306.

[4]) Ebenda.

[5]) Pfannenschmid, Germ. Erntef. s. 554. Anm. 18. Nr. 13, s. 575. Anm. 33.

[6]) G. A. Heinrich, Agrar. Sitten. s. 15, 14.

Joh. Colerus (16. Jhdt.) bezeugte Sitte, um die Sat vor dem Wilde zu sichern, vier Rossköpfe auf den vier Ackerenden anzubringen, ist hierher gehörig.[1])

Die beiden letzteren Bräuche hatten wir allerdings schon mit den Opfern bei der Frühlingsfeier in Verbindung gebracht, aber trotzdem sind sie auch hier zu berücksichtigen; denn den Berichterstattern zufolge wurden sie nach der Aussat überhaupt, also nicht nur bei der Sommersat, sondern auch bei der Wintersat vorgenommen. Da nun, wie wir früher sahen, die zauberkräftigen Ochsenlungen und Rossschädel nur von Opferthieren herrühren können, das Erntedankopfer der Gemeinde aber gerade in die Zeit der Bestellung des Ackers mit Winterkorn fällt, so werden wir kaum fehl gehen, wenn wir jene Lungen und Schädel nicht nur für die Frühlingsfeier, sondern auch für das Erntefest in Beschlag nehmen.

Was endlich die Hundeopfer angeht, deren Darbringung bei dem Erntedankfest uns durch die Erntesitten beim Schnitt der letzten Garbe hinlänglich bezeugt ist, so lassen sich zwar bis jetzt keine weiteren Belege dafür aus den Martins- oder Michaelisbräuchen beibringen, wohl aber stellt sich ihnen ein Katzenopfer an die Seite. In Luxemburg wurde nämlich bei dem Amecht, dessen eigentlicher Festtag nach der Erntezeit auf den Kirmessonntag fiel, in einem Korbe eine lebendige Katze verbrannt.[2]) Ganz wie bei der Frühlings- und Maifeier wurden also auch bei dem Erntedankfest Rinder, (Pferde) und Hunde, Schweine und Katzen dargebracht. Waren wir nun berechtigt, dort die Rinder-, Pferde- und Hundeopfer dem Himmelsgott (Wuotan), die Schweine- und Katzenopfer der Erdgottheit (Berchta, Holda, Fria) zuzueignen, so werden diese Thiere auch hier denselben Gottheiten gefallen sein. Es fragt sich darum jetzt nur noch, welcherlei Opfer beim Herbstfest dem Wettergott, der doch gewis nicht leer ausgegangen sein wird, dargebracht wurden.

Um dieser Frage näher zu kommen, betrachten wir zunächst folgende Bräuche. Fast über das ganze germanische Europa hin wird am Martinstag als Festgericht ein Gänsebraten verzehrt[3]); und dass es vor Jahrhunderten schon ebenso gewesen ist, dafür

---

[1]) Vgl. oben. s. 101.

[2]) N. Gredt, Das Amecht, eine myth. Studie, im Programm d. Athenaeums zu Luxemburg. 1871.

[3]) Eine grosse Anzahl von Zeugnissen über das Vorkommen der Martinsgans hat Pfannenschmid, Germ Erntef. s. 228 fg., s. 504. Anm. 35, s. 505. Anm. 37—39 angeführt, worauf hiermit verwiesen sei.

sprechen die verschiedensten Zeugnisse. Sebastian Franck sagt im Weltbuch (1567. I. Theil. f. 134): ‚Nach dem kompt S. Martin, da jsset ein jeder Haussvatter mit seinem Haussgesinde eine Ganss, vermag ers, kaufft er jnen Wein vnd Medt, vnd loben S. Martin mit voll seyn, essen, trincken, singen etc.' Auch Heinrich Panthaleon aus Basel (1522—1595) schreibt in ‚der deutschen Nation Heldenbuch' (p. 1): ‚Die Leute pflegen zum Gedächtniss S. Martini in Deutschland mit fröhlichem Gemüth St. Martensnacht zu begehen, die Martensganss zu essen, und mit Nachbaren und dem Hausgesinde fröhlich zu sein, gleich als wenn aller Dinge Ueberfluss mit Sanct Martino der Armen Patron vorhanden sei.'[1]) In Erfurt hiess von diesem Verzehren der Martinsgans das Einläuten zum Martinsfest schon sehr früh, bestimmt vor dem Jahre 1412, das Gansläuten.[2]) Oswald von Wolkenstein, der zwischen 1367 und 1445 lebte, singt: ‚Trinckh martein wein, und genss iss Ott' (Odo 13. November).[3])

Wichtig für das Alter dieses Brauches ist es, dass in den ältesten Kalendern, auch in den schwedischen Runen- und unsern Bauerkalendern, der Martinstag mit einer Gans oder einem Gänsebraten bezeichnet erscheint[4]), nicht minder, dass sich in Frankreich in alten Steinbildern und Glasgemälden eine Gans neben dem Bischof Martin häufig findet.[5]) Als das früheste Zeugnis ist wohl ein Bericht in den Annales Corbeienses anzusehen, wonach Othelricus de Swalenberg anno 1171 der Abtei von Corvei ‚argenteum anserem in festo sancti Martini' schenkte[6]); denn ist hier auch nicht geradezu vom Verzehren der Martinsgans die Rede, so setzt doch das Geschenk einer silbernen Martinsgans diese Sitte unzweifelhaft voraus.

Da nun das Gänseessen am Martinstage weder mit der kirchlichen Feier, noch mit der Legende des Heiligen im geringsten Zusammenhange steht, — allerdings wird erzählt, dass sich Martinus, als er sich der Wahl zum Bischof entziehen wollte, unter eine Gänseherde versteckte, allein damit ist nur eine alberne Erklärung versucht, weshalb die Gans stets als sein Thier erscheint, —

---

[1]) Vgl. Pfannenschmid, Germ. Erntef. s. 501 fg. Anm. 34.

[2]) Chron. Pirnense apud Mencken II. 1554; vgl. Wolf, Beiträge. I. s. 47.

[3]) Wolkenstein. Nr. CXXI, 315; CXXII, 11, 3. Ausgabe von B. Weber. CXXIII, 6, 4: ‚genss priet Ottl.'

[4]) Wolf, Beiträge. I. s. 47; Pfannenschmid, Germ. Erntef. s. 229.

[5]) Müller und Mothes Archäolog. Wörterbuch S. 660.

[6]) Leibnitz, Tom. II. Script. p. 308; vgl. Wolf, Beiträge. I. s. 47.

so haben wir für diese uralte Sitte eine andere Erklärung zu suchen. Den Weg dazu weist der Umstand, dass nicht nur zu Martini, sondern überhaupt an jedem in den Herbst fallenden Feiertag die Gans als Festbraten erforderlich ist. Betrachten wir zunächst das Michaelisfest, so fügt Sebastian Franck zu der oben beigebrachten Stelle über die Martinsgans hinzu: ‚Wie auch an etlichen orthen S. Michel, da man die Liechtganss jsset, ein jeder Haussvatter mit seinem Gesind.' Ganz ähnlich drückt sich eine schwäbische, handschriftlich überlieferte Chronik aus dem 16./17. Jahrhundert aus.[1]) Im Niederrheinischen, besonders bei den Oberländern, darf noch heute die mit Kastanien gefüllte Michelgans auf dem Tische nicht fehlen.[2]) Auch in Dänemark hält man zu Michaelis lustige Gelage ab, welche Höstgilde, Ernte- oder Herbstfeste, auf Bornholm Mikkelsgilde, Michaelisfeste, genannt werden, bei denen regelmässig Gänse- oder Entenbraten, Apfelmus mit Schafsmilch und Nüsse verzehrt werden müssen.[3]) Für England endlich, wo die Michaelisgans ungemein verbreitet ist, lässt sich dieselbe schon für die Zeiten Eduards IV. nachweisen.[4])

Ferner erscheint die Gans bei dem grossen Ernteschmaus in vielen Gegenden, so z. B. in Siebenbürgen und der Mark, als ständiges Festgericht[5]) und ebenso bei den in die Herbstzeit fallenden Kirmessen. Deshalb wird die Gans, wie sie sonst als Martinslust (gaudia Martini) bezeichnet wird, häufig ‚encaenia regina', d. i. Königin des Kirmessschmauses, genannt.[6]) In den ehemals hanauischen Landschaften im Unterelsass wird von dem Auftreten der Gans das gleich nach der Ernte stattfindende Fest der Kirchweih, der Meschdi, auch ‚Ernteganss' geheissen.[7]) Ja so verbreitet war die Kirmessgans, dass Ambrosius Franck in seiner ‚Dreyfachen Nawenhöfischen Kirchweih' (Leipzig 1631. s. 1) die erste Predigt betiteln konnte: ‚Von der gemästen, auffgesetzten vnd genützten Kirmess Gans.'

Diese Michaelis- und Kirmessgänse lassen sich eben so wenig aus der Michaelis- und Kirchweihfeier wie die Martinsgans aus

---

[1]) Birlinger, Aus Schwaben. II. s. 163.
[2]) Montanus. s. 54.
[3]) Pfannenschmid, Germ. Erntef. s. 123.
[4]) Kuhn u. Schwartz, Nordd. Sag. s. 517. IX; Wolf, Beiträge. 1. s. 37; Pfannenschmid, Germ. Erntef. s. 121 fg.
[5]) G. A. Heinrich, Agrar. Sitten. s. 31; Kuhn u. Schwartz, Nordd. Gebr. Nr. 121.
[6]) Grimm, Deutsch. Wörterb. V. 837.
[7]) Pfannenschmid s. 300, s. 575. Anm. 33; Stöber, Kochersberg. s. 50.

dem Martinsfest erklären, bei der Erntegans dagegen liegt keinerlei Bedenken vor. Letztere kann, wenn anders der Brauch alt ist, nur als ein bei dem grossen Erntedankfest dargebrachtes Opfer aufgefasst werden. Da wir nun oben sahen, dass die ursprünglich nur dem heidnischen Herbstdankopfer eigenthümlichen Rinder- und Schweineopfer in späterer Zeit auf das kirchliche Martinsfest verlegt wurden, so ist es an sich schon sehr wahrscheinlich, dass ein Gleiches auch mit dem Gansopfer geschah, wir also in den Martins-, Michaelis- und Kirmessgänsen die ursprünglich bei dem grossen Erntedankfest fälligen Opfergänse wieder zu erkennen hätten. Diese Annahme wird aber zur Gewisheit, wenn wir uns vergegenwärtigen, dass den Martins- etc. Gänsen auch nicht einer von den Zügen fehlt, deren Vorhandensein uns mit Sicherheit auf alte heidnisch-germanische Opfer zurückschliessen lässt.

Wir sahen, dass aus den alten Opfern in der Folgezeit häufig Opferspiele wurden, so z. B. aus dem Hahnopfer das Hahnreiten, Reissen, Schlagen und Schiessen. Dem ganz entsprechend finden wir zu Martini in Baiern, Sachsen, Westfalen und der Schweiz ein Gansreiten oder Reissen, im Etschland und im Innthal ein Gänseschiessen und in Schwaben ein Gansschlagen.[1]) Ein weiteres Kennzeichen der Opfer war es, dass sie später gern in Abgaben umgewandelt wurden, und so begegnen wir denn auch der Gans im Mittelalter häufig als einem zu Martini an Kirchen und Klöster fälligen Zins wieder. Ja in vielen Gegenden Deutschlands, so z. B. in Hessen und Schwaben, wird diese Abgabe bis auf den heutigen Tag an Geistliche und Lehrer entrichtet.[2])

Auch die Erinnerung an die grosse Heilkraft der Opferreste hat sich bei der Martinsgans erhalten. Schriftsteller des 17. und 18. Jahrhunderts zählen ganze Reihen von Krankheiten und Gebrechen auf, gegen welche die verschiedenen Theile der Gans helfen sollen[3]), und selbst heute noch sagt man in Niederdeutschland, Mark aus dem grossen Beine eines Gänseflügels vertreibe die

---

[1]) Panzer. II. s. 42. Nr. 50; Schmeller, Bair. Wörterb. 2. Aufl. I. s. 925; Pfannenschmid, Germ. Erntefeste. s. 510. Anm. 52; Zingerle, Sitten. s. 115. Nr. 834; Grimm, Deutsches Wörterb. IV. 1, 1280; E. Meier, Schwäb. Sag. s. 452 fg.

[2]) Pfannenschmid, Germ. Erntef. s. 205, s. 229; Kehrein, Volkssprache u. Volkssitte. II. s. 146 u. s. w.

[3]) D. Becherus, Parnass. illustrat. Medicinal. Zoolog. Tit. 46, pag. 67; Gaudium Martini, S. Martins Freude. Brieg 1640; Frommann, De Ansere Martiniano. Leipzig 1720. etc.

Flecken im Auge.[1]) Am deutlichsten kennzeichnet sich aber die Martinsgans dadurch als ehemaliges Opferthier, dass man aus ihrem Knochengerüst Weissagungen zu machen versteht und dasselbe dann an heiliger Statt im Hause aufhängt. Schon Doctor Hartlieb, der Leibarzt Herzog Albrechts von Baiern, erzählt in seinem ‚Buch aller verboten kunst, ungelaubens und der zauberei', welches er 1455 an Johann, Markgraf von Brandenburg, schrieb, im 121. Cap.: ‚Als man zu sant Martinstag oder nacht die gans geessen hat, so behalten die eltesten und die weisen das prustpain, und lassen das trucken werden bis morgens fru und schawen dan das nach allen umbstenden, vorn hinden und in der mitt. Darnach so urtailen si dan den winter wie er sol werden kalt warm trucken oder nass, und sind so vest des gelauben, das si daruf verwetten ir gut und hab. Si haben daruf ain sunder loss das nit välen sol noch mag, als sie sagen von dem schnee ob der gross werden sol oder clain, das alles kann das gensspain. Vorzeiten giengen die alten pawren uff den ainöden damit umb, nun ist der ungelaub gewachsen in küngen fürsten und dem ganzen adel, die an sölich sach gelauben.' Hartlieb behauptet sogar, dass sich die Herren des deutschen Ordens in Preussen bei ihren beiden jährlichen Kriegszügen ganz nach den Wetterprophezeiungen des Gänsebeins gerichtet hätten.[2]) Auch J. Colerus sagt in seinem anno 1591 zu Wittenberg erschienenen Calendarium oeconomicum: ‚An S. Martini abendt schlachten die Bawren eine Ganss vnd lassen den rump braten, vnd essen jn ab. Am Brustknochen können sie sehen, ob ein linder oder ein harter Winter sein sol, vnd wie lang es hinaus schneien vnd kalt werden sol.'

Sehr zahlreich fliessen hierher gehörige Zeugnisse aus dem siebenzehnten und achtzehnten Jahrhundert; wir wollen darum hier nur diejenigen berücksichtigen, welche uns auch über die Art und Weise, wie die Wetterprophezeiung angestellt wurde, näheren Aufschluss geben. Joh. Olorinus Variscus deutet die einzelnen Theile des Gänsebeins folgendermassen: ‚Das förderste Theil beym Halss bedeutet den Vorwinter, das hinderste Theil den Nachwinter. Das weisse bedeutet Schnee vnd gelinde Wetter, das andere grosse Kälte.'[3]) Damit vergleicht sich, wenn es in Ettners ungewisser Apotheke (p. 1144) von den Brustknochen der ‚Capphanen, Gänse und Enten' heisst: ‚Sind dieselben roth, so urtheilen sie eine an-

---

[1]) Woeste in Schillers Kräuterbuch. Schwerin 1860—1864. 3, 12.

[2]) Grimm, D. M. Aberglaube. H.

[3]) Joh. Olorinus Variscus, Die Martins Ganss. Magdeburgk 1609. s. 145.

haltende Kälte, sind sie aber weiss, klar und durchsichtig, so werde das Wetter im Winter erleidlich sein.'[1])

Joh. Christ. Frommann dagegen schreibt in seinem Buche: ‚De Ansere Martiniano' (2. Aufl. Lpzg. 1720): ‚E sterno carne denudato Martiniani fratres instantis hyemis vehementiam et diuturnitatem divinare satagunt. Si protuberans pectoris os majori sua parte translucidum, splendorisque ambitus fuerit maximus, futuram brumae asperitatem colligunt: Si vero obscuris partibus sparsim sint admixtae pellucidae, instabilem fore hyemem praesagiunt'. Im Verlauf seiner Untersuchung führt Frommann auch die Beschreibung des Brauches an, welche Olaus Magnus giebt: ‚Quomodo veteres Aqvilonares populi augurium ceperint, exponit Olaus Magnus lib. 19. Hist. Sept. cap. 10. nempe si clarum est os pectoris anserini esis carnibus, hyemem rigidam futuram; si spissum et opacum, nivem plurimam, hyememque tepidam seqvuturam.'[2])

Dieselbe Unsicherheit, ob die rothen oder die weissen Stellen am Brustknochen der Martinsgans Kälte und Frost bedeuten, findet sich auch in dem heutigen Volksbrauch. Denn unser aufgeklärtes Jahrhundert hat den Glauben an die weissagende Kraft des Gänsebeins keineswegs verloren; im Gegentheil, es giebt wohl kaum eine deutsche Landschaft, in der diese uralte Sitte sich nicht frisch und lebendig erhalten hätte.[3])

Aber nicht nur zur Wetterprophezeiung wurde das Gänsebein benutzt, Rochholz berichtet, dass es hie und da auch Brauch sei,

---

[1]) Grimm, D. M.[2] s. 1068.

[2]) Vgl. sonst von älteren Zeugnissen über die Wetterprophezeiungen aus dem Brustbein der Martinsgans: Lycosthenes Psellionoros (Wolfgang Spangenberg), Ganskönig. Strassburg 1607. CIII; Ambr. Franck, Dreyfache Nawenhöfische Kirchweih. Lpzg. 1631. s. 25; Rythmi de ansere, bei Dornau I. 408; Chemn. Rockenphilosophie. IV, 68.

[3]) Ueber den Glauben, dass die rothen Flecke auf dem Brustbein Kälte und die weissen Schnee bedeuten vgl.: Grimm, D. M. Aberglaube. K. Nr. 163; Meklenb. Jahrb. IX. s. 219. Nr. 46; Pfannenschmid, Germ. Erntefeste. s. 508. Anm. 48; Knorrn, Sammlung abergl. Gebr. Nr. 94; Peter, Volksth. II. s. 261; Bavaria. IV, 2, 378; Wuttke[2]. § 277. Derselbe Glaube herrscht auch im Kreise Belzig in der Mark Brandenburg, in Anhalt und Thüringen (mündlich). — Ueber die umgekehrte Ansicht vgl.: Temme und Tettau, Volkssag. Ostpreussens. s. 279; J. Ehlers, Was die Alten meinen. s. 113; Mülhause, Gebräuche der Hessen. s. 318; Drslb. Urreligion. s. 305; Wuttke. § 43; 2. Aufl. § 277; Waldmann, Eichsfeld. Gebr. s. 15. Nr. 9; A. Baumgarten, A. d. Heimat. I. s. 57. 6; Kehrein, Volkssprache u. Volkssitte. II. s. 252. 17. Derselbe Glaube in den Kreisen Cammin und Wollin in Pommern (mündlich). Unbestimmt ist die Angabe bei Schmeller, Die Mundarten Bayerns. München 1821. p. 529; vgl. Grimm, D. M. Aberglaube. Nr. 911.

dasselbe droben an der Stubendiele an einem Faden aufzuhängen. Von diesem aufgehängten Knochen wähne man, dass er sich so oft herumdrehe, als jemand in selbiger Stube vermessen rede. Bei den Deutschböhmen dagegen sei es üblich, dass zwei Personen das Gansbein an beiden Enden festhalten und dann ziehen. Wer dabei ein Stückchen abbricht, der stirbt früher.[1]) Diese beiden Bräuche, welche den Knochen der Martinsgans über jedes unheilige Wort sein Misfallen kund geben und ihn über Tod und Leben Auskunft ertheilen lassen, beweisen auf das klarste, dass die Martinsgans ursprünglich ein Opferthier gewesen sein muss; lernten wir doch ganz ähnliche Züge bei der Verehrung der Schädel kennen, welche von Thieren, die bei dem unzweifelhaft echt germanischen Seuchenopfer dargebracht waren, herstammten.

Nachdem wir somit nachgewiesen haben, dass bei dem gemeinen Erntedankfeste Gänseopfer stattfanden, fragt es sich jetzt nur noch, welchem Gott dieselben zugeeignet wurden. Folgende Gründe bewegen mich in dem Empfänger der Gänseopfer die Wettergottheit, den Thunar, zu erkennen. Wie wir oben sahen, wurde und wird noch heute allgemein der Brustknochen der Opfergans zu Wetterprophezeiungen verwandt. Schon danach dürfte eine nahe Beziehung der Gans zur Wettergottheit schwerlich geläugnet werden können; das kann aber um so weniger geschehen, als dieser Vogel auch sonst durchaus in engster Beziehung zur Witterung stehend gedacht wird. So sitzt zum Beispiel, wie sonst der Wetterhahn, auf dem alten Dache der St. Martinskirche zu Worms eine Wettergans[2]), und nicht zu übersehen ist es, dass an manchen Orten die Gans geradezu Hagelgans heisst.[3])

Wenn nun die Gänse bei dem Herbstdankfest zu Ehren des Thunar geschlachtet wurden, so müssen die Gänseopfer den sonst dem Wettergott eigenthümlichen Hahn- und Bockopfern gleichwerthig gewesen sein. Eine willkommene Bestätigung erfährt diese Behauptung dadurch, dass wirklich neben den Martinsgänsen auch Martinshühner bezeugt sind. So pflegte man in Zürich ehemals am Martinstage Mahlzeiten abzuhalten, wozu in Sonderheit fette Gänse und Hühner angeordnet wurden, Martinsgänse und Martinshühner

---

[1]) Rochholz, Deutscher Glaube. I. s. 227.

[2]) Pfannenschmid, Germ. Erntef. s. 225, s. 509. Anm. 50.

[3]) F. Pichler, Das Wetter. s. 35; Grimm, Deutsch. Wörterbuch. IV, 1, 1259; Ambrosius Franck, Dreyfache Nawenhöfische Kirchweih. Leipzig 1631. s. 39; Christian Frommann, De Ansere Martiniano. 2. Aufl. Lpzg. 1720.

genannt.[1]) Martinshühner finden sich auch sonst in alten Urkunden vielfach erwähnt; sie musten wie die Gänse am Martinstage gezinst werden, und in vielen Gegenden Deutschlands gehört der Hühnerbraten noch heute mit zum ständigen Martinsgericht, ebenso wie er dem Festschmaus bei den zur Herbstzeit abgehaltenen Kilben häufig nicht fehlen darf.[2])

Sollte aber jemand fragen, warum bei dem gemeinen Erntedankfest die Hahnopfer fast ganz, die Bockopfer aber völlig von den Gänseopfern verdrängt wurden, so hat er den Grund dafür wohl nur in sehr natürlichen Dingen zu suchen. Ich verweise hier auf Leibnitz Worte: ‚Anserem assatum in festo S. Martini per omnes fere domos mensis inferunt Germani..... Invitat anni tempus: tunc enim anseres pingues habentur.'[3])

Das Resultat unserer bisherigen Untersuchung würde also sein, dass bei dem Dankfest im Herbst ebenso, wie das bei den Bittfesten im Frühjahr der Fall war, die drei Gottheiten, welche über den Himmel, die Erde und das Wetter walten, mit blutigen Opfern bedacht wurden. Es fielen dem Himmelsgott (Wuotan): Rinder, (Pferde) und Hunde, der Erd- und Quellengottheit (Berchta, Frîa, Holda, Frau Hinne etc.): Schweine und Katzen, dem Wettergott (Thunar): Gänse und Hühner. Wir haben jetzt nachzuweisen, dass wie bei den andern Jahresfeiern so auch bei dem grossen Herbstfest diese Opfer im engsten Zusammenhang mit Opferfeuern standen.

Am Steinhudermeer gehen im Herbst nach gehaltener Ernte die Burschen aus dem Dorfe Steinhude an einen Hügel, Heidenhügel genannt, entzünden ein Feuer darauf und rufen, wenn die Flamme lodert, unter Hutschwenken: Wauden! Wauden![4]) Ähnliche Feuer waren vor Zeiten im Niederrheinischen sehr verbreitet. Montanus berichtet darüber: ‚Viele Erntefestgebräuche, namentlich das Erntefeuer oder Hervestfeuer, welches man nach der Weise der Johannisfeuer mit gewissem Ritus anlegte, anzündete und umtanzte, wurden bei den härtesten Strafen als heidnischer Unfug verboten. Namentlich wird das Werfen der Getreidekörner und Fruchtgarben in diese Feuer verbotweise erwähnt.' .... ‚Noch im

---

[1]) Vernaleken, Alpensagen. s. 374. 47.
[2]) Grimm, Rechtsalterth. s. 374, s. 822; Montanus. s. 54; Pfannenschmid, Germ. Erntef. s. 204 fg., 225, 554, 575; Kehrein, Volkssprache und Volkssitte. II. s. 146.
[3]) Leibnitz, Script. II. Introductio. s. 28.
[4]) Grimm, D. M.² s. 143.

Jahre 1697 erschien im Bergischen ein kurfürstliches Verbot, das sich auf frühere landesherrliche Verordnungen berief, welche das ‚gottlose heidnische Arndtfeuer bei unnachsichtiger Leibesstraf' verpönt hatten. In Franken blieben die Arndtfeuer unter dem Namen Drischlag und Schnittlag bis in die Mitte des vorigen Jahrhunderts üblich.'[1]) Um Elbing sollen, wie mir ein Handwerker aus der dortigen Gegend mittheilte, solche Feuer noch heutigen Tages hie und da entflammt werden. Im Kreise Lübbecke in Westfalen erscheinen sie auf den 1. October fixirt. Alles Holz, was erlangt werden kann, wird mitgenommen, möglichst hoch aufgeschichtet und dann angezündet. Um das Feuer wird in wildem Jubel getanzt, und dabei werden die bräuchlichen Volksweisen gesungen. Der gröste Unfug gilt für erlaubt. Ist die Flamme herabgebrannt, so springt man über die glimmenden Kohlen.[2])

Am häufigsten finden sich die Erntefeuer, wie das auch bei den Ernteopfern der Fall war, auf die grossen, in die Zeit nach der Ernte fallenden, kirchlichen Festtage verlegt. So werden im Moselgebiet am Vorabende vor dem Michaelisfest grosse Feuer angezündet. Ehemals war die Betheiligung eine allgemeine, heute nimmt nur noch die Jugend daran Theil. Pech- und Kienfackeln und ein mit vielem Stroh umwundenes Rad werden auf einen Berg geschleppt. Droben wird alles unter grossem Geschrei und Jubel angezündet und dann das brennende Rad den Berg hinab gerollt. Ihm nach eilen die Jünglinge mit brennenden Fackeln. Man hält es für eine unglückliche Vorbedeutung, wenn einem der Fackelträger seine Fackel nicht erlischt.[3]) In der Stadt Prüm und Umgegend sammelten um dieselbe Zeit die Schulknaben Holz und anderes Brennmaterial, woraus sie dann grosse Feuer herrichteten. Dabei fanden auch Umzüge mit brennenden Besen statt.[4]) Nicht minder ist das Michaelisfeuer für Süddeutschland nachweisbar. Zu Musdorf bei Roth am See tanzten die Metzger am Michaelistag von Abends 7 Uhr an um ein grosses Feuer; und zu Steinberg, Ob. A. Laupheim, tragen in der Michaelisnacht Kinder und Erwachsene an Stangen befestigte, brennende Strohbündel auf die Höhen der Umgegend und zünden Feuer an.[5]) Selbst in

---

[1]) Montanus. s. 42.

[2]) Mündl. aus Gehlenbeck, Kr. Lübbecke in Westfalen.

[3]) N. Hocker in Wolfs Ztschrft. I. s. 88. 1.

[4]) Schmitz, Sitten des Eifler Volkes. s. 43, 44.

[5]) Meier, Schwäb. Sag. s. 451. 171; Birlinger, Aus Schwaben. II. s. 133.

Schweden brennen am Vorabend vor Michaelis grosse Festfeuer.[1])

In anderen Gegenden Deutschlands werden die Erntefeuer zu Martini entflammt. Gisbertus Voetius berichtet, die Knaben hätten in der Martinsnacht Feuer angezündet und dabei gesungen:

> Stookt vyer an, maakt vyer:
> Sinte Marten komt hier,
> Met syne bloote armen;
> Hy soude hem geerne warmen.[2])

In Dordrecht heisst der Martinstag ‚de Schuddekorfsdag‘, was van Loon erklärt: ‚Door het festgebruik der buurkinderen, de eene mand verbrandden, in welke appelen, kastanjes, nooten, prikken en mispelen war en enwelke korf by het verbranden steeds geschud wierd, om de daarin zynde vruchten te doen uitvallen en vervolgens onder het grabbelen zoo door den eenen als anderen opgeraapt te worden.‘[3])

Sehr verbreitet sind die Martinsfeuer im Rheinthale gewesen, wo sie theilweise selbst heute noch am Martinsabend zahlreich entflammt werden. Unter Liedern wie:

> Wir holen heute Holz und Stroh,
> Hohoho! Froh! Froh! Froh!
> Heiliger Sint Martino!

sammelt die Jugend des Ortes den nöthigen Brennstoff ein. Stroh und Reisig wird dann entweder in der Mitte des Dorfes oder auf einem nahe gelegenen Hügel zu einem Scheiterhaufen aufgeschichtet, unter Sang und Springen angezündet und dann jubelnd umtanzt. Der Gebrauch erfordert, dass in der Flamme auch ein Korb verbrannt wird. Durch die erlöschende Glut wird gesprungen; die Asche des ausgebrannten Feuers streut man **über die Wintersat, was die Felder vor Schneckenfrass schützen soll**. Noch im Anfang dieses Jahrhunderts brannte in diesen Gegenden auf jeder Hofstelle, auf jedem Berge eine grosse Flamme lustig empor, und das Feuer wurde vom Einbruche der Dämmerung an bis zur Mitternacht fleissig unterhalten. Man setzte einen Ehrgeiz darin, die Flammen recht hoch und breit zu machen; die Lieder, welche beim Tanz um das Feuer gesungen wurden, waren uralt und durch das Herkommen fest bestimmt; auch durfte ein guter Trunk bei der Feierlichkeit niemals fehlen.

---

[1]) Wolf, Beiträge. I. s. 37; II. s. 97.
[2]) Voetius, Selectae Disputationes. Utrecht 1659. Th. III. s. 448; vgl. Wolf, Beiträge. I. s. 41 fg.; Sommer, Sag. a. Thüring. s. 182.
[3]) Wolf, Beiträge. I. s. 41.

Wegen der vielen Feuer, welche zu Martini angezündet wurden, hiess, nach einer Urkunde des Grafen Friedrich zu Moers aus dem Jahre 1448, dieser Tag sogar der Funkentag.[1])

Zu Montabaur im Herzogthum Nassau gingen noch in den zwanziger Jahren unsers Jahrhunderts die Schulknaben vor Martini durch die Stadt und sangen: ‚Steuert uns etwas zum Martinifeuer, Aepfel und Birnen wollen gebraten sein! Werft uns ein grosses Stück Holz oder eine Schanz (Welle) oder ein Gebund Stroh heraus!' Das so gesammelte Stroh und Holz brachten die Knaben auf den Himmelberg vor der Stadt, wo es am Abend in Anwesenheit vieler Bewohner der Stadt verbrannt wurde. **So weit das Feuer seinen Schein warf oder der Rauch getrieben wurde, galt das Feld im nächsten Jahre fruchtbar.**[2])

Auch in verschiedenen Orten der Eifel werden am 11. November Märtesfeuer auf den Anhöhen entflammt, und zwar schliesst sich an diese Feuer um Eupen ein Abendessen mit Brei und Waffeln an. Im Schleidener Thale zünden die jungen Leute am Märtesabend Fackeln an, welche sie auf Stangen tragen. Sie ersteigen damit die Berge und verrichten daselbst ein Gebet. Ist man in den Ort zurückgekehrt, so findet Tanzbelustigung statt. Zu Fleringen im Kreise Prüm verbrannte man am Schlusse der Kartoffelernte alle unbrauchbar gewordenen Körbe. Der gröste und beste Korb aber wurde mit Stroh und Reisig umwickelt und so den Berg hinabgerollt. Das nannte man Mierteskorf. An anderen Orten derselben Landschaft liess man anstatt des Korbes ein brennendes Rad hinabrollen.[3]) In Schwaben tragen zu Steinberg im Ob. A. Laupheim Kinder und Erwachsene in der Martinsnacht an Stangen befestigte, brennende Strohbündel auf die Höhen der Umgegend und zünden dort Feuer an.[4])

Abgeschwächter hat sich der Brauch der Martinsfeuer in folgenden Sitten erhalten. In Belgien, Holland und Niedersachsen bis in das Meklenburgische hinein ziehen die Kinder am Vorabend des Martinsfestes mit Papierlaternen, ausgehölten Rüben, Gurken und Kürbissen, in denen kleine Wachslichter stecken, umher, singen die althergebrachten Martinslieder und sammeln Gaben ein.[5])

---

[1]) Montanus. s. 52, 55; Wolf, Beiträge. I. s. 42; A. J. Wallraf, Altdeutsch. hist. diplomat. Wörterbuch. Köln 1827. s. 23.

[2]) Kehrein, Volkssprache u. Volkssitte. II. s. 146.

[3]) Schmitz, Sitten etc. s. 45 fg.

[4]) Birlinger, Aus Schwaben. II. s. 133.

[5]) Pfannenschmid, Germ. Erntef. s. 211 fg., s. 470, 474, 481; Seemann, Hannover. Gebr. s. 19.

In Nordhausen werden am Vorabend des Martinsfestes alle Häuser mit bunten Lichtern illuminiert. Auf dem Eichsfelde schimmert um diese Zeit die Geislede bei Heiligenstadt von Lichtern, die auf diesem Flüsschen in Nusschalen hinschwimmen; und in Erfurt ziehen noch heute am Martinsabend die Kinder mit brennenden Lichtern, den sogenannten Martinslichtlein, singend durch die Strassen der Stadt.[1]) Selbst der Sprung durch das Feuer hat sich in diesen abgeschwächten Bräuchen erhalten, denn vielfach findet sich im nördlichen Deutschland die Sitte, am Abend des Martinstages oder am Martinsabend über Lichter zu springen, die der Hausvater in dem Wohnzimmer auf die Erde gestellt hat.[2])

Wie weit das Martinsfeuer mit dem ihm eigenthümlichen Verbrennen von Fruchtkörben verbreitet war, ist auch daraus zu ersehen, dass sich in einer Reihe von Martinsliedern, die in Gegenden, wo keine Martinsfeuer mehr nachweisbar sind, gesungen werden, trotzdem noch deutlich die Erinnerung an dieselben erhalten hat. So singen z. B. um Iserlohn die Kinder am Martinsabend unter andern Versen auch folgende:

,Dat Aeppelken maut gegiäten sin,
Dat Nüetken maut geknappet sin,
Dat Küörwken maut verbrannt werden.'[3])

Derartige Lieder finden sich noch viele in Norddeutschland[4]), der Kürze wegen möge jedoch hier nur noch der Anfang eines einzigen mitgetheilt werden, welches seiner alterthümlichen Form und seines Alters willen von grösserem Interesse ist:

,Gänsz vnd Vogel sind gut Binen:
Krag ab:
O Martein, Martein,
Der Korb mus verbrent seyn,
Das Geldt aus der Daschen,
Der Wein inn die Flaschen,
Die Gansz vom Spiesz,
Da sauff vnd frisz,
Wer sich vollsauffen kan,
Wird ein rechter Martinsmann.'[5])

Endlich gehört noch in die Reihe der Erntefeuer das Luxemburger Amecht, welches wir schon bei dem Katzenopfer kennen zu lernen

---

[1]) Proehle, Harzbilder. s. 31 fg.; Waldmann, Eichsfeld. Gebr. s. 15. 9; Reinsberg-Düringsfeld, s. 344: vgl. Pfannenschmid, s. 212 fg.

[2]) Simrock, Martinslieder. s. IX.

[3]) Woeste, Volksüberlieferungen. s. 28. 8.

[4]) Vgl. Simrock, Martinslieder. a. a. O.

[5]) Joh. Olorinus Variscus, Die Martinsgansz. Magdeburgk 1609. s. 5 fg.

Gelegenheit hatten, und dessen eigentlicher Festtag nach der Erntezeit auf den Kirmessonntag fiel. Es wurden Feuer angezündet und dabei in einem Korbe eine Katze lebendig verbrannt.[1]
Schon aus der Aufzählung der verschiedenen Zeugnisse wird ersichtlich geworden sein, dass der Hergang bei dem Erntefeuer dem bei Frühlings-, Mai- und Hagelfeuer völlig analog war. Hier wie dort wird von Haus zu Haus unter dem Absingen von altherkömmlichen Liedern der Brennstoff von der Jugend eingesammelt. Aus dem zusammengebrachten Holz, Stroh und Reisig wird ein Scheiterhaufen errichtet, sodann angezündet und singend und jubelnd umtanzt. Die Theilnehmer reissen brennende Scheite aus der Gluth heraus und laufen damit über die Felder, sie wälzen brennende Körbe, Reisigwellen oder mit Stroh umflochtene Räder von den Anhöhen hinab. Hier wie dort weiss man aus der Flamme zu weissagen; es wird, um der segnenden Kraft des heiligen Feuers theilhaftig zu werden, über die erlöschende Gluth gesprungen, und man streut, damit auch dem Ackerfeld ein Antheil daran werde, die rückständigen Kohlen und die Asche auf die Satfelder und Wiesen. Ganz wie bei den im Frühjahr und Sommer entflammten Feuern ist ferner bei dem Herbstfeuer das mit dem Fackellauf eng verbundene Hexenvertreiben an vielen Orten zum selbständigen Brauch geworden. So ziehen z. B. im Eichsfeld die Knaben und Knechte am Vorabend· des Martinsfestes (im steirischen Oberlande überhaupt an den Herbstabenden) auf allen Wegen und Stegen mit mächtigen Peitschen einher und knallen so laut wie möglich.[2] Das Erntefeuer ist den Frühjahrsfeuern endlich auch darin gleich, dass es wie jene seiner eigentlichen Bestimmung nach nur deshalb angezündet wurde, um an ihm den Opferschmaus herzurichten und in ihm die den Göttern zugeeigneten Opfertheile zu verbrennen; wird uns doch ausdrücklich berichtet, dass man in die Erntefeuer Getreidekörner und Garben, in die Martinsfeuer Fruchtkörbe voll Obst und in das Amecht eine lebendige Katze warf.

Kann es mithin keinem Zweifel unterliegen, dass die Erntefeuer den Frühjahrsfeuern in ihrem Wesen vollkommen gleich sind, so muss folgerichtig unser grosses Herbstopfer nicht allein dankender, sondern in gewisser Hinsicht auch bittender Natur gewesen sein.

---

[1] N. Gredt, Das Amecht, eine myth. Studie. s. 59.

[2] Waldmann, Eichsfeld. Gebr. s. 15; Rosegger, Sittenbilder. s. 106—109. Verkirchlichung dieses Brauches ist es, wenn dem Glockengeläut am Martinstage besonderer Einfluss auf das Gedeihen der Feldfrüchte zugeschrieben wird: Pfannenschmid, Germ. Erntef. s. 507. Anm. 46.

Was sollte sonst bei einer Dankfeier das nur dem Bittopfer zukommende Vertreiben der Dämonen, der Fackellauf über die Felder, das Sühnopfer von Hunden und Katzen u. s. w. bedeuten? Alle diese Dinge finden genügende Erklärung, wenn wir uns vergegenwärtigen, dass dem Opfer des einzelnen Hausstandes bei und nach der Bestellung des Ackers mit Wintersat ebenso ein grosses, von der ganzen Gemeinde als solcher dargebrachtes Opfer gefolgt sein muss, wie das bei der Aussat des Sommerkorns der Fall war. Da nun die Neubestellung der Aecker im Herbst etwa zu derselben Zeit beendet ist, wenn die letzten und spätesten Feldfrüchte eingeheimst werden, so lag es nahe, die beiden gleichzeitig fälligen Gemeindeopfer, das Dankopfer für glückliche Ernte und das Bittopfer für neuen Erntesegen, auch gleichzeitig zu begehen.

Ausser dem Aufschluss, den uns die Erntefeuer über die zweifache Natur des grossen Herbstopfers geben, weisen uns dieselben auch darauf hin, dass jenem Feste der Minnetrunk nicht fehlen durfte; denn häufig wird von den Martinsfeuern berichtet, dass bei ihnen ein guter Trunk altherkömmlich und zur richtigen Begehung der Feier unerlässlich war. Diesen Minnetrunk (da, wo er auf das Michaelis- oder Martinsfest verlegt erscheint, Michaelisbez. Martinsminne genannt) kennt schon der Stricker, der in der ersten Hälfte des dreizehnten Jahrhunderts in Oesterreich dichtete:

,Hebet ûf den becher, liebiu kint,
und schenket in des kalten.
sant Martîn müez es walten,
daz wir hînt getrinken sô,
daz sîn die sêle werden vrô.
trinket vaste über maht!
welch heilege hât ouch eine naht
so guote als sant Martîn!' [1]

Oft finden wir das Trinken der Martinsminne in nächstem Zusammenhang mit dem Verzehren der Martinsgans, was, da letztere bestimmt als ehemaliges Opfer anzusehen ist, an sich schon den heidnischen Ursprung jener wahrscheinlich macht. In G. Forsters ,Frische Liedlein' (II. Th. 1540. Nr. 5) heisst es z. B.:

,Nun zu disen Zeiten
Sollen wir alle fröhlich sein,
Gensvögel bereiten,
Darzu trinken ein guten Wein,
Singen und hofieren
In sant Mertes Ehr.' [2]

---

[1] Kleinere Gedichte von dem Stricker ed. K. A. Hahn. 1839. Nr.V. v. 154 fg.
[2] Grimm, Deutsch. Wörterb. IV, 1, s. 1279.

Aus dem alten sächsischen Martinslied (s. oben) sind hierher gehörig die Verse:
,Da sauff und frisz,
Wer sich vollsauffen kan,
Wird ein rechter Martinsmann.'

Wieder in einem anderen Liede wird die Minne in höchst alterthümlicher Weise dem Opferthier getrunken:
,Bruder Urban, gebt uns vinum!
So floessen wirs ein, so trinken wirs ein,
Die Gans die will begossen sein,
Sie will noch schwimmen und baden, ja baden!
So wird uns wohl gerathen
Haec anseris memoria.'[1])

Ueber die vordem ,übel practicierten Martins- oder Herbsttrünke' spricht sich auch eine Würzburger Herbstinstruction vom Jahre 1707 aus. Ueberhaupt waren dieselben ehemals in ganz Deutschland, Dänemark, Holland, der Schweiz und einem grossen Theile Frankreichs verbreitet.[2])

Wichtig ist, dass zu diesem Minnetrunk ursprünglich nur ganz bestimmter Wein verwendet werden durfte. Sebastian Franck erzählt von den Franken: ,Erstlich loben sie S. Martin mit gutem Wein, gänsen, bisz sie voll werden. Vnselig ist das hausz, das nicht auff diese nacht ein Gansz zu essen hat, da zepffen sie jhre newe wein an, die sie biszher behalten haben.'[3]) Thom. Naogeorgus singt in seinem Regnum Papisticum:
,Altera Martinus dein Bacchanalia praebet,
Quem colit anseribus populus, multoque Lyaeo,
Tota nocte dieque. Aperit nam dolia quisque
Omnia, degustatque haustu spumosa frequenti
Musta, sacer quae post Martinus uina uocari
Efficit. Ergo canunt illum, laudantque bibendo
Fortiter ansatis pateris amplisque cululis.'[4])

In einem alten, volksthümlichen Martinsliede heisst es:
,Wol to dem lustigen nien win,
Den beschert got unde sünt Martin,
Is de gans darto gegeven,
Demsülven et men uns tor er,
Gade in dem ewigen leben.'[5])

---

[1]) Uhland, Volkslieder. s. 572. Nr. 207.
[2]) Birlinger, Aus Schwaben. II. s. 132 fg.; Stöber, Alsatia. 1851. s. 66; Wolf, Beiträge. I. s. 45 fg.; Pfannenschmid, Germ. Erntef. s. 222 fg.
[3]) Seb. Franck, Weltbuch. 1567. f. 51; vgl. auch J. Boëmus Aubanus, De omnium gentium ritibus. 1520. f. 60.
[4]) Thom. Naogeorgus, Regnum Papisticum. 1553. Lib. IV. s. 158.
[5]) Uhland, Volkslieder. Nr. 205. a. u. b.

Dieselbe Sitte spricht sich endlich auch in dem Sprichwort aus:
,Heb an Martini,
Trink Wein per circulum anni.'
welches bis auf den heutigen Tag in allen Gegenden Deutschlands, wo Wein gebaut wird, allgemein gebräuchlich ist.[1])

Wir haben also in der Martinsminne ein Erstlingsopfer vom heurigen Weine zu erblicken, und eben deshalb, weil sie ein Opfer war, schrieb der Volksglaube dem Brauche die Wirkung zu, dass S. Martin dadurch bewogen werde, den in den Fässern gährenden Most in Wein umzuwandeln. Letzterer Glaube wird uns in den oben angeführten Zeugnissen allerdings nur von Thom. Naogeorgus berichtet, er war aber allgemein verbreitet, wofür folgende alte Liedformeln sprechen:
,Auf Martini schlacht man feiste Schwein,
Und wird alda der Most zu Wein!' —
,Martine! Martine!
Hac vespera mustum, cras vinum.' —
,S. Martein übt guten Wein,
Kan aber den Bauren und Zinsleut schrecklich seyn.' —
,Martyn, Martyn,
T'avont Most, en Morgen Wyn.'[2])

Denselben Sinn haben die Sprichwörter: ,Nach Martini guter Wein' und ,Post Martinum bonum vinum.'[3]) Selbst der Reim, den die Hallorenkinder am Abend des Martinstages singen:
,Marteine, Marteine,
Mach alle Wasser zu Weine.'[4])
verdankt sicherlich nur diesem Glauben seine Entstehung. Konnte S. Martin die Verwandlung des Mostes in Wein bewirken, so dehnte die Kinderwelt diese Wunderkraft des Heiligen auch auf das Wasser aus, und es entstand der Kinderglaube, dass in der Martinsnacht alle Wasser zu Wein würden.

Auch darin kann der Martinstrunk seinen heidnischen Ursprung nicht verläugnen, dass sein Genuss von grossem Einfluss auf die Gesundheit und das leibliche Wohlergehen der Trinkenden geachtet wird. Der am Martinstage getrunkene Wein soll nämlich den Männern Kraft, den Weibern Schönheit verleihen, und deshalb

---

[1]) Pfannenschmid, Germ. Erntef. s. 222, s. 504.

[2]) J. Colerus, Calendar. oeconom. Wittenberg 1591. November; Praetorius, Weihnachts-Fratzen. s. 16, s. 308; Frommann, De Ansere Martiniano. 2. Aufl. Lpzg. 1720.

[3]) Schilter, Glossarium. Ulm 1728. p. 123; vgl. Pfannenschmid, Germ. Erntef. s. 224.

[4]) Sommer, Sagen aus Thüringen. s. 161.

bekam in der Probstei Hellingen selbst das Kind in der Wiege ein Viertel oder einen Schoppen Martinswein. Endlich kennzeichnet der Martinstrunk noch dadurch seine heidnische Entstehung, dass die Kirche diesen Opferwein entweder in ein jährlich am Martinstage zu entrichtendes Weingefäll umwandelte, oder dass sie die heidnische Sitte sanctionierte und in das kirchliche Ceremoniel aufnahm. So wurde der sonst nur in dem einzelnen Haushalt getrunkene Martinswein an vielen Orten zu Martini von den Klöstern ausgetheilt, und besonders in württembergischen Klöstern hatte ehemals der Prälat die Verpflichtung, allen Leuten seines Ortes den Martinswein zu geben.[1])

In heidnischer Zeit kann die Minne natürlich nicht in Wein, sondern nur in Bier und Meth den Göttern zugetrunken worden sein. Zu der Herstellung dieser Getränke wird man aber (wie später zur Martinsminne den ersten Wein) die Erstlinge der neuen Gersten- und Honigernte benutzt haben. Eine Erinnerung hieran hat sich darin erhalten, dass es noch gegen das Ende des vorigen Jahrhunderts um Bunzlau in Schlesien Volksglaube war: ein Bienenwirth müsse bei der Honigernte viel von dem Honig verschenken, wenn er wolle, dass sich die Bienen auch wieder mildthätig ihm gegenüber erwiesen.[2])

Die Zeugnisse über das Herbstfeuer, welche uns auf die Untersuchung über den Ursprung von S. Martins und S. Michaels Minne führten, weisen uns ferner darauf hin, dass bei dem grossen Erntedankfest Fruchtopfer dargebracht wurden. Ausdrücklich wird uns berichtet, dass man am Rheine in die Erntefeuer Fruchtkörner und Garben geworfen habe und in Holland in den Martinsfeuern noch heute Körbe mit Früchten aller Art verbrennt. In anderen Gegenden des deutschen Vaterlandes nimmt man allerdings anstatt der gefüllten leere, unbrauchbare Fruchtkörbe; aber es wird wohl kaum angezweifelt werden, dass hier überall schon eine Abschwächung der alten Sitte vorliegt. Gewis wurden früher allgemein in den Gegenden, wo man jetzt nur leere Körbe in die Flamme wirft, wirkliche Fruchtopfer dargebracht. Es wäre ja auch gar nicht denkbar, dass einem Opferfeste, welches zum Dank für den reichen Erntesegen, den die Götter beschert, abgehalten wurde, die Darbringung von Früchten gemangelt haben könnte.

---

[1]) Reinsberg-Düringsfeld. s. 340 fg.; Nork. s. 684; vgl. Pfannenschmid, Germ. Erntef. s. 222 fg.

[2]) Neue Bunzlauer Monatsschrift. Jahrg. 1791. 1792; vgl. Grimm, D. M. Aberglaube. Nr. 1102.

Die letzten Reste derartiger Fruchtopfer werden wir wohl in der sehr verbreiteten Sitte zu suchen haben, den Ort, wo das gemeine Erntedankfest gefeiert werden soll, mit Blumen und Fruchtproben aller Getreidearten und Obstsorten auszuschmücken. Nicht minder ist der Brauch hierher gehörig, ausser dem Busch, welcher als Opfer des einzelnen Hausstandes nach dem letzten Schnitt auf dem Acker zurückgelassen wird, noch einen Erntekranz, eine Erntepuppe anzufertigen, die bis zu dem grossen, von der Gemeinde als solcher festlich begangenen Erntefest aufgehoben werden.

Es ist jetzt nur noch übrig, einige Herbstbräuche zu betrachten, welche es wahrscheinlich machen werden, dass dem grossen Herbstfest auch Brotopfer nicht fehlten. Im Dorfe Belgard, im Kreise Lauenburg in Hinterpommern, erzählen die Leute, dass es zu ihrer Grosseltern Zeit Sitte gewesen sei, beim gemeinen Erntedankfest eine Kanne Bier, ein mächtiges Brot und etwas Zucker zu opfern. Man trug alle diese Dinge auf den Gipfel eines in der Nähe des Dorfes befindlichen Berges, in den ein königliches Schloss verwünscht sein soll, und in dessen nächster Umgebung sich häufig zwei weisse Frauen gezeigt haben. Nach der Sage befand sich oben auf der Spitze dieses Hügels ein Kessel. Wenn nun die Leute im Herbst kamen, um ihr Opfer darzubringen, so warfen sie Bier, Brot und Zucker in den Kessel hinein. Sobald die Gabe den Boden des Kessels berührt hatte, verschwand derselbe sofort und entleerte sich im Innern des Berges. Nach wenig Augenblicken war er jedoch schon wieder oben und wartete auf das Opfer des folgenden Bauern, um dann wieder im Berginnern zu verschwinden. Dies soll sich so lange wiederholt haben, als Opfernde da waren.[1])

Dass dieser mit Sagen umwobene und nur durch den Volksmund uns überkommene hinterpommersche Opferbrauch dennoch einen historischen Hintergrund hat, beweist die häufig, zumal in Süddeutschland, sich findende Sitte, dem Schnitter der letzten Halme einen übergrossen mit besonderer Sorgfalt hergerichteten Kuchen bei der Feier des grossen Erntedankfestes aufzutischen.[2]) Jener Schnitter hatte, wie wir oben nachwiesen, in heidnischer Zeit das Amt des Opferpriesters zu verwalten; der Kuchen, welcher nach dem heutigen Brauche ihm zu Theil wird, war also ursprünglich der für die Gottheit bestimmte Opferkuchen. Da nun nach alter,

---

[1]) Mündlich.
[2]) Vgl. unter anderm z. B. Panzer, Beiträge. II. s. 214. 385, 217. 397. 398, 218. 400, 219. 404. 405 u. s. w.

in vielen Gegenden noch heute üblicher Sitte alles Gebäck, welches beim Ernteschmaus aufgetragen wird, aus der neuen Frucht gebacken sein muss, so kommen wir mithin zu dem Resultat, dass, wie der Minnetrunk beim Herbstfest ein Erstlingsopfer vom neuen Wein, so die Brot- und Kuchenopfer ein Erstlingsopfer vom neuen Mehl waren.

Muste das erste aus dem neuen Mehl bereitete Brot, der erste aus demselben gebackene Kuchen im deutschen Heidenthum bei dem Erntedankopfer den Göttern dargebracht werden, so sind auch folgende Bräuche in die Reihe der Zeugnisse über solche Opfer zu setzen. Bei den siebenbürgischen Sachsen darf das erste aus dem neuen Weizen gebackene Brot nicht im Haushalt verwendet werden; man reicht es dem eben vorübergehenden Armen oder Bettler zum Fenster hinaus.[1]) Auch in der Schweiz wird den Ortsarmen reichlich von dem ersten, aus der neuen Frucht bereiteten Gebäck, dem sogenannten ‚Ernbrod' oder ‚Aerenbrod', mitgetheilt.[2]) In Böhmen wirft man, wenn man von neuem Korn bäckt, ein Stück davon ins Feuer, sonst entsteht ein Brand und das Brot verbrennt. Ferner stellt man dort aus dem neuen Brot Weissagungen auf die künftige Ernte an. Wenn nämlich daselbst zum erstenmale vom neuen Brot gegessen wird, so steckt man es mit der rechten, rückwärts um den Kopf gedrehten Hand in den Mund; geschieht dies leicht, so wird ein billiges Jahr, wenn nicht, Theuerung.[3]) Abgeschwächter hat sich der Brauch in Oesterr.-Schlesien erhalten, wo man sagt: von dem ersten Brot, das aus neuem Getreide gebacken wird, solle man nicht viel essen, sonst werde man nie recht satt.[4]) Der Grund, weshalb dies geschieht, liegt auf der Hand. Wenn der Mensch frevelhaft den Göttern den ihnen gebührenden Antheil versagt und denselben zu seiner eigenen Nahrung gebraucht, so zieht er sich dadurch als Strafe ein körperliches Leiden nach.

In vielen Gegenden erging es dem Brot- und Kuchenopfer ganz wie den Thieropfern und dem Opferfeuer, d. h., es wurde auf die kirchlichen Festtage, welche in die Herbstzeit fallen, übertragen. Die protestantischen Einwohner der im Westen von Schottland liegenden Insel Skie haben auf Michaelistag einen Aufzug zu Pferde in jeder Pfarrei. Einige Familien backen dazu Kuchen, welcher

---

[1]) G. A. Heinrich, Agrar. Sitten. s. 33.
[2]) Fr. Staub, Das Brot. Leipzig 1868. s. 60 fg.
[3]) Wuttke, Volksaberglaube. 2. Aufl. § 339. § 430. § 620.
[4]) Peter, Volksth. II. s. 248.

St. Michaelis-Bannock (d. i. Hafer- oder Erbsenmehlkuchen) heisst. Ebenso halten die Einwohner des Dorfes Kilbar in derselben Gegend auf Michaelis einen grossen Umritt und ziehen so um die Kirche. Sobald diese Feier vorbei ist, eilt jede Familie, nach alter Gewohnheit den Michaeliskuchen zu backen, von welchem an diesem Tage Familienglieder wie auch Fremde essen. Zu St. Kilda war es bis kürzlich unter den Insulanern allgemeine Sitte, in jeder Familie auf Michaelistag einen Laib Brot oder einen Kuchen von Brot zu backen, ungeheuer gross und von verschiedenen Bestandtheilen. Dieser Kuchen gehörte dem Erzengel und hiess nach ihm. Ein jeder in der Familie, Fremder wie Dienstbote, bekam seinen Theil von diesem Schaubrote und hatte somit Anrecht auf die Freundschaft und den Schutz des Heiligen.[1])

Besonders der letzte dieser Bräuche hat noch ganz den Charakter des alten germanischen Opfers bewahrt, nur dass an die Stelle des Gottes ein christlicher Heiliger getreten ist. Wie wir auch sonst schon bei den Opfern zu beobachten Gelegenheit hatten, so geht auch hier der Name des Empfängers der Opfergabe auf das Opfer selbst über. Nicht minder wichtig ist es, dass jedes Glied der Familie, mag es nun eine hohe oder eine untergeordnete Stellung in dem häuslichen Kreise einnehmen, nicht nur berechtigt, sondern sogar verpflichtet ist, etwas von dem Opfergebäck zu geniessen. Denn auf diese Weise tritt das ganze Haus in die innigste Gemeinschaft zu der Gottheit und wird der dem Opfer innewohnenden Heilkräfte theilhaftig.

Weniger alterthümlich haben sich dergleichen Bräuche bei den Deutschen des Festlandes bewahrt. In Flandern bäckt man zum Michaelistage eine Art Weissbrot, Vollerte genannt, die man den Kindern des Nachts heimlich unter das Kopfkissen steckt, damit sie dieselben am andern Morgen beim Erwachen finden.[2]) Auch zu Würzburg werden zur Feier des Michaelistages eigene Kuchen gebacken, welche Michaeliswecken heissen.[3]) Ferner dürfen wir nicht des für Schlesien, Böhmen, Obersachsen, Thüringen, Hannover und Schwaben nachweisbaren Brauches der Martinshörner vergessen. Schon Eccard berichtet (Rer. Franc. Tom. I. p. 435): „Panes qui Hannoverae Martenshörner audiunt in honorem s. Martini

---

[1]) Brand-Ellis. Observations. 1, 207 fg.; vgl. Pfannenschmid, Germ. Erntef. s. 120 fg.

[2]) Reinsberg-Düringsfeld, Das festl. Jahr d. Deutschen. s. 277; vgl. Pfannenschmid, Germ. Erntef. s. 120.

[3]) E. Meier, Schwäb. Sag. s. 431; Wolf, Beiträge. II. s. 97.

confecti sunt ethnicorum imitatione', und noch heute kennzeichnet sich diese Sitte dadurch als eine heidnische, dass die Hörner in Schlesien von einer vermummten Gestalt, welche den Heiligen, d. h., einen verkirchlichten Gott, darstellt, am Martinsabend ausgetheilt werden.[1])

Wenn nun auch die Sitte, zum Martinsfest eine besondere Art Kuchen zu backen, bestimmt heidnischem Opferbrauch ihre Entstehung verdankt, so dürfte es doch mehr als zweifelhaft sein, ob auch die Horngestalt dieses Gebäckes sich eines ebenso uralten Ursprungs rühmen darf. Bei den Opferkuchen, welche bei der grossen Erntedankfeier zum Opfer dargebracht wurden, fanden wir dieselbe nicht, und es ist kein Grund vorhanden, dem erst später von dem heidnischen Erntefest auf die kirchliche Martinsfeier übertragenen Opferbrauch eine höhere Alterthümlichkeit zuzuschreiben als den Bräuchen, welche sich durch die Jahrhunderte hindurch in engstem Zusammenhang mit dem grossen Herbstfest erhalten haben.

Was die Frage angeht, welchen Gottheiten diese Brotopfer und die vorher nachgewiesenen Frucht- und Trankopfer dargebracht wurden, so werden wir kaum fehl gehen, wenn wir dieselbe nach den Ergebnissen früherer Untersuchungen dahin beantworten, dass man die Feldfrüchte dem Himmelsgott (Wuotan), die Brote und Kuchen der mütterlichen Erdgottheit (Berchta, Frîa, Holda) opferte, die Minne dagegen nicht einer einzelnen Gottheit, sondern allen über den Ackerbau waltend gedachten Göttern trank.

Nachdem wir mit dem Nachweis derjenigen Opfer, welche bei dem grossen Herbstfeste dargebracht wurden, zu Ende gekommen sind, möge zum Schlusse noch einiges über die Jahreszeit, das Datum, wann diese Feier abgehalten wurde, gesagt werden. Wir wissen, dass in Süddeutschland von den heidnischen Deutschen am 29. September ein grosses Fest gefeiert wurde.[2]) Das Herbstopfer der Sachsen fiel auf den 1. October. Diese hehre Zeit führt deshalb in sächsischen, thüringischen und fränkischen Urkunden den Namen Gemeinwoche[3]), und selbst heute noch werden, wie

---

[1]) Vgl. über Martinshörner: Weinhold, Weihnachtsspiele. s. 7; Wolf, Beiträge. I. s. 45; Simrock, Martins-Lieder. XIII; Röszig, Die Alterth. d. Deutschen. 2. Aufl. Lpzg. 1801. s. 222; Reinsberg-Düringsfeld, Das festl. Jahr. s. 342; Sommer, Sag. aus Thüringen. s. 161; Pfannenschmid, Germ. Erntef. s. 216, s. 495. Anm. 26; Philo vom Walde, Schlesien in Sage u. Brauch. s. 128; Wuttke, Volksaberglaube. 2. Aufl. § 19.

[2]) Grimm, D. M.² s. 269 fg.

[3]) Die gemeine woche, die gemeinetwoche, meinwecke, mentweke, septimana communis, hiess die am Sonntage nach Michaelis beginnende Woche.

wir oben sahen, im Kreise Lübbecke in Westfalen die Erntefeuer am 1. October entflammt. Bei den Holländern und Friesen und ebenso auch in Schleswig-Holstein, Dänemark und Bornholm scheint man das Herbstopfer im October oder November dargebracht zu haben, denn diese Monate heissen dort: Slachmaent, Slachtmaende, Slachtmaand, Slagtemaaned, Schlachtmaen, Slagtmuun, Slachtelmaen etc., Smeermaend, Seuemonat, Swynemaen.[1])

Auch bei den Angelsachsen muss das Herbstopfer im November abgehalten worden sein, weil dieser Monat dort den Namen Blôtmônað führte, was Beda (De tempor. rat. cap. 13) erklärt: ‚Mensis immolationum, quod in eo pecora, quae occisuri erant, diis suis voverent.'[2]) Eine angelsächsische Handschrift lässt sich über den November folgendermassen aus: ‚November. Se mônað is nemned on Lêden Novembris, and on ûrre geþeóðe blôtmônað, forþon ûre yldran, þâ hi haeðene vaeron, on þam mônde bleóton â þat is, þät he betachton and benemdon hiro deófolgildum þâ neát þâ þe hî voldon sellan.'[3]) Im scandinavischen Norden wieder scheint man das Fest im October gefeiert zu haben. Denn wenn auch die Angaben der Ynglînga Saga (cap. 8): ‚þâ skyldi blôta î môti vetri til ârs' und der Olafs helga Saga (cap. 104): ‚En þat er siðr þeirra at hafa blôt â haustum ok fagna þâ vetri'[4]) uns in der genauen Bestimmung des Monats im unklaren lassen, so weist doch die schwedische Bezeichnung ‚Slagtmånad', ‚Blôtmånad', so wie das gleichbedeutende nordische ‚Gormânaðr' für October[5]), unzweifelhaft auf diesen Monat hin.

In allen diesen Berichten kann nur unser grosses Gemeindeerntedankopfer gemeint sein. Wir kommen folglich zu dem Ergebnis, dass dies Opferfest von den verschiedenen germanischen Stämmen nicht gleichzeitig, sondern, wie dies ja auch die Natur des Erntefestes mit sich bringt, je nach den climatischen Verhältnissen und dem höheren oder niederen Stande der Landwirthschaft

---

Der Name ist aus Nieder- und Obersachsen, aus Thüringen und Henneberg (Franken) seit dem 13. Jahrhundert zu belegen.

[1]) Weinhold, Die deutschen Monatnamen. s. 54, s. 56, s. 58. Schlachtmonat kommt auch für Dezember vor (Weinhold ebend. s. 54), in welch letzterem Falle an die Opfer zur Zeit der Wintersonnenwende zu denken ist.

[2]) Weinhold, Die deutschen Monatnamen. s. 33.

[3]) Pfannenschmid, Germ. Erntef. s. 495.

[4]) Grimm, D. M.² s. 38.

[5]) Kuhn, Westf. Sag. II. s. 98. Nr. 306 Anm.; Weinhold, Die deutschen Monatnamen. s. 33, s. 39, s. 54.

hier früher dort später begangen wurde. Im grossen und ganzen liesse sich etwa behaupten, dass man in Süddeutschland und Niedersachsen das Fest gegen Ende September oder Anfang October, im nordwestlichen Deutschland sowie bei den Angelsachsen im October oder November, in Scandinavien dagegen, wegen des frühzeitig dort eintretenden Winters, im October feierte.

§ 9. Die Opfer zur Zeit der Wintersonnenwende.

Der grossen Jahresopfer waren im scandinavischen Norden drei. In der Ynglînga Saga werden sie (cap. 8) so angegeben: ‚Þâ skyldi blôta î môti vetri til ârs, enn at miðjum vetri blôta til grôðrar, it þriðja at sumri, þat var sigrblôt'; in der Olafs helga Saga (cap. 104): ‚En þat er siðr þeirra at hafa blôt â haustum ok fagna þâ vetri, annat blôt hafa þeir at miðjum vetri, en hit þriðja at sumri, þâ fagna þeir sumari.'[1]) Uns interessiert von diesen nordischen Opferfesten hier nur das zweite, welches zu Mittwinter ‚til grôðrar', pro feracitate, gefeiert wurde. In folgendem soll nämlich der Nachweis geführt werden, dass man auch in Deutschland um dieselbe Zeit und zu demselben Zweck grosse Opfer darbrachte. Beginnen wir zunächst mit den Nachrichten über Mittwinterfeuer.

In Hessen und Westfalen war es früher Sitte, in der ersten Christnacht oder am ersten Weihnachtstag einen grossen Block ans Feuer zu legen, ihn, sobald er ein wenig angebrannt war, zurückzuziehen und dann aufzubewahren. Wenn ein Gewitter heranzog, zündete man ihn jedoch wieder an, weil man glaubte, **der Blitz schlage dann nicht ein.** Dieser Block wurde der **Christbrand** genannt. Auf einigen Dörfern der Gegend von Berleburg in Westfalen wurde der **Christbrand** bei der Ernte in die letzte Garbe eingebunden.[2]) Das Bestehen dieses Brauches lässt sich schon für das 12. Jahrhundert nachweisen, denn in einer Urkunde vom Jahre 1184 heisst es vom Pfarrer zu Ahlen im Münsterland: ‚Et arborem in nativitate domini ad festivum ignem suum adducendam esse dicebat.'[3])

Auf dem Antoniusberge bei Schweina in Thüringen wird in der Christnacht ein **Weihnachtsfeuer** angezündet. Schon in der

---

[1]) Grimm, D. M.² s. 38.
[2]) Mülhause, Gebr. d. Hessen. s. 309, 310; Kuhn, Westfäl. Sag. II. s. 103. Nr. 319, s. 187. Nr. 523.
[3]) Kindlinger, Münster. Beitrg. II. Urkund. 34; vgl. Grimm, D. M.² s. 594.

Adventszeit bauen dazu die jungen Burschen auf dem Gipfel des Berges aus Steinen, Moos und Rasen eine thurmähnliche Erhöhung, worauf am Christabend eine starke, oben mit Reisigbündeln versehene Stange aufgesteckt wird. Dann rüstet sich die Jugend des Ortes gleichfalls mit Stangen, an deren Enden alte Besen oder Bündel von Holzspänen befestigt sind, um als Fackeln zu dienen. Dunkelt der Abend, und wird das Christfest eingeläutet, so zieht die Schar der Knaben den Berg hinauf und bald lodert die Flamme zum Himmel empor. Mit den angezündeten Fackeln wird von den Buben ein Fackelrennen und Fackelschwingen angestellt. Ist das Feuer erloschen, so zieht alles wieder in das Thal hinab, wo der übrige Theil der Nacht mit Zechen und Jubeln verbracht wird. Auch im Eisfeldischen müssen früher derartige Weihnachtsfeuer angezündet worden sein; denn noch vor kurzem zog man in der dortigen Gegend alljährlich am Dreikönigstage nach beendigtem Nachmittags-Gottesdienste mit Musik auf den Markt, sang ein geistliches Lied und rief sich dann zu: „Frau Holle wird verbrannt!"[1])

Im Voigtland herrscht der Glaube, wenn vom Feuer der heiligen drei Abende (vor Neujahr, Weihnachten und dem hohen Neujahr) am andern Morgen noch glühende Kohlen im Ofen sind, so mangelt es das ganze Jahr hindurch an nichts. Im Meininger Oberland wird an diesen Abenden ein starker Holzklotz, Christklotz genannt, vor dem Schlafengehen in den Ofen geschoben, der dann die ganze Nacht brennen muss. Seine Kohlen und Ueberreste behüten das ganze Jahr hindurch das Haus vor Feuersgefahr, Einbruch und sonstigem Unglück.[2]) In anderen Gegenden Thüringens und ebenso in Meklenburg, Pommern, Ostpreussen, Sachsen und Böhmen hat sich die Erinnerung an das Weihnachtsfeuer darin erhalten, dass die ganze Christ- oder Neujahrsnacht hindurch das Feuer im Ofen erhalten werden muss und die rückständige Asche davon zu allerhand Dingen verwendet wird. Besiebt man das Vieh damit, so verliert es das Ungeziefer; mengt man solche Asche unter die Kohl- oder Leinsat, so bleiben die jungen Pflänzchen vom Erdfloh verschont und gedeihen kräftig; schüttet man sie um die Stämme der Obstbäume, so werden die-

---

[1]) Brückner, Landeskunde des Herzogthums Meiningen. II. 55 fg., s. 368; Witzschel, Sitten. s. 5. Nr. 6, s. 9. Nr. 35; Bechstein, Sagenbuch. Nr. 714.

[2]) Jul. Schmidt, Topographie der Pflege Reichenfels. Lpzg. 1827; Witzschel, Sitten. s. 7. Nr. 7. 8. 10; Grimm, D. M. Aberglaube. Nr. 526. Nr. 855.

selben im kommenden Jahre nicht von Raupen heimgesucht, und ihre Ertragsfähigkeit wird erhöht.¹)

Auch bei den Sachsen Siebenbürgens gilt als wirksamstes Mittel gegen den Brand, Asche, welche in der Zeit von Weihnachten bis heil. Dreikönigstag gesammelt ist, dem Samenkorn beizumischen. Hier und da finden sich in dieser Landschaft noch wirkliche Weihnachtsfeuer, welche am Christ- oder Neujahrsabend von der Dorfjugend auf freiem Felde entflammt werden, und bei denen ein Fackellaufen stattfindet.²) Im Erzgebirge wird das Ende des am Christabend gebrannten Lichtes aufbewahrt, denn es schützt das Haus vor Blitz.³) Im steirischen Oberlande weiss man aus dem Flackern und der Farbe des Weihnachtsfeuers allerlei Weissagungen anzustellen.⁴) Ein ähnlicher Brauch war auch dem Praetorius bekannt, welcher den Hergang dabei folgendermassen beschreibt: ‚Einige schneiden neunerley Holtz an dem Tage, so vor dem Weynachtabend vorher gehet, ab: Davon machen sie in der Mitternacht ein Feuer in einem Gemache oder Stuben, aber gantz nackigt also, dasz sie ihre Hembden vorher zum Gemache hinaus werffen vor der Thüre, und drauff bey dem Feuer sitzend sprechen:

> Hier sitze ich splitterfasenackigt und blosz;
> Wenn doch mein liebster kähme
> Und würffe mir mein Hembde in den Schosz.

Der Liebhaber muss dann kommen, das Hemd hereinwerffen, und sie können ihn erkennen.'⁵)

Für Baiern werden uns Weihnachtsfeuer schon durch eine alte Handschrift bezeugt, in der es heisst: ‚Ignes, qui fieri solent in vigilia Epiphaniae.' Noch heute ist dort der Brauch des Mettenblocks bekannt. Der gröste Block vom Brennholz-Vorrath wird aufgespart und in der Christnacht in den Ofen gelegt, damit die aus der Mette heimkehrenden Hausgenossen eine hübsche warme Stube finden.⁶) In Lothringen legte man früher zu Weihnachten

---

¹) Witzschel, Sitten. s. 7 fg.; Grimm, Aberglaube. Nr. 526; Franz Wessel, Der kathol. Gottesd. i. Stralsund. s. 4; Bartsch, Meklenb. Sag. II. Nr. 684. Nr. 1332; Wuttke, Volksaberglaube. 1. Aufl. § 296; 2. Aufl. § 74, 650, 669; Knorrn, Sammlung abergl. Gebr. s. 126 8. In Hinterpommern fand ich den Brauch im Kreise Cöslin.

²) Heinrich, Agrar. Sitten. s. 9; Schuster, Deutsche Mythen aus siebenb.-sächs. Quellen. s. 144, s. 442.

³) Wuttke, Volksaberglaube. 2. Aufl. § 78, § 448.

⁴) Rosegger, Sittenbilder. s. 47.

⁵) Praetorius, Saturnalien. Leipzig 1663. s. 408 fg.

⁶) Schmeller, Bair. Wörterb. 2. Aufl. I. s. 271, s. 1689.

einen Klotz von vier Fuss Länge auf den Heerd und brannte ihn auf dem einen Ende an. Das andere Ende bot eine Art von Sitz dar, den die Kinder gern benutzten. Man hinderte sie jedoch sich darauf zu setzen, weil sie sonst die Krätze bekommen würden.[1]) Für das Vorkommen dieses Weihnachtsblockes in dem Gebiet der Unter- und Obermosel führt Grimm als ältere Zeugnisse die Weisthümer von Riol und Velle und Tavern an. Das eine weist den ‚Scheffen‘ einen ‚Winnachtploech‘ zu, in dem anderen dagegen findet sich die Stelle: ‚Item ein bochg zu hawen vff Christabend vor den Christbraten.‘[2])

Recht alterthümlich hat sich die Sitte in dem Lande zwischen Sieg und Lahn erhalten. Dort wird ein schwerer Eichenklotz in einer dazu bestimmten Mauernische unterhalb des Helhakens (Kesselhakens) befestigt oder in dem Feuerheerde eingegraben. Wenn das Heerdfeuer in Gluth kommt, glimmt dieser Klotz mit, doch ist er so angebracht, dass er kaum in Jahresfrist völlig verkohlt. Sein Rest wird bei der Neuanlage sorgfältig heraus genommen, zu Staub gestossen und während der dreizehn Nächte auf die Felder gestreut, um die Fruchtbarkeit derselben zu erhöhen.[3]) In der Eifel werden die verkohlten Ueberreste des Christbrandes in den Kornbahr gelegt, damit die Mäuse das Korn nicht beschädigen.[4]) Auch in Belgien wird am Kersmisavond (Christmessenabend) das Wurzelende einer Tanne oder eines Buchenbaumes in das Feuer geworfen und verbrannt. Dabei muss alles übrige Licht im Hause sorgfältig ausgelöscht sein.[5])

Nicht minder sind ähnliche Sitten in England verbreitet. Dort wird Christabends ein grosser Holzklotz (Yuleclog, Yullclog, Christmaslog) ins Feuer gelegt und womöglich die folgenden Tage hindurch brennend erhalten. Ein Stück davon wird gewöhnlich aufbewahrt, um damit nächste Christmesse den neuen Klotz anzuzünden. Dasselbe behütet zugleich die Familie vor Schaden und Unglück. Will der Klotz nicht brennen, so weissagt das Unheil.[6]) Besonders alterthümlich

---

[1]) Lerouze in den Mémoires de l'Académie Celtique. 1809. III. 441; vgl. Mannhardt, Baumkultus. s. 228.

[2]) Grimm, Weisthümer. II. 302. 264.

[3]) Montanus. s. 12.

[4]) Schmitz, Sitten u. Bräuche. s. 4.

[5]) Wolf, Wodana. s. 105; vgl. Mannhardt, Baumkultus. s. 229.

[6]) Grimm, D. M. Aberglaube. Nr. 1109. Weiteres über den Yuleclog bei

wird der Brauch zu Herefordshire ausgeübt. Man begiebt sich am Vorabend des heil. Dreikönigstages auf ein Weizenfeld und zündet daselbst zwölf kleine Feuer und ein grosses an, um welches letztere man sich versammelt und unter lautem Jubel reichlich alten Cider trinkt. Nachdem man nach Hause zurückgekehrt ist, wird geschmaust, vorher jedoch unter Beobachtung gewisser Gebräuche dem schönsten Ochsen im Stalle ans Horn ein Kuchen gesteckt, welcher zu diesem Zweck mit einem Loch in der Mitte versehen ist.[1]) Der Julblock ist endlich auch in Schweden bekannt; man zündet dabei die Jullichter an. Früher wurde dort ausserdem noch in einer Grube, die sich in der Mitte des Hauses im Fussboden befand, das Julfeuer (Julabrasa) entflammt.[2])

Behandeln wir jetzt, ehe wir uns auf anderweitige Untersuchungen einlassen, zunächst die Frage, in welchem Verhältnis der Christ-, Weihnachts-, Metten- oder Julblock zu dem auf freiem Felde entzündeten Weihnachtsfeuer steht. Wir sahen bei der Besprechung des Johannisnothfeuers, dass ein jeder Hausstand von dem heiligen Feuer eine neue, reine Flamme sich entnahm, mit welcher das vorher sorgfältig ausgelöschte Heerdfeuer wieder entzündet wurde. Dieser allgemein über die germanischen Stämme hin verbreitete Brauch hatte sich im Laufe der Zeit an einigen Orten des Niederrheinischen dahin umgewandelt, dass das auf freiem Felde entzündete Festfeuer ganz verschwand und an seine Stelle die Sitte des Scharholzes trat. Es wurde nämlich jährlich um Johannis ein schwerer Block von Eichenholz, das Scharholz genannt, am Feuerheerde so angebracht, dass er zwar anglühte, jedoch in Jahr und Tag erst völlig verkohlte.[3])

Es liegt auf der Hand: das Verhältnis des Scharholzes zum Johannisfeuer ist ganz analog demjenigen des Christblocks zum Weihnachtsfeuer. Waren wir also genöthigt anzunehmen, dass die Sitte des Scharholzes aus dem Johannisnothfeuer entstanden sei, so werden wir auch zu der gleichen Annahme bei dem Christ- oder Julblock berechtigt sein, das heisst, wir werden aus jedem Bericht über das Verbrennen des Christblockes darauf schliessen dürfen,

---

Kuhn, Westfäl. Sag. II. s. 105 fg. Anm. zu Nr. 319; Mannhardt, Baumkultus. s. 229; Schmeller, Bair. Wörterb. 2. Aufl. I. s. 1689.

[1]) Brand, Pop. Antiquities. 1. 14; vgl. Liebrecht, Gervasius v. Tilbury. s. 56.

[2]) Grimm, D. M.[2] s. 594; Wolf, Beiträge. I. 120; Liebrecht, Gervasius v. Tilbury. s. 60. Ueber die Jullichter vgl. auch: Handelmann, Nordelbische Weihnachten. s. 7 fg., s. 10.

[3]) Vgl. oben s. 39.

dass in älterer Zeit in dieser Gegend statt dessen ein Weihnachtsfeuer entflammt wurde.

Der Umstand, dass gerade bei dem Mittwinterfest in so vielen Gegenden der Festblock das Festfeuer gänzlich verdrängte, kann nicht befremden. Der Grund dafür ist in der Witterung zu suchen. Die oft um Weihnachten herrschende strenge Kälte, der tiefe Schneefall wiesen geradezu darauf hin, das Fest von dem freien Felde in das Wohnhaus zu verlegen, und so finden wir auch wirklich in Schweden, wo selbst bei verhältnismässig gelinden Wintern das Abhalten eines nächtlichen Opferschmauses mit Opferfeuer im Freien ein Ding der Unmöglichkeit sein würde, das Julfeuer stets in der Mitte des Hauses entzündet.

Nehmen wir nun als sicher an, dass der Brauch des Christblocks aus der Sitte entstanden ist, mit der heiligen, reinen Flamme des Wintersonnwendfeuers das vorher sorgfältig ausgelöschte Heerdfeuer wieder zu entzünden, so ergiebt sich, dass der Hergang bei dem Weihnachtsfeuer demjenigen bei den übrigen Jahresfeuern durchaus identisch war. Alle Hauptzüge, welche wir bei letzteren kennen lernten, finden wir auch bei den zu Mittwinter entflammten Feuern wieder. Ein jeder Theilnehmer hat eine Beisteuer an Brennstoff zu entrichten. Damit wird ein Scheiterhaufen aufgeführt, auf dessen Spitze man eine Strohpuppe stellt, in welcher die das Wohl der Menschen schädigenden, dämonischen Mächte personificiert erscheinen. Dass dem Eichsfelder Brauch zu Folge diese Gestalt in der dortigen Gegend den Namen Frau Holle, also den Namen einer Segen bringenden Gottheit führte, darf uns von dieser Erklärung nicht abschrecken; denn häufig ist in Thüringen jene Göttin durch die Verketzerungen der Kirche zum teuflischen Wesen herabgesunken, und es konnte deshalb sehr wohl dort später mit ihrem Namen die Personification des Unheils bezeichnet werden.

Sind alle Vorbereitungen getroffen, so wird der Holzstoss unter dem Absingen eines Kirchenliedes, früher gewis unter der Beobachtung uralter, feierlicher Ceremonien in Brand gesetzt. Sobald die Flamme hell emporlodert, ergreift ein jeder von den Theilnehmern ein brennendes Scheit, entzündet eine Strohfackel, einen Pechschwanz an der Gluth, und es beginnt der Fackellauf über die Felder, um die dem Wachsthum schädlichen Dämonen und Hexen zu vertreiben und das Ackerland der Segnungen des heiligen Feuers theilhaftig zu machen.

Wie bei den anderen Jahresfesten, so ist auch bei der feierlichen Begehung der Wintersonnenwende dies Dämonenverjagen zu einem völlig selbständigen Brauch geworden. Es erstreckt sich auf den Obstgarten[1]), die Fruchtfelder[2]), Haus und Hof[3]) und den menschlichen Körper[4]) und wird durch Peitschenknallen, Ruthenschlagen, Lärmen aller Art und Schiessen (in der Verkirchlichung der Sitte durch Räuchern) vollzogen. Wenn dieser wichtige Act vorüber ist und man aus der emporlodernden Flamme und der verglimmenden Gluth allerhand Weissagungen gemacht hat, so nimmt ein jeder der Theilnehmer am Feste von der Brandstätte ein brennendes Scheit mit sich, um damit das zuvor sorgfältig ausgelöschte Heerdfeuer wieder anzuzünden. Sorgsam sammelt man auch die Asche und die verkohlten Ueberreste des geheiligten Feuers, denn sie gelten für zauberkräftige Talismane und finden deshalb bei Ackerbau und Viehzucht die mannigfachste Verwendung.

Die Uebereinstimmung des Herganges bei dem Mittwinterfeuer mit demjenigen bei den Frühlings-, Mai-, Hagel- und Erntefeuern liegt zu sehr auf der Hand, als dass dies noch eines weiteren Beweises bedürfte; aber nicht nur der Hergang, sondern auch der Zweck, weswegen es entflammt wurde, war bei dem Weihnachtsfeuer derselbe wie bei den übrigen Jahresfeuern. Wie diese, kann nämlich auch jenes nur behufs der Darbringung von Opfern entzündet worden sein. Ganz bestimmt sagt das Weisthum von Tavern aus, der Christblock müsse geliefert werden, damit an seiner Gluth der Christbraten hergerichtet würde: ‚Item ein bochg zu hawen vff Christabend vor den Christbraten.' In Herefordshire steht das Weihnachtsfeuer noch nach dem heutigen Brauch in engster Beziehung zu dem schönsten Ochsen des Stalles. Ferner war es in England zur richtigen Begehung des Festes erforderlich, dass, so lange das Feuer brannte, reichlich getrunken wurde, in welchem Brauche wir unschwer das alte heidnische

---

[1]) Vgl. s. 211 fg.

[2]) Ich erinnere nur an den über ganz Deutschland verbreiteten Aberglauben, dass demjenigen, welcher am Silvesterabend mit Gewehren über seine Felder schiesst, die Hexen die Sat nicht schädigen könnten.

[3]) Verkirchlicht besonders in Süddeutschland erhalten, wo der Priester (theilweise aber auch der Hausvater oder der Hirt) in der Weihnachts-, Neujahrs- und Epiphanias-Nacht oder überhaupt in einer der zwölf Nächte das ganze Haus mit Weihrauch ausräuchert, weshalb diese Nächte auch den Namen ‚Rauchnächte' führen: vgl. u. a. Wuttke, Volksaberglaube. 2. Aufl. § 74. 253. 359. 366 fg. 683. Echt heidnisch wird der Brauch beispielsweise noch in Schlesien ausgeübt: Philo vom Walde, Schlesien in Sage u. Brauch. s. 115—117.

[4]) Vgl. darüber die zahlreichen, von W. Mannhardt (Baumkultus. s. 265—268) beigebrachten Belege.

Minnetrinken wieder erkennen. Selbst die Erinnerung an den Opferschmaus hat sich in der sowohl bei den Angelsachsen als auch bei den Deutschen des Festlandes heimischen Sitte erhalten, nachdem das Feuer niedergebrannt ist, noch in derselben Nacht ein grösseres Gelage zu veranstalten.

Was zunächst die Thieropfer angeht, welche bei der Feier der Wintersonnenwende dargebracht wurden, so weist auf dieselben ausser der eben beigebrachten Stelle aus dem Weisthum von Tavern und der auf ein Rinderopfer zurückdeutenden Sitte von Herefordshire auch noch anderes hin. In Ostenholz bei Fallingbostel erzählt man von dem dortigen Hellhause folgendes: ‚Wenn der Christabend gekommen und der Helljäger umgezogen ist, hat der Wirth des Hellhauses jedesmal eine Kuh hinauslassen müssen, und die ist, sobald sie nur draussen war, regelmässig verschwunden gewesen. Welche Kuh das aber jedesmal sein muste, hat man vorher schon ganz genau wissen können; denn wenn es so um den Michaelistag oder Martinstag gekommen, hat sich die Kuh, welche an der Reihe war, zusehends vernommen und ist endlich bis zum Christabende die fetteste gewesen. Das that man viele Jahre, endlich wurde es zu lästig, und als der Helljäger einmal wieder kam, machte man das Haus fest zu. Aber da entstand ein Lärmen und Toben um dasselbe herum, das fürchterlich war. Die Hunde des Helljägers liefen schnuppernd um und um, und die Kuh, welche an der Reihe war, wurde im Stall wie rasend und liess sich nicht zur Ruhe bringen. Da konnten es die Leute im Hause nicht länger aushalten, machten das Thier los und das Thor auf und riefen: ‚Na, so lauf in's Dreiteufels Namen!‘ Da ist sie sogleich fortgewesen, der Helljäger aber auch seit dieser Zeit nicht wieder gekommen‘.[1])

Allerdings haben wir es hier nur mit einer Sage zu thun, aber dieser Sage liegt eben als historischer Kern das alte Rinderopfer zu Grunde, welches in den Zwölften dem Sturm- und Himmelsgott Wuotan, dem Helljäger, dargebracht werden muste. In Verbindung mit diesen Rinderopfern setze ich auch folgende Stelle in der Decreten-Sammlung Burchards von Worms († 1024). Da, wo derselbe gegen die zu seiner Zeit noch üblichen heidnischen Neujahrsbräuche eifert, sagt er nämlich: ‚Vel in bivio sedisti supra taurinam cutem, ut et ibi futura tibi intelligeres.‘[2]) Eine gewöhnliche Rindshaut kann dies unmöglich gewesen sein, denn wie

---

[1]) Kuhn u. Schwartz, Nordd. Sag. Nr. 310. III; H. Weichelt, Hannover. Geschichten u. Sag. III. Bd. s. 38. Nr. 211.

[2]) Grimm, D. M. Aberglaube. C.

hätte eine solche demjenigen, welcher sich in sie hüllte, die Kraft verleihen können, in die Zukunft zu schauen. Es war die Haut des Opferrindes, welche dadurch, dass sie der den Göttern gebührende Antheil beim Opfer war, Zauberkraft erhielt.

Ein Rinderopfer liegt ferner der bei den ärmeren Leuten Oberbaierns um Weihnachten üblichen Sitte zu Grunde, sich zusammen zu thun, auf gemeinsame Kosten eine Kuh zu kaufen, sie zu schlachten und dann gemeinschaftlich zu verzehren.[1]) Ja ich möchte selbst folgende Bräuche auf die in den Zwölften dargebrachten Stieropfer oder die in heidnischer Zeit denselben gleichwerthigen Pferdeopfer beziehen. Fast allenthalben in Nord- und Mitteldeutschland und auch hie und da in Süddeutschland findet sich der Brauch, dass in der Weihnachtszeit in den Dörfern eine vermummte Gestalt von Hof zu Hof zieht und dort ihre Spässe treibt. Dem Darsteller, gewöhnlich einem jungen Burschen, hat man zu dem Zweck einen grossen Hut aufgesetzt, vor die Brust und auf den Rücken je ein Sieb gebunden, dieselben sodann mit weissen Tüchern bedeckt und schliesslich vorne einen Pferdekopf, hinten einen Pferdeschwanz befestigt. Das Ganze wird den verschiedenen Sagensammlungen zu Folge der Schimmelreiter genannt und soll nach der Ansicht unserer Mythologen den Umzug des Himmelsgottes Wuotan in der heiligen Zeit der Zwölften dramatisch darstellen.

Was soll das nun heissen: der Umzug des Schimmelreiters ist eine dramatische Darstellung des Umzuges Wuotans? Soll damit gesagt werden, dass der Brauch so, wie wir ihn jetzt kennen, auch im Heidenthum ausgeübt wurde? Das ist wohl kaum möglich, denn der ganze Aufzug ist schwerlich dazu geeignet, bei den Zuschauern eine würdige Vorstellung von der Grösse des Himmelsgottes hervorzurufen. Man wird entgegnen, im Heidenthum habe man statt des nachgemachten einen wirklichen Schimmel genommen. Wo bleibt man dann aber mit dem Schimmelreiter, dem auf dem Pferde reitenden Gott? Unmöglich darf man doch den alten Deutschen zumuthen, dass sie bei dem Mittwinteropfer durch einen als Gott ausgeputzten Menschen den Wuotan darstellen liessen. Also könnte man etwa nur behaupten, dass sein Bild auf den heiligen Schimmel gesetzt worden sei. Nun erwäge man, ob sich wohl etwas geschmackloseres denken lässt, als dass unsere heidnischen Vorfahren das Abbild ihres hohen Himmelsgottes auf den Rücken eines Pferdes gebunden hätten. Götterbilder können füglich nur auf heiligem

---

[1]) Bavaria. I, 1, 387.

Wagen durch heilige Rosse oder Stiere in feierlichem Umzug durch das Land geführt werden, aber nicht als Reiter auf dem Pferde sitzen, wo sie durch ihr unaufhörliches Schwanken das Lachen der Zuschauer erregen.

Der Brauch des Schimmelreiters muss mithin auf eine andere Weise, als bis jetzt geschehen, erklärt werden. Nun fand ich bei der Nachforschung über die Verbreitung dieser Sitte in Pommern, dass dieselbe zwar in der ganzen Provinz und östlich bis weit in das Preussische hinein ziemlich allgemein um die Weihnachtszeit geübt wird, dass sich aber der Name Schimmelreiter nirgends findet, sondern überall in diesen Gegenden die vermummte Gestalt nur der Schimmel genannt wird. Der grosse Hut, den der Darsteller der Maske nach altem Herkommen auf dem Haupte trägt, und in dem die meisten deutschen Mythologen mit Gewisheit den Breithut Wuotans wieder erkennen, ist nach der Ansicht des pommerschen Landvolkes nur dazu da, um das Gesicht des Burschen ganz zu verdecken und die Täuschung, als habe man ein wirkliches Pferd vor sich, noch grösser zu machen.

Alle Schwierigkeiten, welche sich uns bei der Besprechung der Sitte des Schimmelreiters entgegen stellten, fallen fort, wenn uns in jenem Aufzug nicht ein reitender Gott, sondern nur ein Schimmel vorgeführt werden soll. Aehnliche Bräuche begegneten uns ja bei der Untersuchung über die verschiedenen Jahresopfer schon mehrfach. Bei den Hahn- und Gans-, bei den Bock- und Stieropfern fanden wir, dass aus dem wirklichen Opfer im Laufe der Zeit mit dem Sinken des Heidenthums ein Opferspiel ward, bei welchem dann häufig anstatt des lebendigen Thieres eine Nachbildung desselben genommen wurde, die man entweder aus Holz und Stroh verfertigte oder durch verkleidete Menschen darstellte. Im letzteren Falle wurde, wie bei der Darstellung des Schimmels (Schimmelreiters) durch das Aufbinden von Sieben, das Behängen mit Tüchern und die Befestigung eines Thierkopfes an dem Ganzen eine thierähnliche Gestalt gewonnen, welche, je nach dem ein Stier- oder Bockopfer zu Grunde lag, der Ochse, der Bock, die Geiss genannt wurde. Da wir nun nachgewiesen haben, dass im Heidenthum um Mittwinter Rinder-, also in älterer Zeit auch Pferdeopfer, dargebracht wurden, so liegt es nahe, in der Sitte des Schimmels, Schimmelreiters, ebenfalls ein Opferspiel zu erkennen, welches aus dem für Wuotan bestimmten Rossopfer beim Fest der Wintersonnenwende seinen Ursprung nahm. Es läge also auch nach dieser Erklärung in dem Schimmelreiter eine Erinnerung an den Wuotancultus vor, aber nicht der umziehende Himmelsgott, sondern das demselben gebührende Pferdeopfer würde durch den Brauch dramatisch dargestellt werden.

Ehe wir jedoch berechtigt sind, ein endgiltiges Urtheil zu fällen und alle Berichte über das Vorkommen des Schimmelreiters zur Weihnachtszeit auf Pferdeopfer zurückzuführen, muss zuvor an Ort und Stelle nachgeforscht werden, ob die verschiedenen Sagenforscher ein Recht gehabt haben, in ihren Darstellungen der Sitte das Hauptmoment auf den Reiter zu legen, und ob nicht vielmehr das Landvolk überall in dem Aufführen des Schimmels den Kernpunkt des Brauches erblickt. Sollte letzteres, was mir sehr wahrscheinlich dünkt, der Fall sein[1]), so würden wir auch bei der Frühlings-, Mai- und Hagelfeier und ebenso bei dem gemeinen Erntedankfest noch die deutliche Erinnerung an ehemalige Pferdeopfer erkennen dürfen, denn ausser zu Weihnachten tritt auch bei allen diesen Festen hier und da in Deutschland die Gestalt des Schimmelreiters auf.

Weiter möchte ich in folgendem Sagenzug eine Erinnerung an die ehemals zur Julzeit dargebrachten Pferdeopfer erblicken. Ueber ganz Nord- und Mitteldeutschland hin findet sich der Glaube, dass in den Zwölften der wilde Jäger, oder, wie er noch heute in Meklenburg und Pommern genannt wird, der Wod, dei Wootk, seinen Umzug halte, was für die Fruchtbarkeit des kommenden Jahres von grosser Bedeutung erachtet wird.[2]) Eine lange Reihe von Sagen berichtet nun, dass der wilde Jäger bei diesem Umzug den Leuten, welche ihn anriefen, als ihren Antheil eine Pferde- oder Rinderkeule herabgeworfen habe. Hatte der Mensch durch seinen Ruf die Gottheit verspotten wollen, so verwandelte sich der Schenkel am anderen Tage in ein übelriechendes Aas oder tödtete wohl gar durch die Wucht, mit der er zugeworfen wurde, den frechen Spötter; geschah der Ruf aber aus einfältigem Herzen, so ward aus dem Pferdefleisch häufig ein grosser Klumpen Gold.[3]) Hält man zu diesen Sagen den alten Brauch, am 26. De-

---

[1]) So giebt zum Beispiel Kuhn in seinem Aufsatz ‚Wodan‘ (in Haupts Zeitschrift V. s. 472) zu, dass der Schimmelreiter, unter dem er den umziehenden Wodan verstanden wissen will, in Norddeutschland gewöhnlich kurzweg der Schimmel heisse.

[2]) Wuttke. § 13; 2. Aufl. § 17. § 74.

[3]) Vgl. darüber u. a.: Kuhn u. Schwartz, Nordd. Sag. Nr. 63. Nr. 151; Wolf, Niederländ. Sag. Nr. 259; Kuhn, Westfäl. Sag. I. Nr. 195; II. s. 10, 11, 14; Schwartz, Der heutige Volksglaube. s. 11; Schambach u. Müller. Nr. 95, 96, 99; A. Harland, Sag. u. Myth. aus dem Sollinge. s. 79; Müllenhoff. Nr. 487, 494, 499, 599, 602; Handelmann, Nordelbische Weihnachten. s. 19; Bartsch, Meklenb.

zember, dem Stephans- oder, wie ihn die Alten nannten, dem
Pferdstage, die Pferde im Galopp über die Felder zu jagen, sie
zur Ader zu lassen und Rosshufen über den Stallthüren an-
zunageln, um das Vieh dadurch vor Zauberei, Hexerei und Krankheit zu schützen[1]), so scheint mir in dem Pferdefuss, den der wilde
Jäger bei seinem Umzug in den Zwölften herabwirft, eben nichts
weiter zu liegen, als eine Erinnerung an den Opferantheil, welcher
dem Wuotan von dem Pferdeopfer gebührte.

Ganz verfehlt ist die Deutung, welche Schwartz in seiner
Schrift ‚Der heutige Volksglaube und das alte Heidenthum mit Bezug auf Norddeutschland' (s. 15) giebt. Er bezieht nämlich den
mit einem laut hallenden Nachruf begleiteten Wurf des wilden
Jägers mit der Pferdekeule auf den Blitz und den darauf folgenden
lauten Donner. Dagegen spricht, dass man sich den wilden Jäger
fast ausschliesslich zur Zeit der Wintersonnenwende umziehend
denkt, in welcher Jahreszeit Gewitter gewis zu den grösten Selten-
heiten gehören werden, und dann müste doch, ehe eine derartige
Deutung den Werth einer berechtigten Hypothese beanspruchen
darf, zuvor die Wesensgleichheit des Wettergottes (Thunar) mit dem
Himmelsgotte (Wuotan) nachgewiesen werden.

Ausser Rindern und Pferden opferte man ferner bei dem Mitt-
winterfeste auch Schweine. Ein Lauterbacher Weisthum vom
Jahre 1589 verordnet, dass die Hübner zu dem auf Dreikönigstag
gehaltenen Gericht ein reines, schon bei der Milch vergelztes (noch
säugend verschnittenes) Goldferch liefern sollen. Dasselbe wurde
rund durch die Bänke geführt und ohne Zweifel hernach geschlachtet.[2]) Hierzu halte man den thüringischen Volksglauben,

---

Sag. I. Nr. 19. Nr. 22; Kuhn, Märk. Sag. Nr. 23. Nr. 63; Proehle, Harzsagen.
s. 125, 126; Unterharz. Sag. s. 206 fg.; E. Sommer, Sagen aus Thüringen. s. 7 fg.;
Grohmann, Sag. a. Böhmen s. 78; Grimm, D. M.² s. 881, s. 883; Wuttke². § 16.
§ 18. Dieselbe Sage findet sich auch in ganz Pommern und ebenso in Schlesien am
Riesengebirge hin (mündlich). — Nach anderen Sagen wirft der Wode, der
wilde Jäger, einen Menschenschenkel herab: vgl. dazu Wuttke². § 16; Kuhn,
Westfäl. Sag. I. Nr. 403; II. s. 11; Kuhn u. Schwartz, Nordd. Sag. Nr. 76;
Bartsch, Meklenb. Sagen. I. Nr. 10. Nr. 24; Meier, Schwäb. Sag. Nr. 135; Wolfs
Ztschrft. I. s. 292 fg.; II. s. 35, s. 181; Höfer in Pfeiffers Germania. I. s. 101—105.
Da diese Schenkel gewöhnlich von den dämonenhaften Holzweibern, Hünen etc.
oder von menschlichen Leichen herrühren, so ist hier wohl nicht an ehemalige
Menschenopfer zu denken, sondern an die alte Feindschaft zwischen dem
Himmelsgott und den Walddämonen und an seine Eigenschaft als Todten-
gottheit.

[1]) Montanus. s. 16; vgl. dazu Thom. Naogeorgus, Regnum Papisticum. 1553.
Lib. IV. s. 132 fg.; Hildebrand, De Diebus Festis. s. 33. § 8.

[2]) Grimm, Weisthümer. III. 369.

wonach, wer am Christabend bis zum Abendessen sich der Speise ganz enthält, ein goldnes junges Ferkel zu Gesicht bekommt.[1]) Auch bei den Sachsen Siebenbürgens herrschen ähnliche Meinungen, denn dort soll um die Weihnachtszeit die Adventkräm oder Adventsâ, in anderen Gegenden auch Krästschwëing, Noajôrsschwëing, gäldä Schwëinj, ëiserä Schwëinj, Gottsbôrich, Gottsbärgel genannt, ihren Umzug halten.[2])

Noch deutlicher weist auf das heidnische Schweineopfer zurück, dass man zu Oxford auf Weihnachten einen Eberhaupt ausstellt, feierlich umher trägt und dabei singt:

,Caput apri defero
Reddens laudes domino.'[3])

Weiter ist die ziemlich allgemein in Deutschland verbreitete Sitte, kurz vor dem Christfest ein Schwein zu schlachten und dann am ersten Feiertag als Festgericht einen Schweinebraten zu verzehren, nicht zu vergessen. Der ganze Monat erhielt von diesem Brauch den Namen Schweinemonat und der alte Calendervers auf den Dezember lautet mit Bezug darauf:

,Prassen wil ich vnd leben wol,
Ein Saw ich jetzund stechen sol.
Darzu werd ich mich warm halten,
Und hoff, ich werd mit ehren alten.'[4])

Dass wir es nämlich bei den zu Weihnachten geschlachteten Schweinen nicht mit gewöhnlichen, sondern mit ehemaligen Opferschweinen zu thun haben, ergiebt sich daraus, dass den Eingeweiden und Knochen dieser Thiere sowie dem Stroh, welches durch das Auflegen der Würste mit dem Fleische des Weihnachtsschweines in Berührung gebracht ist, zauberische, das Wachsthum fördernde Kräfte zugeschrieben werden, Kräfte, welche eben nur den Resten eines Opfers innewohnen können.[5])

In manchen Gegenden ist in Folge einer Verkirchlichung der Sitte das Schweineopfer auf den Tag des heiligen Antonius, den 17. Januar, verlegt worden. Man nennt die an diesem Tage geschlachteten Schweine Antoniusschweine, und noch heute opfert man in Herkenrath, bei Bensberg im Herzogthum Bergen, Fleisch von solchen Antoniusschweinen auf dem Altare. Gewöhnlich sind es

---

[1]) Gutgesells Beitrg. z. Gesch. d. deutsch. Alterth. Meiningen 1834. s. 138.
[2]) Schuster, Woden. s. 22.
[3]) Grimm, D. M.² s. 196; Nachtrag. s. 76.
[4]) Praetorius, Weihnachtsfratzen. s. 299 fg.; J. Colerus, Calendarium oeconomicum et perpetuum. Wittenberg 1591. Sub December.
[5]) Vgl. s. 213 fg.

weniger fleischige Theile, Halbköpfe und geräucherte Rückenstücke, welche der Pfarrer nach dem Gottesdienste an die Armen vertheilt. Auf solche Gebräuche deutet auch der bekannte Volkswitz hin, dass am 17. Januar nicht allein dem heiligen Antonius, sondern auch seinem Schweine geopfert werde.[1])

Selbst daran hat sich die Erinnerung erhalten, dass mit dem Weihnachtsschwein, bevor man es opferte, Weissagungen angestellt wurden. Im Oberbergischen war es bis in den Anfang dieses Jahrhunderts hinein Sitte, dass der Hausvater in der Christnacht ein Schwein aus dem Stalle holte und in die Stube führte. Dort kniff er dasselbe zum Quieken und sprach ihm dann mehrere Fragen vor, z. B.:

,Witzchen, sag mir Witzchen,
Viel oder ein Fitzchen?'

oder:

,Witzchen, sag mir alsbald,
Im Feld oder Wald?'

Je nach dem das Thier darauf quiekte, schloss der Bauer auf eine reiche oder karge Ernte, nahm er es für Vorhersagung, ob im Felde die Wurzeln gut wachsen, oder im Walde die Eicheln und Bucheckern besonders gedeihen würden.[2]) In Oesterreich macht man in derselben Nacht, in Siebenbürgen am Silvesterabend, auf ähnliche Weise aus dem Grunzen der Schweine Weissagungen auf Liebe und Ehe.[3])

Dargebracht wurde das Schweineopfer, wie die Ergebnisse unserer früheren Untersuchungen lehrten, der mütterlichen Erdgottheit, der Berchta, Frîa, Holda. Eine willkommene Bestätigung dafür liefert der Umstand, dass der heilige Dreikönigstag, an dem nach dem Lauterbacher Weisthum die Hübner das Goldferch zu liefern hatten, an dessen Abend man nach thüringischem Volksglauben das goldne Ferkel erblicken kann, in vielen Gegenden Deutschlands Frau-Hollenabend oder Berchtentag genannt wird.[4])

Die Analogie zu der Frühlings-, Mai-, Hagel- und Erntefeier

---

[1]) Montanus. s. 17. Vgl. sonst über Antoniusschweine auch Seb. Franck, Weltbuch. I. Theil. f. 131.

[2]) Montanus. s. 12 fg.

[3]) Schuster, Deutsche Mythen a. siebenb.-sächs. Quellen. s. 443; Wuttke, Volksaberglaube. 2. Aufl. § 841.

[4]) Kuhn, Westf. Ság. I. s. 331; Kuhn u. Schwartz, Nordd. Gebr. Nr. 183; Börner, Volkssagen aus dem Orlagau. s. 159. vgl. s. 126. 133. Auch in Baiern sagt man am Vorabend Epiphaniae, die Berche komme: Schmeller, Bair. Wörterb. 2. Aufl. I. s. 269.

erheischt, dass neben dem Rinder- und Pferdeopfer für den Himmelsgott ein Hundeopfer, neben dem Schweineopfer für die Erdgottheit ein Katzenopfer dargebracht wurde. Spuren dieser Hunde- und Katzenopfer finden sich noch hie und da in den Volksbräuchen vor. So wirft man in Lauenburg am Weihnachtsmorgen, bevor das Vieh getränkt wird, einen Hund ins Tränkwasser, damit das Vieh nicht räudig werde; denn Waden macht das Wasser unruhig. Aehnlich verfährt man in Meklenburg.[1]) In der Uckermark thut man ein Gleiches mit einem Hund oder einer Katze.[2]) In Böhmen fängt man zu Weihnachten einen schwarzen Kater, kocht ihn und vergräbt ihn in der Nacht unter einen Baum, damit kein böser Geist dem Felde schade. Wer einen gewissen gabligen Knochen von einer solchen Katze bei sich trägt, kann sich unsichtbar machen.[3])

Nicht so reichlich wie mit Zeugnissen über blutige Opfer für Wuotan und Fria sind wir mit Nachrichten über Thieropfer für Thunar versehen. An das Eichhornopfer für diesen Gott erinnert die englische Sitte, zu Weihnachten ein Eichhornjagen abzuhalten.[4]) Was dagegen die Bock- und Hahnopfer angeht, so haben sich Spuren davon nur in den Weissagungen erhalten, welche man mit diesen Thieren in den Zwölften zu machen versteht. Im Erzstift Salzburg und in Ostpreussen gehen die Mägde am Silvesterabend oder überhaupt in einer der heiligen Nächte in den Schafstall und greifen hinein. Erhaschen sie dabei einen Bock oder Hammel, so heirathen sie, ergreifen sie ein Schaf, so bleiben sie noch ledig; ist das betreffende Thier aber ein Lamm, so bekommen sie ein uneheliches Kind.[5]) In Sachsen, Schlesien, Thüringen, dem Erzgebirge, Fichtelgebirge, Voigtland, in Lauenburg, Oesterreich und Schwaben wissen die Mädchen dasselbe an diesen Abenden aus dem Krähen oder dem Laufen von Hähnen, Hühnern und Gänsen vorherzusagen. Sie sprechen dabei:

,Gackert der Hahn,
So krieg ich en Man;
Gackert die Henn,
So krieg ich noch kenn.'[6])

---

[1]) Wuttke, Volksaberglaube. 2. Aufl. § 78, 172, 684; K. Bartsch, Meklenb. Sag. II. Nr. 1184 a. u. b.

[2]) Mündlich aus Passow bei Angermünde.

[3]) Grohmann, Aberglaube a. Böhmen. 56, 87; vgl. Wuttke, Volksaberglaube. 2. Aufl. § 431, 439, 474.

[4]) Kuhn in v. d. Hagens Germania. VII. s. 433.

[5]) Grimm, D. M. Aberglaube. Nr. 952; Wuttke, Volksaberglaube. 2. Aufl. § 337.

[6]) Chemn. Rockenphil. II. 10; Wuttke, Volksaberglaube. 2. Aufl. § 341, 348.

Noch im vorigen Jahrhundert bezogen sich diese Weissagungen jedoch nicht allein auf Liebe und Ehe, sondern auch auf die zu erwartenden Ernteaussichten. Die Chemnitzer Rockenphilosophie berichtet den Aberglauben: ‚So oft der Hahn Christnachts kräht, so theuer wird selbiges Jahr ein Viertel Korn' und auch in der Bunzlauischen Monatsschrift (Jahrgang 1791 u. 92) heisst es: ‚So vielmal der Hahn Christnachts unterm Gottesdienste kräht, so viel Böhmen gilt das nächste Jahr das Viertel Korn.'[1])

Wie bei den anderen Jahresfesten, so konnte auch bei der Mittwinterfeier das Hahnopfer durch ein Eieropfer vertreten werden. In dem heutigen Volksbrauch kennzeichnen sich diese Opfereier noch durch die Zauberkräfte, welche ihnen beigemessen werden. In Oesterreich sieht man am Neujahrsmorgen vor Sonnenaufgang durch ein frisch gelegtes Hühnerei, in welches zwei Löcher gemacht sind, nach Osten hin und deutet aus den darin sichtbaren Figuren die Zukunft. Wenn man in der Oberpfalz während der Christmesse unter jede Achsel ein Ei steckt und in die Kirche die drei ersten Schritte rückwärts geht, und dann, gegen die Gemeinde gewendet, durch die Eier hindurchsieht, so kann man alle Hexen des Dorfes erkennen. In Pforzheim in Nieder-Baden wiederum herrschte noch gegen Ende des vorigen Jahrhunderts der Glaube, dass derjenige, welcher am Morgen des Christtages ein ungesottenes Ei esse, sehr schwer tragen könne.[2])

Wird man auch in Anbetracht dieser Zeugnisse nicht zweifeln können, dass dem Thunar zu Mittwinter ganz gleichartige Opfer fielen wie bei Frühlings-, Mai-, Hagel- und Erntefeier, so muss es doch befremden, dass sich nur an die Kräfte, welche den Opferschafen, Hühnern und Eiern beigemessen wurden, die Erinnerung erhalten haben sollte, nicht aber an das Opfer selbst. Den hierdurch entstehenden Schwierigkeiten können wir nur dann entgehen, wenn es uns gestattet ist, einen Brauch in derselben Weise zu erklären, in der wir vorher die Sitte des Schimmelreiters oder, besser gesagt, des Schimmels ausgelegt haben.

Ueber ganz Deutschland hin findet sich die Sitte verbreitet, in der Weihnachtszeit einen nachgemachten Bock darzustellen, welche Nachbildung dann den Namen Bock, Klapperbock, Habergeiss etc. erhält. Dieser ‚Bock' ist dem ‚Schimmel' in jeder Beziehung wesensgleich, füglich muss er auch genau so wie jener gedeutet werden. Wir haben deshalb abzuwarten,

---

[1]) Chemn. Rockenphil. VI. 80; Grimm, D. M. Aberglaube. Nr. 1085.
[2]) Wuttke², § 346, 375; Grimm, D. M. Aberglaube. Nr. 585.

ob eine eingehende Einzeluntersuchung unsere Behauptung, dass der Schimmelreiter aus einem ehemaligen Schimmelopfer entstanden ist, rechtfertigt oder nicht.

Gehen wir nun von den blutigen Opfern auf die Trankopfer über, deren Vorkommen für das Fest der Wintersonnenwende schon der zu Herefordshire übliche Brauch, so lange das Feuer brannte, reichlich alten Cider zu trinken, bezeugte. Dieser heidnische Minnetrunk bewahrte aber nicht überall so eng seinen Zusammenhang mit dem Opferfeuer; in den weitaus meisten Fällen hat er sich vielmehr ganz davon los gelöst und als selbständiger Weihnachtsbrauch an einen der in diese Zeit fallenden kirchlichen Festtage angelehnt.

Seb. Franck schreibt in dem Weltbuch: ‚Am dritten tag darnach begeht man S.˙ Johans fest, da trinckt jederman S. Johans segen, das ist, ein gesegneter Wein ob Altar, darausz man Kügele machet fürs Wetter vnd schauwer, damit auch viel zauberey treiben. An diesem tag trincken die Männer die stärcke, die Frawen aber die schöne.'[1]) Dieselben Wunderkräfte wissen auch Thomas Naogeorgus, Burkhardt Waldis und Strigenitius von dem Johannissegen zu rühmen[2]); andere Schriftsteller dagegen lassen ihn vornehmlich als Schutz gegen Gift getrunken werden. So heisst es z. B. bei Nicolaus Gryse: ‚An S. Johannis dage in den Wynachten, segenet men den Wyn ock affgödischer wyse dorch miszbrukinge des H. Namen Gades vnd gifft vor, dat solcker in gesegender Wyn dorch de vorbede Johannis vor allen vorgifft denen, vnd nicht alleine dem Lyue sondern ock der Seelen Salichet eines Minschen, de en drincket, schal heylsam syn. Hyrby leth men dat jar gudt syn, deit also einen valet drunck, vnd des nyen thokamenden jares wilkamen Söpe, also drincken de vorflökeden Lüde S. Johannis Segen.'[3])

---

[1]) Seb. Franck, Weltbuch. 1567. Theil I. f. 132. Eine ganz ähnliche Stelle in einer schwäb. Hdschrft. des 16./17. Jhdts. bei Birlinger, Aus Schwaben. II. s. 158.

[2]) Thom. Naogeorgus, Regnum Papisticum. Basel 1553. Lib. IV. s. 133; Burkhardt Waldis (16. Jhdt.), Papistisches Reich. 3, 5; Weimar. Jahrb. VI. 28; Zingerle, Johannissegen und Gertrudenminne. s. 191 fg.; Strigenitius. Part. III. f. 147.

[3]) Nic. Gryse, Spegel des antichr. Pawestdoms. 1593. De I. Bede. Vgl. weiter darüber Matthesius, Von der Sündfluth. p. 394; Petrus Mosellanus, Paedolog. Dialog. XXIV; Fibiger, De Poculo S. Joannis, quod vulgo appellant S. Johannis-Trunck. Lipsiae 1675. § 30, 59, 74. — Grimm citiert D. M.² s. 55. Anm. 1: Thomasius, De Poculo s. Johannis vulgo Johannistrunk. Lips. 1675. Es kann dies nur eine Verwechslung mit der oben angeführten Schrift Fibigers sein, welcher dieselbe als Dissertation schrieb ‚Praeside Viro amplissimo atque excellentissimo, Dr. M. Jacobo Thomasio' etc.

Noch andere Berichte besagen, dass der Johannissegen auch auf das Gedeihen des Viehstandes und des in den Fässern liegenden Weines von grossem Einfluss war. Gretser (Oper. omn. Tom. I. 201 a.) erzählt: ‚Nec desunt qui inde etiam in alia vini dolia, veneficiorum avertendorum gratia, aliquid huius consecrati vini infundant. Nec eventus pietatem proborumque exspectationem fallere solet.'[1]) Schmeller bringt (aus Schîr. 123. f.) die Stelle bei: ‚Qui in die S. Johannis Ev. de amore S. Johannis faciunt pisturam pro pecoribus.'[2]) und Fibiger endlich berichtet darüber in seiner Schrift ‚De Poculo S. Joannis': ‚Enimvero sic opinantur, maxime valere hoc poculum adversus veneni quodcunque genus, atque adeo non homini tantum, sed et pecori esse salutare. Ergo si bovem aut vaccam laedi contingat morsu mustelae (nocivus autem hic est vitae) vinum Joanneum pecori pro remedio esse credunt. Quin et vini ac cerevisiae cupis ex eo nonnihil infundunt, quo tum veneficae arceantur tum acessere liquor prohibeatur.' Bemerkenswerth ist, dass nach demselben Schriftsteller zu dem Johannistrunk nicht eben Wein nöthig war, sondern auch Bier verwandt werden durfte, welches dann ebenso wie der Wein von der Menge zum Altar gebracht und dort geweiht wurde. Wie hoch man aber die Heilkraft dieses Trankes schätzte, ist aus der sehr verbreiteten Redensart: ‚An Johannis Segen ist alles gelegen.' am besten zu ersehen.[3])

Nach den bisher beigebrachten Zeugnissen möchte es den Anschein haben, als wäre nur der am S. Johannistage kirchlich geweihte Becher als Johannissegen getrunken worden, und als habe man nur ihm diese zauberwirkenden Kräfte zugeschrieben. Dem ist aber nicht also. Auch ohne den kirchlichen Segen trank man an diesem Tage S. Johanns Minne und erwartete davon dieselben Vortheile wie von dem durch den Priester geweihten Wein. Diese profanen Johannistrünke arteten dann meistens in arge Saufgelage aus, in denen sich mancher, wie Fibiger bemerkt, dem lieben

---

[1]) Zingerle, Johannissegen. s. 179. Anm. 6.
[2]) Schmeller, Bair. Wörterb. 2. Aufl. I. s. 1618.
[3]) Fibiger, De Poculo S. Joannis. § 7. § 18. § 6. Weitere Nachweise über das Vorkommen und die Verbreitung des Johannistrunkes im 15.—18. Jahrhundert siehe bei: Fibiger a. a. O.; Hildebrand, De Diebus Festis. Helmstadi 1701. s. 33. § 8; Zingerle, Johannissegen und Gertrudenminne a. a. O.; Grimm, D. M.² s. 55 und Nachtrag; Schmeller, Bair. Wörterb. 2. Aufl. I. s. 1206, 1617. Eine Geschichte vom Johannistrunk und Segen hat Joh. Pauli, Schimpff vnd Ernst. Franckfort 1544. I. Theil. f. LXXXIV. b. Nr. CCCCLVI. und danach Hans Sachs, Ausgabe von K. Goedeke und J. Tittmann. I. Bd. Lpzg. 1870. s. 287. Nr. 142.

Heiligen zu Ehren den Tod trank. Ja die Völlerei und Schwelgerei war so gross, dass Gelehrte des 16. und 17. Jahrhunderts alles Ernstes glaubten, das Weihnachtsfest habe davon seinen Namen erhalten und müsse eigentlich Weinnacht geschrieben werden. Daneben kam es auch vor, dass grössere Mengen Weins in die Kirche gebracht und dort geweiht wurden, worauf dann das Gelage am Abend ganz in geweihtem Wein abgehalten wurde.[1])

Die Sitte des Johannistrunkes hat sich bis in unsere Zeit hinein in Schwaben, Baiern, Vorarlberg, Tirol, Salzburg, Kärnthen, Steiermark, Oesterreich, Böhmen, Hessen, im Hildesheimschen und in England erhalten[2]), und fast überall erwartet man von dem Genuss desselben noch heute dieselben Wirkungen wie drei und vier Jahrhunderte vorher. Die wettervertreibende Macht des Johannissegens spricht sich in dem Tiroler und bairischen Volksglauben aus, dass den Trinker desselben der Blitz nicht erschlagen könne. Denselben Grund hat es, wenn man in Lichtensee in Niederbaiern die in die Mitte eines jeden Ackers gesteckten Antlasskreuze mit Johanniswein begoss, und in Loching in Oberbaiern ein rothes Gründonnerstagsei, ein Kränzl, geweihtes Salz, alles mit einigen Tropfen Johanniswein besprengt, in ein Päckchen zusammenband, in die erste Garbe legte und, wenn abgedroschen war, ins Ofenfeuer warf.[3])

Nicht minder wird der Johannissegen wegen seiner guten Einwirkungen auf das Gedeihen des Weins hoch in Ehren gehalten. So trinkt man in der bairischen Rheinpfalz den Gehannswein einmal, um den Wein im Fasse vor Schaden zu bewahren, dass namentlich die Hexen ihn nicht verunreinigen, dann aber, damit das nächste Jahr der Herbst gut gerathe. Im Nassauischen schüttet der Winzer den Johanniswein als letzten Aufguss zu dem jungen Wein in das Fass, damit ein Segen das Fass schliesse und den edlen Stoff behüte. In Kärnthen giesst der Wirth Johannissegen in das Fass, aus dem ausgeschenkt wird. In anderen Gegenden Süddeutschlands geht der Hausvater nach dem feierlichen Rund-

---

[1]) Fibiger, De Poculo S. Joannis. § 6, 8, 11, 29.
[2]) Meier, Schwäb. Sag. s. 467; Birlinger, Volksth. II. s. 111 fg.; Bavaria. I. 387, 398; Leoprechting. s. 211. Nr. 27; Quitzmann. s. 250; Vonbun, Beiträge. s. 133; Zingerle, Tiroler Sitten. Nr. 924—928; Carinthia, Zeitschr. für Vaterlandskunde in Kärnthen. 63. Jahrgang. Klagenfurt 1873. s. 268; Pritz, Ueberbleibsel. s. 62; Grimm, D. M.² s. 55; Seifart, Hildesheim. Sag. II. 192; Kuhn, Westfäl. Sag. II. s. 102. Nr. 314 ᵇ; Zingerle, Johannissegen und Gertrudenminne. s. 177; Rosegger, Sittenbilder. s. 61, s. 168—171; Kehrein, Volkssprache und Volkssitte. II. s. 202; Wuttke, Volksaberglaube. 2. Aufl. § 194. 567. 629. 669.
[3]) Zingerle, Sitten. Nr. 926; Panzer, Beiträge. II. 207. 362, 212. 379.

tranke in den Keller und schüttet dort unter Gebet oder mit Hersagung der Formel:

,Am Johannissegen
Ist alles gelegen.'

in jedes Fass einige Tropfen des gesegneten Weins. Dadurch soll das Böse vom Keller abgehalten und das zu rasche Ausgehen oder Verderben des Weins verhindert werden.[1])

Ganz allgemein herrscht endlich noch heute der Glaube, dass der Genuss dieses Weines vor allen möglichen Gefahren und Krankheiten schütze. In Oberbaiern z. B. lassen sich die Bauern am Tage S. Johannis, des Evangelisten, ausser dem sofort getrunkenen noch zum Privatgebrauche Wein weihen, den sie dann während des Jahres als Arznei bei jeder Erkrankung trinken. Im steirischen Oberlande sagt man: der Johanniswein mache die Glieder stark und schütze vor dem Taubwerden; bei den Kindern fördere er das Wachsthum, bei Mann und Frau heile er die Gicht; der Greis, der ihn trinke, bedürfe des Stabes nicht. Vorzüglich spricht sich dies aber darin aus, dass bei dem Rundtrank selbst das Kind in der Wiege etwas von dem heiligen Getränk kosten muss, damit jedes Mitglied des Hauses der heilkräftigen Wirkungen des Johannisweines theilhaftig werde.[2])

Aus alle dem erhellt, dass sich der Brauch des Johannistrunkes seinem ganzen Wesen nach in den letzten vier Jahrhunderten in nichts geändert hat, und dies lässt wieder darauf zurückschliessen, dass er schon in noch ferner liegenden Zeiten dieselbe Gestalt hatte. Christlichen Ursprungs kann er nicht sein, denn gesetzt auch, dass sich die Sitte mit der späten Legende von dem Giftbecher, den der Apostel Johannes geleert haben soll, nothdürftig in Zusammenhang bringen liesse, wie wäre dann die überall in den Vordergrund tretende Beziehung der Johannisminne zu Weinbau. Witterung, Ernte, Viehzucht und dem Wohl der Menschheit zu erklären? Wir haben uns deshalb nach einer anderen Deutung umzusehen, und wir werden dieselbe finden, wenn wir uns die grosse Verwandtschaft zwischen Johannissegen und Martinsminne vergegenwärtigen.

Beider Genuss wirkt gedeihlich auf den Wein ein, Hatte dieser Glaube bei der Martinsminne die Entstehung des Ammen-

---

[1]) Bavaria. IV, 2, 393; Carinthia. 63. Jahrgang. s. 268; Zingerle, Johannissegen. s. 179; Kehrein, Volkssprache und Volkssitte. II. s. 202.

[2]) Bavaria. I. 1, s. 387; Birlinger, Volksth. II. s. 110; Rosegger, Sittenbilder. s. 170; Wuttke, Volksaberglaube. 2. Aufl. § 194.

märchens zur Folge, dass in der Martinsnacht alle Wasser zu Wein würden:
‚Marteine, Marteine,
Mach alle Wasser zu Weine.'
so findet sich dieselbe Anschauung auch bei dem Minnetrunk zur Weihnachtszeit wieder. Schon Sebastian Franck (Weltbuch. 1567. f. 132) weiss zu berichten: ‚Vnd haben dise (weih)nacht so für heilig, daz etlich beredt seind, alle brunnen werden diesen augenblick so Christus geborn sey, auff dise nacht zu wein, vnd in eim huy wider zu wasser‘, und derselbe Glaube findet sich noch heute allgemein über ganz Deutschland hin verbreitet.[1]) Sowohl die Martinsminne wie der Johannissegen verleihen den Männern Kraft und den Weibern Schönheit; beide bergen in sich zauberische, alle Uebel und Krankheiten vertreibende Kräfte, so dass man selbst die Kinder in der Wiege davon geniessen lässt; beide endlich nahm die Kirche, um sie zu sanctionieren und dadurch unschädlich zu machen, in ihre Hand und liess sie von ihren Priestern austheilen. Nun war, wie wir früher sahen, die Martinsminne unbedingt als altes heidnisches Trankopfer anzusehen, folglich werden wir ein Gleiches auch bei dem Johannissegen anzunehmen haben, und wie die Martinsminne nicht von dem Erntefeuer und Opfer, so wird auch der Johannissegen nicht von dem Mittwinterfeuer und Opfer getrennt werden dürfen.

Ist unsere Deutung des Johannissegens die richtige, so würde darauf wenig Gewicht zu legen sein, dass diesem Minnetrunk im Laufe der Zeit der Name S. Johannis-Segen beigelegt wurde. Den Namen empfing der Brauch eben nur von dem Tage, auf den seine Ausübung von der Kirche verlegt war; denn dass die Kirche bei der Wahl dieses Tages sich nicht von tiefer liegenden Gründen leiten liess, geht daraus hervor, dass neben der kirchlichen Austheilung des heiligen Weines am Johannistag für alle germanischen Stämme auch eine Austheilung am Stephanstag nachweisbar ist, die sogenannte Stephansminne. Schon Karl der Grosse wendet sich gegen dieselbe (Schannat, Conc. Germ. I. p. 286. cap. III. anni 789): ‚Omnino prohibendum est omnibus ebrietatis malum et istas conjurationes, quas faciunt per S. Stefanum aut per nos aut per filios nostros prohibemus.'[2]) Für Süddeutschland bezeugt uns diesen Brauch Jesuwald Pickhart (d. h. Fischart) (Bienenkorb. I. cap. II. p. 63): ‚Zu Freuburg in Preiszgau bey den Johanniten an einem silbernen Kettlin ein Stein, darmit S.

---
[1]) Vgl. von älteren Zeugnissen nur Thom. Naogeorgus, Regn. Pap. Lib. IV. s. 131; Praetorius, Weihnachtsfratzen. s. 3—16; Chemn. Rockenphil. I. 55.
[2]) Zingerle, Johannissegen. s. 197.

Stephan gesteiniget ward: denselben legt man jährlich an S. Stephanstag in einen Kelch, geusst Wein darüber, gibt dem opfernden Volck darab zu trincken, das heisst für S. Johanns-Segen S. Stephanswein, soll für die Baermutter gut seyn.'[1]) Auch Dahn erzählt in der Bavaria von Weinweihen, welche in Niederbaiern am Stephanstage stattfanden, von welchem Wein dann ein Theil zur Beförderung der Fruchtbarkeit auf die Felder gesprengt wurde.[2]) In Westfalen nannte man, unzweifelhaft in der Erinnerung an das Ausschenken der Stephansminne, den Stephanstag sonst Sûp-Steffens-Dach.[3]) Den schwedischen Brauch endlich bezeugt uns das Lexicon Mythologicum von Finn Magnusen: ‚Alioqui in Suecia solenniter ebibitur cantharus vel poculum Stephani, Staffanskanna vel minne.'[4])

Die Wesensgleichheit zwischen Stephansminne und Johannissegen liegt auf der Hand. Wollte man nun mit J. Zingerle[5]) annehmen, dass der Johannistag mit Absicht von der katholischen Kirche zur Austheilung des heidnischen Minnetrunkes ausgewählt sei, weil die Person des Johannes dem Gott, welchem die heidnischen Germanen bei der feierlichen Begehung der Wintersonnenwende die Minne zutranken, in vielen Stücken ähnlich gewesen sei, so müste eine gleiche Absicht auch der Verlegung des Minnetrunkes auf den Stephanstag untergeschoben werden. Da aber der Apostel Johannes weder in seinem Charakter, noch in seiner Lebensgeschichte, noch in seiner Legende mit dem heiligen Stephan irgend einen auffälligen Zug gemeinsam hat, so können unmöglich beide als Ersatz für einen und denselben Gott von der Kirche hingestellt worden sein. Wir bleiben also dabei: Aus der Sitte des Johannissegens und der Stephansminne wird uns zwar über das bei dem Mittwinterfest dargebrachte Trankopfer schlechthin genügender Aufschluss gegeben, aber nicht über den Namen seines Empfängers.

Wichtig sind diejenigen Bräuche, in denen die heidnische Sitte des Minnetrunkes sich von der Beeinflussung der Kirche frei erhalten hat. Im Erzgebirge wähnt man grosse Stärke zu erlangen, wenn man am Weihnachtsabend viel Bier trinkt.[6]) Weist uns dieser Glaube darauf hin, dass im Heidenthume statt des fremdländischen Weines heimisches Bier zum Minnetrunk verwendet

---

[1]) Fibiger, De Poculo S. Joannis. § 50.
[2]) Bavaria. I, 2, 1002.
[3]) Kuhn, Westf. Sag. II. s. 102. Nr. 314 b.
[4]) Finn Magnusen, Lex. Myth. s. 1053; vgl. Wolf, Btrg. I. 125.
[5]) Zingerle, Johannissegen und Gertrudenminne.
[6]) Wuttke, Volksaberglaube. 2. Aufl. § 455.

wurde, so hat sich in anderen Bräuchen die Erinnerung an die Weissagungen erhalten, welche aus dem heiligen Opfergetränk angestellt wurden. In Schwaben, Baden und der Rheinpfalz stellen die Leute in der heiligen Nacht einen Schoppen Wein auf. Läuft derselbe um Mitternacht über, so giebt es ein gutes Weinjahr; im anderen Falle hat man nicht gerade die günstigsten Hoffnungen.[1])

Wie heidnisch nämlich dergleichen Orakel sind, ersehen wir aus dem Bericht des Saxo Grammaticus, welcher erzählt, des rügischen Gottes Swantowit Bildsäule habe in der rechten Hand ein Horn gehalten, ‚quod sacerdos sacrorum eius peritus annuatim mero perfundere consueverat, ex ipso liquoris habitu sequentis anni copias prospecturus.... Postero die populo prae foribus excubante detracto simulacro poculum curiosius speculatus, si quid ex inditi liquoris mensura substractum fuisset, ad sequentis anni inopiam pertinere putabat. Si nihil ex consuetae foecunditatis habitu diminutum vidisset, ventura agrorum ubertatis tempora praedicabat.' Der Wein wurde sodann ausgeschüttet und dem Horn Wasser eingegossen.[2])

Die Weihnachtsfeuer, die Thier- und die Trankopfer, welche bei dem Mittwinterfest dargebracht wurden, alles lehrte, dass wir es bei dieser Jahresfeier mit einem Fest zu thun haben, welches, wie die im Eingang dieses Paragraphen angeführten Stellen aus der Ynglinga Saga und der Olafs helga Saga besagten, ‚til gróðrar‘, pro feracitate, gefeiert wurde. Sollte trotzdem noch ein Zweifel vorhanden sein, dass wir es hier nicht mit einem solchen Opferfest zu thun hätten, so muss er durch folgende Berichte über Opfer von Feldfrüchten bei dem Fest der Wintersonnenwende gelöst werden. In Schwaben, und ganz ähnlich auch in Schlesien und dem Erzgebirge, nimmt man in der Christnacht um zwölf Uhr zwölf Mässchen von jeder Fruchtsorte, misst sie vorher genau und thut dies des andern Morgens wieder, so kann man sehen, je nach dem in einem mehr oder weniger ist, ob die Frucht das Jahr über wohlfeil oder theuer wird.[3]) An anderen Orten des Erzgebirges und im Voigtlande macht man, um zu erfahren, **welches Getreide im nächsten Jahre am besten gerathen wird**, am Silvesterabend in eine Schüssel mit etwas Wasser neun Fächer durch Stäbchen und schüttet verschiedene Getreidearten in dieselben.

---

[1]) Birlinger, Aus Schwaben. I. s. 382; Grimm, D. M. Aberglaube. Nr. 590; Bavaria. IV, 2, 378.

[2]) Grimm, D. M.² s. 558.

[3]) Birlinger in Wolfs Ztschrft. IV. s. 48. Nr. 22; Wuttke, Volksaberglaube. 2. Aufl. § 329; Peter, Volksth. II. s. 260.

Welches Getreide am andern Morgen am meisten gequollen ist, oder die meisten Luftperlen hat, wird am besten gedeihen.¹)

Diese Orakel vergleichen sich ganz den Prophezeiungen, welche man aus dem Opferwein anstellte, und lassen daher mit Bestimmtheit auf ein ehemaliges Kornopfer zurückschliessen. Daneben sind uns aber auch Bräuche überkommen, welche noch geradezu die Erinnerung an dies Opfer erhalten haben. Zu Leblang in Siebenbürgen hebt man die erste Garbe auf und giebt sie am Neujahrsmorgen den Vögeln des Himmels.²) In Süddeutschland streut man bis heute in einigen Gegenden in der Christnacht Getreide für die Vögel auf das Hausdach oder stellt ihnen eine ungedroschene Garbe auf die Stange vors Haus.³) In Oesterreich. Schlesien setzt der Bauer je einen Teller voll von seinen Feldfrüchten auf den Tisch, auf dass das Christkind sie segne und ihm im nächsten Jahre eine reichliche Ernte verleihe.⁴) In der Mark Brandenburg und in Westfalen sagt man den Kindern, der heilige Christ komme auf einem Schimmel geritten, und wirft deshalb Heu und Hafer als Futter vor die Thüre.⁵) In Limburg und Brabant und ebenso im Niederrheinischen und in Vorarlberg ist an die Stelle des heiligen Christ S. Nicolaus getreten. Da putzen nun die Kinder an dessen Abend selbst ihre Schuhe und stellen sie am Schornstein oder Heerd auf, damit der Heilige bei seiner nächtlichen Luftfahrt etwas hineinwerfe. Sie sorgen auch, dass Hafer und Heu in den Schuhen stecke, welches für sein Pferd oder seinen Esel bestimmt ist.⁶) Aus Skandinavien wird uns berichtet: „Juleaften

---

¹) Wuttke, Volksaberglaube. 2. Aufl. § 329. Verwandt und vielleicht nur abgeleitet davon ist der alte und noch heute fast allgemein verbreitete Brauch in der Weihnachtszeit aus mit Salz gefüllten Zwiebelschalen vorher zu sagen, welche Witterung im kommenden Jahre sein wird, und welche Todesfälle die Familie treffen werden: vgl. dazu Grimm, D. M². s. 1072; Aberglaube. Nr. 1081; Witzschel, Sitten. s. 8. Nr. 27; Engelien und Lahn, Der Volksmund in der Mark. s. 240. Nr. 53; Wuttke, Volksaberglaube. 2. Aufl. § 329, 330; Peter, Volksth. II. s. 261; Bavaria. II, 1, 312; III, 1, 308. 342; IV, 2, 378; Schuster, Deutsche Myth. aus siebenb.-sächs. Quellen. s. 443; Kehrein, Volkssprache u. Volkssitte. II. s. 252. 16; den Beleg des Brauches für Preuss. Schlesien verdanke ich Herrn Prof. K. Weinhold.

²) G. A. Heinrich, Agrar. Sitten. s. 19.

³) Zingerle, Johannissegen. s. 200; Birlinger, Volksthüml. II. 8; Rochholz, Deutscher Glaube. I. s. 322.

⁴) Peter, Volksth. II. s. 273.

⁵) Kuhn, Märk. Sag. s. 346; Westf. Sag. II. s. 102. Nr. 317; Wuttke². § 28.

⁶) J. M. Dautzenberger in Wolfs Ztschrft. I. s. 178; Wolf, Beiträge. II. s. 115; Vonbun, Sagen Vorarlbergs. s. 6 fg.

at sette trende kornbaand paa stöer under aaben himmel ved laden og fäehuset til spurrens föde, at de näste aar ikke skal giöre skade paa ageren Hiorthöi Gulbrands dalen', und noch heute ist dies stehender Bauernbrauch in Schweden.[1])

Bei dem süddeutschen, siebenbürgischen und skandinavischen Brauche ist natürlich nicht an ein altes Opfer für die Vögel zu denken, es war vielmehr, wie das unsere früheren Untersuchungen schon mehrfach zeigten[2]), ursprünglich ein Opfer für Wuotan, damit er die Saten vor Vogelfrass bewahre. Erst infolge jüngerer Verderbnis trat der Himmelsgott zurück, und es wurde an seine Stelle die schädigende Macht, vor der eigentlich das Opfer Schutz verleihen sollte, als Empfängerin der Gabe gesetzt.

Von dem der Gottheit zugeeigneten Korn entnahm der Landmann einen Theil und gab davon jedem Stück Vieh etwas zu fressen, damit dasselbe der Heilkraft des Opfers theilhaftig werde. So verstehe ich wenigstens folgende Bräuche: Nach Franz Wessels Schilderung des katholischen Gottesdienstes zu Stralsund bis zum Jahre 1523 (s. 4) fasteten die Bauersleute den Christabend, ‚beth dadt se de sternen ahm hemmel segen; so drogen se garuen in de koppele efte sus in de lucht, dadt se de windt, sne, rip efte sus de lucht beschinen konde. Dadt hetede men des morgens kindesvodt; dadt deelde men des morgen allem vth, schloch eine garue 2 efte 3 vth vndt gaf den swinen, koyen, enten, gensen, dad se alle des kindesvothes geneten scholdenn.' Nic. Gryse berichtet im Spegel des antichristischen Pawestdoms (Rostock 1593. De I. Bede): ‚An S. Steffens dage wyhet men nicht alleine dat water, sonderen ock den Hauer vnd allerley Korn, mit etlyken auergelöuischen gebeden vnd affgödischen Crützslegen in, vnd spricht, dat solckes an dissem dage ingesegendes korn, dem vehe krefftige stercke geue, mehr alse dat vngewyhede, vnd wenn ydt geseyet, sehr vele fruchte bringe, ock den Minschen de daruan ethen, Lyues vnd der Seelen gesundtheit mitdele.' Schon Gervasius von Tilbury schreibt um das Jahr 1200: ‚Apud antiquos majoris Britanniae inolevit, quod in nocte natalis Domini ponunt manipulum avenae sub dio, aut vasculum aliquod plenum avenae vel hordei, ut, si fortassis, ut assolet evenire, pestis mortifera coeperit alia tangere, ex illo vel hordeo vel avena, super quam asserunt rorem coelestem

---

[1]) Grimm, D. M². s. 635; Allgem. Augsburg. Ztg. 1858. Nr. 7; Rochholz, Deutscher Glaube und Brauch. I. s. 322.

[2]) Vgl. oben s. 74, s. 160. Anm. 4, s. 181.

nutu divino quotannis hora nativitatis Dei descendere.'¹) Selbst heute noch werden solche Bräuche in ganz Deutschland ausgeübt, und häufig gilt dabei als Erfordernis, dass dies Korn wenigstens in einer der heiligen Mittwinternächte unter freiem Himmel gelegen hat und von dem heilkräftigen Zwölftenthau befeuchtet worden ist. Vieh, welches von diesem Korne zum Futter erhält, bleibt das ganze Jahr über von Krankheiten und Seuchen verschont und wird gesund und stark. Wenn ein Thier aber nicht davon fressen will, so ist das ein schlimmes Anzeichen.²)

Neben dem eben besprochenen Garbenopfer für Wuotan, wurde bei dem Fest der Wintersonnenwende der Berchta, Frîa, Holda, ein Flachsopfer dargebracht und zwar ein Erstlingsopfer von dem neuen verarbeiteten Flachs. Den Beweis dafür brachten wir schon gelegentlich der Besprechung der Opfer, welche beim Flachsbau stattfanden, und verweise ich deshalb auf die dortigen Untersuchungen.³) Hier soll nur noch eine Stelle aus Praetorius' Weihnachtsfratzen Platz finden, welche nicht nur das Flachsopfer für die Holda zur Zeit der Zwölften gewis macht, sondern auch einen Spruch bietet, der sich den in der Erntezeit gesprochenen Gebeten in jeder Beziehung vergleicht. Es heisst dort: „Weiter wird auch berichtet, dasz die Frau Holla (oder Holda) im Weynachten anfange herüm zu ziehen. Derentwegen denn die Mägde ihren Rockenstiel auffs neue anlegen oder viel Werck, oder Flachs, herüm winden und die Nacht über stehen lassen. Soll nun die Frau Holla solches sehen: so soll sie sprechen:
So manches Haar,
So manches gutes Jahr!"⁴)

Ferner sei bemerkt, dass ausser den Erstlingen des verarbeiteten Flachses bei dem Mittwinterfest auch Leinsame geopfert worden sein muss. Im Sollinge greift nämlich die Hausfrau

---

¹) Liebrecht, Gervasius v. Tilbury. s. 2. cap. XII.
²) Wuttke, Volksaberglaube. 2. Aufl. § 78. 339. 685. 711; Bavaria. III, 1, 345; IV, 2, 377; Birlinger, Volksth. I. s. 466. 7; Leoprechting, Aus dem Lechrain. s. 208; Schuster, Deutsche Mythen. s. 445; Bartsch, Meklenb. Sag. II. Nr. 1179. 1180; Zingerle, Sitten. s. 128. Nr. 915; derselbe in Wolfs Ztschrft. III. s. 335; Witzschel, Sitten. s. 8. Nr. 13 u. 14; Kuhn und Schwartz, Nordd. Gebr. Nr. 137; J. Ehlers, Was die Alten meinen. s. 87; Handelmann, Nordelbische Weihnachten. s. 11. Zu Kicker im Kreise Naugard in Hinterpommern geht der Knecht am Silvesterabend zwischen 11 und 12 Uhr mit einem Bund Heu auf den Kirchthurm und reibt dasselbe dort an der grossen Glocke. Hernach giebt er davon den Pferden zu fressen und bewirkt dadurch, dass dieselben immer gesund und fett sind. (Mündl.)
³) Vgl. oben s. 208—205.
⁴) Praetorius, Saturnalien. s. 403.

am Christtage dreimal in einen Beutel mit Leinsamen und sät denselben an drei Stellen in einen Blumentopf. Der zuerst gesäte Flachs soll den Frühflachs, der zweite den Mittel- und der letzte den Spätflachs darstellen. Welcher nun von diesen dreien am besten aufgeht und am längsten ist, geräth auch im Laufe des Sommers am besten.[1]) Solche Bräuche, deren wir schon viele kennen zu lernen Gelegenheit hatten, führten uns immer auf Opfer zurück, folglich wird es auch diese westfälische Sitte thun, d. h., wir werden in dem Leinsamen, aus dem man auf die kommende Flachsernte zu weissagen verstand, ehemaligen Opferleinsamen zu erkennen haben.

Derselben Gottheit, der man in den Zwölften das Flachsopfer darbrachte, wurde auch ein Brot- und Kuchenopfer zugeeignet. Noch heute bäckt man in Oberbaiern der Berthe in dieser Zeit besondere Kuchen, um sie zu ehren oder ihre Strafe abzuwehren.[2]) Im Erzherzogthum Oesterreich ist an die Stelle der Erdgottheit das personificierte Element getreten. Man füttert dort die Erde, indem man ein kleines, in Daumenform gebackenes Brot vergräbt.[3])

Häufig hat unter kirchlichem Einfluss Berchta christlichen Heiligen weichen müssen. So stellt z. B. zu Rothenkirchen im Frankenwald der Bauer, ehe er zu Bette geht, am Dreikönigsabend einen Krug Wasser und einen Brotlaib auf den Tisch und ladet die heiligen drei Könige zu Gaste.[4]) Vor allem ist aber hier folgender Bericht Seb. Francks bedeutsam: ‚An der heiligen drey König tag bacht ein jeder Vatter ein guten leckkuchen oder letzälten, darnach er vermag vnd ein hauszgesind hat, grosz oder klein, vnd knidt im kneten ein pfenning darein, darnach schneidet er den gebacken leckkuchen in vil stück, gibt jedem ausz seinem hauszgesind eins. Item Christus, Maria vnd die heiligen drey König haben auch jre stück da, welche man von jrentwegen vmb Gotswillen gibt, wem nu disz stück wird, darinn der pfenning ist, der wirt von allen als ein König anerkant vnd erhaben, vnd dreymal mit Jubel in die höhe gehebt, der nimpt allmal ein kreid in die hand, macht ein Creutz an die Diln oder balcken im hausz vnd stuben, welche Creutz für vil vnglück vnd gespenst helffen sollen, werden auch in grosser obseruation gehalten.'[5])

---

[1]) A. Harland, Sagen und Mythen aus dem Sollinge. s. 83.
[2]) Wuttke, Volksaberglaube. 2. Aufl. § 25.
[3]) A. Baumgarten, Aus der Heimat. s. 42.
[4]) Bavaria. III, 1, 809.
[5]) Seb. Franck, Weltbuch 1567. Th. I. f. 50; vgl. auch Thom. Naogeorgus, Regnum Papisticum. 1553. Lib. IV. s. 134 fg. Noch heute hat sich dieser Brauch in der verbreiteten Silvestersitte des Bohnenkönigs erhalten.

Die Sitte, durch das Spiel mit dem Pfennig, d. h., also durch eine Art Loos, einen von den Theilnehmern am Opfer besonders auszuzeichnen, feierlich zum König auszurufen und ihm die Verpflichtung aufzulegen, durch das Vornehmen einer heiligen Handlung Haus und Hof vor jeglichem Unheil zu schützen, alles dies erinnert lebhaft an die Obliegenheiten des Hahnkönigs, welcher den Opferhahn zu tödten hatte, und des Schnitters und Dreschers der letzten Garbe und beweist auf das bestimmteste, dass wir es hier mit einem alten, heidnisch-germanischen Opferbrauch zu thun haben.

Selbstverständlich finden sich auch bei diesem Brotopfer die verschiedenen, dem germanischen Opfer eigenthümlichen Züge wieder. Von Weissagungen, welche aus dem Weihnachtsgebäck angestellt wurden, weiss schon Burchard von Worms († 1024) zu berichten; denn es heisst in seiner Decretensammlung (Colon. 1548. pag. 193ᶜ): ‚Vel si panes praedicta nocte (d. i. in der Neujahrsnacht) coquere fecisti tuo nomine: ut si bene elevarentur, et spissi et alti fierent, inde prosperitatem tuae vitae eo anno praevideres.'[1]) Solche Orakel aus dem Aufgehen des heiligen Brotteigs kennt auch die Chemnitzer Rockenphilosophie; ja im Voigtlande, am Niederrhein und in Oberbaiern werden sie noch heutigen Tages allgemein ausgeübt.[2])

Wenigstens ähnlich ist es, wenn man im Erzgebirge am Silvesterabend in ein frisches Brot ein Messer tief hineinsticht und, je nach dem es nach einiger Zeit feucht geworden oder trocken geblieben ist, ein nasses oder dürres Jahr vorhersagt.[3]) Für eine andere Art der Prophezeiung ist das älteste Zeugnis folgende Stelle aus einem Papiercodex des 14. Jahrhunderts zu St. Florian in Oberösterreich: ‚Item in der lesten rauchnacht (d. i. am Dreikönigsabend) tragent sy ain ganczen laib vnd ches umb das haus, vnd peissent darab. **Als manig pissen man tan hat, so vil schober wernt im auf dem veld.**'[4])

Weiter kann das Weihnachtsbrot darin seinen heidnischen Ursprung nicht verläugnen, dass ihm ganz aussergewöhnliche Kräfte beigemessen werden. Es verdirbt und schimmelt nicht und ist, **zumal wenn es vorher mit zauberkräftigem Christnachtsthau benetzt wurde**, ein treffliches Schutzmittel gegen die ver-

---

[1]) Grimm, D. M. Aberglaube. C.

[2]) Chemn. Rockenphil. III. 84; Wuttke, Volksaberglaube. 2. Aufl. § 300; Bavaria. I, 1, 387; Montanus. s. 18.

[3]) Wuttke.² § 329.

[4]) Grimm, D. M. Aberglaube. F. 33; vergl. auch Thom. Naogeorgus, Regnum Papisticum. 1553. Lib. IV. s. 135.

schiedensten Krankheiten bei Mensch und Vieh.[1]) Wirft man ein Weihnachtsbrot in ein Schadenfeuer, so stillt es den Brand (Franken)[2]), und giebt man davon während der Zwölften den einzelnen Stücken Vieh etwas unter das Futter gemengt, so werden die Thiere fruchtbar und bleiben das Jahr über gesund (Brandenburg, Meklenburg, Ostpreussen[3]) und Pommern[4]).

Recht werthvoll sind ferner folgende Zeugnisse. Franz Wessel berichtet in seiner Schilderung des katholischen Gottesdienstes in Stralsund vor der Einführung der Reformation von dem zu Neujahr gebackenen Brot: ‚Dadt nyejar dadt se backeden, dadt wart thom dele vorwaret beth de meyer meyen wolden, so ethen se daruan; meneden, se konden sick denne nen vordrot dhon'[5]) In Westfalen legt man von dem heiligen Festbrot auf den Flachsacker, damit derselbe fruchtbar werde.[6]) In Hessen sagt man, wer von dem am Stephanstage gebackenen Brot etwas geniesse, dem thue beim Fruchtschneiden der Rücken nicht weh.[7]) In Schweden endlich bewahrt man die zu Weihnachten gebackenen Stollen bis zur Säezeit auf. Dann nimmt man sie und mengt sie theils unter das auszustreuende Satkorn, theils giebt man sie den Feldarbeitern und Pflugochsen zum Essen, in Hoffnung einer glücklichen Ernte und persönlichen besseren Wohlseins und Gedeihens.[8])

Alle diese Bräuche bezeugen den engen Zusammenhang zwischen dem Brotopfer bei Aussat und Ernte und demjenigen, welches zu Mittwinter dargebracht wurde. Da nun jenes bestimmt der Erdgottheit zugeeignet wurde, so muss ein Gleiches auch mit diesem der Fall gewesen sein.

---

[1]) Birlinger, Aus Schwaben. I. s. 382; Kehrein, Volkssprache. II. s. 259. 116; Praetorius, Saturnalien nach Colerus, Calendarium Oecon. p. m. 251; Kuhn, Westf. Sag. II. Nr. 332; Wuttke, Volksaberglaube. 2. Aufl. § 78. 175; Liebrecht, Gervasius von Tilbury. s. 2. Cap. XII.; Chemn. Rockenphil. VI. 46; Peter, Volksth. II. s. 274. Auch in Pommern sind solche Bräuche bekannt. (Mündl.)

[2]) Bavaria. III, 1, 340.

[3]) Engelien und Lahn, Der Volksmund in der Mark. s. 239. Nr. 41; K. Bartsch, Mekl. Sag. II. Nr. 1253; Wuttke, Volksaberglaube. 2. Aufl. § 175.

[4]) Mündl. aus den Kreisen Cöslin und Bütow.

[5]) Fr. Wessel. ed. Zober. s. 4.

[6]) Kuhn, Westf. Sag. II. Nr. 332.

[7]) Kehrein, Volkssprache und Volkssitte. II. 116.

[8]) Mannhardt, Antike Wald- u. Feldkulte. s. 197.

Es bleibt uns jetzt nur noch die Besprechung des Speiseopfers beim Mittwinterfest übrig. Das älteste, hierher gehörige Zeugnis, welches sich in einer Predigt des heiligen Eligius (588—659) findet, lautet etwas unbestimmt: ‚Nullus in cal. Jan, nefanda aut ridiculosa, vetulas aut cervulos, aut jotticos, (al. ulerioticos) faciat, neque mensas super noctem componat, neque strenas aut bibitiones superfluas exerceat.'[1]) Ausführlicher lässt sich Burchard von Worms an mehreren Stellen seiner Decretensammlung darüber aus. Wir erwähnen folgende (pag. 193 c.): ‚Observasti calendas januarias ritu Paganorum, ut vel aliquid plus faceres propter novum annum, quam antea vel post soleres facere, ita dico, ut aut mensam tuam cum lapidibus vel epulis in domo tua praeparares eo tempore, aut per vicos et plateas cantores et choros duceres.' und (pag. 198 d): ‚Fecisti ut quaedam mulieres in quibusdam temporibus anni facere solent, ut in domo tua mensam praeparares et tuos cibos et potum cum tribus cultellis supra mensam poneres, ut si venissent tres illae sorores, quas antiqua posteritas et antiqua stultitia Parcas nominavit, ibi reficerentur. Et tulisti divinae pietati potestatem suam et nomen suum, et diabolo tradidisti, ita dico, ut crederes illas quas tu dicis esse sorores tibi posse aut hic aut in futuro prodesse.'[2])

Martin von Amberg erzählt in seinem Gewissenspiegel (Mitte des 13. Jahrh.), dass die Leute der ‚Percht mit der eisnen nasen an der Perchtnacht' Essen oder Trinken stehn lassen.[3]) Im Thesaurus Pauperum (Cod. Tegerns. 434. 15. Jahrh.) heisst es sub voce superstitio: ‚Multi credunt sacris noctibus inter natalem diem Christi et noctem Epiphaniae evenire ad domos suas quasdam mulieres, quibus praeest domina Perchta ... Multi in domibus in noctibus praedictis post coenam dimittunt panem et caseum, lac, carnes, ova, vinum et aquam et huiusmodi super mensas et coclearea, discos, ciphos, cultellos et similia propter visitationem Perhtae cum cohorte sua, ut eis complaceant ... ut inde sint eis propitii ad prosperitatem domus et negotiorum rerum temporalium.' Ueberhaupt finden sich bei einer Menge von Schriftstellern der älteren Zeit über solche Opfer Nachrichten, von denen eine grosse Anzahl von Schmeller in seinem bairischen Wörterbuch zusammengestellt ist.[4])

Diese uralte Sitte, der Berchta und ihrem Heer Speisen auf

---

[1]) Grimm, D. M. Aberglaube. A.
[2]) Burchard von Worms, Sammlung der Decrete. Colon. 1548; vergl. Grimm, D. M. Aberglaube. C.
[3]) Grimm, D. M.² s. 256.
[4]) Schmeller, Bair. Wörterb. 2. Aufl. I. s. 270 fg.

dem Tische stehen zu lassen, hat sich in vielen Gegenden Deutschlands bis auf den heutigen Tag uugeschwächt erhalten. In Kärnthen werden am Vorabend des heiligen Dreikönigstages Brot und gefüllte Nudeln (eine Milchspeise) für die Berchtl ausgesetzt. Kommt sie und isst davon, so wird es ein gutes Jahr. In Vordernberg in Ober-Steiermark stellt man Milch und Brot, von dem man jedoch zuvor selbst gegessen, für die Berschtl in das Vorhaus und verschliesst alle inneren Thüren. Am Morgen ist dann Milch und Brot verschwunden. In anderen Gegenden derselben Landschaft lässt man für die Persteln etwas Speise zurück, damit sie einem nichts zu Leide thun.[1])

Auch in Tirol war es noch vor nicht langer Zeit eine ziemlich allgemein verbreitete Sitte, am Gömnacht- oder Gebnachtabend, dem Vorabend des heiligen Dreikönigstages oder am heiligen Christabend etwas von der Nachtmahlzeit auf dem Tische stehen zu lassen, damit während des Schlafes der Hausgenossen die Prechtl (die Perchtl, Stampa, Sanga) mit ihrer Kinderschar sich daran erletze und erlabe, oder dass damit die Elemente gefüttert würden. Zu diesem Behufe setzte man früher häufig die Speisereste, welche vorzugsweise aus Nudeln bestanden, auf die Hausdächer, oder man verbrannte sie im Feuer, vergrub sie in die Erde, warf sie in den Brunnen.[2]) In Berchtesgaden stellt man der Frau Berchten über Nacht einen Krapfen auf den Ofen, und in Mühldorf in Oberbaiern war es sonst gebräuchlich in der Nacht der heiligen drei Könige für die Frau Bert Kücheln auf den Tisch zu legen.[3])

Sehr beachtenswerth ist es, dass fast überall die Gerichte, von denen die Berchta einen Theil als Opfer empfängt, durch das Herkommen fest bestimmt sind. In den meisten Gegenden Deutschlands müssen dieselben nämlich aus Mehlspeisen oder Gemüse und Fischen bestehen (besonders häufig werden Hirsebrei und Heringe genannt). Die Erklärung dafür hat schon E. Sommer in trefflicher Weise gegeben. Er sagt: ‚Wie es scheint, muss etwas aus dem Wasser und etwas von den Früchten des Feldes genossen werden,

---

[1]) M. Lexer in Wolfs Zeitschrift. IV. s. 300; K. Weinhold, Weihnachtsspiele. s. 25; Schmeller, Bair. Wörterb. 2. Aufl. I. s. 271.

[2]) Alpenburg, Myth. und Sag. Tirols. s. 48, s. 63. 1; Zingerle, Sagen aus Tirol. s. 410. III, 411. IV, 465. 1101; Zingerle, Sitten. s. 81 Nr. 660 fg., s. 120. Nr. 863; derselbe in Wolfs Zeitschrift. III. s. 205; Waldfreund in Wolfs Zeitschrift. III. s. 334, 335.

[3]) Schmeller, Bair. Wörterb. 2. Aufl. I. s. 271; Panzer, Beitr. I. s. 247, Nr. 278; Bavaria. III, 2, 941. Anm. 1.

weil Berchta wie die verwandten Göttinnen sowohl über die Seen gebietet als die Felder befruchtet'[1]); und wie sehr Sommer mit dieser Deutung das Richtige getroffen hat, erhellt daraus, dass sich wirklich die Verehrung der Berchta als Quellengottheit zu Mittwinter nachweisen lässt.

Schon in einer Handschrift des 14. Jahrhunderts, aus der Bibliothek zu S. Florian in Oberösterreich heisst es: ‚Item an dem weihnachtabend noch an dem rauchen so messent die lewt 9 leffl wasser in ain hefen, vnd lassent es sten vncz an den tag vnd messent herwider auf. Ist sein mynner das dy mass nicht gancz ist, so chumpt es des jars in armüt. Ist sy gancz so pestet es. Ist sein aber mer, so wirt es vberflussikleich reich.'[2]) Das Vorkommen dieses Brauches wird uns für das 16. und 17. Jahrhundert durch J. Colerus und Praetorius bezeugt,[3]) und selbst heute noch lebt er in ungeschwächter Alterthümlichkeit in Tirol, Böhmen, dem Erzgebirge und dem Voigtland fort.[4])

Von den andern mannigfaltigen Weissagungen, welche in den Zwölften aus dem Wasser angestellt werden, wollen wir nur die in Franken und der Oberpfalz übliche Sitte erwähnen, in der Christnacht Wasser gefrieren zu lassen und aus den Eisfiguren den Beruf des künftigen Gatten zu deuten. Auch des böhmischen Volksglaubens möge gedacht werden, welcher denjenigen, der am Tage der heiligen drei Könige im Flusse badet, das ganze Jahr über gesund bleiben lässt und dem um Mitternacht an diesem Festtage geschöpften Wasser grosse Heilkraft zuschreibt.[5])

Wir sehen, dass diese Zauberkräfte, welche dem Zwölftenwasser beigemessen werden, sich ganz denen vergleichen, welche man dem Quellwasser bei Mai- und Hagelfeier zuschreibt. Wie bei diesen Festen fehlen denn auch bei dem Mittwinterfest nicht Zeugnisse für Opfergaben, die in die Quellen und Brunnen geworfen wurden. In Böhmen und Mähren legt man am heiligen Abend von jeder Speise einen Löffel voll auf einen besonderen Teller und wirft das nach dem Essen in den Brunnen, indem man spricht: ‚Brünnlein, ge-

---

[1]) Sommer, Sag. aus Thüringen. s. 182.
[2]) Grimm, D. M. Aberglaube. F. Nr. 43.
[3]) J. Colerus, Calendarium Oeconomicum et Perpetuum. Wittenberg 1591; Praetorius, Saturnalien. Leipzig 1663. s. 407.
[4]) Zingerle in Wolfs Zeitschrift. II. s. 421. Nr. 63; V. Grohmann, Abergl. aus Böhmen. 51; Spiess, Abergl. d. sächs. Obererzgebirges. 23; Köhler, Volksbrauch im Voigtland. 363; Wuttke, Volksaberglaube. 2. Aufl. § 329.
[5]) Wuttke, Volksaberglaube. 2. Aufl. § 346. § 79.

niess mit uns das Festmahl, aber dafür gieb uns Wasser in Fülle.'[1]) In Oesterr. Schlesien wirft man an demselben Abend Honig in den Brunnen, um dadurch das Wasser vor Fäulnis zu schützen. Auch giebt dort der Müller dem Wassermann, der sich im Bache aufhält, von den Speisen seines Tisches, damit er ihm im Laufe des Jahres das Wehr nicht durchbreche.[2]) In Meklenburg und Schwaben legt der Hauswirth am Weihnachtsmorgen eine kleine Silbermünze in die Tränke, damit das Vieh im neuen Jahre ein gutes Gedeihen habe.[3]) Im Mümpelgarder Lande im Elsass stellte früher derjenige, welcher in der Mitternacht von Silvester auf Neujahr zuerst zum Brunnen kam, auf den Brunnenstock eine frisch gebackene Waffel, in der sich ein Bündel Flachs befand.[4]) In Oesterreich endlich pflegt man am Weihnachtsfasttag (hie und da auch am Nicolaustag) ein längliches Brot zu backen und dann in die Hauslache zu werfen, um damit das Wasser zu füttern.[5])

Es ist lehrreich zu sehen, wie hier die Göttin im Laufe der Zeit ganz von ihrer ursprünglichen Höhe herabgesunken ist, so dass sie jetzt theilweise Wassergeist, theilweise zum personificierten Element geworden ist und das ihr gebührende heilige Opfer für eine Abfütterung des Wassers gilt. Denselben Entwicklungsgang können wir auch für die Berchta als Göttin der Fruchtbarkeit nachweisen. Nach den meisten und ältesten Berichten wird das Opfer entweder der Göttin (drei göttlichen Jungfrauen) allein oder der Göttin mit ihrem Heer dargebracht. Letzteres bestand aber aus den Nachtfrauen (elementaren Vegetationsgeistern) und den Seelen der Verstorbenen. Mit dem Schwinden des Heidenthums verblaste nun naturgemäss die Gestalt der Gottheit und ging nach und nach in die Schar der ihr untergeordneten Geister über, während diese aus demselben Grunde immer mehr göttliche Natur annahmen. Auf diese Weise ward aus der Berchta eine nachtfahrende Frau oder ein Schrätlein, d. i., eine im Sturm dahin brausende Seele; aus den nachtfahrenden Frauen und Seelen dagegen wurden Persteln.

So heisst es z. B. noch in einem oberdeutschen Beichtspiegel: ‚Also versünden sich ouch, die an der Perchtnacht der Percht

---

[1]) Grohmann, Abergl. a. Böhmen. 50; Wuttke[2]. § 429.
[2]) Peter, Volksth. II. s. 13. s. 274.
[3]) Bartsch, Meklenb. Sag. II. Nr. 1180, 1185; Birlinger, Aus Schwaben. l. s. 465. 1.
[4]) Stöber, Sag. d. Elsasses. s. 298. Nr. 231; vgl. oben s. 203 fg.
[5]) Baumgarten, Aus der Heimat. I. s. 31 fg.; Vernaleken, Mythen. s. 168. 3.

speiss opfernt und dem schretlein.'¹); in anderen Berichten hingegen wird nur noch von dem Opfer an die Schrätlein erzählt (Cod. Germ. Mon. 234. f. 152ᵇ, aus dem Jahre 1458): ‚Die am ersten jar monden des abentz ein tisch mit guter speiss seczen die nacht den schretelen.' — (Cod. Germ. Mon. 523. fol. 233): ‚Die am jahrsstag dez abentz ein tisch mit guter speyss setzen die nacht der schretlein.'²) u. s. w. Eine Weiterbildung dieser Sitte ist es, wenn man noch heute in Schlesien in der Christnacht den Tisch gedeckt lässt, damit die armen Seelen oder (in christlicher Umdeutung) die Engel kommen und davon speisen.³)

Es kann wohl kaum einen schlagenderen Beweis gegen die Richtigkeit der Annahmen Mannhardts über das Alter von Göttern, Dämonen und Vegetationsgeistern geben, als gerade diesen deutlichen Entwicklungsprozess, nach dem im Laufe der Jahrhunderte aus der mütterlichen Erdgottheit, der Berchta, Frîa, Holda, ein Vegetationsgeist, elbisches Wesen, Engel, Wassergeist, ja das personificierte Element selbst wurde.

Doch wir müssen von dieser kleinen Abschweifung noch einmal auf das Speiseopfer selbst zurückkommen, um die verschiedenen abergläubischen Vorstellungen, welche sich an Genuss, Ueberreste und Herstellung der heiligen Opferspeisen knüpften, des näheren zu betrachten. In Thüringen, dem Voigtland und Brandenburg sichert der Genuss von Heringen und Hirsebrei dem Essenden das ganze kommende Jahr Geld und Glück. Wenn man in Hessen in der Silvesternacht Weisskraut isst, so erhält man viel Geld, und isst man gelbe Rüben, so bekommt man Gold. Im Erzgebirge bewirkt der Genuss von sieben- oder neunerlei Speisen rothe Backen und Befreiung von Kopfschmerzen, auch verhindert er, dass das Geld im Hause ausgeht.⁴)

Je mehr man von solchen Speisen zu sich nimmt, in um so reicherem Masse wird man der verheissenen Glücksgüter theilhaftig, ein Glaube, welcher natürlicherweise die gröste Völlerei an jenen Festabenden zur Folge hat und die Ursache davon ist, dass der Weihnachts- und der Silvesterabend in vielen Gegenden Norddeutschlands die Vulbûksabende (Vollbauchsabende) heissen.⁵)

---

¹) v. d. Hagens Germania. I. 349, 356; II. 64.
²) Panzer, Btrg. II. s. 262. 2, 263. 3.
³) Peter, Volksth. II. s. 274; Weinhold, Weihnachtsspiele u. Lieder. s. 25.
⁴) Wuttke, Volksaberglaube. 2. Aufl. § 75, 76, 78, 126, 451, 632.
⁵) Wuttke². § 451, 461; Rosegger, Sittenbilder. s. 50; Handelmann, Nordelbische Weihnachten. s. 10; Fr. Wessel, ed. Zober. s. 23. Anm. 3.

Wer dagegen von den Festspeisen nur wenig geniesst, oder sie verachtet, zu dem kommt nach süd- und mitteldeutschem Volksglauben die Perchta oder Prechta, schlitzt ihm den Bauch auf, thut Heckerling hinein und näht dann mit Pflugschar statt der Nadel, mit Röhmkette statt des Zwirns den gemachten Schnitt zu.[1])

Wie alle Opferreste, so gelten auch die Ueberbleibsel des zu Mittwinter dargebrachten Speiseopfers für heilkräftige Talismane. Die Chemnitzer Rockenphilosophie schreibt: ‚Auf den Weyhnacht-Neujahrs- und H. 3 Königheiligabend soll man den Hünern den Ragen, den Kühen aber die Milch von den Heringen zu fressen geben, so geben diese viel Milch, und jene legen viel Eyer in diesem Jahre.'[2]) Noch heute erhalten die Ziegen im Erzgebirge am Christabend Heringsmilch und Heringsköpfe zu fressen; das schützt gegen Behexung und wirkt gute Milch. Im Voigtlande werden die Köpfe von den Christabends gegessenen Heringen durch die Augen an die Decke gespiesst und dann dem kranken oder kalbenden Vieh zu fressen gegeben.[3]) In Schlesien trägt das Mädchen am Weihnachtsabend die Gräten und andere Reste des Karpfens im Tischtuch ins Freie und schüttet sie an einem Kreuzwege aus, so wird sie in dem kommenden Jahre Braut. Auch ist es dort Sitte, die von dem Weihnachtsmahle übrig gebliebenen Fischgräten und Fruchtschalen an die Obstbäume zu legen, um deren Gedeihen zu fördern.[4])

Ganz ähnliche Kräfte wie den Fischen misst man den anderen Festspeisen bei. Im Zillerthal in Tirol herrscht der Glaube, dass das Schmalz, welches beim Backen der Krapfen und Küchel übrig bleibt, gegen Verhexung helfe. In Komotau in Böhmen legt man am heiligen Abend von den gegessenen Erbsen etwas in die vier Ecken der Stube, damit die Mäuse nicht überhand nehmen.[5]) Im Erzgebirge, Voigtland und in Westfalen füttert man am Weihnachtsabend oder zu Neujahr die Hühner mit Hirse, damit sie gut legen. In Meklenburg müssen selbst Hund und Katze von den Gerichten,

---

[1]) v. d. Hagen, Gesammtabenteuer. Nr. LIV. v. 13 fg.; Grimm, D. M.² s. 255 fg.; Aberglaube. Nr. 525; Deutsche Sagen. Nr. 268; Börner, Volkssagen a. d. Orlagau. s. 153; Schmeller, Bair. Wörterb. 2. Aufl. I. s. 269; Bavaria. I, 1, 365; Wuttke². § 25. Auf ähnlichem Aberglauben beruhen: Praetorius, Weiberphilosophie. s. 220. Canon 99; Chemnitzer Rockenphil. III. 94.

[2]) Chemn. Rockenphil. V. 41.

[3]) Wuttke². § 689. 75. 696. 700.

[4]) Wuttke². § 549; Peter, Volksthüml. II. s. 271; Weinhold, Weihnachtsspiele. s. 28.

[5]) Vernaleken, Mythen und Bräuche. s. 315. Nr. 42; Wuttke². § 432.

welche am Christabend auf den Tisch kommen, etwas erhalten.[1]) Auch an das über ganz Deutschland verbreitete Küssen, Schatzen und Gebrauchen der Obstbäume mit dem Teig oder den Ueberresten der Festklösse mag hier erinnert werden.[2])

Was endlich die Weissagungen aus dem Speiseopfer angeht, so sei es mit der Aufführung folgender Bräuche genug. Um Eisenerz in Obersteiermark wird am Berchtenabend den Dirnen die Berchtenmilch gegeben. Die Schüssel mit daran gelegten Löffeln wird stehen gelassen; deren Löffel herunter fällt, muss im angehenden Jahre sterben.[3]) Im Voigtland wickelt man am Christ- oder Silvesterabend neunerlei Speisenreste vom Abendbrot in eine Ecke des Tischtuchs, nimmt dies unter den Arm und klopft an einem Nachbarhause an den Fensterladen und horcht daran. Was man da hört wird wahr. In Böhmen gehen in der Christnacht die Mädchen losen. Sie legen das Tischtuch zusammen, gehen ins Freie und legen sich mit dem Kopf auf das Tuch. Hören sie läuten, so stirbt bald eins von ihnen, hören sie Musik, so heirathen sie bald. In Schlesien, Sachsen und dem Voigtland wirft man am Silvesterabend eine Heringsseele an die Decke. Bleibt sie da kleben, so kommt des Menschen Seele in den Himmel.[4])

Nachdem wir jetzt auch mit der Betrachtung des Speiseopfers zu Ende gekommen sind, wollen wir zum Schlusse noch einmal kurz einen Rückblick auf unsre Gesammtuntersuchung über das Mittwinterfest werfen. Das Ergebnis ist, dass das deutsche Wintersonnwendopfer ebenso wie das nordische ein Bittopfer ‚pro ubertate et feracitate' war. Darauf wies das dreifache blutige Opfer und der Minnetrunk, darauf wiesen die Getreide-, Flachs-, Brot- und Speiseopfer, darauf wies selbst das Feuer hin, welches behufs Darbringung des Opfers entlodert ward. Dasselbe besagen endlich auch die mannigfachen harten Strafen, welche demjenigen, der die heilige Zeit durch Arbeiten sündhaft entweiht, angedroht werden. Wer in den Zwölften spinnt, flickt, näht, drischt, Mist ausfährt oder andere Arbeiten verrichtet, dem geben die Obstbäume keine Frucht, kommen die Erdflöhe in den Flachs, verdirbt das Getreide und werden die Felder durch Wurmfrass heimgesucht, dem laufen Ungeziefer und Kröten in das Haus und Seuchen und Wölfe ver-

---

[1]) Wuttke², § 674; Bartsch, Mekl. Sag. II. Nr. 1181.
[2]) Vgl. oben s. 212. fg.
[3]) Weinhold, Weihnachtsspiele. s. 25; Wuttke². § 331.
[4]) Wuttke², § 341, 342; vgl. über solche Weissagungen auch § 352, 362—365, 375 u. s. w.

mindern ihm seinen Viehstand. Einem solchen Manne verkrüppelt das Vieh und wird mit Läusen behaftet; die jungen Zuchtkälber befällt der ‚Swymel‘, die Schafe werden grindig und lahm und die Hühner legen ihm das ganze Jahr hindurch keine Eier mehr.[1])

Wir ersehen daraus, dass das deutsche Mittwinteropfer ein grosses, wichtiges Opferfest gewesen sein muss. Diese seine Grösse und Wichtigkeit verdankt es aber wohl zumeist dem Umstand, dass bei ihm, als einem Opferfest pro ubertate et feracitate, nicht nur der Ackerbauer, sondern in gleichem Mass auch der Hirt, also unter den volkswirthschaftlichen Verhältnissen der heidnischen Germanen das ganze Volk, interessiert war.

---

[1]) Allgemein in Deutschland verbreiteter Volksglaube.

Capitel III.
Die auf die Viehzucht bezüglichen Opferbräuche.

§ 1. Opfer des einzelnen Hausstandes.[1])

Allgemein in Deutschland herrschte seit den ältesten Zeiten und herrscht theilweise noch jetzt der Glaube, dass jedes bäuerliche Gehöft einen Hausgeist habe. Das Geschäft dieser elbischen Wesen, welche unter dem Namen der Klabåtermänneken, Teufel, Kobolde, Chîmken, Woltercken, Drolle, Alfe, Schanholleken, Holen, Holden, Pûkse, Nisspûke, Barstucken etc. auftreten, sehr häufig aber auch in die Klasse der Erd- und Vegetationsgeister: der Zwerge, Querge, Erdmännle, Unnerêtzken (Unterirdischen) etc., der Norgge, Holzfräulein, Fänkenmännlein, Schrate, wilden Leute, seligen Fräulein u. s. w. übergehen und mit denselben sich völlig verschmelzen, besteht hauptsächlich darin, dass sie auf das eifrigste für das Wohl des Viehstandes sorgen. Der Hausgeist reinigt den Stall, besorgt die Fütterung, schneidet Häcksel, kurz er thut entweder alle Arbeit der Knechte selbst oder hilft denselben doch darin wesentlich. Wunderbar gedeiht der Viehstand des Bauern, dem solche Hilfe zu Theil wird, und er sucht deshalb auf alle Weise sich die Gunst seines Helfers ungetrübt zu erhalten.

Dies geschieht dadurch, dass man dem Hauskobold täglich ein Schüsselchen mit Speise an einen bestimmten Platz stellt und vornehmlich an den festlichen Zeiten des Jahres seiner mit dieser Opfergabe nicht vergisst.[2]) Allerdings sind die Zeugnisse, welche

---

[1]) Wir haben hier, weil die Sache nur ganz kurz berührt werden sollte, nicht zwischen dem Kultus des Herd- und Hofgeistes und dem Ahnenkultus geschieden, was bei einer genaueren Behandlung des Cultus des Hausgeistes unerlässlich gewesen wäre.

[2]) Kuhn u. Schwartz, Nordd. Sag. Nr. 17; Trog. Arnkiel, Cimbrische Heyden-Religion. I. Thl. cap. 8. § 24—29; Müllenhoff, Schlesw. Holst. Sag. Nr. 430. 433. 434. 437. 438. 446. 449. 451; Wolf, Niederl. Sag. Nr. 206. 209. 215. 216. 288. 478. 479. 481. 560; Kuhn, Märk. Sag. Nr. 43. 57. 98. 180; Westf.

wir für die Darbringung eines solchen Speiseopfers an den Hausgeist beibringen können, meistentheils nur der Volksüberlieferung entnommen, aber derselben muss ein historischer Kern zu Grunde liegen; denn hie und da in Deutschland wird selbst heute noch dieser Opferbrauch thatsächlich ausgeübt.

Eine willkommene Bestätigung dafür gewährt folgende Stelle in der Decretensammlung Burchards von Worms († 1024): ‚Fecisti pueriles arcus parvulos et puerorum suturalia, et projecisti sive in cellarium sive in horreum tuum, ut satyri vel pilosi cum eis ibi jocarentur, ut tibi aliorum bona comportarent et inde ditior fieres.'[1]) Zwar wird uns hier gerade kein Speiseopfer bezeugt, aber es geht doch aus diesem Bericht mit Bestimmtheit hervor, dass der deutsche Bauer im Heidenthum, falls er nicht der Beihilfe des Glück und Reichthum bringenden Hausgeistes verlustig gehen wollte, in jeder Hinsicht dessen vollkommen menschlich gedachte Bedürfnisse zu befriedigen verpflichtet war. Muste man nun nach dem heidnischen Volksglauben dem Kobold selbst für seine Mussestunden Zeitvertreib schaffen, so wird man es für ihn bei den täglichen Mahlzeiten an Speise und Trank gewis nicht haben fehlen lassen.

Die Opfergaben scheint man vor einem Idol des Hausgeistes, welches an heiliger Stätte im Hause aufgestellt war, niedergelegt zu haben. Denn wenn auch sonst bei den Germanen die Anferti-

---

Sag. I. Nr. 161; H. Weichelt, Hannoversch. Gesch. u. Sagen. I. Bd. s. 28, 178. IV. Bd. s. 19 fg.; Bartsch, Mekl. Sag. I. Nr. 67; Temme, Volkss. a. Pommern. Nr. 214. 253; Temme und Tettau, Volkssg. Ostpreussens. Nr. 114; Sommer, Sag. a. Thüringen. s. 32; Montanus. s. 126; Peter, Volksth. II. s. 26; Wuttke. 1. Aufl. § 129; 2. Aufl. § 46—48; Panzer, Btrg. II. s. 68. Nr. 91; Schönwerth, Sag. d. Oberpfalz. II. s. 377. 379; Bavaria. III. 1, 306; Birlinger, Volksth. I. s. 47. Nr. 60; Aus Schwaben. I. s. 257. Nr. 264; Meier, Schwäb. Sag. s. 58. 64. s. 61. 68, s. 76. 85; Rochholz, Schweiz. Sag. a. d. Aargau. I. s. 319. 228, s. 337. 285, s. 200; Naturmythen. s. 106. Nr. 2, s. 149; Wolf, Beitrg. II. s. 280, 342; Alpenburg, Mythen. s. 116. 29; Vernaleken, Alpensagen. s. 179. 133, s. 190. 138, s. 193. 141. s. 203. 149; Mythen. s. 235; M. Lexer in Wolfs Ztschrft. IV. s. 298; Baumgarten, Aus der Heimat. s. 14 fg.; Carinthia, Ztschrft. f. Vaterlandsk. in Kärnthen. 63. Jahrg. Klagenfurt 1873. s. 249; J. Thaler in Wolfs Ztschrft. I. s. 290; V. Grohmann, Sag. a. Böhmen. s. 156. 194. 198; Grimm, Deutsch. Sag. Nr. 37. 38. 71. 73. 75 etc.; Mannhardt, Antike Wald- und Feldkulte. s. 154, s. 172; Firmenich, Völkerst. II. 309; Afzelius. 2. 169; Engelien und Lahn, Der Volksmund i. d. Mark. s. 121. Nr. 7.

Zumal beim Brotbacken durfte des Opfers für den Hausgeist nicht vergessen werden: Wuttke. § 129; 2. Aufl. § 438; Schönwerth, Sag. u. Sitten a. d. Oberpfalz. II. 377; Rochholz, Schweiz. Sag. I. Nr. 182; Meier, Schwäb. Sag. Nr. 85; Pfeiffers Germania. XI. s. 20; Mülhause, Gebr. d. Hessen. s. 310.

[1]) Grimm, D. M. Aberglaube. C.

gung von Götterbildern nicht allenthalben üblich gewesen sein sollte, bei den Hausgöttern machte man bestimmten Nachrichten zufolge davon eine Ausnahme. In der Vita Sancti Barbati, welcher um 602 geboren war, zu Benevent unter den langobardischen Königen Grimoald und Romuald lebte und um 683 starb, findet sich folgende Stelle, die ich nach Grimm hier wiedergebe: ‚His vero diebus quamvis sacra baptismatis unda Langobardi abluerentur, tamen priscum gentilitatis ritum tenentes, sive bestiali mente degebant, bestiae simulachro, quae vulgo vipera nominatur, flectebant colla, quae debite suo debebant flectere creatori . . . . . . Praeterea Romuald eiusque sodales, prisco coecati errore, palam se solum deum colere fatebantur, et in abditis viperae simulachrum ad suam perniciem adorabant. Barbatus, in des Königs Abwesenheit, ersucht Theodorada, Romualds Gemahlin, ihm das Schlangenbild zu verschaffen. Illaque respondit: ‚si hoc perpetravero, pater, veraciter scio me morituram.‘ Er lässt aber nicht ab und bewegt sie endlich; sobald das Bild in seinen Händen ist, schmelzt er es ein und übergiebt die Masse Goldschmieden, um Schüssel und Kelch daraus zu fertigen. Aus diesen Goldgefässen wird dem König nach seiner Heimkehr das christliche Sacrament gereicht, und Barbatus gesteht ihm, dass das Kirchengeräth aus dem eingeschmolznen Bild geschmiedet sei. Repente unus ex circumstantibus ait: ‚si mea uxor talia perpetrasset, nullo interposito momento abscinderem caput eius.‘ Aus einer anderen Vita des heiligen Barbatus gehört noch diese Stelle hierher: ‚Quin etiam viperam auri metallo formatam summi pro magnitudine dei supplici devotione venerari videbantur. Unde usque hodie, sicut pro voto arboris votum, ita et locus ille census, devotiones ubi viperae reddebantur, dignoscitur appellari.‘[1])

Grimm sucht vergeblich eine Erklärung für diese denkwürdige Nachricht über den Schlangenkultus bei den Langobarden. Er schreibt: ‚Welches höhere Wesen die Langobarden sich unter der Schlange vorstellten? ist kaum sicher zu bestimmen, nicht die alles umschlingende Weltschlange, den Midgarðsormr, Jörmungandr der nordischen Mythologie, denn keine Spur verräth, dass dieser im Norden selbst, geschweige anderswo, bildlich dargestellt und verehrt wurde. Ofnir und Sváfnir sind altnordische Schlangeneigennamen und Oðins Beinamen, unter dem ‚summus Deus‘ der Langobarden wäre also an Wuotan zu denken? Doch die eigenthümlichen Verhältnisse ihres Schlangenkultus entgehn uns gänzlich.‘[2])

---

[1]) Grimm, D. M². s. 648 fg. aus den Actis Sanctorum vom 19. Febr. p. 112. 139.
[2]) Grimm, D. M². s. 649.

Muss man nun aber, so fragen wir, bei diesem Bericht über die Verehrung der Schlange bei den Langobarden durchaus mit Grimm an eine hohe oder gar die höchste Gottheit denken, welche durch die goldene Schlange symbolisch dargestellt wurde? Wenn es in der andern Vita des heiligen Barbabatus heisst: ‚Viperam auri metallo formatam summi pro magnitudine dei supplici devotione venerari videbantur', so soll das doch nicht bedeuten: ‚Sie verehrten eine Schlange als höchsten Gott oder als das Symbol ihres höchsten Gottes', sondern vielmehr: ‚Sie verehrten anstatt des höchsten, d. i. des einzig wahren, des Christen-Gottes eine Schlange.' Dann vergleicht sie sich auch vollkommen der Stelle: ‚Bestiae simulachro, quae vulgo vipera nominatur, flectebant colla, quae debite suo debebant flectere creatori' in der ersten Vita des Heiligen.

Der Text verlangt also durchaus nicht, dass wir hinter der goldenen Schlange irgend eine grosse Gottheit der heidnischen Langobarden zu vermuthen haben. Im Gegentheil, der Ausspruch des Mannes aus Romualds Umgebung: ‚Si mea uxor talia perpetrasset, nullo interposito momento abscinderem caput eius.' lässt darauf schliessen, dass jeder Langobarde ein derartiges Schlangenbild in seinem Hause hatte. War letzteres aber der Fall, so liegt nichts näher, als die Schlangenidole mit dem Cultus der Hausgeister in Verbindung zu bringen; denn nach allgemein germanischer Vorstellung zeigt sich der Hausgeist, falls er sich überhaupt menschlichen Augen sichtbar macht, in den meisten Fällen in der Gestalt einer Schlange, der sogenannten Hausotter oder Hausschlange, und verzehrt als solche die ihm dargebrachten Opferspeisen.[1])

Man könnte einwerfen, dass dieser Erklärung der goldenen Schlange des Romuald als des Idols seines Hausgeistes die grosse

---

[1]) Vgl. über Hausottern und denselben dargebrachte Opfer: Wuttke, Volksaberglaube. 2. Aufl. § 57. 58. 153. 451. 763; Temme, Volkssag. Pommerns. Nr. 257; Volksaberglaube im hannöver. Westfalen von H. Hartmann, in den Mittheil. d. hist. Ver. z. Osnabrück. VII. Bd. 1864. s. 389; Chemn. Rockenphil. 2, 51; K. Weinhold in den Schles. Provinzialblättern. Neue Folge. I. Bd. Glogau 1862. s. 195; Drescher ebenda. Bd. VI. s. 105; Peter, Volksth. II. s. 33; Birlinger, Volksth. I. s. 496. Nr. 707. 11; Aus Schwaben. I. s. 107. Nr. 130; Bavaria. III. 1, 343; Leoprechting, Aus dem Lechrain. s. 231. 77; Baumgarten, Aus der Heimat. s. 117. 17; Vernaleken, Alpensagen. s. 237. Nr. 167; Grimm, D. M². s. 650 fg.; V. Grohmann, Sag. aus Böhmen. s. 221; Philo v. Walde, Schlesien in Sage und Brauch. Berlin 1884. s. 27; Engelien und Lahn, Der Volksmund i. d. Mark Brandenburg. s. 79. Nr. 46; C. M. Blaas, Volksthüml. a. Niederösterreich, in Pfeiffers Germania. XXIX. s. 100—101. Nr. 1—5; Trog. Arnkiel, Cimbrische Heyden-Religion. Hamburg 1703. Thl. I. Cap. 8. § 1—4. § 23, Cap. 21. § 1—5. Thl. II. Lib. II. Cap. 2. § 11. § 20; Olaus Magnus, Hist. Lib. III. Cap. 1, Lib. XXI. Cap. 29.

Heilighaltung des Simulacrums und die grausame Strafe für die Verletzung seines Kultus entgegen sei. Doch man vergleiche nur mit dem eben berichteten langobardischen Brauch folgendes Zeugnis über den Kult der Hausschlangen bei den heidnischen Litthauern. Trogillus Arnkiel, Probst und Pastor zu Apenrade, schreibt in seiner Erklärung des 1639 bei Tundern gefundenen goldenen Hornes (Kiel 1683. p. 95 fg.): ‚Dieser Abgötterey sind die Littauer, und ihre Nachbahren die Samogither auch zugethan gewesen, sie haben pflegen den Schlangen Milch nebenst einem Hauszhahn zu opffern, und diejenige entweder an allen ihren Gütern, oder auch am Leib und Leben zu straffen, welche die Schlangen verletzten oder verunehreten, oder nicht ernehreten. Sie vermeynten, dasz die Verrichtung, oder Verachtung des Götzendiensts der Schlangen eine Ursach alles Glücks, oder Unglücks wäre. Hierauff erzehlet Sigmund Freyherr von Herberstein ein kläglich Exempel von einem Littauer, wie derselbe am Gesicht erbärmlich zugerichtet, und sein Mund bisz an die Ohren aufgerissen, sich beklagende, dasz er dieses Unglück leyden müste, weil er auff einrathen eines Christen seinen Hauszgott eine Schlange getödtet, und derselben Götzendienst verlassen, und hätte sich noch grösser Unglück zu befahren, wo er zu der Schlangen Abgötterey nicht wieder kehren würde.'[1])

Aber wenn uns auch diese Nachrichten über den Schlangenkult der Litthauer nicht überkommen wären, so dürfte uns dennoch die hohe Verehrung des Hausgeistes, wie sie die Vita Barbati bezeugt, nicht Wunder nehmen. Der Hausgeist war es ja, welcher einer Unzahl auf uns gekommener Sagen zufolge über das Wohl und Wehe des ganzen Hausstandes waltend gedacht wurde, der, je nach dem ihm eine gute oder schlechte Behandlung von Seiten der Hausbewohner zu Theil ward, Glück oder Unglück über denselben verhängte. Da nun das Gedeihen seines Besitzthums von je her der gröste Stolz und die höchste Freude des Landmannes war und noch ist, so ist es auch nur natürlich, wenn der Bauer dem Kultus des dämonischen Wesens, welches die Macht hatte, je nach Belieben diese Freude zu erhöhen oder sie in bitterstes Leid umzuwandeln, die andächtigste Verehrung zukommen liess.

Nicht immer zeigt sich aber der Hausgeist als Schlange, häufig erscheint er auch in menschenähnlicher Gestalt. Es werden also auch die Idole des Hausgeistes nicht allein in Schlangen-, sondern auch in

---

[1]) Vgl. auch Trog. Arnkiel, Cimbr. Heyden-Religion. I. Thl. Cap. VIII. § 4, II. Thl. II. Bch. 2. Cap. § 14.

Menschen-Gestalt angefertigt worden sein. Auf ein solches menschengestaltiges Abbild des Hausgeistes weist folgende von Vernaleken mitgetheilte Alpensage hin: Zwei Hirten in der Plecken machten aus Reisig und Stroh ein Männlein und nannten es Hansel. Dem gaben sie von allem, was sie assen und tranken, und hielten es gut, trotz einem Menschen, so dass viel edle Gottesgabe verwüstet ward. Eines Abends, da sie schon mit dem Hilfsbuben zu Bette lagen, fiel es ihnen bei, dass der Hansel noch kein Abendessen bekommen, worauf sie hinausgingen und dem Strohmännlein eine volle Schüssel vorsetzten. Aber zu ihrem Schreck hub das Männlein wirklich zu essen an und regte und bewegte sich. Sie flohen hurtig in die Kammer und schoben den schuldlosen Hilfsbuben im Bette der Thüre zunächst. Jetzt polterte das Strohmännlein zur Thüre herein, griff über das Bett und schrie:

‚Den ersten fint i,
Den zweiten schint i,
Den dritten wirf i iber die Hitten abaus.'

Und so geschah es. Seither heisst der Ort die Schintemunt-Alpe.[1])

Mit grosser Anschaulichkeit schildert diese Sage, wie schrecklich die Strafe ist, welche der Vernachlässigung des Kultus des Hausgeistes folgt. Mit dem Tode rächte es der erzürnte Dämon, dass seine Schutzbefohlenen es unterliessen, zur rechten Zeit das ihm gebührende Opfer vor seinem Bilde niederzulegen.

Die Verehrung des Hausgeistes in einem strohernen Bilde, welche uns in der eben beigebrachten Erzählung nur als Sage erhalten ist, war noch vor ein paar Jahrhunderten in den Niederlanden allgemeiner Brauch. In dem Tractatus de Imaginibus des Friedrich Schenk findet sich nämlich folgende bedeutsame Stelle: ‚Superstitiones et ludicrae observationes nostratium pontificiorum in hac urbe circa festum conversionis Pauli plane non cessant. Paulum quendam stramineum in angulo aliquo prope focum ubi placentas coquunt collocatum placentis butyratis quasi colaphizant, siquidem dies sit serenus aut sine pluvia; sin secus stramineum suum idolium inde tollunt, usque ad aquas baiulant et in eas proiiciunt.'[2])

In der bekannten Weise, heidnische Bräuche zu verkirchlichen, hat man an die Stelle des Hausgeistes einen kirchlichen Heiligen, hier den Apostel Paulus gesetzt; auch hat die rohe Sitte schon Eingang ge-

---

[1]) Vernaleken, Alpensagen. s. 203. Nr. 148.
[2]) Wolf, Beitr. II. s. 109. Vergl. auch G. Voetius, Disputatio de Superstitione. Tom. 3. p. 122, bei Grimm, D. M.² s. 56.

funden, das Götterbild bei ungünstiger Witterung zu beschimpfen und in das Wasser zu werfen. Sehen wir jedoch von diesen späteren Verderbnissen ab, so vergleicht sich der stroherne Paulus aus den Niederlanden ganz dem Strohmännlein der Alpensage und ist uns ein weiterer Beleg dafür, dass die Opfer für den Hausgeist ursprünglich, d. h. im Heidenthum, vor einem an heiliger Stätte des Hauses aufgestellten Idol desselben niedergelegt wurden.

Am Schlusse dieses Paragraphen möge noch kurz einiger anderer auf die Viehzucht bezüglicher Opfer gedacht werden, welche das Einerlei in dem alltäglichen Leben des bäuerlichen Hausstandes unterbrachen. Ueber ganz Deutschland findet sich die Sitte ververbreitet, bei dem täglichen Aus- und Eintreiben der Heerde, bei dem Ansetzen einer Henne, bei dem Schwärmen der Bienen und ähnlichen Vorkommnissen heilige Zaubersegen zu sprechen, in denen die Gottheit um ihren Schutz und Beistand angerufen wird.[1]) Da nun im germanischen Heidenthum kein Gebet gesprochen wurde, ohne dass dabei ein Opfer dargebracht worden wäre,[2]) so müssen auch bei dem Sprechen dieser Bienen-, Hühner- und Hirtensegen Opfer stattgefunden haben. Welcher Art dieselben waren, kann allerdings mit Gewisheit nicht angegeben werden, denn unsere Quellen lassen uns dabei gänzlich im Stich. Der Schaden, welcher daraus für die Kenntnis der deutschen Mythologie entsteht, dürfte jedoch kein empfindlicher sein, da schwerlich diese Opfer aus etwas anderem bestanden haben werden, als aus der Darbringung von geringen Gaben an Honig, Eiern, Milch und dergleichen Dingen. Wir wenden uns jetzt zu einer weit wichtigeren Sache, dem Antheil, welchen der Hirt an dem grossen Maiopfer hatte.

---

[1]) Segen beim Aus- und Eintreiben des Viehes: Grimm, D. M.² s. 1090; D. M⁴. III. s. 371. 499; Mone, Anzeiger. III. 279; Vernaleken, Alpensagen. s. 417. Nr. 132; Wolf, Beitr. I. s. 221. Nr. 240; — Beim Ansetzen einer Henne: Meier, Schwäb. Sag. II. s. 524. 477; Wolf, Beitr. I. s. 254. Nr. 2. — Zum Schutz des Geflügels gegen Wiessel: Schuster, Deutsch. Myth. a. Siebenb. s. 310. — Bienensegen: Müllenhoff u. Scherer, Denkmäler deutscher Poesie. Nr. XVI; Schuster, Siebenb.-sächs. Volkslieder, Sprichwörter etc. Hermannstadt 1865. Nr. 117; Lansens in Wolfs Zeitschr. III. s. 165; Woeste, Volksüberliefer. s. 52. 9, 53. 10—12; Kuhn, Westfäl. Sag. II. Nr. 592; A. Hoefer in Pfeiffers Germania. 1. s. 109 fg.; Bartsch, Meklenb. Sag. II. Nr. 2077; Rochholz in Wolfs Zeitschrift. IV. s. 121; Alpenburg, Myth. und Sag. Tirols. s. 389. 6. Ein bisher ungedruckter hinterpommerscher Bienen-Segen lautet: ‚Weiser du bist mein, du bist mein; du sollst auch bleiben hier auf meiner Hoflage, bei meiner Gut und Habe, wie die heiligen Engel bei dem heiligen Jesus Grabe. Im Namen Gottes etc.'

[2]) Vergl. oben s. 12.

§ 2. Die auf die Viehzucht bezüglichen Opfer beim Maifest.

Im zweiten Paragraphen des vorigen Capitels beschäftigten wir uns in längerer Untersuchung mit dem Antheil, welchen das grosse Opferfest, das am ersten Mai nach der Bestellung der Felder mit Sommerkorn von den heidnischen Deutschen feierlich begangen wurde, an dem Ackerbau hatte. Obwohl wir uns damals die gröste Beschränkung auferlegten, so war es trotzdem nicht immer möglich, streng die gebotenen Grenzen einzuhalten; denn überall (so z. B. in recht auffallender Weise bei den Mai- und Osterfeuern) machte sich die Thatsache bemerkbar, dass bei jenem Maiopfer nicht nur der Bauer, sondern in gleicher Weise auch der Hirt interessiert war.

Und wie hätte dies anders sein können? war ja im Hirtenleben der erste Mai einst der wichtigste Tag des ganzen Jahres. An ihm hörte uraltem Herkommen zufolge in Deutschland die winterliche Stallfütterung auf und ward das Vieh zum ersten Male auf die Gemeindeweide hinausgetrieben. Naturgemäss beziehen sich darum auch diejenigen Maitagsbräuche, welche auf das Hirtenleben sich erstrecken, sämmtlich auf das Fest des ersten Austriebs.

In der Grafschaft Mark steht am 1. Mai der Hirt mit ‚Krick' des Tages auf und geht nach einer Stelle des Berges, welche am frühsten von der Sonne beschienen wird. Dort wählt er dasjenige Vogelbeerbäumchen (Quiekenpuot) aus, auf welches die ersten Strahlen fallen und schneidet es ab. Das Abschneiden muss mit einem ‚Ratz' geschehen, sonst ist es ein übles Zeichen. Ist er mit dem Bäumchen auf dem Hofe angekommen, so versammeln sich die Hausleute und Nachbarn. Die ‚Stärke', welche ‚gequiekt' werden soll, wird auf den Düngerplatz geführt. Da schlägt sie der Hirt dreimal mit einem Zweige des Vogelbeerbaums auf das Kreuz, giebt ihr einen Namen und sagt einen Spruch her, durch dessen Zauberkraft das Thier milchreich werden soll. Nachdem darauf die Hausfrau ihre Stärke besehen hat, nimmt sie den Hirten mit ins Haus und beschenkt ihn mit Eiern. Die Gabe fällt aus, je nach dem das Thier im Vorjahre gut geweidet worden ist. Mit den Schalen der verzehrten Eier, mit Butterblumen u. a. wird das aufgepflanzte Vogelbeerbäumchen verziert. Der Hirt thut sich etwas darauf zu gute, wenn er viele Eierschalen aufzuhängen hat.

In ähnlicher Fassung findet sich dieser Brauch auch sonst hier und da im Westfälischen und Niederrheinischen vor. An einzelnen, wichtigeren Abweichungen wäre etwa nur zu bemerken, dass an manchen Orten die zum Quieken benutzte Ruthe über der Stallthüre aufgestellt wird, wo sie die Einkehr des fliegenden Drachen verhindern soll, und dass in Schürfeld der Hirt als Belohnung einen Eierkuchen erhält, in welchen so manches Ei geschlagen ist, als Blätter an dem Zweige hangen blieben.[1]) Auch in Meklenburg schneidet der Bauer am Abend vor dem Maitag von einem Quitschenbaume ein Reis ab, ‚streicht' oder ‚quitzt' sein Vieh damit und sagt:

,Ik quitsche dî, ik queke dî,
De leiwe Gott dei beter dî;
Denn warst du dick un fett un rund
Un denn ok gesund.'

Dann gedeiht das Vieh gut und giebt das ganze Jahr hindurch reichlich Milch.[2])

Nicht minder finden sich solche Bräuche in Mittel- und Süddeutschland verbreitet. In Oesterr. Schlesien sammelt der Gemeindeschäfer, bevor er das erste Mal auf die Weide treibt, eine Anzahl Birkenruthen, geht zu den einzelnen Bauern und Schafhaltern und überreicht jedem eine solche Ruthe mit den Worten:

,Do bräng ich a Rutt mit sîba Zwaije,
Dåss 'r fil Schôfe hått zum Austraibe.'

Diese Ruthe wird in Ehren gehalten und lange aufbewahrt.[3])

In Niederbaiern überbringen die Hirten am Schluss der Weide zu Martini dem Bauern ein mit Eichen- und Wachholderzweigen umwundenes Birkenreis unter dem Hersagen von Sprüchen, welche Fruchtbarkeit der Heerden und eine gesegnete Weide und Ernte für das folgende Jahr wünschen. Ist die Ruthe übergeben, so wird sie hinter die Stallthüre gesteckt, und die Dirnen treiben dann mit ihr im Frühjahr das Vieh das erste Mal aus dem Stalle. Dieselbe Sitte findet sich auch in Niederösterreich, nur dass der Spruch, der in der dortigen Gegend gesprochen wird, hauptsächlich gegen die Wölfe gerichtet ist, und dass sich daselbst hin und wieder noch die Reste eines ehemaligen Eieropfers beim ersten Austrieb erhalten haben.[4])

---

[1]) Woeste, Volksüberlieferungen. s. 25 fg.; Kuhn, Herabholung d. Feuers. p. 138. fg.; Westf. Sag. II. Nr. 445; Montanus. s. 29; Woeste in Wolfs Zeitschrift. II. s. 86; Wolf, Beiträge. I. s. 77 fg.; Mannhardt, Germ. Myth. s. 17; A. Harland, Mythen und Sagen a. d. Sollinge. s. 89.

[2]) K. Bartsch, Meklenb. Sagen. II. Nr. 788, 1388, 1997; Schiller, Zum Thier- und Kräuterbuche. Schwerin 1861. I. s. 28.

[3]) Peter, Volksth. II. s. 251.

[4]) Panzer, Beitr. II. Nr. 45—48; Wurth in Wolfs Zeitschr. IV. s. 26 fg.; C. M. Blaas, Volksthüml. a. Niederösterreich, in Pfeiffers Germania. XXIX. s. 94. Nr. 52; Mannhardt, Baumkultus. s. 273 fg.

In der Oberpfalz bringt der Hüter am Walpurgisabend in jedes Haus die sogenannte Martinigerte, Mirtesgard'n, womit das Vieh zum ersten Male ausgetrieben wird. Sie wird am Vorabend vor Martini von den Hirten gemacht und am heiligen Dreikönigsabend geweiht. Wenn sie der Hirt am Walpernabende in die Häuser gebracht hat, erhält er dafür als Geschenk Eier. Im Böhmerwald wiederum macht der Dorfhirte etliche Tage vor dem ersten Mai die Runde in allen Bauernhöfen, verlangt den Stall zu sehen und spricht an der Schwelle desselben:

,Pfeïts Göt, dö Kalwla, Oexla, Rössla ollö,
Dö Hoissla, Schâfla, weis do sân,
Wenn ebba Schôdn wöllt, strôf den Lollö etc.' [1]

Ohne das Sprechen von Segensformeln findet sich der Brauch, die einzelnen Stücke Vieh am Maitag mit einem Queckreis oder (mit Verkirchlichung der Sitte) zu Ostern mit einem geweihten Palmzweig zu schlagen, noch heute fast über ganz Deutschland hin verbreitet. Man wähnt durch den Schlag mit der Ruthe, dem Zweige, das Vieh stets munter zu erhalten, es vor tödtlicher Verwundung und Wunden bringenden Kämpfen zu schützen und die Hexen und ihre bösen Einflüsse von ihm fern zu halten. Auch sollen die Kühe dadurch fruchtbar und milchreich werden, die Schafe dem Hirten gut folgen, und was derartige Dinge noch mehr sind. Nicht minder allgemein ist es, solche Vogelbeer- (Ebereschen-), Kreuzdorn-, Birken- und Tannenzweige oder Palmen nachher vor dem Viehstall auf dem Misthaufen aufzupflanzen, oder über die Haus- und Stallthüren zu stecken, ebenfalls in der Absicht, dass die Kühe dann milchreich, die Hexen vertrieben würden und Glück in den Stall komme.[2]

Der nahen Verwandtschaft wegen soll schliesslich hier auch noch die Fassung, welche der Brauch in Schweden angenommen hat, mitgetheilt werden. An einem der Himmelfahrtstage wird in Dålsland das sogenannte Mittagtreiben (köra middag) gefeiert. ,Nachdem der Hirt sich mit dem Vieh in den Wald begeben hat (er hat dann den besten Kober mit, den das Haus herstellen kann),

---

[1] Schönwerth, Sitten u. Sag. a. d. Oberpfalz. I. s. 321. Nr. 11; Reinsberg-Düringsfeld, Das festliche Jahr. Lpzg. 1863. s. 137; Bavaria. II. 1, 302; III. 1, 297.

[2] Peter, Volksth. II. s. 252, 285; V. Grohmann, Aberglaube a. Böhmen. s. 137, 1001; J. Rank, Aus dem Böhmerwald. s. 127; Kehrein, Volkssprache u. Volkssitte. II. s. 258. 110, s. 154. 9; Wuttke². § 89. § 682; Mannhardt, Germ. Mythen. s. 17 fg.; Kuhn, Herabh. des Feuers. p. 187 fg., p. 201; Westf. Sag. II. Nr. 433—434; Proehle, Unterharz. Sag. Nr. 310; Meier, Schwäb. Sag. s. 397. 76; Birlinger, Aus Schwaben. I. s. 387. 7; vor allem aber Mannhardt, Baumkultus. Cap. III. § 9. s. 161 fg.

wird ein Kranz von Blumen gebunden und auf den einen Pfosten der dem Dorf zunächst gelegenen Heckenthür gesetzt, durch welche der Hirt mit seinem Vieh hindurch gehen muss, wenn er an diesem Tage gegen die Gewohnheit um Mittag heimtreibt. Unterdessen und nachdem der Hirt die Hörner der Thiere aufs beste mit Blumenkränzen verziert hat, verschafft er sich einen jungen Vogelbeerbaum und nimmt, wenn er um Mittag ans Dorf kommt, den Kranz vom Heckenpfosten und setzt ihn auf die Spitze des Vogelbaums, hält diesen mit beiden Händen vor sich und zieht so an der Spitze der Heerde ins Dorf ein, wo die Menge ihm entgegen kommt, ebenso in den Viehhof, wohin sowohl Menschen als Vieh folgen, worauf, nachdem das Vieh seine Standörter eingenommen hat, der Hirt durch die Giebelthür hinausgeht und den Vogelbeerbaum mit dem Kranz auf den Schober setzt, **wo er während der ganzen Weidezeit stehen bleibt.** Danach werden zum ersten Mal in diesem Jahre den Schellenkühen die Schellen angebunden, und wenn sich Jungvieh findet, welches zuvor noch keinen Namen bekommen hat, schlägt man mit einer Ruthe vom Vogelbeerbaum **dreimal** auf ihren Rücken, wobei der Name ausgerufen wird. Das Vieh wird nun am Mittag mit dem besten Futter gespeist und auch die Hausleute nehmen an diesem Tage ihre Mahlzeit am Eingange des Viehhofes ein. Nachmittags wird das Vieh wieder auf die Weide geführt.'

Im Nordalsdistrikt heisst dieses Fest Mittagmelken (mjölka middag)[1]) und wird am Himmelfahrtstag oder auch zu Pfingsten gefeiert. Es bezeichnet den Anfang der Zeit, in der die Kühe dreimal am Tage gemolken werden. Sein Verlauf ist folgender: Die Hirten treiben an einem der genannten Tage das Vieh heim, damit es das erste Mal im Jahre am Mittag gemolken werde, und haben einen mit Blumen und Kränzen verzierten Vogelbeerbaum mit sich, welcher auf den Schober gesetzt wird. Auf den Boden des Milchgefässes werden weisse Anemonen (hvitsippor), Sumpfdotterblumen (kabbeblök) und gekochte Eier gelegt, worauf alle Kühe gemolken werden. Wenn dies geschehen ist, **werden die Blumen unter das Vieh zum fressen vertheilt, und die Hirten erhalten die Eier, welche sie im Viehhofe verzehren müssen.**[2])

---

[1]) Nach Beda (De tempor. ratione. c. 13) hiess bei den Angelsachsen der Mai Thrimilci: ‚Thrimilci dicebatur, quod tribus vicibus in eo per diem mulgebantur.'

[2]) Dybecks Zeitschrift Runa. 1844. Maiheft. s. 9; vgl. Kuhn, Herabhol. d. Feuers. s. 185 fg.

Aus diesen eng zusammengehörigen, sich gegenseitig bestätigenden und ergänzenden Maitagssitten lässt sich mit Leichtigkeit etwa folgendes Urbild des Brauches herausschälen. Wenn am ersten Mai das Vieh zum ersten Mal im Jahre auf die Weide getrieben werden sollte, wurde, bevor es die Hofstätte verlassen hatte, ein feierlicher Act vorgenommen. Die Melkkübel wurden aufgestellt und, nachdem in dieselben durch altes Herkommen bestimmte Kräuter und gekochte Eier geworfen waren, voll gemolken. Im Beisein sämmtlicher Hausgenossen ergriff sodann der Hirt den Zweig eines heiligen Baumes, welcher zu dem Zwecke schon bei dem Schlusse der vorjährigen Weide geschnitten war, schlug damit unter dem Hersagen einer Segensformel jedes einzelne Haupt Vieh zu mehreren Malen und gab den Stücken Jungvieh, welche bisher noch keinen Namen bekommen hatten, ihre Namen. Der Erfolg, den man von der Vornahme dieser Ceremonie erwartete, war sehr mannigfaltiger Natur. Die Hexen und ihre bösen Einflüsse sollten dann von dem Vieh fern bleiben und die Thiere fruchtbar werden, die Kühe, zumal das Jungvieh, reichliche Milch geben und das ganze Jahr hindurch gutes Gedeihen haben, das Hornvieh sollte seine Wunden bringenden Kämpfe lassen, die Schafe folgsam werden u. s. w. Als Belohnung für seine Mühe erhielt der Hirt mit seinen Unterhirten die gekochten Eier aus den Melkkübeln, welche auf der Stelle verspeist werden musten; das gequeckte Vieh dagegen bekam die in den Kübeln befindlichen Blumen zu fressen. Auch die übrigen Hausleute nahmen am Eingang des Viehhofes ein ländliches Mahl ein. Die Schelfen der verzehrten Eier wurden darauf an der Ruthe, mit der das Vieh geschlagen war, von dem Hirten angebracht, und diese sodann über der Stallthüre befestigt oder auf dem Misthaufen aufgepflanzt als heilkräftiger Talisman gegen die Diebstähle des fliegenden Drachen und anderes Unheil.

Nachdem wir so den alten Maitagsbrauch in seiner ursprünglichen Reinheit wieder hergestellt haben, kann es keinem Zweifel unterliegen, dass wir in dem Schlag mit der Ruthe die Ceremonie des Hexenvertreibens zu erblicken haben, welches verbunden war mit einem Eier-, Milch- und Blumenopfer. Losgelöst von dem Verjagen der Dämonen haben sich diese Opfer noch hie und da im Volksbrauch erhalten, und zwar sind sie kenntlich an den Zauberkräften, welche den betreffenden Blumen, Eiern etc. beigemessen werden. Wir wollen nur einige wenige Bräuche hier aufführen.

Die Chemnitzer Rockenphilosophie bekämpft den Aberglauben: ‚Wenn die Kühe im Frühlinge zum erstenmal ausgetrieben werden, soll man sie durch einen Kranz von Gundermann melken.'[1]) Erinnert dieser Brauch an das Blumenopfer, so weisen die folgenden auf die Darbringung von Eiern zurück: Wenn im Erzgebirge das Vieh zum ersten Mal auf die Weide getrieben wird, lässt der Hirt gekochte Eier, die er unter die Heerde streut, vom Vieh zertreten und vergräbt die Schalen; so bleibt das Vieh beisammen. In der Mark Brandenburg wird das Vieh beim ersten Weidegang über ein Ei geführt.[2]) In Hinterpommern stösst man jedem Rind ein rohes Ei in das Maul, damit es fett und rund werde.[3])

Doch genug hiermit, gehen wir jetzt auf andere Opfer über, welche im Verein mit jenen bei dem Schlag mit der Ruthe dargebracht worden sein müssen. Die niederösterreichische Fassung unseres Brauches lehrt, dass dabei ein Zauberspruch gegen die Wölfe gesprochen wurde. Wolfssegen ganz übereinstimmenden Inhalts finden sich nun in grosser Anzahl über ganz Deutschland hin verbreitet. Ihr Vorkommen ist uns seit dem zehnten Jahrhundert bezeugt, und gewöhnlich wird angegeben, dass sie beim ersten Austrieb (am 1. Mai) gesprochen werden müsten.[4]) Wir werden darum sicherlich nicht fehl gehen, wenn wir annehmen, dass auch sie ursprünglich in Verbindung mit dem Schlag mit der Ruthe hergesagt wurden. War das aber der Fall, so müssen, da im germanischen Heidenthum jedes Gebet mit Opfern verbunden war, auch an diese Wolfssegen sich Opfer angeschlossen haben.

Welcher Art dieselben waren, geht aus folgenden Nachrichten hervor: In ‚der alten weiber philosophey, getruckt zu Franckfort am Mayen 1537' findet sich folgender Aberglaube: ‚Ist es sach, das man dem wolff nit beut ein lamb zu ehren des lamb Gottes, so sollen in dem jar vil kranck werden.' Auch in einem Druck vom

---

[1]) Chem. Rockenphil. VI. 70.
[2]) Wuttke, Volksaberglaube. 2. Aufl. § 428. 693.
[3]) Mündlich aus Cratzig, Kreis Cöslin, und Trzebiatkow, Kreis Bütow.
[4]) Müllenhoff u. Scherer, Denkmäler.² IV. 3. s. 9 fg.;˙ Grimm, D. M.² s. 1189 fg.; Crecelius in Wolfs Ztschrft. I. s. 279; A. Zahn in Wolfs Ztschrft. II. s. 117; Peter, Volksth. II. s. 237 fg.; K. Bartsch, Mekl. Sag. II. Nr. 1733 fg. — Ueber die Verbreitung des Wolfssegens vgl.: Hans Vintler, Pluemen der Tugent. Ausgabe von J. Zingerle. Innsbruck 1874. v. 7893 fg.; Thom. Naogeorgus, Regnum Papisticum. Basel 1553. Lib. IV. s. 164; Fr. Pichler, Das Wetter. s. 24; Wolf, Btrg. I. s. 221. Nr. 240; B. Baader, Neugesammelte Volkssagen a. d. Lande Baden. Nr. 28. — In einem mir handschriftlich vorliegenden Zauberbuch aus Polchow, Kr. Randow in Pommern, heisst es: ‚Dass kein Wolf ein Vieh angreift, gebe dem Vieh, was du vor Vieh hast, den 1. Mai dürres Wolfes Fleisch zu fressen, wie du kannst, so ist das Thier ein ganzes Jahr frei.'

Jahre 1612 heisst es: ‚So man dem wolff sein lamb, ausz dem groszen hofe, da viel schaaf auszgehen, nicht sendet, so die zehend lämmer bezahlt seynd, so wirds der wolff selbst nemmen, wie fleiszig man ihr auch wartet.'[1]) Diesen beiden älteren Zeugnissen vergleicht sich eine von Baader beigebrachte badensische Sage, der zufolge ein Hirt sich nur dann von seinem Wolfssegen zauberkräftige Wirkung versprach, wenn er jedes Jahr freiwillig die schönste und fetteste Ziege den Wölfen zum Frasse überliess.[2])

So verblasst diese Berichte auch sind, so viel geht mit Sicherheit aus ihnen hervor, dass, um das Jahr hindurch den Viehstand vor den Wölfen zu schützen, ein Stück der Heerde geopfert werden muste. Wenn in unseren Berichten der Wolf, d. h., die schädliche Macht, gegen die das Gebet gesprochen wurde, als der Empfänger des Opfers erscheint, ist das ein uns bekanntes späteres Verderbnis; ursprünglich kann das Opfer nur zu Ehren der Gottheit, welche vor dem Wolfe Schutz verlieh (also wohl zu Ehren des Schutzpatrons der Hirten, des Thunar) gefallen sein.

Wir sind jedoch nicht nur im Stande nachzuweisen, dass bei dem Maiopfer, insofern es sich auf die Viehzucht bezog, Eier, Milch und Thiere aus der Heerde geopfert wurden, wir vermögen sogar anzugeben, was für Milch, Eier und Vieh das waren. Im Etschland gilt als Regel, das erste Kalb einer Kuh müsse ins Kloster geschenkt werden.[3]) In Ostpreussen giebt man das erste Kalb und die erste Butter einer Kuh dem Hospital; das bringt Glück.[4]) Im Regierungsbezirk Stettin darf man das erstgeborene Kalb einer jungen Kuh (Färsenkalb) nicht züchten, weil jede Erstgeburt zur Zucht untauglich ist. Es darf auch nicht im Haushalt geschlachtet werden, weil sonst der Kuh die Milch versiegt. Man muss es daher an den Fleischer verkaufen.[5]) Die Chemnitzer Rockenphilosophie berichtet den Aberglauben: ‚Von einem erstgebohrnen Kalbe oder Erstling soll nichts gebraten[6]) werden, sonst verdorret die Kuh.'[7])

---

[1]) Wolfs Ztschrft. III. s. 313. Nr. 54.

[2]) B. Baader, Neugesamm. Volkssag. s. 20. Nr. 28. Auf ein verblasstes Opfer beim Wolfssegen deutet auch die hessische Sitte des Wolfsgeldes hin: Lyncker, Hess. Sag. s. 249—251.

[3]) Zingerle, Sitten. s. 22. 176.

[4]) Töpper, Aberglaube aus Masuren. 2. Aufl. 1867; Wuttke.² § 424.

[5]) Knorrn, Sammlung abergl. Gebr. Nr. 108.

[6]) Eine Erinnerung daran, dass das Opferthier gesotten, nie gebraten wurde.

[7]) Chem. Rockenphil. V. 67.

In Pommern und Westfalen schüttet man die erste Milch einer Kuh (die sogenannte Bêst oder Beist) fort; thut man das nicht, so ist es nicht gut.[1]) In Meklenburg, Brandenburg, Schlesien, Sachsen, Franken, im Erzgebirge und in der Oberpfalz darf die erste Milch drei (oder acht) Tage lang nicht fortgegeben werden, sondern muss im Hause verbraucht, oder unverbraucht auf einen Balken im Stall gesetzt werden, sonst giebt die Kuh immer nur wenig und schlechte, zum Buttern untaugliche Milch. In Meklenburg und dem Voigtland verkauft oder verschenkt man auch die erste Butter nicht, anderenfalls verliert die Kuh den Nutzen.[2]) In Oesterr. Schlesien giebt die Hausfrau, wenn sie zum ersten Male von einer Erstlingskuh buttert, damit dieselbe immer bei ‚gutem Nutzen' bleibe, die Butter für die Kirchenlampe, die Milch aber für die Armen.[3]) Im Erzherzogthum Oesterreich wird die Milch der zuerst kalbenden Kuh in einen ganz neuen Topf gemolken. Dann legt man drei Pfennige darein und schenkt sie sammt Milch und Topf dem ersten Bettler.[4])

Am Rhein, in Meklenburg und Schwaben wirft man das erste Ei einer Henne über das Dach des Hauses; dann legen die Hühner reichlich und giebt es grossen Hühnersegen.[5]) In anderen Gegenden hebt man diese Opfereier als heilkräftige Talismane sorgfältig auf und verwendet sie dann in allen möglichen Lebenslagen. In Baiern giebt man einem neugeborenen Kinde das erste Ei einer Henne, damit es gut singe. In der Wetterau und in Schwaben fährt man dem Kinde mit einem solchen Ei im Munde herum, dann zahnt es gut. Dieses Ei kocht man darauf dem Kinde entweder in eine Suppe, oder man legt es im obersten Boden auf einen Balken. So lange das Ei dort oben liegen bleibt, kann sich das Kind nie durch einen Fall beschädigen.[6]) In Siebenbürgen lautet ein Sprichwort: ‚De îrst hangt wirft em än de bâch', und wirklich ist es dort noch heute verbreiteter Volksbrauch, die ersten Jungen einer Hündin ins Wasser zu werfen, aus Furcht, dass sie sonst von der Wasserscheu oder Hundswuth ergriffen würden.[7])

---

[1]) Mündl. aus Gehlenbeck, Kreis Lübbecke in Westfalen; Züllchow, Kreis Randow in Pommern.

[2]) Wuttke, Volksaberglaube. 2. Aufl. § 705. 709.

[3]) Peter, Volksth. II. s. 253.

[4]) Grimm, D. M. Aberglaube. Nr. 796; Blaas in Pfeiffers Germania. XXIX. s. 95. Nr. 61—62.

[5]) Wolf, Btrg. I. s. 221. Nr. 231; Wuttke[1]. § 318; 2. Aufl. § 674.

[6]) Wuttke.[2] § 599.

[7]) Schuster, Deutsche Mythen. s. 123.

Diese aus den verschiedensten Landestheilen Deutschlands beigebrachten Gebräuche lassen keinen Zweifel, dass von den Hirten Erstlingsopfer an Milch, Eiern und Thieren der Heerde dargebracht wurden. Da nun die Bauern sich so einrichten, dass das Kalben und somit auch das Milchgeben der Kühe, das Werfen der Lämmer, Fohlen etc. und das erste Legen der jungen Hühner in den Frühling fällt, so wird man die ersten Kälber, Fohlen, Lämmer etc., die erste Milch und die ersten Eier gewis auch im Frühling geopfert haben und zwar, weil das Erstlingsopfer mit das kostbarste aller Opfer ist, gelegentlich der Feier eines grossen Festes. Der grossen Frühlingsopfer gab es zwei, von denen das eine bei Winters Schluss, also gegen Ende Februar, das andere am 1. Mai festlich begangen wurde. Das erstere kann für uns, weil das Werfen der Thiere erst im März vor sich geht, natürlich nicht in Betracht kommen; wir sind demnach berechtigt, die Darbringung der Erstlinge der Heerde auf den Maitag anzusetzen, was ja auch mit der grossen Wichtigkeit, welche die Feier dieses Tages im germanischen Heidenthum für das Hirtenleben hatte, in vollem Einklang steht.

§ 3. Die auf die Viehzucht bezüglichen Opfer bei der Hagelfeier.

Bei der Untersuchung, welche wir im dritten Paragraphen des vorigen Capitels über die Hagelfeier anstellten, waren wir genöthigt, den genaueren Nachweis der blutigen Opfer, die bei diesem Feste zu Ehren der Götter fielen, bis auf weiteres zu verschieben, weil durch diese Thieropfer mehr das Wohl des Hirten als das des Ackerbauers gefördert werden sollte. Hier ist nun der Ort, den damals abgebrochenen Faden wieder aufzunehmen, und wir beginnen mit der Aufführung einer Reihe von denkwürdigen Hirtenbräuchen, welche um Pfingsten oder Johannis, den kirchlichen Festen, mit denen sich die heidnische Hagelfeier im Laufe der Zeit verbunden hat, stattfanden.

Wenn in der Mark Brandenburg die Pferde und Kühe am Pfingstmorgen auf die Weide getrieben werden, so wird dasjenige Thier, welches zuerst da ist, mit der Dausleipe (Thauschleife) geschmückt, d. h., an den Schwanz der Kuh oder des Pferdes wird ein Maienbusch gebunden. Ausserdem erhält dies Thier und ebenso der Hirte, zu dessen Heerde es gehört, den Namen Dauslöper (Thauschlepper). Gilt es für eine grosse Ehre, als erster mit seinem Vieh auf dem Platze zu sein und den Namen Thauschlepper zu bekommen, so wird umgekehrt der Hirte, dessen Thier als letztes von allen auf der Weide erscheint, allgemein verspottet und verhöhnt und bunter Junge, oder, wenn es ein Pferdehirte ist, Pingstkååm, Pingstkåårel gescholten. Das betreffende letzte Thier putzt man mit Feldblumen aus und heisst es, je nach dem es eine Kuh oder ein Pferd ist, bunte Kuh oder buntes Pferd. Gegen Mittag ziehen alle Hirten, den bunten Jungen an der Spitze, von Haus zu Haus und sammeln Gaben, besonders Eier, ein. Die dabei üblichen Lieder werden von dem Dauslöper gesungen.[1]

Aehnliche Bräuche erstrecken sich weit in das Meklenburgische hinein. Wie in der Mark wird der zuerst ausgetriebenen Kuh ein Maienbusch an den Schweif gebunden und heisst dieselbe dann Daufäger oder Dauschlöpper; der letzt ausgetriebenen hängt man einen Kranz an die Hörner und nennt sie gewöhnlich die bunte Kuh. Manchmal wird auch nur der zuletzt austreibende Hütejunge (resp. Hütemädchen) bekränzt und von allen verspottet. So sagt man in Egsdorf bei Teupitz, wessen Kuh zu Pfingsten zuletzt hinausgetrieben werde, müsse Padden (Frösche) schinden. In Loissow wiederum schilt man den zuletzt austreibenden Hirten Pingstekarr oder Pingstkalf.[2] Auch in Pommern haben sich Reste dieses Hirtenbrauches erhalten; denn im Cösliner Kreise bekommen die Hirten noch heute je nach der Reihenfolge, in der sie zu Pfingsten austreiben, bestimmte Namen. Der erste, welcher das Thor aufmacht, heisst der Heckaknarra; der zweite in der Reihe ist der Dåwschlêpa; der dritte ist der König u. s. w., den letzten endlich nennt man den Fîstrükr. Viele Bauern setzen eine Ehre darein, dass ihr Hirte der dritte, also der König, wird, obgleich derselbe die Verpflichtung hat, seine Genossen das Pfingstfest über in der Schänke mit Schnaps frei zu halten.[3]

In Schlesien und dem Erzgebirge heisst der beim Pfingstaustreiben zuletzt erscheinende Hirt Rauchfîss, Teet'rle oder Pfingstlümmel. Er wird verlacht und verspottet. Um Glogau wird er Nachmittags ganz in grüne Zweige gepackt und dann herumgeführt.[4] In Westfalen war es früher in vielen Gegenden Gebrauch, dass die Pferdejungen zu Ostern die Pfingstweide absteckten, und war es

---

[1] Kuhn, Märk. Sag. s. 315 fg.
[2] K. Bartsch, Meklenb. Sag. II. Nr. 1407—1409; Kuhn u. Schwartz, Nordd. Gebr. Nr. 72. 74.
[3] Mündl. aus Cratzig, Kr. Cöslin.
[4] Peter, Volksth. II. s. 249; Weinhold, Btrg. zu einem schles. Wörterbuch. p. 76 fg.; Grimm, D. M². s. 746.

keinem Menschen gestattet, daselbst irgend ein Stück Vieh zu weiden, bevor dieselbe am ersten Pfingsttage gemeinschaftlich eingeweiht war. Dies geschah auf folgende Weise: Am ersten Pfingsttag Nachts 12 Uhr sassen die Pferdejungen alle zu Pferde und nun ging's zur Pfingstweide. Die Pferde des zuerst angekommenen bekamen Kränze von Maien, die des zuletzt angekommenen aber von Blumen. Auch die Kuh- und Schweinehirten hingen dem zuerst ausgetriebenen Vieh Maisträucher um den Hals, sowie dem zuletzt ausgetriebenen Blumenkränze. Der Hirt, zu dessen Heerde das letzte Thier gehörte, wurde in Spottliedern besungen und verhöhnt, ja hie und da in das Wasser geworfen, oder bunt angemalt und dann in feierlichem Zuge durch das Dorf geleitet; man nannte ihn: Pinkestfoss, Pinkesthammel, Pingstbrût, Pingsterblöme, Beddebuek, Snaellübber. Bemerkt mag noch werden, dass die Hirten an diesem Tage von der Bäuerin mit Eiern beschenkt wurden.[1])

In der Eifel wurde das Mädchen, welches am Morgen des Johannistages mit seinem Vieh zuletzt kam, nicht bloss der Gegenstand des Tagesgespräches und Gelächters, sondern muste sich es auch gefallen lassen, während des Jahres, besonders, wenn es wieder einmal später als die übrigen zur Heerde eintraf, geneckt zu werden. War darüber entschieden, welches Stück an diesem Tage am letzten zur Heerde gekommen, so gingen am Nachmittage alle Dorfmädchen in die Gegend, wo der Hirte weidete, pflückten Blumen und machten daraus ein Gewinde. Damit wurde nun die betreffende Kuh am Halse und Leibe ganz umwunden und erhielt zu dem noch einen Blumenstrauss auf den Kopf. Am Abend, wenn die Heerde heimkehrte, wurde die geblümte Kuh hinter derselben einher geführt, beim Eintritte in das Dorf von Jung und Alt mit Gelächter und Jauchzen empfangen, während alles andere Vieh ruhig seiner Wege ging, durchs ganze Dorf geführt und endlich entlassen. An manchen Orten geschah dasselbe mit den Pferden.[2])

In Frankfurt am Main hielten am Pfingstmittwoch die Viehhirten und die Feldschützen mit den Viehmägden ihren Tanz am Ristersee. An diesem Tage wurde das Vieh dort zusammengetrieben. Wenn eine Magd ihr Vieh nicht sauber hielt, es zu spät austrieb oder zu spät zum Tanze kam, dann brachten ihre Kühe zur Schande

---

[1]) Kuhn, Westf. Sag. II. Nr. 455—462; Kuhn u. Schwartz, Nordd. Gebr. Nr. 53—56; Woeste, Volksüberliefer. s. 26 fg.; Mittheil. d. hist. Ver. f. Osnabrück. VII. Bd. 1864. s. 345.

[2]) Schmitz, Sitten u. Bräuche. s. 42 fg. vgl. auch s. 40.

einen Kranz mit nach Hause.¹) Wenn in Mergersheim in Schwaben der Kuhhirte austreibt, wartet er bei jedem Haus, bis das Vieh aus dem Stalle ausgelassen ist und treibt es dann zur Heerde; zu Pfingsten aber eilt er schnell an den Häusern vorüber und treibt das in Bereitschaft gehaltene Vieh vor sich. Wer nun die rechte Zeit übersieht und sein Vieh nachtreiben muss, wird ausgelacht; denn der Hirte hat einen Blumenkranz in der Hand, welchen er dem letzten Thiere um den Hals wirft. Dieses bekränzte Thier heisst der Waedham l. Ebenso geschieht es bei dem Austreiben der Gänse, und zwar wird die letzte zur Heerde nachgetriebene Gans der Pfingstlüm·l genannt.²) In manchen Orten Oberbaierns binden die Hirten am Pfingstmontage dem Widder der Dirne, welche am spätesten austreibt, den Schafmann auf den Rücken und nageln denselben beim Nachhausetreiben auf die Stallfirst.³) Um Abensberg in Niederbaiern bemüht sich am Pfingstmontag jeder Knecht, seine Pferde so rasch wie möglich auszutreiben. Der letzte ist der Wasservogel. Es wird ihm ein von Birkenlaub und Blumen geflochtener Kranz um den Hals geworfen, und muss er dann durch den Bach reiten und wird ins Wasser gezogen. Ein jeder scheut sich deshalb der letzte zu sein.⁴) Im bairischen Vilsthale wird dem Hirten, der am Pfingstmontag zuletzt austreibt, ein Schaf abgefangen und mit einem Weidenkranz am Halse geziert, der träge Bursche aber als Pfingstlümmel verhöhnt. Auch im Isargau, dem Abensthal und dem Kolbachthal finden sich ähnliche Bräuche.⁵)

Fassen wir alle diese Zeugnisse kurz zusammen, so ergiebt sich daraus, dass in gleicher Weise über den Norden wie über den Süden Deutschlands folgende Sitte verbreitet war. Wenn die Rinder-, Pferde-, Schweine-, Schaf- und Gänsehirten zu Pfingsten oder Johannis (also im Heidenthum an dem Tage, an dem man die Hagelfeier festlich beging) ihr Vieh auf die Weide trieben, so wurde genau darauf Acht gegeben, welches Thier von einer jeden Gattung als erstes und welches als letztes den Weideplatz betrat. Jenem wurde ein Maienbusch, die Thauschleife, auf die Hörner gesteckt oder an den Schwanz gebunden, dieses dagegen mit Blumen bekränzt und mit allerhand Flitterwerk geschmückt und sodann in feierlichem Zuge umhergeführt. Ersteres bekam den Namen: Thauschlepper, Thaufeger,

---

¹) Wolf, Btrg. I. s. 229. Nr. 345.
²) Panzer, Btrg. II. s. 181. Nr. 303.
³) Bavaria. I, 1, 376.
⁴) Panzer. II. s. 83. Nr. 126.
⁵) Bavaria. I, 2, s. 1003 fg.; Panzer, Beitrg. I. s. 235. Nr. 259—260.

letzteres hiess: bunte Kuh, buntes Pferd, Pfingstkalb, Pfingsthammel, Weidehammel etc., je nach dem es ein Rind, Pferd, Schaf etc. war. Die Namen der Thiere gingen auch auf ihre Hirten über. So wurde der Hirt, zu dessen Viehstand das erste, den Weideplatz betretende Thier gehörte, wie dieses der Thauschlepper genannt, der Hirte des letzten Thieres dagegen: Pfingstkalb, Pfingsthammel u. s. w. Ausserdem bekam der letztere noch eine Reihe von Scheltnamen als: Pfingstkerl, Paddenschinder, Fistrückr, Pinkestfoss, Beddebuek, woraus wir ersehen, dass es für eine grosse Schande gehalten wurde, an diesem Tage beim Austreiben mit seinem Vieh nachgeblieben zu sein. Zum Schlusse fand ein Umzug aller Hirten durch das Dorf statt, wobei Gaben und zwar besonders Eier eingesammelt wurden, von denen man dann am Nachmittag desselben Tages ein ländliches Festmahl herrichtete.

Wie ist dieser merkwürdige Brauch zu verstehen? Mannhardt bringt ihn mit dem angeblich uralten Kultus des Vegetationsdämons zusammen und erklärt, das erste Thier solle durch die Bekränzung mit Maien den Antritt der Vegetation, das letzte dagegen durch seine Ausschmückung mit Blumen eine spätere Periode derselben darstellen.[1]) Die Wiedergabe dieser Deutung genügt, um ihre Unhaltbarkeit darzulegen; wir haben uns deshalb nach einer anderen Erklärung umzusehen und betrachten zu dem Zwecke zunächst die Sitte, dem ersten Thier der Heerde einen Maienbusch oder überhaupt einen Strauch, die Thauschleife geheissen, an den Schwanz oder die Hörner zu binden und das betreffende Stück Vieh dann den Thauschlepper, Thaufeger zu nennen.

Um der Sache näher zu kommen, erinnere man sich, dass es den Ergebnissen unserer früheren Untersuchungen zufolge, zur richtigen Begehung eines heidnisch-germanischen Opferfestes für unerlässlich galt, die Krankeit und Unheil bringenden bösen Geister aus Feld, Wiese, Garten, Haus, Hof und Heerde zu vertreiben. Behufs des Verjagens der Dämonen aus dem Viehstand liebte man es nun, wie der vorige Paragraph zeigte, sich besonderer Zweige oder Ruthen zu bedienen, welche unter der Beobachtung gewisser feierlicher Ceremonien von heiligen Bäumen oder Sträuchern geschnitten waren. Es liegt deshalb an sich schon der Gedanke nahe, dass in ähnlicher Weise das Vertreiben der Hexen aus der Heerde auch bei dem jetzt von uns näher zu behandelnden grossen Hirtenopfer vor sich ging; diese Annahme wird aber zur Gewisheit, wenn wir folgende westfälische Sitten betrachten.

---

[1]) Mannhardt, Baumkultus. s. 393,

Um Lüdenscheid pflegt man am ersten Pfingsttag den Kühen einen weissen Besen (manchmal auch deren zwei) mit weissem Stiel an die Hörner zu binden. Mit diesen Besen, welche häufig noch mit Eichen- und Stechpalmzweigen sowie mit Goldsmeele (briza) geschmückt werden, wird sodann gleich nach dem Eintreiben am Abend desselben Tages durch das ganze Haus gekehrt, worauf man sie vor, über oder neben der Kuhstallthür aufhängt.[1]) Zu Liberhausen in der Grafschaft Mark hat sich ausserdem noch der höchst alterthümliche Brauch erhalten, dass der Hirt dafür, dass er die Kühe, mit zwei Besen geschmückt, von der Pfingstweide heimführt, einen Eierkuchen bekommt, für welchen die Form aus Weiden geflochten ist. Der Genuss eines solchen Eierkäse zu Pfingsten bewirkt nach dem Volksglauben der dortigen Gegend, dass die Kühe milchreich werden.[2])

Es liegt auf der Hand, dass wir in der Sitte, zu Pfingsten mit den Zweigen von Eichen, Stechpalmen und anderen heiligen Bäumen geschmückte Reiserbesen in feierlicher Weise von dem Weideplatz auf den Hof zu bringen, dort mit ihnen (um dadurch die bösen Geister zu vertreiben) das Haus zu kehren und sie dann als heilkräftige, vor allem Unglück bewahrende Talismane an der Stallthüre anzubringen, einen dem Schlag mit dem Queckreis am ersten Mai durchaus verwandten Brauch vor uns haben. Da es aber eben so wenig zweifelhaft sein kann, dass diese in einem Theil Westfalens an den Hörnern der Rinder befestigten Pfingstbesen mit den Maienbüschen, welche sonst in Deutschland dem Stück der Heerde, welches bei dem Pfingst- oder Johannisaustreiben als erstes den Weideplatz betritt, an Haupt oder Schwanz gebunden werden, identisch sind, so kommen wir zu dem Resultat, dass wir es hier überall mit der Erinnerung an das Verjagen der Dämonen aus der Heerde zu thun haben. Die Eier, welche die Hirten an diesem Tage zum Geschenk erhalten, werden die alten Opfereier sein, welche bei dem Hexenvertreiben dem Schutzgott der Heerden, dem Thunar, wie wir in dem vorhergehenden Paragraphen wahrscheinlich zu machen suchten, dargebracht wurden. Dass dies nämlich keine gewöhnlichen, sondern für eine Gottheit bestimmte Opfer-Eier waren, erhellt schon aus dem Glauben in der Grafschaft Mark, der Genuss derselben bewirke, dass die Kühe milchreich würden. Das von allen Hirten gemeinsam begangene Festmahl dürfte der alte Opfer-

---

[1]) Kuhn, Westfäl. Sag. II. Nr. 467. 469.
[2]) Woeste in Wolfs Ztschrft. II. s. 87; Kuhn, Westfäl. Sag. II. Nr. 468.

schmaus sein. Was endlich das in unsern oben beigebrachten Sitten nicht bezeugte, aber bei dem Dämonenverjagen aus der Heerde unerlässliche Milchopfer angeht, so erinnert daran die noch jetzt in manchen Orten Westfalens übliche Gewohnheit, die am Pfingsttag gemolkene Milch den Dienstmägden zu überlassen, welche von denselben in Gesellschaft verspeist wird.[1]) Es war ursprünglich für die Gottheit bestimmte Opfermilch, und deshalb hat die Herrschaft kein Recht, sie im Haushalt zu verwenden.

Weshalb heisst nun aber in Norddeutschland dieser Maienstrauch die Thauschleife und das Thier, welches ihn trägt, der Thauschlepper oder Thaufeger? Der Grund dafür scheint mir folgender zu sein: Nach heidnisch germanischem Volksglauben besitzt der Thau, und zumal der, welcher an einem der hohen Festtage fällt, grosse Heil- und Zauberkraft.[2]) Was lag da näher, als das Bestreben, den zum Vertreiben der Dämonen aus der Heerde verwandten Strauch solches zauberischen Thaues theilhaftig zu machen? Zu dem Zwecke befestigte man den Maienbusch an einem Stück Vieh und liess es denselben durch das bethaute Gras hinschleifen. Das erste Thier der Heerde bevorzugte man zu dieser Verrichtung deshalb, weil vor ihm der Weideplatz noch von keinem Geschöpf betreten war, es also den Thau in dem nachgeschleppten Busch am frischsten und reinsten auffangen konnte. Ganz natürlich bekam der durch den Thau gezogene Busch davon den Namen: Thauschleife und das ziehende Thier die Bezeichnung Thauschlepper oder Thaufeger. Eben so wenig darf es uns befremden, dass auf den Hirten, welcher durch sein Frühaufstehen einem seiner Thiere die Ehre verschafft hatte, den dämonenvertreibenden Maienbusch durch das bethaute Gras hinschleifen zu dürfen, ein Theil dieser Ehre und damit auch der Ehrenname des Thieres zurück fiel.

Konnten wir zu dem Ergebnis, dass dem ersten Theil unseres Pfingstbrauches die Erinnerung an das unter Darbringung von Milch- und Eieropfern vorgenommene Hexenverjagen zu Grunde liege, nur durch eine etwas weitschweifige Untersuchung gelangen, so können wir uns hinsichtlich der Sitte, das letzte Stück

---

[1]) Kuhn, Westfäl. Sag. II. Nr. 449.
[2]) C. M. Blaas, Volksthüml. aus Niederösterreich, in Pfeiffers Germania. XXIX. s. 87. Nr. 8; Wuttke, Der Volksaberglaube. 2. Aufl. § 390. § 88. § 90. § 113. § 456. § 466. § 512. § 529. § 543; Kuhn u. Schwartz, Nordd. Gebr. Anm. zu Nr. 53—60; Panzer, Btrg. II. 301; Müllenhoff, Schlswg.-Hlstn. Sag. s. 565. Nr. 573; Mannhardt, Germ. Myth. s. 5. — Ueber die Heilkraft des Weihnachtsthaues s. 277 fg.

der Heerde mit Blumen zu bekränzen und dann in feierlichem Zuge durch das Dorf zu führen, um so kürzer fassen. Diese beiden Züge sind untrügliche Kennzeichen des germanischen Opfers. Das letzte Thier der Heerde muss demnach hier als das ehemals bei der Feier des Festes geschlachtete Opferthier angesehen werden, und es liegt durchaus kein Grund vor, für diese Sitte eine andere Deutung erkünsteln zu wollen. Ja selbst die Bezeichnungen: **Pfingstkalb, Pfingsthammel, Weidhammel** etc. weisen auf die ursprüngliche Opfernatur dieses Thieres hin; denn in ganz ähnlicher Weise wurden auch die bei den Erntefesten dargebrachten Opferthiere Erntehähne, Erntehühner, Michaelisgänse, Martinsgänse u. s. w. genannt.

Auffallen könnte nur, dass man gerade **das letzte Thier** der Heerde zum Opfer erkor; doch auch dieser Umstand findet seine volle Erklärung aus dem innersten Wesen des germanischen Heidenthums heraus. Ueberall spielte nämlich in dem Kultus unserer Vorfahren der Zufall oder, besser gesagt, die Stimme der Gottheit eine grosse Rolle, und wie z. B. beim Nothfeuer dasjenige Stück Vieh, welches zufällig das erste in der Reihe der durch die heilige Flamme getriebenen Thiere wurde, zu Ehren der Götter geopfert werden muste, und wie bei den meisten germanischen Opferfesten die Wahl des Opfervollstreckers, des Opferpriesters, lediglich dem Zufall überlassen wurde, so vertraute man auch bei dem uns jetzt beschäftigenden Hirtenopfer die Wahl des Opferthieres dem Willen der Gottheit an, indem man das Thier zum Opfer bestimmte, welches durch Zufall an diesem Tage als letztes hinter den andern auf dem Wege zum Weideplatz zurückblieb.

Der beste Beweis dafür, dass wir mit dieser Erklärung das Richtige getroffen haben, ist, dass man nicht überall in Deutschland auf dieselbe Weise den Wunsch der Gottheit bezüglich der Wahl des Opferthieres in Erfahrung bringt. So wird z. B. in einigen Gegenden Niedersachsens nicht die letzte, sondern die **erste** Kuh mit Blumen bekränzt und **Pfingstkerl** genannt[1]). Aus Schwaben wiederum wird uns berichtet, dass zu Derendingen an der Steinlach der Hirt zu Pfingsten der **grösten und schönsten** Kuh einen Kranz von Laub und Blumen aufsetzte.[2]) Nicht das letzte Thier hält man also hier für das zum Opfer bestimmte, sondern entweder gerade entgegengesetzt das erste oder dasjenige, welches nach dem Gutdünken des Hirten das schönste und stattlichste Stück der Heerde war.

---

[1]) Kuhn u. Schwartz, Nordd. Gebr. Nr. 72.
[2]) Meier, Schwäb. Sag. s. 402. Nr. 91.

Bevor wir uns auf die Besprechung weiterer Nachrichten über heidnische, späterhin auf das Pfingst- und Johannisfest übertragene Opferbräuche einlassen, dürfte es sich empfehlen, noch einen kurzen Blick darauf zu werfen, wie sich der Brauch, das erste Thier der Heerde mit Maien zu schmücken und das letzte mit Blumen zu bekränzen, in der Folgezeit fortentwickelt hat. Wir sahen oben, dass auf den Hirten, zu dessen Viehstand der Thauschlepper gehörte, ein Theil der eigentlich doch nur dem Thiere zukommenden Ehren übertragen wurde, und zwar lediglich deshalb, weil jener Hirt durch seinen Fleiss, durch sein Frühaufstehen dem Thiere diese Ehren verschafft hatte. In ganz ähnlicher Weise geht nun auch auf den Hirten des letzten Stückes der Heerde der Name desselben über, aber, da nicht sein Fleiss, sondern seine Säumigkeit, sein spätes Aufstehen der Grund für die Erwählung gerade dieses Thieres zum Opferthiere war, und da ferner der Eigenthümer des betreffenden Stückes Vieh dadurch, dass Dank der Faulheit seines Knechtes dasselbe von der Gemeinde geopfert wurde, einen Verlust an seinem Besitzthum erlitt, so wurde diesem Hirten nicht Ehre, sondern Schande zu Theil. Er bekam deshalb nicht nur Beinamen wie: Pfingstkalb, Pfingsthammel, bunter Junge, Pingsterbloem, Pingstbrût, welche von dem mit Blumen und Flitterwerk geschmückten Opferthier hergenommen wurden, sondern man belegte ihn ausserdem noch mit Scheltnamen wie: Pfingstkerl, Pfingstlümmel, Fîstrükr, Beddebuck oder (weil man ihn zur Strafe ins Wasser warf) Paddenschinder und Wasservogel.

Diese beiden Züge, die ehrende Anerkennung des Hirten des ersten und der Spott gegen den Hirten des letzten Thieres, Züge, welche ursprünglich ganz nebensächlicher Natur waren, haben sich mit dem allmählichen Verfall der Volkssitte nach und nach in den Vordergrund zu drängen gewusst, wodurch die ehemalige Gestalt unsers Pfingstbrauches bald derart verändert wurde, dass wir bei der flüchtigen Betrachtung desselben in seiner heutigen Weise eine ganz fremde Sitte vor uns zu haben wähnen. Betrachten wir z. B. die süddeutsche Sitte des Wasservogels, Pfingstls oder Pfingstquacks.

Hatte dieselbe in der oben geschilderten, um Abensberg in Niederbaiern üblichen Form die alte Ueberlieferung noch ziemlich rein bewahrt, so tritt im Elsass schon die Beziehung des Brauches zur Heerde fast ganz in den Hintergrund; immerhin hat sich aber die Erinnerung daran wenigstens noch in dem während des Umzugs gesungenen Bettellied erhalten, welches lautet:

,Pfingstequack hat d'Eier g'fresse,
Hat d'Ochse und d'Ross in Stall vergesse.
Heb ingen ûs, heb owen ûs!

Heb alli blutt un blingi Vejel ûs.
En Ei erûs! En Ei erûs!
Oder i schick i de Marder ins Hüenhûs!'[1])

In einer Reihe von oberbaierischen Ortschaften dagegen hat die Sitte ihre alte Natur als Hirtenbrauch schon durchaus verloren. ‚Am Pfingstmontage besteigt dort nach der Vesper ein Bursche — früher wurde dazu der faulste Knecht gewählt, der zuletzt beim Frühgottesdienst erschienen war — ein geschmücktes Pferd. Er ist wunderlich vermummt, in Laub, Stroh und Schilf gehüllt und heisst der Wasservogel; als berittenes Geleit folgen ihm 10—20 Burschen, die Santrigl-Buebm.[2]) Man zieht von Haus zu Haus und sammelt Gaben von Brot, Eiern, Butter und Mehl ein unter dem Absingen alter Lieder, der sogenannten Santrigl-Sprüche. Darauf geht der Zug nach einem Bach oder Teich in der Nähe des Dorfes und nun wird der Wasservogel unter lautem Jubel vom Rosse herab in das Wasser geworfen. Anderwärts trifft diese Tauche nicht den Reiter selbst, sondern eine Strohgestalt, die er trägt, welche ebenfalls mit Laub und Schilf umflochten ist und in ein vogelartiges Ungethüm mit langem Schwanenhals und hölzernem Schnabel ausläuft. Nach der Wassertauche ziehen die Santrigl-Buebm ins Wirthshaus und verzehren daselbst ungeheure Küchel, die aus jenen Beiträgen gebacken wurden. Der Vogelhans wird unter den Burschen ausgespielt, der Gewinner ist Festkönig. Den Vogelschnabel, den Santrigl nagelt er auf die First seines Hauses als besonderen Schutz gegen Blitz und Feuer das ganze Jahr über, bis ein neuer Pfingstl sich aufthut.'[3])

Von dieser Entstellung der Pfingstsitte, das erste Thier der Heerde mit Maien, das letzte mit Blumen zu schmücken bis zu den abenteuerlichsten, besonders in den süddeutschen Landstädtchen stattfindenden Wasservogelbräuchen ist nur noch ein Schritt. Trotzdem hat sich aber in diese phantastischen Umbildungen der alten Sitte manch alterthümlicher Zug hineingerettet, wozu ich vor allen Dingen rechne, dass man dem zum Ausputz des Wasservogels, Pfingstls oder Pfingstquacks verwandten Blumenschmuck und Flitterwerk (also ursprünglich dem Blumenschmuck des Opferthiers) zauberische Kräfte beimisst,[4]) und dass häufig der Wasservogel geköpft

---

[1]) Waldmann, Eichsfeld. Gebr. s. 10.
[2]) Samtregel gleich Collecte: vgl. Schmeller, Bair. Wörterb. 2. Aufl. I. s. 657 fg.; II. s. 277.
[3]) Bavaria. I, 1, 375 fg.
[4]) Panzer, Beitr. I. s. 235. Nr. 259, s. 239. Nr. 264; II. s. 87. Nr. 129; Bavaria. I, 1, 375 fg.; Wuttke². § 90.

werden muss,[1]) was an die feierliche Tödtung des Opferthieres durch Hauptabschneiden erinnert.

In anderen Gegenden Deutschlands hat unser Pfingstbrauch wieder einen andern Entwicklungsgang genommen. So ist auf ihn die holländische Sitte zurückzuführen, dass arme Weiber um die Pfingstzeit ein kleines Mädchen, Pinxterbloem genannt, mit Blumen und Bändern zieren, auf einen kleinen Wagen setzen und dann unter dem Einsammeln von Gaben durch die Strassen führen.[2]) In Lettewitz bei Wettin an der Saale ward aus dem fleissigen Knecht der Bischof, aus dem faulen der Hanswurst oder der Schellenmoritz. Auch hier zog man in feierlichem Zuge durch den Ort und bettelte von Haus zu Haus Gaben, als Eier, Speck, Butter, Semmeln u. dergl. ein. Das Zusammengebrachte wurde alsdann in der Schenke verzehrt, und alle Bewohner des Dorfes, selbst die Fremden, die gerade in die Schenke eingekehrt waren, durften an dem Mahle Theil nehmen.[3])

Doch es ist hier nicht der Ort, die Geschichte unseres Brauches zu schreiben; es sei daher mit den beigebrachten Zeugnissen genug. Nur das möge noch erwähnt werden, dass nach Mannhardt die offenbaren Abschwächungen der alten Pfingstsitte, zumal die Umzüge mit dem Wasservogel, älter und ursprünglicher sind, als die einfacheren Hirtenbräuche.

Wir wenden uns jetzt zu einer Reihe von Bräuchen, in denen sich das blutige Hirtenopfer noch deutlicher erhalten hat, als in den bisher besprochenen Sitten. In den meklenburgischen Städten wurde früher am Donnerstag oder Freitag vor Pfingsten der Pfingstochse, in Rostock und Güstrow der Pip-Ochse genannt, feierlich von den Schlächtern durch die Strassen geführt. Er trug einen Blumenkranz um das Haupt; die Hörner waren mit Gold- und Silberschaum belegt und eine Citrone steckte auf ihrer Spitze. Auch den Schwanz schmückten Blumen und bunte Bänder, welche während des Zuges noch durch die Mädchen vermehrt wurden.[4]) Im Harz sind die Ochsen, welche vor Pfingsten aus der Göttinger Gegend zum schlachten nach dem Oberharz getrieben werden, alle bekränzt. In Osterode werden die Pfingstochsen festlich geschlachtet und die

---

[1]) Panzer. I. s. 236. Nr. 261; Bavaria. I, 1, 1004. u. a. m.
[2]) Grimm, D. M.² s. 748.
[3]) E. Sommer, Thür. Sag. s. 154.
[4]) K. Bartsch, Meklenb. Sag. II. Nr. 1424.

Fleischer geben Gesellschaften dabei.[1]) Ebenso wurde in Hessen früher allgemein zu Pfingsten ein schöner, fetter Ochse von der Metzgerzunft bekränzt durch alle Strassen der Stadt geführt und alsdann geschlachtet. Die jungen Zunftgenossen trugen bei diesem Umzug versilberte Beile und sammelten Geld ein, welches sie dann zu einem Schmause verwendeten.[2]) Auch in Pruden in Siebenbürgen schmückt man am Pfingsttag die schönsten Ochsen der Heerde mit Blumen an Haupt und Hörnern und treibt sie so in das Dorf hinein.[3]) Diese einer Erläuterung nicht bedürfenden Opferbräuche müssen übrigens ehemals über ganz Deutschland verbreitet gewesen sein, denn allenthalben findet sich in unserm Vaterlande das auf sie bezügliche Sprichwort: ‚Du siehst aus, bist geputzt wie ein Pfingstochse.'[4])

Recht alterthümliche Züge haben sich in folgenden Nachrichten erhalten. ‚Die Gemeinde Breitenbach in Thüringen muss alle Jahre am dritten Pfingsttag vor der Sonne ein Brot und vier Käse an den Pastor in Questenberg liefern. Kommen sie nicht zur rechten Zeit, so haben die Questenberger das Recht, ihnen die beste Kuh aus der Heerde zu nehmen. Diese muss aber dann dort auf der Heide geschlachtet und verzehrt werden.'[5]) Dazu halte man den Brauch, wie er in den mansfeldischen Dörfern Gödewitz, Fienstedt, Gorsleben, Zörnitz und Krimpe geübt wird. Dort feiert man zu Himmelfahrt ein Fest, bei welchem eine Tonne Bier getrunken und darauf in einer für das Fest erbauten Scheune getanzt wird. Noch in der Mitte des vorigen Jahrhunderts versammelte man sich vor dem Tanze am Brunnen und trank da sieben Ringeimer Bier. Das Geld, mit welchem das Fest ausgerichtet wird, schiessen die einzelnen Dorfgemeinden zusammen. Sie erwählen zwei Bierherren, die alles anordnen müssen und nichts zu zahlen brauchen. Das Bier aber muss bis auf den letzten Tropfen ausgetrunken werden, und jeder Fremde, der vorüber geht, muss mittrinken. In Gödewitz trinkt man das Bier auf einem Hügel vor dem Dorfe, welcher davon der Bierhügel heisst, und auf den am Himmel-

---

[1]) Proehle, Harzbilder. s. 67.
[2]) Mülhause, Gebräuche der Hessen. s. 315.
[3]) Schuster, Deutsche Myth. a. Siebenbürg. s. 471.
[4]) Wuttke.² § 90; Kuhn, Westfäl. Sag. II. Nr. 452; Mannhardt, Baumkultus. Cap. IV. § 12; K. Bartsch, Meklenb. Sag. II. Nr. 1416; Mülhause, Gebr. d. Hessen. s. 315. In Pommern lautet das Sprüchwort: ‚Dei sût ût as ei ᵃ belêkt Pingstoss'; auch in Schlesien ist es bekannt.
[5]) Kuhn u. Schwartz, Nordd. Sag. Nr. 250.

fahrtsmorgen aus jedem Hause ein Bewohner kommen muss. Wenn man dies Fest fallen liesse, geht die Sage unter den Leuten, so müsse der Obrigkeit der Zehnten gegeben werden und dazu noch ein schwarzes Rind mit weisser Blässe, ein Ziegenbock mit vergoldeten Hörnern und ein vierspänniges Fuder Semmeln oder (mit märchenhafter Uebertreibung) ein Bock mit ganz goldenen Hörnern, zwei Fuhren Semmeln und eine Tonne Mückenfett.[1])

In diesen beiden Bräuchen, sowohl in dem thüringischen als auch in dem mansfeldischen, erscheint das Hirtenopfer in einen jährlich zu liefernden Zins, in ein jährlich zu feierndes Fest umgewandelt. Wird der Zins aber nicht abgeliefert, wird das Fest nicht gefeiert, so tritt der uralte Opferbrauch wieder in sein Recht ein: die beste Kuh der Gemeinde wird geschlachtet, oder, noch alterthümlicher, ein schwarzes Rind mit weisser Blässe, ein Bock mit vergoldeten Hörnern und ein vierspänniges Fuder Semmeln muss dargebracht werden. Dass wir nämlich auch in dem letzteren Falle die Erinnerung an ein Thieropfer vor uns haben, beweist folgende Stelle aus Kosches ‚Charakter, Sitten und Religion aller bekannten Völker' (Leipzig 1791. 4. Bd. s. 481), der zufolge in den Theilen Deutschlands, welche von Sorbenwenden bewohnt waren, an verschiedenen Orten am Jacobitage (25. Juli) noch im letzten Viertel des vorigen Jahrhunderts[2]) ein Bock mit vergoldeten Hörnern von einem Kirchthurme oder vom Rathhause, mit Bändern geschmückt, unter Musik herabgestürzt wurde. Sobald er unten ankam, stach man ihm das Blut ab, welches, gedörrt, für ein kräftiges Heilmittel in vielen Krankheiten galt.[3])

Allerdings befinden wir uns hier auf wendischem Gebiet; aber trotzdem sind wir, angesichts der nahen Verwandtschaft zwischen Slaven und Germanen auch in der Ausübung des Kultus, sicherlich berechtigt, diesen sorbenwendischen Brauch wenigstens zur Vergleichung mit heranzuziehen. Im übrigen athmen alle diese Berichte selbst in den Einzelheiten noch höchstes Alterthum. Das Opferthier muss eine bestimmte Farbe haben, es wird festlich geschmückt, an den Hörnern vergoldet und mit Feldblumen bekränzt. Das Abschlachten und Verzehren findet auf der Weide selbst statt; alle Gemeinde-

---

[1]) E. Sommer, Thüring. Sag. s. 149 fg.
[2]) In Cosel kam die Sitte 1783 ab.
[3]) E. Sommer, Thüring. Sag. s. 179.

mitglieder haben dazu zu erscheinen und an dem Mahl mit Theil zu nehmen. Selbst die zufällig im Orte anwesenden Fremden dürfen sich nicht ausschliessen. Dazu wird Bier getrunken, welches auf Kosten der Gemeinde beschafft ist, und von dem auch nicht ein Tropfen übrig bleiben darf, worin wir unschwer den heidnischen Minnetrunk wieder erkennen. Auch die Heilighaltung der Opferreste und der Glaube, dass denselben Zauberkraft inne wohne, hat sich erhalten; denn das Blut des Opferthieres wird gesammelt, gedörrt und dann als kräftiges Heilmittel in mancherlei Krankheiten angewandt.

In niederrheinischen Pfingstliedern findet sich sogar noch die Erinnerung daran, dass die Häupter der Opferthiere als der den Göttern zustehende Antheil am Opfer, ganz besondere Ehrfurcht genossen. Die hierher gehörigen Verse lauten:

,Nun gebt uns einen Pferdskopp,
Wir stippen auf der Stang ihn op.'

Einen andern sehr wichtigen Zug hat auch folgender Brauch bewahrt, in dem das alte Opfer allerdings schon zum Opferspiel herabgesunken ist. Zu Pfingsten werden in Barssen bei Pyrmont zwei Hammel ausgeschossen, welche die zehn besten Schützen erhalten, in der Art, dass die beiden ersten Haut und Eingeweide, die übrigen je zwei ein Viertel erhalten. Mit Recht bemerkt Kuhn dazu: ,Dass die beiden besten Schützen Haut nebst Eingeweiden erhalten, ist jedenfalls ein bedeutsamer Zug; das wird in alten Zeiten der Antheil des Gottes gewesen sein, dem zu Ehren das Fest gefeiert wurde.'[1])

Werfen wir jetzt einen kurzen Rückblick auf die Gesammtuntersuchung dieses Paragraphen, so ergiebt sich, dass unsere heidnischen Vorfahren in der Zeit zwischen Himmelfahrt, Pfingsten und Johannis, also in derselben Zeit, in der die Hagelfeier festlich begangen wurde, ein grosses Hirtenopfer darbrachten. Man vertrieb durch den Schlag mit der heiligen Ruthe die Unheil bringenden Dämonen aus Heerde und Stall und opferte dabei Milch und Eier. Ferner fielen zu Ehren der Götter Rosse, Rinder, Schweine, Schafe und Gänse und zwar wahrscheinlich von jeder dieser Thiergattungen nur eins. Die Wahl der Opferthiere überliess man entweder dem Willen der Gottheit oder aber, man erkor dazu die schönsten und stärksten Stücke der Heerden. Die betreffenden Thiere wurden darauf mit Feldblumen bekränzt, war es Hornvieh, an den Hörnern vergoldet und in feierlichem Zuge umhergeführt.

---

[1]) Kuhn, Westfäl. Sag. II. Nr. 466; Kuhn u. Schwartz, Nordd. Gebr. Nr. 68.

Alsdann brachte man sie auf den Weideplatz zurück, schlachtete sie und richtete aus ihrem Fleische den Opferschmaus her, an dem die ganze Gemeinde als solche sich betheiligte. Bei dem Mahle wurde die Minne der Heerdengottheit getrunken; auch eignete man ihr Haupt, Haut, Eingeweide und (den Ergebnissen früherer Untersuchungen zufolge) Knochen der Opferthiere als den ihr gebührenden Antheil am Opfer zu. War endlich das Fest beendigt, so sammelte man sorgsam die übrig gebliebenen Reste, z. B. das geronnene Blut der Opferthiere, auf und nahm dieselben mit sich nach Hause, wo sie, als heilkräftige Talismane hoch in Ehren gehalten, die verschiedenartigste Verwendung fanden.

Dass gleichzeitig mit der Hagelfeier ein grosses Opferfest der Hirten stattfand, steht mithin unbedingt fest. Nun haben wir im dritten Paragraphen des vorigen Capitels nachgewiesen, dass die Hagelfeier zur Zeit des Heidenthums in den Tagen festlich begangen wurde, in denen zum Frommen des Viehstandes die Johannis-Nothfeuer angezündet wurden. Wir kommen also zu dem überraschenden Resultat, dass unser grosses Hirtenopfer an demselben Tage gefeiert wurde, an dem das wichtige Sühnopfer der Hirten stattfand, das heisst mit anderen Worten, dass diese beiden Opferfeste identisch sind.

Jetzt erklären sich auch auf das leichteste alle diejenigen Punkte, welche uns früher dunkel und unverständlich geblieben waren. Wie sehr muste es bei unserer früheren Untersuchung auffallen, dass sich von dem Sühnopfer zur Zeit der Sommersonnenwende nur die Opferfeuer, und zwar diese in überaus reichlichem Masse, erhalten haben sollten, während das eigentlich Wesentliche, die Opfer, fast ganz in Vergessenheit gerathen wären, so dass wir ihr einstiges Vorhandensein nur aus den gelegentlichen Bemerkungen einiger, zumeist älterer Schriftsteller nachweisen konnten. Jetzt wissen wir, dass die Volkssitte die Erinnerung an die Opfer nicht minder fest wie die Erinnerung an die Feuer bewahrt hat, nur dass die ersteren sich im Laufe der Jahrhunderte von ihrem früheren Zusammenhang mit den letzteren los lösten und zu selbstständigen Bräuchen wurden. Auch das kann nicht mehr befremden, dass die Johannis-Nothfeuer nicht nur auf die Viehzucht, sondern auch auf den Ackerbau Bezug haben; hat dies doch seinen triftigen Grund darin, dass die Johannis-Nothfeuer mit den Hagelfeuern zusammen ursprünglich nur ein Feuer bildeten. Erst jetzt wird man endlich vollkommen einsehen können, weshalb die Zeit der Sommersonnenwende im deutschen Heidenthum eine so ungemeine Bedeutung hatte, da wir wissen, dass dann sowohl der Hirte als auch der Bauer das wichtigste und gröste Sühn- und Bittopfer des ganzen Jahres beging.

§ 4. Die auf die Viehzucht bezüglichen Opfer bei dem grossen Herbstfest.

Da wir die Beziehungen des Mittwinter- und des ersten Frühjahrsopfers auf die Viehzucht schon bei unserer Untersuchung im zweiten Capitel berücksichtigt haben, bleibt uns jetzt nur noch übrig, den Antheil, welchen der Hirte an dem grossen Herbstopfer hatte, näher zu erörten.

In dieselbe Zeit, in der das gemeine Erntedankfest gefeiert wurde, fällt der Schluss der Weidezeit. Im germanischen Heidenthum empfing nun jeder wichtige Wendepunkt im Leben des Landmannes durch Gebet und Opfer höhere Weihe, folglich muss auch der Tag, an dem die Weide geschlossen wurde und die Stallfütterung begann, einst durch die Darbringung von Opfern ausgezeichnet worden sein. Das Erntedankopfer und das mit ihm verbundene Gemeindebittopfer für ein gutes Gedeihen der Wintersat überragte jedoch jenes Herbstopfer der Hirten an Bedeutung bei weitem, ausserdem ist die Viehzucht in Deutschland in den letzten Jahrhunderten dem Ackerbau gegenüber überhaupt mehr in den Hintergrund getreten, und so ist es gekommen, dass die Erinnerung an das Opfer beim Weideschluss sich nur sehr spärlich erhalten hat und wir in Bezug darauf fast ausschliesslich auf den Volksbrauch in den Alpen angewiesen sind, wo die Viehzucht noch nichts von ihrem früheren Ansehen verloren hat.

Die hierher gehörigen Zeugnisse sind etwa folgende: Melzer berichtet in seiner Beschreibung von Schneeberg (p. 536): ‚Am S. Mertenstag sasz der heilige Martin auf ein Pferd, welchen die Bauernweiber als einem Patron des Viehes sonderlich ehreten und dabei Geld und anderes opferten.'[1]) Damit vergleicht sich folgendes Zeugnis aus Schwaben: ‚Zu Hauerz, im Oberamt Leutkirch, ward früher immer zu Martini die Kirchweih gehalten, bei der sich alle Bewohner der Umgegend einfanden. Die Bauern brachten alsdann dem heiligen Martin alles mögliche zum Opfer: Frucht, Hanf, Obst, Fleisch, Eier, Schmalz, Butter u. dgl. In den Wirthshäusern wurde geschmaust und getanzt. Am Tage darauf wurde eine Nachkirchweih, wie man es nannte, gehalten, und da blieb niemand zu Hause,

---

[1]) Wolf, Beitr. I. s. 51.

denn an diesem Tage verzehrte man das Opfer, das dem heiligen Martin gefallen war. Was aber übrig blieb, oder was nicht essbar war, wie Flachs, Hanf u. dgl., das vertheilten die Leute unter sich und nahmen es mit nach Hause. Manchmal hat man auch wohl den heiligen Martin aus der Kirche abgeholt und ins Wirthshaus gebracht, damit er selbst sehe, wie fröhlich sein Opfer verzehrt werde.'[1])

Von dem Koboldmännlein, welches im hohlen Stein im Kretzenthal in derselben Landschaft wohnte, erzählt man, es habe früher oft den Hirten das Vieh gehütet und die kranken Thiere geheilt. Als Lohn dafür habe das Männlein um Michaelis von dem Kuhhirten einen Kuchen gefordert, von dem Boschenhirten einen Groschen weisser Währung und von dem Ganshirten zwei Ganser von den Jungen, was alles ihm in die Höhle gestellt wurde.[2]) Auf den Tiroler Hochalpen Stillupe, Floiten und Dengelstein lassen die Senner vor ihrer Abfahrt vom Berge nach altem Brauche Käse, Brot und etwas Schnaps in der Sennerei zurück, damit der Alte, der Berggeist, der das Wetter macht, ihnen gut bleibe, wenn er im Winter vom Köösgletscher des Löffelkopfes herabkommt. Thut man es nicht, so stopft er sich die Tabakspfeife, und dann bricht Unwetter herein. Nach Alpenburg war es überhaupt in Tirol sonst Brauch und Sitte, dass man bei der Abfahrt von den Alpen im Herbst etwas Butter, Käse und Brot in der Almhütte zurückliess. Da die Thür derselben unverschlossen blieb, so wähnte man, die alten Wettermacher vom Greiner und der Löffelspitze fänden dort im Winter Unterstand und Nahrung. Der Alpe, auf der man sie gut bedachte, blieben sie nach dem Volksglauben fein gewogen.[3]) Auch von dem Geissler von Klosters in Graubünden wird erzählt, er habe ehemals die Ziegen der Gemeinde gegen einen geringen Lohn an Zieger und Käse gehütet, der ihm jährlich im Herbst abgeliefert werden muste.[4]) Endlich ist noch eine Emmenthaler Sage bemerkenswerth, der zufolge ein dortiger Senne, wenn er im Herbste von seiner Alpe zog und heimfahren wollte, immer eine Kostkuh im Stalle stehen gelassen hat; anders habe er niemals das Thal glücklich wieder erreichen können.[5])

---

[1]) E. Meier in Wolfs Zeitschr. I. s 441 fg.

[2]) Birlinger, Aus Schwaben. I. s. 257. Nr. 264.

[3]) M. Meyer, Tirol. Sagenkränzlein 1856. p. 53; Rochholz, Schwz. Sagen a. d. Aargau. I. s. 384; Naturmythen. s. 250; Alpenburg, Sag. u. Mythen Tirols. s. 104. 13.

[4]) Rochholz, Schweiz. Sag. a. d. Aargau. I. s. 319. Nr. 228.

[5]) Rocholz ebend. I. s. 321. Nr. 229.

Sind uns diese Nachrichten auch dürftig genug überkommen, so lässt sich aus ihnen dennoch wenigstens so viel mit Bestimmtheit entnehmen, dass von den Hirten am Schluss der Weide ein Fest gefeiert wurde, bei dem man den Göttern ein Stück der Heerde, Milch, Käse, Butter, Brot und Eier als Opfergaben darbrachte. Rechnen wir nun noch hinzu, dass zu Martini auch das mit Gebet und Opfern verbundene Schneiden des heiligen Queckreises[1]) stattfand, mithin an diesem Tage in gleicher Weise wie am 1. Mai ein Vertreiben der Dämonen aus der Heerde vorgenommen sein wird, so ergiebt sich, dass das Hirtenopfer im Herbst durchaus denselben Hergang hatte, wie die anderen Jahresopfer der Hirten. Es ist darum auch der Verlust, welchen wir durch das Fehlen von ausführlicheren Nachrichten über das Hirtenfest im Herbst erleiden, nicht allzu hoch zu schätzen, da durch dieselben wesentlich neues für unsere Kenntnis des heidnisch-germanischen Kultus gewis nicht gewonnen würde.

---

[1]) Siehe oben s. 298 fg., 301.

Schlussbetrachtung.

Wir sind am Ziele; — doch bevor wir schliessen, wird es sich empfehlen, noch einmal kurz die Resultate zu überblicken, welche durch unsere Untersuchungen für die deutsche Mythologie und Alterthumskunde gewonnen sind. Wir behaupteten in der Einleitung, der Kultus der heidnischen Germanen müsse sich aus den vorhandenen Quellen wiederherstellen lassen, und wir haben uns nicht getäuscht. Zäh erhielt unser Volk in seinen Sagen die heidnischen Mythen, noch fester bewahrte es in Sitte und Brauch seinen alten Kultus. Ganz unverblasst und ungeschwächt konnte uns natürlich auch dieser nicht durch den Lauf der Jahrhunderte hindurch überkommen, suchten doch Staat und Kirche im Wechselstreit mit allen ihnen zu Gebote stehenden Mitteln das verhaste nationale Heidenthum mit Stumpf und Stiel auszurotten, aber wenn auch das Gesammtbild des deutschen Opfers dahinschwand, und wenn es auch häufig genug in einen blossen Zins verwandelt wurde oder, zum Opferspiel herabgesunken, zur Volksbelustigung ward, seine einzelnen Hauptzüge blieben bestehen und bestehen zum grösten Theil selbst heute noch bei unserm Landvolke fort.

Wie vor einem Jahrtausend so bringt auch noch in unserer Zeit der Landmann überirdischen Wesen mit Blumen, farbigen Bändern und Flittergold geschmückte Opfergaben dar, sei es, dass er dadurch seinen Dank für den reichen Jahressegen aussprechen will, oder dass er damit bestehendes Unheil abzuwenden und vor drohendem sich zu schützen sucht. Immer noch sind alle Theilnehmer an der heiligen Handlung verpflichtet, etwas von dem Opfer zu geniessen, um auf diese Weise seiner Heilkraft theilhaftig zu werden, und werden die den Göttern zukommenden Stücke (beim Thieropfer: Haupt, Haut, Knochengerüst, Eingeweide und Genitalien) entweder im Opferfeuer verbrannt oder als wunder- und zauberkräftige Talismane zum Schutz des Gehöftes an einem Ehrenplatz des Hauses aufgehängt oder unter der Thorschwelle vergraben. Wird dann später einmal ein Glied der Familie von schwerer

Krankheit befallen, verhexen böse Leute das Vieh, droht ein schweres Gewitter einzuschlagen, so nimmt der Hausvater ein Stückchen von diesem Talisman und giebt dasselbe dem Kranken zu geniessen, mengt es den Thieren unter das Futter, wirft es in die Flamme des Heerdfeuers, und das Unglück muss, ohne weiteren Schaden anrichten zu können, vorübergehn. Immer noch werden ferner die zum Opfer bestimmten Gaben an Feldfrüchten und Getränken und die zu schlachtenden Opferthiere, nachdem zuvor das Los (der Zufall) darüber entschieden hat, was geopfert werden soll, in feierlichem Umzug durch das Dorf geführt, und wird bei der Darbringung des Opfers unter dem Sprechen zauberkräftiger Gebetsformeln das Vertreiben der dem Wachsthum der Saten und dem Gedeihen des Viehstandes schädlichen Dämonen und Hexen vorgenommen. Immer noch weiss man aus den geschlachteten Opferthieren, den dargebrachten Feldfrüchten und Getränken, der Flamme des durch das Opfer geheiligten Feuers Weissagungen anzustellen auf den Ausfall der Ernte und die kommende Witterung, auf Liebe und Ehe, auf Krankheit und Tod; und immer noch schliesst endlich die ganze Opferfeierlichkeit mit einem festlichen Schmaus, bei dem man die Minne der Götter, in heutiger Zeit also die Minne der Heiligen der katholischen Kirche, trinkt.

Weiter lernten wir aus unseren Untersuchungen, dass jede das tägliche Einerlei im bäuerlichen und Hirten-Leben unterbrechende Begebenheit durch bestimmte, je nach der Wichtigkeit des Anlasses grössere oder kleinere Opferfeste die religiöse Weihe empfing, dass wir also für das deutsche Heidenthum ein festgeregeltes Opfersystem anzunehmen haben. In diesem Opfersystem konnten wir wiederum die einzelnen Opferfeste in einer zweifachen Weise eintheilen. Ihrem inneren Wesen nach zerfielen dieselben nämlich in ausserordentliche abwehrende Opfer und in Jahresopfer; nach ihrer Grösse dagegen in Familien-, Gemeinde- und Landesopfer. Von diesen verschiedenen Opferarten wurden die ausserordentlichen Opfer bei unvorhergesehenen Unglücksfällen, d. h., bei dem Ausbruch oder dem Herannahen von Krankheiten, Seuchen, verherenden Unwettern und anderen Landplagen, dargebracht, wogegen sich die Jahresopfer eng an die einzelnen Hauptzeiten in Ackerbau und Viehzucht als: Aussat, Kornblüthe, Ernte, erster und letzter Austrieb etc., anschlossen.

Die Eigenthümlichkeit der Familienopfer, um jetzt auf die zweite Art der Eintheilung der deutschen Opferfeste zu kommen, bestand, wie dies schon ihr Name andeutet, darin, dass bei ihnen nur der einzelne Hausstand betheiligt war. Es gehörten zu ihnen unter anderm die tägliche Verehrung des Hausgeistes, die abwehrenden Opfer bei der Erkrankung einzelner Stücke der Heerde, die Bittopfer bei der Bestellung der zum Hofe gehörigen Äcker mit Feldfrüchten, die Dankopfer bei der Einerntung derselben, die Opfer beim Flachsbrechen u. s. w. Sie waren ärmlicher, dürftiger Natur im Gegensatz zu den grossen Gemeindeopfern, als deren Vorstufe sie zu betrachten sind. Brachte zum Beispiel jeder Hof für sich nach der Aussat den Erd-, Himmels- und Wettergottheiten eine geringe Gabe von Brot, Körnern und Eiern, verbunden mit einem bescheidenen Opfermahle dar, so nahm die Gemeinde, wenn alle ihre Mitglieder ihre Felder bestellt hatten, diese kleineren Opfer noch einmal auf und beging ein grosses Opferfest, bei dem dann, der grösseren Anzahl der Theilnehmer entsprechend, nicht nur Gebäck, Feldfrüchte und Eier sondern auch Rosse, Rinder und Hunde, Schweine und Katzen, Böcke, Gänse und Hühner zu Ehren der Götter geopfert wurden. Solcher Gemeindeopferfeste wurden, wenn wir von dem ausserordentlichen, mit dem Nothfeuer verbundenen Gemeinde-Sühnopfer absehen, im Jahre fünf gefeiert. Das erste fiel in die letzten Tage des Februars, also auf Wintersschluss, das zweite auf den ersten Mai, das dritte auf Mittsommer, das vierte in den Herbst (October oder November) und endlich das fünfte auf den Tag der Wintersonnenwende.

Noch umfangreicher und grossartiger als die Gemeindeopfer waren die Landesopfer, an denen das ganze Land als solches Theil nahm, und bei denen Menschenopfer unerlässlich waren. Man feierte diese Landesopfer entweder als ausserordentliche Opfer bei dem Auftreten einer Landplage oder zur Verhütung derartigen Unglücks als feste Opfer. Die erstere Art konnten wir für alle germanischen Stämme nachweisen, die letztere mit Sicherheit nur für den scandinavischen Norden.

Was nun den Hergang bei den einzelnen Opferfesten der heidnischen Deutschen angeht, so wäre es hinsichtlich der Familien- und der Landesopfer überflüssige Wiederholung, wenn wir uns darüber hier noch einmal verbreiten würden, und ich verweise in Bezug darauf einfach auf die betreffenden Paragraphen unserer Untersuchung. Anders steht es mit den Gemeindeopfern, bei denen die ausführliche Angabe der verschiedenen Zeugnisse und die zahlreichen Anmerkungen leicht verhindert haben können, dass der Leser zu einem klaren, einheitlichen Bilde gelangt ist. Wir wollen darum jetzt ein solches Gemeindeopferfest ohne alles störende Beiwerk geben, so, wie wir dasselbe aus den Ergebnissen unserer Untersuchungen heraus zu reconstruiren berechtigt sind, und zwar wählen wir dazu dasjenige Fest aus, welches auf die drei Capitel der Arbeit vertheilt werden muste[1]) und darum von uns am zerrissensten wiedergegeben worden ist, nämlich das grosse Gemeindeopfer zur Zeit der Sommersonnenwende. —

Naht der Juli mit seiner stechenden, tödtlichen Hitze und seinen schweren, Unheil bringenden Gewittern, rückt der Tag heran, an dem die Sonne auf ihrer Himmelsbahn den Höhepunkt erreicht, dass sie fast senkrecht auf die Erde herabscheint, so befinden sich Hirt und Bauer in gröster Aufregung. Jener fürchtet, dass die verpestete Luft, in der giftspeiende Drachen und Krebse herumfliegen und böse, allem Wachsthum feindliche Dämonen ihr Wesen treiben, seinem Viehstand verderbliche Seuchen zuführt; dieser dagegen ist in Sorge, dass ein Hochgewitter oder ein heftiger Hagelschauer die in der Blüthe stehende oder schon reifende Feldfrucht vernichten und dadurch mit einem Schlage seine ganzen Erntehoffnungen zerstören werde. Darum rüsten beide gemeinsam ein grosses Opferfest aus, um von den Gottheiten der Luft und des Himmels, der Erde und des Wassers und des Wetters, d. h., von Wuotan (Ziu), von Berchta (Fria, Holda) und von Thunar, gnädigen Schutz für ihr gefährdetes Eigenthum zu erflehen.

Vor allen Dingen gilt es da, den Göttern angenehme Opferthiere auszulesen, für Wuotan: Rosse, Rinder und Hunde, für Fria: Schweine und Katzen, für Thunar: Böcke, Gänse und Hühner. Zu dem Zwecke wählt man entweder nach eigenem Gutdünken die schönsten und stärksten Stücke der Heerde aus, oder man lässt die Gottheit selbst entscheiden. Letzteres geschieht in der Weise, dass man immer dasjenige Thier von einer jeglichen Gattung Vieh, welches nach dem Willen der Gottheit als letztes die zur Feier des Tages besonders abgesteckte Festweide[2]) betritt, mit Blumen bekränzt und dadurch zum Opfer bestimmt.

Hand in Hand mit der Auswahl der Opferthiere geht ein kleines Opfer, an dem sich nur Hirten betheiligen dürfen. Während die Heerde auf dem Wege zur Festweide ist, eilt der Gemeindehirt zu einem heiligen Baum oder Strauch und schneidet davon mehrere Ruthen ab. Diese werden sodann, mit Feldblumen durchflochten, in Besen zusammengebunden und denjenigen Thieren der einzelnen Heerden, welche als erste auf der vorher noch von keinem Geschöpf betretenen Hutung anlangen, an den Schweif gebunden, damit auf

---

[1]) Cap. I. § 5; Cap. II. § 3; Cap. III. § 3.
[2]) Kuhn, Märk. Sag. s. 323; Westfäl. Sag. II. Nr. 461. 462; Kuhn u. Schwartz, Nordd. Gebr. Nr. 53—56.

diese Weise der heilige Mittsommerthau recht frisch in den Reiserbesen aufgefangen werde und letztere dadurch noch grössere Zauberkraft erhalten. Darauf nimmt der Oberhirt der Gemeinde einen der Zauberbesen in die Hand und schlägt damit unter dem Hersagen eines Segensspruches jedes Stück Vieh dreimal auf den Rücken, wodurch alle schädlichen Hexen und Krankheit bringenden elbischen Geister aus dem Körper der Thiere vertrieben werden. Ist dies geschehen, so werden die Kühe gemolken und aus der gewonnenen Milch, in die man zuvor heilige Kräuter geworfen hat, und aus Eiern ein Opfermahl hergerichtet. Alle Hirten müssen daran Theil nehmen, denn der Genuss der Opferspeisen ist von grossem Einfluss auf das gute Gedeihen des Viehstandes, und darum lässt man selbst das Vieh nicht leer ausgehen, sondern giebt ihm die in der Opfermilch befindlichen Blumen zu fressen. Am Schlusse des Mahles übergiebt der Oberhirt jedem Hofbesitzer einen der heiligen Besen, mit welchem dieser die Ställe und Scheuern seines Gehöftes kehrt, um auch dieses von schädlichen Krankheitsgeistern zu reinigen. Sodann wird der Besen als schützender Talisman auf dem Misthaufen aufgepflanzt oder oben an dem Hofthore befestigt.

Nach dem Vertreiben der Hexen und dem damit verbundenen Hirtenopfer erscheinen sämmtliche erwachsene Mitglieder der Gemeinde und putzen in altherkömmlicher Weise die am Morgen ausgewählten Opferthiere auf das festlichste aus. Man bekränzt sie mit Blumen, ziert sie mit bunten, farbigen Bändern und schmückt die Hörner der Böcke und Rinder mit Flittergold. Sodann treten die Ackerbauern zusammen und ziehen mit den Opferthieren in feierlichem Zuge, ein Götterbild an der Spitze, zuerst durch die Ortschaft, dann aber um die ganze Feldmark der Gemeinde herum. An den vier Ecken derselben wird Halt gemacht und ein Gebet gesprochen, in welchem man von Thunar gnädigen Schutz der Saten vor Wetterschlag und Hagelschauer erfleht. Die Prozession endigt bei dem heiligen Quell des Dorfes, dem festlich geschmückten Ortsbrunnen, in dem die Berchta (Frîa, Holda), die Göttin, welche der Erde Fruchtbarkeit und Feuchtigkeit verleiht, wohnt und waltet. Ein jeder von den Theilnehmern an der feierlichen Handlung tritt hier einzeln an den Quell heran, wirft ein mit Blumen geschmücktes Gebäck als Opfergabe hinein und thut dann von dem heiligen Wasser einen Trunk. Nachdem er sich ferner aus dem Wasserstande heraus den glücklichen oder unglücklichen Ausfall der kommenden Ernte geweissagt hat, schöpft er schliesslich noch für seinen Hausbedarf ein eigens dazu mitgebrachtes Gefäss voll des heiligen Wassers, welches er dann späterhin in Fällen der Noth als kräftiges Mittel gegen allerhand Uebel und Krankheiten, gegen Hexen und böse Geister gebraucht.

Während Hirten und Ackerbauern sich mit dem Vertreiben der schädlichen Dämonen aus der Heerde und dem Bittgang um die Felder beschäftigt haben, sind indes die Kinder im Orte von Haus zu Haus gezogen und haben unter dem Absingen von Liedern, in denen auf den reichlichen Geber alles Heil und Glück, auf den kargen Geizhals dagegen alles Unglück dieser Welt herabgewünscht wird, Holz, Stroh und anderen Brennstoff eingesammelt. Damit sind sie sodann auf den Dorfplatz oder eine Anhöhe in der Nähe des Ortes geeilt und haben dort einen grossen Scheiterhaufen errichtet. Hoch oben auf die Spitze desselben setzten sie eine aus Stroh geflochtene Puppe, welche das personificierte Unglück (die Hexe, den bösen Geist, den bösen Säemann, den Hagel) darstellen soll. —

Mittlerweile ist es Abend geworden. Die Bauern sind mit dem Bittgang und der Quellenverehrung fertig, und die ganze Gemeinde versammelt sich nun mit den Opferthieren bei dem Scheiterhaufen. Es beginnt der wichtigste Theil des ganzen Festes. Ein Paar keuscher Jünglinge ist bemüht, in der uralten Weise durch Aneinanderreiben zweier trockener Hölzer die heilige Opferflamme zu gewinnen. Andere beschäftigen sich damit, dem altherkömmlichen Brauche gemäss, die Opferthiere durch Hauptabschneiden zu tödten. Die abgeschnittenen Köpfe werden sodann nebst den Rümpfen der lediglich zum Sühnopfer bestimmten Hunde und Katzen so wie der Haut, dem Knochengerüst, den Eingeweiden und Genitalien der Rosse, Rinder, Schweine, Böcke, Gänse und Hühner auf den Holzstoss gelegt, jedoch nicht eher, als bis sich jeder von den Theilnehmern am Opfer etwas davon angeeignet hat, sei es nun ein Knochen, oder ein Stückchen Haut, oder ein wenig geronnenes Blut. Solchen Opferresten wohnen nämlich grosse Zauberkräfte inne. Giebt man z. B. von dem Opferblut einem Kranken ein, so weicht sofort die Sucht von ihm; gräbt man einen Opferknochen in das Satfeld, so bleiben Unwetter und Hagelschauer der Frucht fern; u. s. w.

Nachdem die Thiere geschlachtet sind, ist endlich auch die mühselige Arbeit des Feuergewinns mit Erfolg gekrönt worden. Die durch die Reibung erhitzten Hölzer haben Feuer gefangen. Schnell wird dasselbe angefacht und dann damit der Scheiterhaufen angesteckt, welcher, kaum entzündet, auch schon nur eine einzige grosse Flamme bildet. Alles jauchzt und jubelt und tanzt unter dem Singen alter, feierlicher Weisen um den brennenden Holzstoss herum. Aufmerksam blickt auch ein jeder nach der Farbe und

dem Zug des Rauches und dem Aussehen des gestirnten Himmels;
denn daraus lässt sich gar manches weissagen über die Aussichten
bei der nächsten Ernte, über die kommende Witterung, über die
Gegend, wo man am nächsten Jahre am besten aussäen kann, ja
selbst über Liebe, Ehe und Tod.

Die jungen Burschen reissen darauf aus dem Scheiterhaufen
brennende Scheite heraus, zünden an seiner Gluth Reiserwellen,
lange Kienfackeln und mit Stroh umflochtene Räder an und laufen
dann damit, schreiend und lärmend, mit Peitschen knallend und
mit Schellen läutend, über die Felder hin, um dadurch die dem
Wachsthum feindlichen Dämonen aus den Saten zu vertreiben.
Die älteren Leute und die Frauen dagegen sieden in den herbei-
gebrachten Opferkesseln das Opferfleisch, bereiten die Opferkuchen
und die andern Opferspeisen zu und brauen Bier und Meth für den
heiligen Minnetrunk. Aber ehe es zum fröhlichen Opferschmaus
geht, muss noch eine wichtige Handlung vorgenommen werden:
das Springen der Menschen durch das Opferfeuer und das Treiben
der Heerden über die dampfenden und im Erlöschen begriffenen
Kohlen. Denn der Rauch des Opferfeuers übt nicht allein auf den
Acker dämonenvertreibende Macht aus, sondern er befreit auch den
menschlichen und thierischen Körper von den ihm innewohnenden
elbischen Geistern und bewahrt ihn dadurch vor tödtlichen Krankheiten und Seuchen.

Ist auch dieser letzte grosse Läuterungs- und Reinigungsact
glücklich vorüber, so beginnt der Opferschmaus, bei dem es
sehr heiter und fröhlich zugeht. Niemand darf sich davon ausschliessen, selbst der zufällig vorüberwandernde Fremdling muss an
dem Mahle Theil nehmen. Welches Gemeindeglied hätte sich aber
auch einem solchen Feste entzogen, bei welchem sogar der über-
mässigste Genuss von Speise und Trank nicht allein keine nach-
theiligen Folgen nach sich ziehen konnte, sondern im Gegentheil
dem Geniessenden die grösten Vortheile brachte. Denn je mehr
Minne jemand trinkt, um so stärker und schöner wird er, und je
mehr er isst, um so sicherer kann er sein, dass er das ganze Jahr
hindurch von Krankheiten verschont bleibt. Zum Schlusse — und es
mag wohl oft der helle Morgen gekommen sein, ehe ein solches
deutsches Opferfest beendet war — nimmt ein jeder etwas von den
Kohlen und der Asche des Feuers und den übrig gebliebenen Resten
des Opferschmauses mit sich nach Hause, um diese Dinge dort in
allerhand Nöthen als kräftige Heilmittel zu gebrauchen. Ausserdem
erhält noch jede Familie ein brennendes Scheit von dem Opferfeuer,
mit welchem sodann auf dem Hofe das vorher sorgfältig ausgelöschte

Heerdfeuer wieder neu entzündet wird, damit auf diese Weise auch das Haus der Segnungen des Opfers theilhaftig werde.

So ging es bei dem Mittsommeropfer her und ganz ähnlich verliefen auch die anderen Jahresopfer unserer heidnischen Vorfahren, nur dass bei letzteren noch die Korn- und Flachsopfer hinzukommen, welche ersterem aus natürlichen Gründen fehlen, und und dass der Zweck, weshalb geopfert wurde, überall ein anderer ist. Diese Gleichförmigkeit der verschiedenen Opferfeste und ihr klarer und durchsichtiger Hergang ist ja auch dem Charakter eines kernigen und gesunden Naturvolkes, als welches wir uns die heidnischen Deutschen vorzustellen haben, durchaus angemessen, und es scheint mir gerade der Umstand, dass unsere Untersuchung ein solches Resultat ergeben hat, der beste Beweis für die Richtigkeit dieser von uns gewonnenen Resultate zu sein.

Nachtrag.

Zu Seite 15: Auf dem Gute Bankwitz bei Karlsruh (zwischen Namslau und Brieg in Schlesien) wollte die Schafzucht nicht recht gedeihen. Der alte Schäfer Schampel mochte anstellen, was er wollte, es verging keine Woche, ohne dass eins der Thiere verrückt geworden wäre. Da griff er endlich zu folgendem Mittel. Er sandte zwei Knechte in der Nacht zur benachbarten Wassermühle aus und befahl ihnen, dem Müller das Wehr zu stehlen. Dabei legte er ihnen ans Herz, den ganzen Weg über die Namen der Dreieinigkeit und den 83. Psalm zu beten. Unterliessen sie dies, so würde sie der Satan holen. Die Knechte thaten, wie ihnen befohlen war, brachten das Wehr und legten es schweigend vor die Stallthüre. Sobald dies geschehen war, wurden die Schafe über das Wehr getrieben. Das zuletzt verrückt gewordene Thier dagegen wurde abseits genommen und, als die ersten Strahlen der aufgehenden Sonne hervorbrachen, von dem Schäfer mit einem Beile getödtet, so dass der Kopf sofort vom Rumpfe getrennt war. Darauf wurde der Leichnam genommen und an der Giebelseite des Stallgebäudes eingegraben. Auch hierbei muste von allen Theilnehmern tiefstes Schweigen beobachtet werden. Der Erfolg war, dass das Gut seitdem von Schafkrankheiten verschont geblieben ist. (Mündlich.) — In Passow, Kreis Angermünde, konnte ein Bauer kein Vieh gross bekommen. Da alle Mittel ihre Wirkung verfehlten, so liess er endlich in der Nacht durch zwei Knechte ein Rind abstechen und dasselbe sodann im Stalle, hart unter der Schwelle, vergraben. Von der Zeit an ist auf dem Hofe kein weiterer Viehfall mehr eingetreten. (Mündlich.)

S. 20. In Waldeck hängt man, wenn die Schafe drehend werden, einen Schafskopf in den Schornstein. (Wuttke Volksaberglaube. 2. Auflage. § 687.) — In Warsow, Kreis Randow in Pommern, rettete ein Bauer bei einer Seuche seine Schafheerde dadurch vor gänzlichem Untergang, dass er dem Widder das Haupt abschnitt und dasselbe über der Schafstallthüre annagelte. (Mündlich.)

S. 29 Anm. 3. Aehnlich verfährt man mit krankem Vieh in der Schweiz und in Böhmen: Wuttke, Volksabergl. 2. Aufl. § 115. 676. 677.

S. 34 Anm. 2. Wuttke, 2. Aufl. § 92.

S. 56. Die Wettergarbe ist auch in Oldenburg (Strackerjan, Abergl. a. Oldenburg. I. 63) und in der Oberlausitz (mündlich) bekannt.

S. 59. Ueber Brotopfer bei Hagelschauer und Gewitter in Tirol und Böhmen vgl. Wuttke². § 443. 444; Grohmann, Abergl. a. Böhmen. 39.

S. 71. In manchen Dörfern Schleswigs lässt man beim Hafersäen über Nacht einen gefüllten Sack auf dem Felde stehen für den König Abel. (Wuttke². § 435.) — Im Voigtland wirft man eine Handvoll Samen seitwärts und spricht:

,Ich werf den Samen aus meiner Hand ins reine Land,
Gott behüte ihn vor Rost und Brand'. —

In Ostpreussen muss man bei der Wintersat zuerst die Aehren des Erntekranzes aussäen. (Wuttke². § 652.)

S. 76. In Ostpreussen bindet man in einen Zipfel des Säetuches Brot, Geld, Salz und Fenchel, so gedeiht die Sat. (Wuttke². § 652.)

S. 78 Anm. 3. Aehnlich in Böhmen. Wuttke². § 647.

S. 109 Anm. 1. Wuttke². § 98, 426; Strackerjan, Sag. a. Oldenburg. II. 35.

S. 117 Anm. 1. Wuttke². § 95, 97.

S. 119 Anm. 1. Wuttke². § 333.

S. 145. Der Glaube, durch den Genuss von neunerlei Kraut am Gründonnerstag vor Fieber befreit zu sein, findet sich noch heute in Baiern. (Wuttke². § 528.) — In der Neumark und Oldenburg erhalten neunerlei Kräuter, gekocht und gegessen, das ganze Jahr gesund. (Wuttke². § 85.)

S. 249. Im Weizacker, Kreis Pyritz in Pommern, wurde früher das erste aus dem neuen Getreide gebackene Brot an einen Bettler verschenkt. Vorher wurden jedoch diesem Brot beide Kanten abgeschnitten, welche von der Hausfrau sorgsam aufbewahrt wurden. (Mündlich aus Prilupp, Kreis Pyritz.)

S. 306. In Carlin, bei Colberg in Pommern, heisst der Junge, welcher beim Pfingstaustrieb zuerst auf der Weide anlangt, der Kaiser, der zweite der Kronprinz u. s. w. Den Letzten schelten die andern Lumpenhund oder Bummelhans. Für den Kaiser wird von den andern Hütejungen ein kleines Geschenk gekauft, wozu ein jeder einen Groschen beisteuert. Der Lumpenhund dagegen erhält von jedem drei Schläge. Abends 6 Uhr treffen sich alle auf dem Weideplatz des Kaisers. Es wird ein Kranz geflochten und demselben aufs Haupt gesetzt. Sodann ziehen die Jungen unter Gesang in die Stadt zurück. (Mündlich.)

Litteratur.*)

Alpenburg, Johann Nepomuk Ritter von. Mythen und Sagen Tirols. Gesammelt und herausgegeben. Mit einem einleitenden Vorwort von Ludwig Bechstein. Zürich 1857.

Arnkiel. Cimbrische Heyden-Religion: Was unsere Vorfahren Cimbrischer Nation, die Sachsen, Guten, Wenden und Fresen, und die von denselben herstammende Mitternächtige Völker für Götter, Opfer etc. gehabt. etc. In 4 Theile beschrieben von M. Trogillo Arnkiel, Probsten und Pastoren zu Apenrade. Hamburg 1702—1703.

Baader, Bernhard. Neugesammelte Volkssagen aus dem Lande Baden und den angrenzenden Gegenden. Karlsruhe 1859.

Bartsch, K. Sagen, Märchen und Gebräuche aus Meklenburg. 1. Bd. Sagen und Märchen. Wien 1879. 2. Bd. Gebräuche und Aberglaube. 1880.

Baumgarten, Amand. Aus der volksmässigen Ueberlieferung der Heimat. (3 Theile in 9 Capiteln mit einem Anhang von Liedern.) Aus den Jahresberichten des ober-österreichischen Landesmuseums zu Linz. Nr. 23, 24, 29. Linz 1862. 1864. 1870.

Bavaria, Landes- und Volkskunde des Königreichs Bayern. Bearbeitet von einem Kreise bayerscher Gelehrter, mit einer Uebersichtskarte des diesseitigen Bayerns in 15 Blättern. 1. Bd. München 1860; 2. Bd. 1863; 3. Bd. 1865; 4. Bd. 1. Thl. 1866; 4 Bd. 2. Thl. 1867.

Birlinger, Ant. u. Mch. R. Buck. Volksthümliches aus Schwaben. 1. Bd. Sagen, Märchen, Volksaberglauben. Freiburg i. B. 1861. 2. Bd. Sitten und Gebräuche. 1862.

Birlinger, Ant. Aus Schwaben. Sagen, Legenden, Aberglauben, Sitten, Rechtsbräuche, Ortsneckereien, Lieder, Kinderreime. Neue Sammlung. 1. Bd. Wiesbaden 1873. 2. Bd. 1874.

Ehlers, J. Was die Alten meinen. Meistentheils nach mündlicher Ueberlieferung aufgezeichnet. In den Jahrbüchern für die Landeskunde der Herzogthümer Schleswig, Holstein und Lauenburg. 8. Bd. Kiel 1865. s. 82—122.

Eisel, Robert. Sagenbuch des Voigtlandes. Gera 1871.

Engelien, A. und W. Lahn. Der Volksmund in der Mark Brandenburg.

---

*) Es werden nur diejenigen Werke hier aufgeführt, welche häufiger und mit Abkürzungen citiert sind; bei den anderen Schriften ist jedesmal an der betreffenden Stelle der vollständige Titel angegeben. Nicht angegeben sind ferner lexikalische und ähnliche Werke.

Sagen, Märchen, Spiele, Sprichwörter und Gebräuche, gesammelt und herausgegeben. 1. Theil. Berlin 1868.

Fibigerus, Joh. Adamus. De Poculo S. Joannis, quod vulgo appellant S. Johannis-Trunck. Lipsiae 1675.

Franck, Sebastian. Warhafftige Beschreibunge aller theil der Welt, darinn nicht allein etliche alte Landtschafften, Königreich, Prouintzen, Insulen, etc.etc. Durch Sebastian Franck von Wörd, zum ersten an tag geben, jetzt aber mit sondern fleisz auff ein neuwes vbersehen vnd in ein wolgeformtes Handbuch verfasset. Anno MDLXVII.

Frommanni, Johan. Christ. Tractatus Curiosus de Ansere Martiniano. Edit. secund. Lipsiae 1720.

Grimm, Jacob. Deutsche Mythologie. Vierte Ausgabe besorgt von Elard Hugo Meyer. 3 Bände. 1875—1878. Berlin. (Der 3. Bd. enthält Nachträge und den Anhang der 1. Aufl.) Citiert ist unter der Abkürzung D. M.² nach der Seitenzahl der 2. Auflage. 1844.

— Deutsche Rechtsalterthümer. Göttingen 1823.

Grimm, Jacob und Wilhelm. Deutsche Sagen. 1. Bd. Berlin 1816; 2. Bd. 1818.

Grohmann, Dr. Josef Virgil. Sagen aus Böhmen. Gesammelt und herausgegeben. Prag 1863.

Gryse, Nicolaus. Spegel des Antichristischen Pawestdoms, vnd Luttherischen Christendoms, Na Ordenung der V Höuetstücke vnsers H. Catechismi vnderscheiden. Darinne de lögenhafftige Lere des Römischen Pawestes vnd syner Jesuwiter vth eren Bökeren klerlick geapenbaret vnde gründtlick wedderlecht. Ock dargegen de Warhafftige Lutherreine Christlyke Lere kortlyken entdecket vnde eintfoldigen vth Gades Worde bekrefftiget wert. Dorch Nicolavm Grysen Predigern in Rostock thosamen geordent. Rostock dorch Steffen Müllman. MDXCIII.

Handelmann, Heinrich. Nordelbische Weihnachten. Ein Beitrag zur Sittenkunde. (Separat-Abdruck aus den Jahrbüchern für die Landeskunde der Herzogthümer Schleswig, Holstein und Lauenburg. Bd. IV. s. 268—293.) Kiel 1861.

Harland, A. Sagen und Mythen aus dem Sollinge. In der Zeitschrift des historischen Vereins für Niedersachsen. Jahrgang 1878. Hannover 1878 s. 76—103.

Heinrich, Professor Gustav Adolf. Agrarische Sitten und Gebräuche unter den Sachsen Siebenbürgens. Programm des evangelischen Unter-Realgymnasiums A. B. und der damit verbundenen Lehranstalten in Sächsisch-Regen am Schlusse des Schuljahres 1879/1880. Hermannstadt 1880.

Hildebrand. B. D. Joachimi Hildebrandi De Diebus Festis Libellus. Cum Ser. Pol. Regis et Sax. Elect. Privilegio. Helmestadi 1701.

Kehrein, Joseph. Volkssprache und Volkssitte im Herzogthum Nassau. Ein Beitrag zu deren Kenntnis. 2 Bände. Weilburg 1862.

Knorrn. Sammlung abergläubischer Gebräuche. Zusammengestellt von Knorrn in Stettin. In den Baltischen Studien, herausgegeben von der Gesellschaft für pommersche Geschichte und Alterthumskunde. 33. Jahrgang. 2. Heft. Stettin 1883. s. 113—147.

Kuhn, Adalbert. Märkische Sagen und Märchen. Nebst einem Anhange von Gebräuchen und Aberglauben. Berlin 1843.
— Sagen, Gebräuche und Märchen aus Westfalen und einigen andern, besonders den angrenzenden Gegenden Norddeutschlands. 1. Th. Sagen. Leipzig 1859. 2. Th. Gebräuche und Märchen.
— Die Herabkunft des Feuers und des Göttertranks. Ein Beitrag zur vergleich. Mythologie der Indogermanen. Berlin 1859.
Kuhn, Adb. und W. Schwartz. Norddeutsche Sagen, Märchen und Gebräuche aus Meklenburg, Pommern, der Mark, Sachsen, Thüringen, Braunschweig, Hannover, Oldenburg und Westfalen. Aus dem Munde des Volkes gesammelt. Leipzig 1848.
Leoprechting, Karl Freiherr von. Aus dem Lechrain. Zur deutschen Sitten- und Sagenkunde. München 1855.
Liebrecht, Felix. Des Gervasius von Tilbury Otia Imperialia. In einer Auswahl neu herausgegeben und mit Anmerkungen begleitet. Ein Beitrag zur deutschen Mythologie und Sagenforschuug. Hannover 1856.
Lyncker, Karl. Deutsche Sagen und Sitten in hessischen Gauen gesammelt. Cassel 1854.
Mannhardt, W. Wald- und Feldkulte. 1. Thl. Der Baumkultus der Germanen und ihrer Nachbarstämme. Mythologische Untersuchungen. Berlin 1876. 2. Th. Antike Wald- und Feldkulte aus nordeuropäischer Ueberlieferung erläutert. Berlin 1877.
— Roggenwolf und Roggenhund. Beitrag zur germanischen Sittenkunde. Danzig 1865.
— Die Korndämonen. Beitrag zur germanischen Sittenkunde. Berlin 1868.
— Germanische Mythen. Forschungen. Berlin 1858.
Meier, E. Deutsche Sitten, Sagen und Gebräuche aus Schwaben. 1. 2. Bd. Stuttgart 1852.
Montanus (A. v. Zuccalmaglio). Die deutschen Volksfeste, Volksbräuche und deutscher Volksglaube in Sagen, Märlein und Volksliedern. Ein Beitrag zur vaterländischen Sittengeschichte. Iserlohn und Elberfeld 1854—1858.
Mülhause, E. Die aus der Sagenzeit stammenden Gebräuche der Deutschen, namentlich der Hessen. In der Zeitschrift des Vereins für hessische Geschichte und Landeskunde. Neue Folge, 1. Band. Kassel 1867. s. 256—340.
Müllenhoff, Karl. Sagen, Märchen und Lieder der Herzogthümer Schleswig, Holstein und Lauenburg. Kiel 1845.
Müller, Friedrich. Gymnasiallehrer in Schässburg. Siebenbürgische Sagen, gesammelt und mitgetheilt. Kronstadt 1857.
Naogeorgus. Regnum Papisticum. Opus Lectu Iucundum omnibus ueritatem amantibus: in quo Papa cum suis membris, uita, fide, cultu, ritibus, atque caeremoniis, quantum fieri potuit, uere et breuiter describuntur, distinctum in Libros quatuor. Thoma Naogeorgo autore. (Basil.) 1553. Mense Junio.
Panzer, Friedrich. Beitrag zur deutschen Mythologie. Bayerische Sagen und Bräuche. 1. 2. Bd. München 1848—1855.
Peter, Anton. K. K. Gymnasial-Professor in Troppau. Volksthümliches aus österreichisch Schlesien, gesammelt und herausgegeben. 1. Bd. Kinderlieder und Kinderspiele, Volkslieder und Volksschauspiele, Sprichworte.

Troppau 1865. 2. Bd. Sagen und Märchen, Bräuche und Volksaberglauben. 1867. 3. Bd. 1872 und 73.

Pfannenschmid, Heino. Germanische Erntefeste im heidnischen und christlichen Kultus, mit besonderer Beziehung auf Niedersachsen. Beiträge zur germanischen Alterthumskunde und kirchlichen Archäologie. Hannover 1878.

Philo vom Walde (Reinelt). Schlesien in Sage und Brauch. Mit einem Vorwort von Professor Dr. Karl Weinhold in Breslau. Berlin 1884.

Pichler, Fritz. Archivbeamter am Joanneum und Mitglied des historischen Vereines für Steiermark. Das Wetter. Nach deutscher und im Besonderen nach steirischer Volksmeinung. Graz 1859.

Praetorius. Saturnalia: Das ist, Eine Compagnie Weihnachts-Fratzen, Oder Centner-Lügen, und possierliche Positiones: Zusammengeleget und auch Wiederleget von M. Johanne Praetorio, Poeta Laureato Caesareo. Im Jahr 1663. Leipzig.

Pröhle, Heinrich. Harzbilder. Sitten und Gebräuche aus dem Harzgebirge. Leipzig 1855.

— Harzsagen. Gesammelt aus dem Oberharz und in den übrigen Gegenden von Harzeburg und Goslar bis zur Grafschaft Hohenstein und bis Nordhausen. Leipzig 1854.

— Unterharzische Sagen. Mit Anmerkungen und Abhandlungen. Aschersleben 1856.

Rochholz, E. L. Deutscher Glaube und Brauch im Spiegel heidnischer Vorzeit. 2 Bände. Berlin 1867. 1. Bd. Deutscher Unsterblichkeitsglaube. 2. Bd. Altdeutsches Bürgerleben.

— Schweizersagen aus dem Aargau. Gesammelt und erläutert. 2 Bände. Aarau 1856.

— Naturmythen. Neue Schweizersagen. Gesammelt und erläutert. Leipzig 1862.

Rockenphilosophie, die gestriegelte, Oder Aufrichtige Untersuchung derer von vielen superklugen Weibern hochgehaltenen Aberglauben. Fünfte und vom neuen übersehene Auflage. Chemnitz 1759. In der Stösselischen Buchhandlung.

Rosegger, P. K. Sittenbilder aus dem steierischen Oberlande. Graz 1870.

Schambach, Gg. und W. Müller. Niedersächsische Sagen und Märchen. Aus dem Munde des Volkes gesammelt und mit Anmerkungen und Abhandlungen herausgegeben. Göttingen 1855.

Schild, Frz. Jos. Der Grossätti aus dem Leberberg. Was derselbe in alten Zeiten gesungen und gereimt, und über Wind und Wetter, über Handel und Wandel, über geheuere und nicht geheuere Dinge in Schimpf und Ernst sich ausgedacht, gesammelt und getreulich nacherzählt. Solothurn 1863.

Schmitz, J. H. Sitten und Sagen, Lieder, Sprüchwörter und Räthsel des Eifler Volkes, nebst einem Idiotikon. Mit einer Nachrede von K. Simrock. 1. Bd. Sitten. Trier 1856. 2. Bd. Sagen und Legenden. 1858.

Schuster, Friedrich Wilhelm. Woden, ein Beitrag zur deutschen Mythologie. Programm des evangelischen Untergymnasiums in Mühlbach und der damit verbundenen Lehranstalten zum Schlusse des Schuljahres 1855/1856. Hermannstadt 1856.

— Deutsche Mythen aus siebenbürgisch-sächsischen Quellen. Im Archiv des Vereins für siebenbürgische Landeskunde. Neue Folge, neunter Band.

Kronstadt 1870. s. 230—331 und s. 401—497. Neue Folge, zehnter Band. Hermannstadt 1872. s. 65—155.

Seemann, Dr. Berthold. Hannoversche Sitten und Gebräuche in ihrer Beziehung zur Pflanzenwelt, ein Beitrag zur Kulturgeschichte Deutschlands. Populäre Vorträge, gehalten in der Naturforschenden Gesellschaft zu Hannover am 4. März 1858, 20. April 1859, und 19. Januar 1860. Leipzig 1862.

Sommer, Emil. Sagen, Märchen und Gebräuche aus Sachsen und Thüringen. (1. Heft.) Halle 1846.

Stöber, August. Die Sagen des Elsasses, zum ersten Male getreu nach der Volksüberlieferung, den Chroniken und andern gedruckten und handschriftlichen Quellen gesammelt und erläutert. Mit einer Sagenkarte von J. Ringel. 2. (Titel-) Ausgabe. St. Gallen 1858.

— Zur Geschichte des Volksaberglaubens im Anfange des XVI. Jahrhunderts. Aus der Emeis von Dr. Joh. Geiler von Kaisersberg. Herausgegeben von A. Stöber. 2. Ausgabe. Basel 1875.

Temme, J. D. H. Die Volkssagen von Pommern und Rügen. Berlin 1840.

Tettau, W. J. A. v. und J. D. H. Temme. Die Volkssagen Ostpreussens, Litthauens und Westpreussens. Neue Ausgabe. Berlin 1865.

Vernaleken, Theodor. Alpensagen, Volksüberlieferungen aus der Schweiz, aus Vorarlberg, Kärnten, Steiermark, Salzburg, Ober- und Nieder-Oesterreich. Wien 1858.

— Mythen und Bräuche des Volkes in Oesterreich. Als Beitrag zur deutschen Mythologie, Volksdichtung und Sittenkunde. Wien 1859.

Vonbun, Dr. F. J. Die Sagen Vorarlbergs. Nach schriftlichen und mündlichen Ueberlieferungen gesammelt und erläutert. Innsbruck 1858.

Waldmann, Heinrich. Eichsfeldische Gebräuche und Sagen; zusammengestellt. Heiligenstadt 1864. Programm des Kgl. kathol. Gymnasiums zu Heiligenstadt für das Jahr 1864.

Weichelt, Dr. phil. Hermann. Hannoversche Geschichten und Sagen. Gesammelt und herausgegeben. Mit einem Vorwort von Dr. Karl Seifart. 1. Band. Celle 1878. 2. und 3. Bd. Norden.

Weinhold, Karl. Weihnachtsspiele und Lieder aus Süddeutschland und Schlesien. Mit Einleitungen und Erläuterungen. Mit einer Musikbeilage. Gräz 1853.

— Die Deutschen Monatnamen. Halle 1869.

Wessel. Franz Wessels, weiland Bürgermeisters der Stadt Stralsund, Schilderung des katholischen Gottesdienstes in Stralsund kurz vor der Kirchenverbesserung. Nach einer alten Handschrift (v. J. 1550) herausgegeben und mit Erläuterungen begleitet von Dr. Ernst Heinrich Zober. Mit dem lithographierten Bildnisse Wessels. Stralsund 1837.

Witzschel, August. Sitten und Gebräuche aus der Umgegend von Eisenach. Eisenach 1866. Jahresbericht über das Karl-Friedrichs-Gymnasium zu Eisenach von Ostern 1865 bis Ostern 1866.

Woeste, J. F. L. Volksüberlieferungen in der Grafschaft Mark nebst einem Glossar. Gesammelt und herausgegeben. Iserlohn 1848.

Wolf, J. W. Beiträge zur deutschen Mythologie. 1. Bd. Götter und Göttinnen. Göttingen 1852. 2. Abtheilung. 1857.

Wolf, J. W. Hessische Sagen. Göttingen und Leipzig 1853.
— Niederländische Sagen. Leipzig 1843.
Wuttke, Dr. Adolf. Der deutsche Volksglaube der Gegenwart. Hamburg 1860. Zweite völlig neue Bearbeitung. Berlin 1869.
Zeitschrift für deutsche Mythologie und Sittenkunde. 1. 2. Band herausgegeben von J. W. Wolf, 3. 4. Band von W. Mannhardt. Göttingen 1853—1859.
Zingerle, Ignaz V. Johannissegen und Gertrudenminne. Ein Beitrag zur deutschen Mythologie. In den Sitzungsberichten der Kaiserlichen Academie der Wissenschaften. Philosophisch-Historische Classe. 40. Band. Wien 1862. s. 177—229.
— Sagen, Märchen und Gebräuche aus Tirol. Gesammelt und herausgegeben. Innsbruck 1859.
— Sitten, Bräuche und Meinungen des Tiroler Volkes. Gesammelt und herausgegeben. Innsbruck 1857.

Register.

Aarhenne. 189.
Abbilder, s. Nachbildungen.
Abdreschen. 73, 76, 101 fg., 105—107, 110—112, 146, 158, 224 fg.
Abgaben, aus Opfern entstandene. 30, 50 fg., 56 fg., 109, 136—139, 156, 159, 165, 188, 234, 238, 247, 312, 316, 323.
Abrupf, s. Abspinnen.
Abspinnen. 100 fg., 113 fg., 146.
Adventkräm, Adventsâ. 265.
Aehrenbrot. 249.
Aehrenhahn. 189.
Aehrenopfer, s. Getreideopfer.
Agathenbrot. 75.
Agni Dei. 138.
Ahnenkultus. 116, 290. Anm. 1.
Alf, Alp. 23, 290.
Alte, der (= Wuotan). 171—174, 177, 178, 182, 193. — (Name der Opfergarbe.) 112, 171—174, 193.
Alte, die (= Frîa). 182 fg., 193. — (Name der Opfergarbe.) 112, 183, 193, 225. — (des Opferflachses). 202—203.
Alte Weib verbrennen. 91, 93, 133.
Amecht. 231, 242 fg.
Antlasseier. 78, 79, 112, 138, 158. s. auch Ostereier.
Antlasskränze. 112, 271.
Antlasskreuze. 82, 271.
Antoniusbrot. 75, 196.
Antoniusschweine. 265 fg.
Arme Seelen, s. Seelen.
Armes Fräche. 183. — (Name der Opfergarbe). 183.
Artemisia. 42 fg.
Asche (geopfert). 58. — (des Opferfeuers). 25, 28, 32, 33, 35, 39, 47 fg., 83, 98, 122, 128, 133, 213 fg., 240, 243, 254—256, 259, 329.

Aschermittwochsasche. 99.
Aufhängen (des Opfers oder der Opferreste). 19 fg., 41, 48 fg., 62, 64, 66, 79, 112, 159, 160, 173, 174, 176, 180, 186, 188, 190, 235, 237, 308, 310, 314, 323, 327.
Aussat (des Korns). 70—84, 107, 112, 163, 170, 173, 174, 180 fg., 184, 187, 188, 208, 210, 222, 244, 255, 281, 324, 325. — (des Flachses). 104 fg., 193 fg., 254.
Austreiben (erstes). 29, 80, 146, 296, 297 fg., 324. — (letztes.) 320—322.

Baarhäuptig beim Opfer. 86, 97, 163, 164, 166—169, 173, 238.
Bänderschmuck, s. Blumenschmuck.
Bärimandl. 178, 179.
Bätze bekommen. 105.
Bäume, auf das Opfer gepflanzt. 15 66, 68.
Bäume binden, s. Strohseile.
Bäume gebrauchen, küssen, schatzen. 212, 213, 288.
Baken. 122.
Barstucken. 290.
Bauthahn. 186, 189, 223.
Beddebuek. 307, 309, 313.
Beerenmilch. 205—207.
Beifuss. 42 fg.
Beisteuer zum Opfer. 27, 36, 66, 68, 85, 87, 88, 91, 96, 97, 130, 132, 136, 151, 154, 240, 241, 243, 258, 328.
Beken. 85.
Berchta, Berschtl, Bert, Berthe, s. Frîa.
Berchtenmilch. 288.
Berchtenabend, Berchtentag. 266, 288.
Berggeist. 321.
Beschimpfung des Götterbildes. 220 bis 223, 296.

22*

Besen. 115, 310, 326 fg. — Besen verbrennen. 125, 126, 132, 239, 254.
Besprechen. 10 fg.
Beist, Bêst. 303.
Biber, s. Bilmesschnitter.
Bienensegen. 296.
Biiken. 85, 93, 99.
Bilmenschneider, Bilmesschnitter, Bilschneider, (Biber). 112, 131, 158, 160, 163, 165, 171.
Binden bei der Ernte. 161, 177.
Bittgänge. 142—144, 146 fg., 150, 152, 155, 156, 221 fg., 249 fg., 327, 328.
Blôtmônað. 252.
Blumen, heilige. 42—44.
Blumen, geweihte, s. Kräuter.
Blumen- und Bänderschmuck beim Opfer. 14, 16, 42 fg., 100 fg., 110, 136—138, 140—143, 149—151, 157, 159, 160, 164, 166, 167, 169, 172, 174—178, 182, 184, 186, 188, 190, 191, 195 fg., 198, 200 fg., 203, 206, 207, 220 fg., 228, 248, 297, 299—301, 306—310, 312—318, 323, 326, 327.
Blut des Opferthieres. 31, 111, 317 bis 319, 328.
Bock. (Mythol. Bedeutung.) 53, 111 fg. — (Name für den Drescher des Letzten.) 110. — (Name für die Opfergarbe). 192, 193. — (Korndämon.) 192 fg. — (Klapperbock.) 268.
Bockopfer. 18, 21, 110 fg., 121, 134, 137—139, 147 fg., 151, 190 fg., 228, 237, 238, 262, 267 fg., 302 fg., 316, 318, 325, 326 fg., 331.
Bock verschlagen, vertragen. 110.
Bockshorn. 123, 134, 137.
Bohnenkönig. 279. Anm. 5.
Bohnenopfer. 71.
Bösen Geist verbrennen, vertreiben. 153, 328.
Bösen Säemann verbrennen, vertreiben. 89, 93, 133, 328.
Böten, s. Besprechen.
Brandkreuzl. 78, 131.
Brandopfer, s. Verbrennen des Opfers.
Brandstelle des Opferfeuers. 37, 38.
Braut (Name der Opfergarbe). 183.
Brecheln, Brechhochzeit, s. Flachsbrechen.

Breiopfer, s. Speiseopfer.
Brotbacken, Opfer beim. 290. Anm. 2.
Brot- und Kuchenopfer. 12, 44, 59, 60, 74—79, 80, 82, 83, 112, 116—118, 120, 140, 149—151, 158, 160, 162, 163, 165, 168, 170—172, 174, 176, 177, 179—181, 184, 196—198, 204, 206, 248 fg., 257, 279 fg., 282, 283, 285, 291. Anm. 2, 295, 316, 321, 322, 325, 327, 329, 332.
Brunnen, s. Quellen.
Bunter Junge. 306, 309, 313.
Bunte Kuh, buntes Pferd. 306, 309.
Burg verbrennen. 85.
Butteropfer. 303, 304, 320—322.
Butterfliegen, Butterhexen, Buttervögel. 95.

C siehe K.

Dachs. 106.
Dämonen, s. Hexen.
Dau, s. Thau.
Diana. 194.
Digerdöd, Opfer gegen den. 64 fg.
Drache. 30. Anm. 1, 34 fg., 161, 202, 298, 301, 326.
Drei. (Heilige Zahl.) 52, 53, 71 fg., 78, 87, 94, 124, 128, 143 fg., 148, 150, 158 fg., 161, 163—169, 173—176, 181, 198 fg., 202, 206—207, 226, 279, 297, 300, 327.
Drei Könige, heilige. (Opfer an.) 279.
Drei Schwestern. (Opfer an.) 282, 285.
Dreschen, s. Abdreschen.
Drischelhenke, Drischlege, s. Abdreschen.
Drolle. 290.

Eichhorn. (Myth. Bedeutung.) 136.
Eichhornopfer. 123, 135 fg., 267.
Eier. 12, 62, 75, 78—83, 109, 112, 117, 128, 138 fg., 140, 148, 158, 162, 163, 186, 200, 268, 271, 282, 296—307, 309—311, 314, 318, 320, 322, 325, 327.
Eingeweide des Opferthieres. 213—214, 265, 318, 319, 323, 328.
Eingraben, s. Vergraben.
Einmauern, 15, 18, 61.
Einproben. 112, 115, 162, 279.
Eintreiben, Segen beim. 296.

Eisenkraut. 42 fg.
Eiserä Schwöinj. 265.
Eldborgs Skål. 119.
Engel, Opfer an die. 115—117, 159, 286.
Entenopfer. 25.
Erbsen. 44, 71, 287.
Erbsenbär. 87.
Erce (= Frîa). 74.
Erdbeerenopfer. 206.
Erdbiberli. 178, 179.
Erde füttern. 116, 279.
Erdgottheit, s. Fria.
Erdmännchen. 178, 179, 290.
Erdwichteli. 116.
Ernbrod. 249.
Ernhuhn. 188.
Erntebaum. 171, 185, 186, 223 fg.
Erntefeuer. 223, 238 fg., 242 fg., 259. s. auch Herbstfeuer.
Erntegans. (Name des Erntefestes.) 233.
Erntegänse. 233 fg.
Erntehahn. 185, 186, 189, 190, 312. — (Name der Opfergarbe und des Erntefestes.) 189.
Erntehühner. 109, 188, 312.
Erntekranz. 73, 76, 167, 175, 176, 186, 197 fg., 226, 248, 332.
Ernteopfer des einzelnen Hausstandes. 73, 76, 156—193, 197 fg., 205 fg., 208 fg., 222 fg., 281, 325. — der Gemeinde, s. Herbstopfer.
Erntepuppe. 160, 171 fg., 175, 181. Anm. 1, 182, 183, 226, 248.
Ernteschmaus. 164, 170, 172, 173, 223 fg., 226.
Erntestab. 164, 166, 169, 172, 174, 175, 177.
Erstes Thier der Heerde geopfert. 30, 51, 312.
Erstlingsopfer. 112, 158—163, 177, 196, 203—205, 209—210, 240, 244 fg., 247, 271, 278, 303—305, 332.
Eule geopfert. 62, 186, 190.

Fackellauf. 27, 38, 40, 85—90, 92, 97, 98, 122—127, 132, 153, 223, 239, 241, 243, 244, 254, 255, 258, 329.
Fänkenmännlein. 290.
Fahrende Frau oder Mutter. 197, 198.
Farrenhetze. 100.

Fasolt. 54. Anm. 2.
Fastnachtsbier. 102, 119.
Fastnachtsfeuer. 87 fg., 91—93, 102, 106, 112, 152.
Fastnachtshühner. 109.
Federn (geopfert). 59 fg. — (des Opferthieres.) 187.
Feldmann. 173, 178.
Fell, s. Haut.
Festweide. 122, 306 fg., 311, 326.
Fetischdienst. 4, 74, 222.
Feuer füttern. 116, 118, 249.
Feuergewinn des Heerdfeuers. 27, 39, 47, 130 fg., 253—259, 329 fg. — des Opferfeuers. 27 fg., 33, 35 fg., 39, 47, 128, 129 fg., 133, 328.
Feuerkatzen. 12.
Feuersbrunst, Opfer gegen. 12, 139, 281.
Feuersegen. 12.
Fische geopfert. 117, 214, 283, 286 fg.
Fischgräten. 213—214, 287.
Fistrükr. 306, 309, 313.
Flachsbau. 38 fg., 75, 84, 91, 92, 97, 98, 104 fg., 113 fg., 154, 184, 193—205, 254, 281.
Flachsbrechen. 200—204, 325.
Flachskröte.(Name d.Opferflachses.)197.
Flachsopfer. 114 fg., 120, 146, 194, 197 fg., 200—205, 278 fg., 285, 321, 330.
Flegelhenke, s. Abdreschen.
Fleisch des Opferthieres. 126 fg., 190, 191.
Fräulein, s. weisse Fräulein.
Frauenpantoffel. 43.
Frettboden. 198.
Frîa. 33, 74, 76, 82, 83, 106 fg., 115 fg., 118, 120 fg., 136, 139 fg., 143, 153, 163, 170, 174, 177, 182—184, 193 fg., 196 fg., 198 fg., 203—206, 214, 231, 238, 251, 266 fg., 278—287, 325—327.
Fricco. 31. Anm. 2.
Frô. 28, 31, 32, 53, 216.
Frostspanner. 217.
Fruchtopfer, s. Getreideopfer, Obstopfer etc.
Frühlingsfeuer. 85—100, 102, 106, 112, 132 fg., 135, 155, 243, 259.
Frühlingsfeier. 84—121, 132, 136, 137, 145, 146, 155, 170, 189, 196, 208, 212, 231, 238, 263, 266, 268, 305, 320, 325.

Frühling wecken. 90, 93, 94, 96, 212. s. auch Lenz wecken.
Fuchs, Opfer an den. 118.
Fud, Futh bekommen. 102, 105, 106, 225—228.
Fuën. 96 fg.
Funka, Funkenbrennen, Funkenschlagen, Funkensonntag, Funkentag. 90—93, 241.

Gänseopfer. 108, 109, 121, 229, 231—238, 262, 267, 318, 321, 325, 326 fg.
Gans. (Myth. Bedeutung.) 237.
Gansabreiten. 108, 109, 234.
Gansläuten. 232.
Gansreissen. 234.
Gansschlagen. 234.
Gansschiessen. 234.
Garbenopfer, s. Getreideopfer.
Gaue, frû. (= Wuotan.) 164, 169.
Gebet. 10 fg., 169 fg., 202 fg., 278, 296, 302. — Gebete beim Opfer. 37, 43, 61, 71 fg., 87, 94 fg., 154, 156—158, 160, 161, 163—169, 173—177, 183, 194 fg,. 199, 202 fg., 207, 211 fg., 241, 297 fg., 301, 327, 332. s. auch Feuersegen, Hirtensegen, Hühnersegen, Wettersegen, Wolfssegen.
Gebrauchen der Bäume. 213, 288.
Geiss. (Name für den Drescher des Letzten.) 110.
Geissler, Opfer an den. 321.
Geldopfer. 12, 53. Anm. 1, 84, 211, 285, 304, 320, 321, 332.
Gemeinwoche. 251 u. Anm. 3.
Genitalien, s. Geschlechtstheile.
Geometra brumata. 217.
Gerichtsschwein. 229.
Gerstenopfer, s. Getreideopfer.
Gertraudenkräuter. 43.
Gertrudenminne. 120.
Geschlechtstheile. 31 fg., 102 fg., 105 fg., 134 fg., 191, 225 fg., 323, 328.
Getreideopfer. 13, 71—74, 76, 82, 83, 87, 100, 102, 112, 120, 146, 151, 158 fg., 192 fg., 238, 243, 247 fg., 253, 271, 275 fg., 320, 324, 326, 330, 332.
Gewitterkinder. 64, 65.

Gewitter, s. Wetter.
Glockengarbe. 56, s. auch Wetterkorn.
Glockenkorn. 156.
Glockenläuten. 56, 60, 82, 90, 97, 112, 127, 142, 157, 215, 243. Anm. 2, 329.
Glockenlehen. 57.
Glockenstiege. 56.
Glockenzehent. 156.
Glôsô. 209.
Glückshampfeli, Glückskorn. 176.
Goden (= Wuotan). 167, 169.
Goldferch, goldenes Ferkel, goldenes Schwein. 264—266.
Gormânadr. 252.
Götterbilder. 147, 220 fg., 261 fg., 291—296, 327.
Grasausläuten. 127, 212.
Grasopfer, s. Heuopfer.
Greaute Meaur. 183, 193.
Gründonnerstagseier. 78, 139, 271.
Gute Frau. 183.
Gütchen. 13.

Habergeiss. 111, 191, 268.
Habicht, geopfert. 62, 66 fg., 186, 190.
Habicht, Opfer an den. 145.
Hadern geopfert. 57.
Hävenhüne (= Wuotan). 168.
Haferopfer, s. Getreideopfer.
Haferwolf, s. Kornwolf.
Hagel, Opfer gegen, s. Wetteropfer.
Hagelbaum brennen. 152.
Hagelfeier. 146—156, 170, 189, 222, 263, 266, 268, 305—320.
Hagelfeuer. 86, 98. Anm. 1, 152 fg., 243, 259, 319.
Hagelgans. 237.
Hagelprozessionen, s. Bittgänge.
Hagelrad. 98. Anm. 1, 153.
Hagelrind. 136, 137.
Hagelsengen. 88, 98. Anm. 1, 328.
Hahn. (Myth. Bedeutung.) 61 fg. — (Name der letzten Garbe.) 189. — (Vermeintlicher Korndämon.) 187 fg.
Hahnenreissen, reiten. 108, 109, 184, 189, 226, 280.
Hahnenschiessen. 137, 234.
Hahnentanz. 109.
Hahngarbe. 189.
Hahnkönig. 108, 109, 184, 189, 226, 280.

Hahnopfer. 18, 25, 61 fg., 66 fg., 80 fg.,
83, 108 fg., 111, 118, 120, 136, 137,
139, 145, 151, 184—190, 191, 200, 226,
227, 234, 237, 238, 262, 267 fg., 325,
326 fg.
Hahnschlagen. 108 fg., 137, 148, 184 fg.,
188, 234.
Håkelmai, s. Harkelmai.
Hâl. 87, 98. Anm. 1.
Hâlefeuer, Hâlfeuer, Hallfeuer. 87, 98.
Anm. 1, 106, 153.
Hammeltanz. 190.
Hammer, Schlag mit dem. 94, 96.
Hamster, Opfer an den. 181 fg.
Handauflegen auf das Opfer. 164, 170.
174.
Hanf geopfert. 320, 321.
Hår, s. Flachs.
Harkelmaibaum, Harkemai. 185, 186,
223 fg.
Hàrriffeln. 200.
Haulemutter. 182.
Haupt des Opferthieres. 18—25, 32,
40, 48, 101, 104, 108, 118, 122, 135,
184, 185, 187, 188, 190, 191, 231, 237,
265, 266, 315, 318, 319, 323, 328, 331.
Hausgeist. 20, 290 fg., 324.
Hausottern. 293.
Hausschlangen. 293 fg.
Haut des Opferthieres. 17, 41 fg., 103,
135, 187, 190, 191, 226, 260 fg., 318,
319, 323, 328.
Haylräthinnen. 158.
Heckenknarrer. 306.
Heerdgeist, s. Hausgeist.
Heidelbeermann. 206.
Heidelbeeropfer. 207.
Hel. 13.
Helljäger (= Wuotan). 103, 260.
Hemann. 178, 179.
Herbstausleuchten. 223.
Herbstfest. 84, 101, 102, 110, 223 fg.,
263, 266, 268, 320—322, 325.
Herbstfeuer. 238 fg.
Herbsthahn. 189.
Herbsttrünke. 245.
Hering. 283, 286 fg.
Herkelmai, Herkemai, s. Harkelmai.
Hermann S., Opfer an. 51.
Herodias. 194.

Herrgottsvögel, Opfer an. 181.
Herz des Opferthieres. 15.
Heuopfer. 60. 140, 205 fg., 276, 278.
Anm. 2.
Hexenausknallen, ausblasen. 128, 155.
Hexenbrand. 126.
Hexenverbrennen. 44 fg., 88, 92, 93,
122, 125 fg., 127, 129, 133, 328.
Hexenvertreiben. (Aus Feld, Flur und
Wiese). 45, 93 fg., 98, 115, 121,
125 fg., 128, 130, 132 fg., 212, 243,
244, 258 fg., 309, 324, 329. — (Aus
Haus und Hof.) 94—96, 121, 133,
154 fg., 259, 309, 310, 318, 324, 327.
— (Aus der Heerde.) 297—301, 309,
310 fg., 318, 322, 324, 327—329. —
(Aus dem menschl. Körper.) 96 fg.,
259, 329. — (Aus dem Obstgarten.)
211 fg., 259, 309.
Himmelsgott, s. Wuotan.
Hinne, Hinnemutter. 182 fg., 198.
Hircus Paschalis. 138.
Hirtensegen. 296, 297 fg., 301. s. auch
Wolfssegen.
Hlethra, Opfer zu. 66 fg.
Holda, s. Frîa.
Holden, Holen. 290.
Holepfann. 90, 98. Anm. 1.
Holle, Frû. (= Frîa.) 182—184.
Holle (Frau), verbrennen. 254, 258.
Hollenabend. 266.
Hollerad. 88, 93, 98. Anm. 1.
Holunder. 44, 195 fg.
Holzäpfel, Holzbirnen. 13, 208.
Holzfrau, Holzfräulein, Holzweiber.
183, 194, 196, 198 fg., 205—206, 208,
209, 290.
Honig geopfert. 77, 83. 247, 285, 296.
Hörkind. (Name der Opfergarbe.) 183.
Hörnlkorn. 57.
Hühneropfer, s. Hahnopfer.
Hühnersegen. 296 u. Anm. 1.
Hulda (= Frîa.) 193, 194.
Hund. (Mythol. Bedeutung.) 18, 107.
Hund, Opfer an den schwarzen. 12.
Hundeopfer. 17, 18, 24, 31—33, 62,
66 fg., 106, 107, 120, 134—136, 151,
225—228, 231, 238, 244, 267, 304,
325, 326.

Hundsfod, Hundsfud bekommen. 106, 225 fg.
Hungerbrunnen. 144 u. Anm. 2.
Hungersnoth, s. Landplage.
Hüttenfeuer. 85.
Huttler, Huttlerlaufen. 115.
Hutzelmann verbrennen, Hutzeltag. 88.

Ignis Paschalis. 127, 129 fg.
Jöde von Upsala (= Wuotan). 166, 169.
Johannisbier. 46.
Johannisessen. 44.
Johanniskraut (Beifuss). 43.
Johannisminne. (S. Johannis des Täufers.) 45 fg., 120. — (S. Johannis des Evangelisten.) 46, 82, 120, 158, 163, 269 fg.
Johannisnothfeuer. 41, 99, 130, 134, 155, 257, 319.
Johannissegen, Johannistrunk, Johanniswein, s. Johannisminne.
Judasbrennen. 125, 131, 133, 136, 153.
Judasjagen. 130.
Judensehen. 126.
Julabrasa. 257.
Julagalt. 75, 76, 281.
Julblock. 257 fg.
Julfest, s. Wintersonnwendfest.
Julfeuer. 257 fg.
Jullichter. 257.
Julstroh. 215, 219.
Jungfernmilch, Jungfernschmarren. 200.

Käse geopfert. 162, 280, 282, 321, 322.
Käsesonntag. 90.
Kalbsfud. 102, 106.
Kappenschwingen beim Opfer. 166 bis 169, 238.
Karfreitagseier. 139.
Karpfen. 287.
Kater (Bezeichnung des Dreschers des Letzten). 107.
Katerhaschen. 107.
Kattedag, Kattewoensdag. 106.
Katze. (Myth. Bedeutung.) 107 fg.
Katzenopfer. 12, 17, 18, 87, 92. 100, 106 fg., 120, 129, 135, 136, 151, 231, 238, 242, 244, 267, 325, 326 fg.

Kerzen anzünden, s. Lichter anzünden.
Chîmken. 290.
Christblock. 254, 257 fg.
Christbrand. 253, 256.
Christklotz. 254, 257 fg.
Christmaslog. 256.
Christschwein. 265.
Christus, Opfer an. 276, 279. — An Christi Schimmel. 276.
Kinderopfer. 18, 64 fg.
Kindesvodt. 277.
Kirmessgans. 233 fg.
Klabåtermänneken. 290.
Klapperbock. 268.
Knien beim Opfer. 120, 156, 171, 175, 176.
Knochenopfer. (Mythol. Bedeutung.) 41 fg.
Knochen des Opferthieres. 25, 34 fg., 40 fg., 44, 103—105, 122, 134, 135, 137 fg., 148, 191, 196, 213—214, 226, 230, 234—237, 265, 267, 319, 323, 328.
Knochengalgen. 41, 122, 135, 137.
Kobold. 35, 290, 321.
Kohlen des Opferfeuers. 27 fg., 38 fg., 47, 89, 91, 92, 98, 121, 123 fg., 129 fg., 132, 133, 153, 243, 253, 254, 256, 259, 329.
Kohlsat. 254.
Kokesch (= Hahn). 186 fg.
König geopfert. 63 fg.
Kopf, s. Haupt.
Copulation der Bäume. 210. Anm. 4, 214—216, 219.
Korbtreiben. 241, 243.
Korbverbrennen. 87, 231, 240, 241—243, 247, 284.
Kornaufwecken. 90, 94, 98.
Kornbock. 192.
Kornjungfer. 183.
Kornmutter. 159, 183, 193.
Kornopfer, s. Getreideopfer.
Kornschwein. 179.
Kornwolf. 179 fg.
Krähhahne. 188.
Krankheit, Opfer gegen. 9—14, 41. Anm. 3, 49 fg., 324, 325. s. auch Seuchenopfer, Opfer gegen Landplagen.

Kräuter, geweihte. 42, 60, 137, 158. s. auch Palmen.
Kraut setzen. 71, 72.
Krebs, fliegender. 34, 326.
Kreuzdorn. 124.
Kriegsgefangene geopfert. 67.
Kuchenopfer, s. Brotopfer.
Kuchenritt. 150.
Kudderhöner (= Moorhühner), Opfer an. 181.
Kuh, s. Rind.
Küssen der Bäume. 212, 288.
Küssen des Opfers. 173.

Laes, s. Lös.
Landesopfer. 62—69, 324, 325.
Landplagen, Opfer gegen. 62—69, 325.
Langas wecken, s. Lenz wecken.
Langobarden, Schlangenkult der. 292 fg.
Lederun, Opfer zu. 66 fg.
Leichenbestattung, Opfer bei der. 68.
Lenz wecken. 90, 94, 212, s. auch Frühling wecken.
Leonhard S., Opfer an. 51 fg.
Lerchen wecken. 96.
Letzt, die (= Abspinnen). 113.
Letzte. (Brecher des Letzten). 202. — (Drescher des Letzten). 102 fg., 105—107, 110—112, 225—228, 280. — (Schnitter des Letzten). 111, 171, 172, 225—228, 248, 280. — (Hirte des letzten Thieres beim Austrieb und letztes Thier). 305—315.
Letztes Thier geopfert. 312, 326.
Libationen. 82, 140, 158, 163, 165, 168, 170, 179, 221, 223, 271, 274.
Lichter anzünden. 57, 105, 119 fg., 140, 242, 255, 257.
Lichtmesskerzen. 99.
Liechtgansz. 233.
Linke Hand beim Opfer. 72, 160.
Lorenz S., Opfer an. 41. Anm. 3.
Lôs bekommen, vertragen. 105, 227 fg.
Losen (Art der Weissagung). 260, 288.
Lous, s. Lôs.
Lubben, der gute. 41.
Luftvergiftung. 30 u. Anm. 1, 34, 326.
Lunge des Opferthieres. 101, 230 fg.
Lungessouht, Opfer gegen die. 31.
Lustrationen. 163, 169.

Mäha S. (= Wuotan). 165, 170.
Mahdküchel. 206.
Mahlegeiss. (Name d. Opfergarbe.) 192.
Maibrunnfeste. 140 fg., 143, 144, 150, 152.
Maifeier. 121—146, 150, 155, 170, 189, 212, 231, 263, 266, 268, 297—305, 325.
Maifeuer. 122, 124—127, 155, 243, 259, 297.
Maithau, s. Thau.
Maiversammlungen. 132.
Maria, Opfer an die Jungfrau. 197, 198, 279.
Mart. 230.
Martin S., Opfer an. 320, 321.
Martinsfeuer. 152, 240 fg. s. auch Herbstfeuer.
Martinsgans. 229, 231—238, 244 fg., 312.
Martinsgerte. 298.
Martinshörner. 250 fg.
Martinshühner. 109, 237 fg.
Martinslichter. 242.
Martinsminne. 120, 229, 232, 244—247, 272 fg.
Martlemasbeef. 230.
Mäuse, Opfer an die. 159, 160. Anm. 4, 287.
Mäusethurm, Sage vom. 64.
Mehlopfer. 57 fg., 75, 78.
Menschenopfer. 18, 63—69, 134, 151, 263. Anm. 3, 325.
Messen (Art der Weissagung) des Opfergetreides. 162, 275 fg. — des Opfersalzes. 276. Anm. 1. — des Wassers. 284. — des Weins. 275.
Methhansel. 46.
Mettenblock. 255, 257.
Michael S., Opfer an. 250.
Michaelisbannock. 250.
Michaelisfeuer. 239 fg.
Michaelisgans. 233 fg., 312.
Michaeliskuchen. 250.
Michaelisminne. 120, 244 fg.
Michaeliswecken. 250.
Mierteskorf. 241.
Milch geopfert. 74—77, 82 fg., 117, 165, 167, 170 fg., 282, 296, 301, 303—305, 311, 318, 322, 327.
Milchdieb, Milchmahler, Milchstehler. 95.

Milzfrau. 183, 198 fg.
Minnekümpchen. 202.
Minnetrunk. 44 fg., 82, 119 fg., 121, 146, 158, 163, 165, 167—169, 202, 203, 220—223, 240, 244 fg., 248, 251, 257, 259 fg., 269 fg., 316, 318, 319, 324, 329. s. auch Libationen.
Mirtesgard'n, s. Martinigerte.
Mittag melken, treiben. 299 fg.
Mittsommer, s. Sommersonnenwende.
Mittwinter, s. Wintersonnenwende.
Mockel, Mockel bekommen. 102 fg., 228.
Molkendieb, Molkenstehler, Molkentöwener. 94 fg.
Molkentöwerschen brennen. 122.
Moorhühner, Opfer an die. 181 fg.
Musik beim Opfer. 38, 200 fg., 317.
Mutesheer (wildes Heer). 19.

Nachbildungen des Opfers. 22 fg., 48 fg., 62, Anm. 4, 100, 110 fg., 135, 138, 148 fg., 186 fg., 191, 261—263, 268.
Nachgaip (wildes Heer). 155.
Nachtfahrende Frauen. 107 fg.
Nachtfrauen. 285.
Nachtvolk. 103.
Namengebung. 297 fg., 300, 301.
Neidstangen. 20.
Neujahrsschwein. 265.
Neujahrswasser. 203 fg.
Neun. (Heilige Zahl.) 27, 29, 38, 66 fg., 143, 145, 166, 207, 210, 255, 275, 286, 288.
Neunerlei Holz. 27, 29, 255.
Nicolaus S., Opfer an das Ross des. 276.
Niederfall. 101, 173, 222, 223.
Niedfyr (= Nothfeuer). 26.
Nisspûke. 290.
Norgge. 290.
Nothfeuer. 26—49, 99, 130, 134, 312, 325.
Nothhalm. 175, 176.
Nusskönig. 201.

Obstbau. 17, 27, 88, 98, 207 fg., 254 fg., 287 fg.
Obstopfer. 13, 151, 206, 208—210, 214, 240, 243, 247 fg., 320.
Oden, Oðinn. 63, 166, 169.
Ofenfeuer. 83, 112, 120, 158, 203, 204, 254 fg.

Opferpriester, s. Opfervollstrecker.
Opferschmaus. 44, 83 fg., 97, 98, 101, 107, 108, 121, 126, 136 fg., 138, 148, 170, 188, 190, 191, 200 fg., 222, 223, 243, 260, 261, 310, 319, 321, 324, 327, 329.
Opferspiel. 100, 103, 108 fg., 110 fg., 137, 148 fg., 185 fg., 190, 230, 234, 261 fg., 268, 313—315, 318, 323.
Opferspinnen. 204.
Opfervollstrecker. 70, 108 fg., 137, 147 fg., 157 fg., 176, 184 fg., 187, 189—191, 226 fg., 248, 279 fg., 312.
Osterberge. 124.
Ostereier. 78 fg., 112, 128, 138 fg., 158, 271.
Osterfeuer. 41, 121 fg., 153, 297.
Osterkerze. 129, 131.
Osterlamm. 42, 137, 145.
Osterlampe. 131.
Osterlichteln. 125.
Ostermaenlüchten. 121 fg.
Ostermann. 128.
Osterochse, Osterstier. 136, 137.
Osterwasser. 141—142, 143 fg.
Oswald (= Wuotan). 175—177, 193.

Paddenschinder. 306, 309, 313.
Palmen. 60, 78, 81 fg., 83, 112, 142, 299.
Parcen. 116 fg., 282.
Paschvuur. 125.
Paskeberge. 124.
Paulus S., Opfer an. 295 fg.
Peitschenknallen. 96, 97, 115, 125, 128, 155, 211, 243, 259, 329.
Percht, Perchta (= Fria). 205, 282, 285, 287.
Perchtnacht. 285.
Persteln. 283. 285.
Peter S., Opfer an. 175.
Peterbölt, Peterbült. 175.
Petersdreck. 114.
Pfahlfeuer. 125.
Pferdeopfer. 15, 18, 21 fg., 40, 48, 66 fg., 103, 120, 122, 133, 137, 139, 147, 230 fg., 238, 261 fg., 267, 318, 325, 326 fg.
Pferdehufe. 51, 264.
Pferdstag. 264.
Pfingstbesen. 310.

Pfingstblume. 307, 313, 315.
Pfingstbraut. 307, 313.
Pfingstfeuer. 152 fg.
Pfingstfuchs. 307, 309.
Pfingsthammel. 307, 309, 312, 313.
Pfingsthühner. 109.
Pfingstkalb. 306, 309, 312, 313.
Pfingstkäm. 306.
Pfingstkerl. 306, 309, 312, 313.
Pfingstl. 313, 314.
Pfingstlümmel. 306, 308, 313.
Pfingstochse. 315 fg.
Pfingstquack. 313, 314.
Pfingstweide. 122, 306 fg.
Pflugsbrot. 75.
Pflug ziehen. 91.
Pingsten, s. Pfingsten.
Pipochse. 315.
Prechta, Prechtl (= Frîa). 283, 287.
Priapus. 31 fg., 134 fg.
Prozessionen, s. Bittgänge.
Pûkse. 290.

Quellengottheit, s. Frîa.
Quellenkult. 15, 16, 117, 118 fg., 140 bis 144, 150 fg., 203 fg., 284 fg., 316, 327, 328.
Quellenopfer. 118 fg., 140 fg., 143, 151, 158, 160, 198, 204, 205, 283, 284 fg., 267, 304, 327.
Quellenorakel. 119, 141 fg., 144, 150, 284, 327.
Quellprozessionen. 141—144, 150, 327 fg.
Querge. 290.
Quieken, quitzen. 297 fg., 310, 322.

Rad. 28, 47, 154.
Räder treiben. 40, 86 fg., 89, 91, 98, 124, 127, 133, 153, 239, 241, 243, 329.
Radscheiben. 85.
Raubvögel geopfert. 62, 66 fg., 136, 186, 190.
Rauch des Opferfeuers. 27, 29 fg., 32, 34 fg., 37, 48, 86, 87, 98, 121, 125, 241, 329.
Räuchern. 23, 27, 29, 37, 127, 259.
Rauchfiss. 306.
Rauchnächte. 259. Anm. 3, 280, 284.
Rechte Hand beim Opfer. 72, 175, 249.
Reto. 123.

Riffelbrei, Riffelmahl. 200.
Rinderopfer. 14 fg., 19 fg., 30, 48, 51, 63, 100 fg., 105, 106, 110, 120, 136 fg., 139, 147, 223—228, 230—231, 234, 238, 260 fg., 267, 303, 316—318, 321, 325, 326 fg.
Rindsfud bekommen. 227, 228.
Rittersporn. 42 fg.
Roggenopfer, s. Getreideopfer.
Roggenmutter. 183.
Roggenwolf, s. Kornwolf.
Ross, s. Pferd.
Roth. (Heilige Farbe.) 61 u. Anm. 2, 78, 136, 158, 187, 207, 271.
Rother Hahn. (Name des Opfervollstreckers.) 187, 189.
Rückwärts gehen, greifen, werfen beim Opfer. 12, 59, 71, 73, 119, 120, 195, 207, 210, 249, 268.
Ruthe, Schlag mit der. 96, 211, 259, 297—302, 309, 318, 322, 326.

Salz. 58, 59, 60, 140, 158, 276. Anm. 1.
Sanga (= Frîa). 283.
Santrigl, Santrigl-Buben. 314.
Satfeuer. 83.
Sathahn. 81.
Satleuchten. 92, 94.
Satzweide. 15, 16, 68.
Sau bekommen. 105, 227 fg.
Saufud. 105, 106, 225, 228.
Säuemonat. 259.
Schädel, s. Haupt.
Schafmann. 308.
Schafopfer, s. Bockopfer.
Schâinichen, s. Schinnichen.
Schanholleken. 290.
Scharholz. 39, 257.
Schatzen der Bäume. 213, 288.
Schauerjungfrauen. 182 fg.
Scheibensonntag. 85.
Scheiben schlagen, treiben. 90, 91, 92, 98, 127, 133.
Schellenmoritz. 315.
Schiessen. 90, 125 fg., 211, 295 u. Anm. 1.
Schimmel. 21 fg., 262 fg., 268 fg., 276.
Schimmelreiter. 202, 261 fg., 268 fg.
Schinnichen machen, übers Schinnichen springen. 182, 197, 198,
Schlachtmonat. 252.

Schlangenkultus. 292—294.
Schmetterling, s. Butterfliege etc., Milchdieb etc., Molkenstehler etc.
Schmotziger Donnerstag. 103.
Schmotziger Pfinztag. 115.
Schnitterin. (Name der Opfergarbe). 112.
Schnitthahn. 188.
Schoefe. 121.
Schoefsonntag. 85.
Schrate, Schrätlein. 285, 286, 290.
Schuddekorfsdag. 240.
Schusel, alte. (Name der Opfergarbe.) 173.
Schwarz. (Heilige Farbe.) 17, 62, 148, 151, 165, 267, 316.
Schweigen bei der Opferhandlung. 27, 71—73, 119, 161, 176, 211, 215, 331.
Schwein (Mythol. Bedeutung). 53, 106.
Schweinemonat. 252, 265.
Schweinemutter (= Fria). 106.
Schweineopfer. 18, 25, 53, 103 fg., 110, 120, 139 fg., 196, 224—230, 231, 234, 238, 246, 264 fg., 318, 325. 326 fg.
Schwellenvogel. 96. s. auch Sullevogel.
Schwingtage. 201 fg.
Sebastian S., Opfer an. 51.
Seelen, Opfer an die. 116 fg., 283, 285, 286.
Segen, s. Gebet.
Segenskorn, Segenszehent. 156.
Selige Fräulein. 193, 290.
Semnonen, Opfer der. 69.
Sensenstreichen beim Ernteopfer. 167 bis 169, 178.
Seuchenopfer. 14—54, 62—69, 101, 237, 324, 325.
Sieben. (Heilige Zahl.) 27, 127, 159, 210, 286, 298.
Simetfeuer, s. Sommersonnwendfeuer.
Smeermaend. 252.
Snaellübber. 307.
Solmonath. 116.
Sommergewinn. 89.
Sommersonnwendfeier. 34—49, 325, 326—330. s. auch Hagelfeier.
Sommersonnwendfeuer. 328—329. s.
auch Johannis-, Johannisnoth- und Hagelfeuer.
Sonnenaufgang. (Heilige Zeit.) 27, 60, 94, 95, 113, 126 fg., 148, 297, 331.
Speiseopfer. 58 fg, 60, 112, 115 fg., 120, 145 fg., 200—203, 212—214, 282 fg., 290 fg., 321.
Sperlinge, Opfer an die. 71 fg., 181 fg., 276 fg.
Spinnen beim Opferfeuer. 88.
Spinnen des ersten Flachses. 203—205.
Spinnen des letzten Flachses, s. Abspinnen.
Spreu geopfert. 59.
Sprung. Beim Opfer. 104, 167, 170, 174, 182, 194 fg., 197 fg., 201. — Ueber das Opferfeuer. 27, 35, 37, 38, 46, 47, 87, 92, 98, 122, 124 fg., 126, 132, 152, 154, 239, 240, 242, 243, 329.
Staffanskanna. 274.
Stampa (= Fria). 283.
Stephansminne. 120, 273 fg.
Stiepen. 97.
Stier, s. Rind.
Stoppelhahn. 188, 224.
Strohhexe verbrennen. 91, 93, 133.
Strohpuppe verbrennen. 85, 86 fg., 89, 97, 102, 125 fg., 128, 133, 153, 254, 258, 328.
Strohseile geopfert. 175, (215, 219). — Umwinden der Bäume mit Strohseilen. 214 fg.
Struiss (Name der Opfergarbe). 173.
Sturmgott, s. Wuotan.
Sullevogel Summerfiugel, Sunnenfugel, Süntevegel verjagen. 94—96.
Sünnematten. 204.
Sûp-Steffens-Dach. 274.
Swantewit. 275.
Sympathie. 10, 13.

Tanz beim Opfer. 40, 43, 47, 85—87, 91, 92, 98—100, 114 fg., 119, 122, 124, 126, 129, 132, 134, 166 fg., 170, 172, 173, 175—177, 180, 196, 199, 201—203, 207, 238, 239, 240, 243, 316, 328.
Teet·rle. 306.
Teufel. 111, 175, 210, 290.
Thau. 277, 280, 311, 327.

Thaufeger. 306, 308, 309, 311.
Thauschleife. 305, 308, 309, 311.
Thauschlepper. 305 fg., 308, 309, 311, 313.
Thiere, vergötterte, Opfer an. 12, 71 fg., 118, 145, 159, 160. Anm. 4. 181 fg., 276 fg., 287, 302 fg.
Thrimilci. 300, Anm. 1.
Thunar. 33, 53, 80, 83, 108—111, 120, 136—139, 148, 163, 189, 191, 197, 231, 237 fg., 264, 267 fg., 303, 310, 319, 325—327.
Thunars Böcke. 111, 192.
Tiu (Ziu). 33, 44, 326.
Tod. 13.
Todaustreiben. 89 u. Anm. 3, 93.
Tonnen treiben. 123, 124.
Trankopfer, s. Libationen und Minnetrunk.
Treiben des Viehes durch die Flamme des Opferfeuers. 27, 30, 32, 35, 37, 39, 47, 312, 329.

Umwinden der Bäume mit Strohseilen. 214 fg.
Umzug beim Opfer. 37, 52, 53, 87, 91, 97, 106, 123 fg., 127, 128, 132, 173, 174, 226, 239, 306, 309, 314, 315. — Umzug mit dem Opferthier. 14, 16, 100, 101, 110, 119, 136 fg., 264, 307, 308, 312, 315 fg., 318, 324, 327.
Unfreie geopfert. 67.
Unnerêtzken, Unterirdische. 290.
Unwetter, s. Wetter.
Upsala, Opfer zu. 66 fg.
Urbanus S., Opfer an. 220—223.
Urbans Minne. 220—223.

Vågeltêjen. 181.
Veitsfeuer. 154.
Verbena, s. Eisenkraut.
Verbrecher geopfert. 67.
Verbrennen des Opfers. 12, 25, 40 bis 44, 59, 63, 68, 87, 92, 100, 102, 106, 112, 116, 120, 123, 129, 135, 158, 160, 201, 203, 204, 231, 238, 240, 243, 249, 271, 283, 323, 328.
Vergodendeel. 166 fg., 169.
Vergolden des Opfers. 138, 186, 188, 200, 203, 228, 315, 317, 318, 323, 327.

Vergraben des Opfers. 14—18, 23, 24, 48, 51 fg., 61, 64 fg., 71, 74, 78, 107, 116, 131, 139, 267, 279, 283, 302, 323, 328.
Verkirchlichung heidnischer Gebräuche. 30, 46, 50—53, 81 fg., 99, 129 fg., 136 fg., 138—140, 143 fg., 146 fg., 149 fg., 153, 155 fg., 175 fg., 247, 250, 259, 265 fg., 269 fg., 295, 303 fg.
Viehkrankheit, s. Krankheit.
Viehschelm. 14.
Viehsegen. 11.
Viehseuche, Viehsterben, s. Seuche.
Vike (= Wodan). 85, 99.
Vögel, Opfer an. 12, 71 fg., 145, 160, 181 fg., 276 fg.
Vogelbeerbaum. 297 fg., 300 fg.
Vogelhans. 314.
Vogelopfer, s. Eulen-, Gänse-, Habicht-, Hahn- und Weihenopfer.
Vogelschiessen. 137, 149, 234.
Vollerte. 250.
Votivbilder. 49 fg., 134 fg.
Vulbûksabende. 286.

Waden (= Wuotan). 267.
Wahl des Opferthieres. 137, 312 fg., 318, 323, 326.
Walborgsmesseldar. 129.
Waldfrau (= Frîa). 203, 204.
Waldmann. 173, 178, 179.
Walper. 126.
Walpurgisfeuer, s. Maifeuer.
Wasser, s. Quellen.
Wassermann. 285.
Wasservogel. 308, 313—315.
Waude, Wauden (= Wuotan). 165, 169, 238.
Waudlgaul. 165, 171.
Waudlhunde. 165, 170, 171.
Waudlsmähe. 165, 170.
Waul (= Wuotan). 166, 169.
Waulroggen. 166.
Waulstab. 166, 169.
Waur (= Wuotan). 164.
Wecken der Bäume. 212.
Weddelbier. 164. Anm. 2, 170.
Wedke (= Wuotan). 85, 99.
Weichselzopf abgraben. 12.
Weide. (Heiliger Baum). 15, 16, 68, 195 fg. s. auch Palmen.

Weidehammel. 308, 309, 312.
Weihenopfer. 62.
Weihnachtsblock. 256, 257 fg.
Weihnachtsfeuer. 214, 253 fg., 269.
Weihnachtslichter. 255.
Weihnachtsthau, s. Thau.
Weihwasser. 31, 42, 57, 74, 76, 79, 137, 155, 160.
Weinbau. 220—223.
Weinlesefeuer. 223.
Weinopfer, s. Libationen und Minnetrunk.
Weissagungen (aus dem Opfer). 24, 59, 75—78, 112, 115, 117, 119 fg., 121, 126 fg., 134, 161, 162, 235—237, 249, 266, 267 fg., 275 fg., 278—280, 283, 288, 324. — (aus dem Opferfeuer). 86, 87, 91, 92, 98, 99, 122, 123, 125, 127, 129, 131, 133, 239, 243, 254—256, 259, 324, 328 fg. — (aus der Witterung beim Opfer). 86, 88, 92, 98, 99, 113, 328 fg. — (mit Hilfe von Opferresten). 260 fg., 268, 288. s. auch Quellenorakel, Messen, Einproben, Losen.
Weisse Fräulein. 206, 248.
Weisser Sonntag. 91, 146 fg.
Weizenopfer, s. Getreideopfer.
Wellen treiben. 90, 98, 133, 243, 329.
Wendelin S., Opfer an. 51.
Werch geopfert. 57, 60.
Wetterfräulein. 208, 209.
Wettergans. 237.
Wettergarben, s. Wetterkorn.
Wettergott, s. Thunar.
Wetterhahn. 62. Anm. 4, 237.
Wetterhorn. 57.
Wetterkorn. 55 fg., 156.
Wetterläuten. 56 fg. s. auch Glockenläuten.
Wettermachen. 54. Anm. 2, 55, 62.
Wettermacher. (Göttliche Wesen). Opfer an die. 321.
Wetteropfer. 54—62, 118, 324.
Wettersegen. 54 fg., 156, 327.
Wichtelmann. 173, 178, 179.
Widstrau. 215, 219.
Wilde Fâre. 103.
Wilde Jagd, wildes Heer. 19, 59, 61, 103, 155, 206.

Wilde Jäger (= Wuotan). 202, 263, 264.
Wilde Leute. 290.
Windopfer, s. Wetteropfer.
Wind füttern. 58 fg., 118.
Windhunde. 58.
Windin. 58.
Winter, Winters Grossmutter verbrennen. 87, 91, 93, 133.
Wintersonnwendfeier. 253—289, 320, 325.
Wintersonnwendfeuer. 214, 253—260, 268.
Wod, Wodan, Woden, s. Wuotan.
Wode (Name der Opfergarbe). 163, 169, 170, 174, 193.
Wodelbier. 164, 170.
Wôl, Wôld (= Wuotan). 166, 168, 169, 179.
Wolf (= Wuotan). 164, 179. — (Korndämon) s. Kornwolf. — (Name der Opfergarbe). 178, 179. — (Raubthier) Opfer an. 302 fg.
Wolfssegen. 298, 302.
Woltercken. 290.
Wootk (= Wuotan). 263.
Wud (= Wuotan). 169. — (Name der Opfergarbe). 165, 169.
Wuotan. 18, 33, 45, 53, 61, 63, 73 fg., 83, 85, 99, 103, 107 fg., 120, 136 bis 139, 163—179, 181—184, 188, 191, 193, 208 fg., 226, 231, 238, 251, 260 fg., 267, 278, 292, 325, 326.
Wuotans Ross. 71, 73, 163—166, 169, 171, 179, 192 fg., 276 fg.
Wurst bitten, Wurstelgehen. 88, 104.
Wurststroh. 215, 219, 265.
Wutfuter. 165, 169.

Yuleclog, Yullclog. 256.

Zahnschmerz, Opfer gegen. 12, 41. Anm. 3.
Ziegenopfer. 110 fg., 190, 191, 303, 317.
Ziu. 33, 44, 326.
Zusammenschürzen der Opferhalme. 158—160, 163, 167, 169, 172, 174—178, 181, 182, 197—199, 207.
Zwerge. 116, 173, 178, 179, 290.

www.ingramcontent.com/pod-product-compliance
Lightning Source LLC
Chambersburg PA
CBHW050855300426
44111CB00010B/1262